전략적 인적자원관리 : 통합 성과관리모델

나 기 현 지음

부산외국어대학교 출판부

전략적
인적자원관리: 통합 성과관리모델

2014년 8월 29일 초판 발행
2017년 3월 4일 재판 발행

저 자/ 나 기 현
발행인/ 정 해 린
발행처/ 부산외국어대학교 출판부
등 록/ 제 14-11-15호
주 소/ 부산광역시 금정구 금샘로 485번길 65
전 화/ 051) 509-6466~7 팩스/ 051) 509-6468
인터넷/ http://press.bufs.ac.kr

편 집/ 주간 · 김동하, 디자인 · 권병철
인쇄처/ 세종문화사 (051)463-5898
공급처/ 한국출판협동조합 (02)716-5616~9

* 이 도서는 부산외국어대학의 연구활동을 진작시키고
출판물의 저작 · 보급을 촉진하기위해
도서개발 연구비가 지원된 도서입니다.

ISBN 978-89-8312-395-4 93320

정가 21,000원

머 리 말

기업들은 복잡하고 빠르게 변화하는 글로벌 환경속에서도 생존하여야 하기 때문에 지속적인 생존방안을 찾는 것은 경영자들의 영원한 숙제이다. 많은 경영자들은 생존방안을 성공기업에서 찾으려는 노력들을 해왔지만, 각자가 처한 상황(조직의 역사, 조직원들의 역량과 열정, 경영환경, 원하는 목표 등)이 특수하기 때문에 일률적으로 적용할 수 없다. 최근에는 인적자원을 현대조직의 경쟁적 비교우위를 결정하는 중요요소로 인식되고 있다. 그 이유는 기업을 끌고 가는 것도 사람, 혁신 및 성과창출의 주체도 사람, 그리고 기업의 비즈니스를 완성시키는 것도 사람이기 때문이다.

따라서 인적자원전문가들은 기업의 생존방안의 하나로 성과관리의 필요성을 역설하고 있으며, 인적자원관리에 대한 포괄적인 접근방법으로 성과관리시스템을 보고 있다. 그 이유는 성과관리시스템은 인적자원기능들을 통합하여 전략실행을 지원하고, 구성원 개발목표와 조직목표간의 균형을 추구할 수 있는 도구이기 때문이다. 이는 전략목표달성과 경쟁력강화를 위한 인적자원관리 접근방법인 전략적 인적자원관리의 중요성은 물론 이를 실현하는 것과 같다.

성과관리는 '조직구성원들이 능력을 최대로 발휘할 수 있는 업무환경을 만드는 프로세스'이고 '지식경영을 실행'하는 것이기 때문에 종종 인적자원시스템으로 혼동되기도 하지만 이보다는 더욱 포괄적이어서 조직성과를 관리하는 프로세스나 시스템으로 설명될 수 있다. 이러한 성과관리를 많은 조직에서 도입 · 운영하고 있지만 기대했던 결과를 충족시키지는 못하고 있다. 왜 이런 결과가 나타나는 것일까? 그 이유는 무엇인가?

대표적인 이유로는 제도도입에 대한 이해부족과 정보공유 부재, 잘못된 방식으로 제도운영, 제도도입에 따른 조직구성원들의 역할변화 미흡, 그리고 통합적 성과관리 틀의 부재 등을 들 수 있다. 저자는 성과관리가 제대로 운영되기 위해서는 조직 내 · 외부의 인적자원전문가들을 중심으로 비즈니스기능과 인적자원기능, 그리고 개별적 인적자원기능들을 통합차원에서 다루어야 한다고 본다. 그러기 위해서는 성과관리 틀(모델)이 먼저 구축되고, 그 틀 속에서 성과관리가 실행되어야만 한다. 이것이 저자의 주된 관심이며 본서의 핵심과제이다.

본서는 총 3부 14장으로 구성되었다.

제 I 부(2장으로 구성)에서는 인적자원관리에 대한 이해를 돕기 위해 조직에서 인적자원이 중요한 이유는 무엇인가? 그리고 인사관리의 발전계기(모멘텀)는 무엇이었는가?, 인사관리와 인적자원관리의 차이가 무엇인가?, 그리고 인적자원관리의 목표는 무엇인가? 에 대하여 알아본다.

제 II 부(3장으로 구성)에서는 성과관리에 대한 이해를 돕기 위해 성과와 성과관리란 무엇인가?, 성과관리 도입 · 운영의 문제점은 무엇인가?, 한국형 성과주의 인사의 공과(功過)와 보완방향은 무엇인가? 그리고 개별적인 인적자원기능들의 통합과 인적자원관리와 비즈니스관리의 통합을 위한 포괄적인 성과관리모델 제안과 이를 성공적으로 실행하기 위한 기초토양에 대하여 알아본다.

제III부에서는 포괄적인 통합 성과관리모델(8가지 단계)의 각 단계를 구체적으로 제안한다. 포괄적인 성과관리시스템 개발의 주된 목적은 조직의 목표들을 촉진/지원하고, 각 구성원의 잠재능력을 최대한 개발하는 통합된 인적자원 접근방법을 만들어내는 것이기 때문에 통합적인 성과관리모델은 8가지 단계(직무명확화하기, 적격심사하기, 예측/선택하기, 오리엔테이션/훈련하기, 모니터링하기, 평가하기, 피드백하기, 강화하기 등)와 코칭하기로 구성되어 있다.

본서는 실제로 기업에 적용할 수 있도록 이론과 실천적인 측면의 균형을 맞추려고 노력을 하였지만 아직 미흡한 부문과 분야가 많이 있어, 더 깊고 넓은 연구와 통찰을 통해서 차후 보완해 나갈 것이다. 저자의 기대는 본서가 전략적 인적자원관리의 지침서로서 최소한 경영관련 학생들과 인적자원관리를 실행하는 경영실무자들, 특히 라인관리자들에게 두 가지 사항을 명확하게 전하고 싶다. 하나는 성과관리나 성과관리시스템이 더 이상 비즈니스의 현실과 동떨어져 있는 인적자원부서에 의해서 촉진되는 프로그램이 아니라 라인관리자가 직접 참여해 실행하는 프로그램이라는 점이다. 다른 하나는 인적자원기능은 개별기능이기 보다는 통합적인 차원에서 다루어져야 하고, 인적자원기능들은 종점이 아니라 조직의 전략적인 비즈니스 목표들의 성취를 위해 개발되어지는 전략적 인적자원관리라는 점이다.

이 책이 나오기 까지 많은 분들로부터 격려와 도움을 받았다. 먼저 어머니의 만수무강을 바라며, 33년이나 늘 옆에서 한결같은 마음으로 함께 지내주고 힘을 준 사랑하는 아내 희진과 부족한 아빠에게 기쁨과 행복만을 준 두 딸 보령과 윤미에게 고마움을 전한다. 또한 이 책이 출판되도록 지원해준 부산외국어대학교 출판부에 감사의 뜻을 전한다.

2017년 2월

지은이 씀

목 차

제 I 부 인적자원관리에 대한 이해 / 13

제Ⅱ부 성과관리에 대한 이해 / 45

제 I 부. 인적자원관리에 대한 이해

글로벌 인재전쟁

글로벌 인재전쟁은 인재확보를 넘어 모든 수단을 동원해 인재의 능력을 이끌어내어 성과를 창출하는 것이 중요하다. 특히 글로벌 인재를 얼마나 많이 보유하였는가도 중요하지만 그보다 더 중요한 것은 얼마나 오래 글로벌 인재를 확보하고 있으면서, 이들이 성과에 기여하고 리더로 성장했는지가 핵심이다. 글로벌 인재활용의 성공은 글로벌 인재가 로컬인재와 융화되어 자신의 회사처럼 로열티를 가지고, 공정한 경쟁을 통해 CEO로 성장할 수 있을 만큼 제도적 뒷받침이 갖춰질 때 비로소 가능한 것이다.

따라서 조직내에 어떤 사람이 있으며, 그 사람들에게 어떤 기회를 제공하고 그들을 어떻게 보상하고 개발하는가 하는 문제는 오늘날 기업의 사활이 걸린 문제가 될 수 있다. 그 이유는 사람으로부터 이윤도 창출되고, 훌륭한 제품도 생산되며, 나아가서 기업의 자부심이 결정되기 때문이다.

제 I 부 인적자원관리에 대한 이해는 두 개의 장으로 구성되었다.

제1장은 인적자원의 중요성을 알아본다. 먼저 인적자원관리와 인간존중경영간의 연계성에 대하여 살펴보고, 조직에서 인적자원이 중요한 이유는 무엇인가에 대해 알아본다.

제2장은 인사관리가 언제부터 태동했고 오늘에 이르기까지 발전하게 된 모멘텀(계기)을 5가지 차원에서 알아본다. 또한 인사관리(PM)와 인적자원관리(HRM)의 비교를 통해 차이가 무엇인지, 그리고 인적자원관리의 목표에 대하여 알아본다.

제1장. 인적자원의 중요성

우리는 지난 IMF와 미국발 금융위기를 통해 세계적인 초우량기업도 한순간에 무너질 수 있다는 새로운 경험을 하면서 기업의 생존중요성을 새삼 인식하게 되었다. 그렇다면 기업이 시대를 초월하여 생존하기 위해서는 어떻게 하여야 할까? 답은 분명하다. 고객들에게 지속적으로 삶의 질을 향상시킬 수 있는 가치를 제공하여야 한다. 이를 위해서는 가치를 제대로 된 성과로 창출하여야만 한다. 그 이유는 경영이 성과의 예술이기 때문이다. 그래서 행위예술처럼 경영도 실시간으로 이루어지고, 끊어지지 않는 시간의 연속인 현재에서 이루어지고 있는 것이다.

최근 많은 기업에서는 생존을 위한 성과창출의 방안으로 다양한 경영전략과 기법들을 동원하고 있다. 특히 피터스와 워터맨(1982)은 '초우량 기업의 조건'에서 기업경영을 하는데 있어 중요한 7가지 요인('7S 프레임워크': 전략strategy, 구조structure, 시스템systems, 구성원staff, 스킬skills, 스타일style, 공유가치shared values)을 밝혀냄으로써 많은 기업과 경영자들에게 기쁨을 전해주었다. 그러나 성공이란 것이 왜 그렇게 무지개처럼 잡기 힘들며, 장기적인 성공은 왜 오직 몇 안되는 기업들에게만 가능한 것인지 생존과 초일류 기업의 지향은 결코 쉬운 문제가 아니다. 왜 그럴까? 성공이 쉽지 않은 문제에는 여러 원인들이 있을 수 있다. 먼저 다른 기업으로부터 성공비결을 우리는 배울 수는 있지만, 각자가 처한 상황(조직의 역사, 조직원들의 역량과 열정, 경영환경, 원하는 목표 등)은 특수하기 때문에 일률적으로 적용할 수는 없다는 점이다. 더 중요한 것은 시간이 지나도 인간의 본성이 쉽게 변하지 않듯이 인간들이 움직이는 조직의 본성 또한 쉽게 변하지 않는다는 근본적인 사실을 망각한 채 경영자들이 근본으로 돌아가서 현상을 통합적으로 파악하기 보다는 눈에 보이는 단편적인 현상만을 보고 이를 치유하려는 노력만을 해왔기 때문일 수도 있다.

그러므로 우리는 기본으로 돌아가 생존을 위한 성과창출의 방안의 일환으로 인간존중경영을 실행해야 한다. 그 이유는 1) 기업을 끌고 가는 것도 사람, 혁신 및 성과창출의 주체도 사람, 그리고 기업의 비즈니스를 완성시키는 것도 사람이기 때문이다. 또한 2) 조직이 직면한 복잡하고 다양한 관리의 문제들을 잘 해결해낼 수 있는 유능한 인력을 어떻게 확보하고, 얼마나 보유하고 있는가, 그리고 유능한 인력들이 만들어내는 성과를 어떻게 관리하고 있는가 하는 인간적인 요소가 조직의 생존을 위하여 점점 더 중요해지기 때문이다.

따라서 본장 제1절에서는 인간존중경영과 인적자원관리간의 연계성에 대해서 알아보고, 제2절에서는 조직에서 인적자원이 왜 중요한지 그리고 인적자원을 왜 경쟁력의 원천이라고 하는지 그 이유를 구체적으로 알아보도록 한다.

제1절. 인적자원관리와 인간존중경영과의 연계성

인간존중경영이란 무엇이고, 인적자원관리와 인간존중경영과는 어떠한 관련성을 갖고 있는 것일까? 이들의 관련성을 이해하기 위하여 우리는 성공한 기업과 실패한 기업을 통해 인간존중경영과 기업성과 그리고 인간존중경영과 내부고객과의 관계를 살펴보도록 한다.

1.1. 인간존중경영이란 무엇인가?

실패한 기업과 성공한 기업의 차이는 사람에 대한 접근방식에서 중요한 차이를 보인다. 즉 성공한 기업은 사람을 먼저 생각하고 그 다음에 조직이 나아가야 할 방향이나 목표를 설정하는데 반해, 실패한 기업들은 조직이 나아갈 방향을 먼저 선정하고 그 다음에 사람을 생각한다. 성공한 기업들은 기업경영 및 인적자원관리에 있어서 언제나 '인간존중'이라는 철학을 견지하고 강력하게 실천하고 있다.

인간존중경영(Human Respected Management)이란 "조직에서 구성원들을 인간으로서의 존엄성을 가진 존재로서 존중할 뿐만 아니라 구성원들 스스로 이성을 가지고 자율적인 행위를 할 수 있으며 동시에 조직의 발전을 위해 기여할 수 있다는 믿음을 가지고 기업을 이끌어 나가는 경영방식"을 의미한다(신유근, 1997; 나기현, 2013). 결국 인간존중경영은 사람을 통한 기업경쟁력의 제고를 실행하는 기업경영방식인 것이다. 따라서 인간존중경영은 우수한 인재를 확보하고 육성하여 구성원들의 자율적인 업무수행역량을 배양함으로서, 조직의 성장잠재력을 내생적으로 확보하고자 하며, 조직구성원들이 서로 존중하면서 협력하는 생산적인 인간관계를 형성하도록 하여 조직목표달성을 촉진하는 시너지효과를 창출하게 된다.

> 모토롤라의 인간가치(people value)중심 경영:
>
> - 모토롤라는 인간가치중심의 경영이념 즉 사람을 중시여기는 경영으로 IDE (Individual Dignity Entitlement), 직접대화, 건의함 제도 및 터놓고 이야기 합시다 (Open Door Policy) 등의 제도들을 활용하고 있다.
> - 구성원들간에 인격적으로 대하고 존중해야 남들보다 뛰어날 수 있다는 전제하에 IDE라는 제도를 시행하고 있다.
> - IDE란 '개인 존엄성의 존중'을 의미하며, 이는 바로 구성원 개개인의 업무에 대한 존중과 존엄성을 높이는 동시에 개개인의 이익과 모토롤라의 장기적인 발전을 일체화시키기 위한 것이라 할 수 있다.

1.2. 인간존중경영과 기업성과와의 관계

리더십의 대가 워렌 베니스는 '조직구성원을 소중히 여기지 않는 기업은 곧 무너지고 말 것'이라 하였다. 이처럼 인적자원관리와 기업의 성공간의 관계는 [그림 1-1]을 통해 확인할 수 있다(조영탁, 2010).

기업이 이윤이나, 원가 혹은 주가 면에서 심각한 문제가 발생하기 시작했음을 감지했을 때, 경영자들은 어떤 행동들을 취하게 될까? 일반적으로 이윤을 높이거나 비용을 줄이기 위해 나름대로 신속한 조치를 취하게 되지만, 성공한 기업과 실패한 기업들은 확연한 차이를 보이고 있다.

[그림 1-1] 실패한 기업: 인적자원관리와 기업쇠퇴

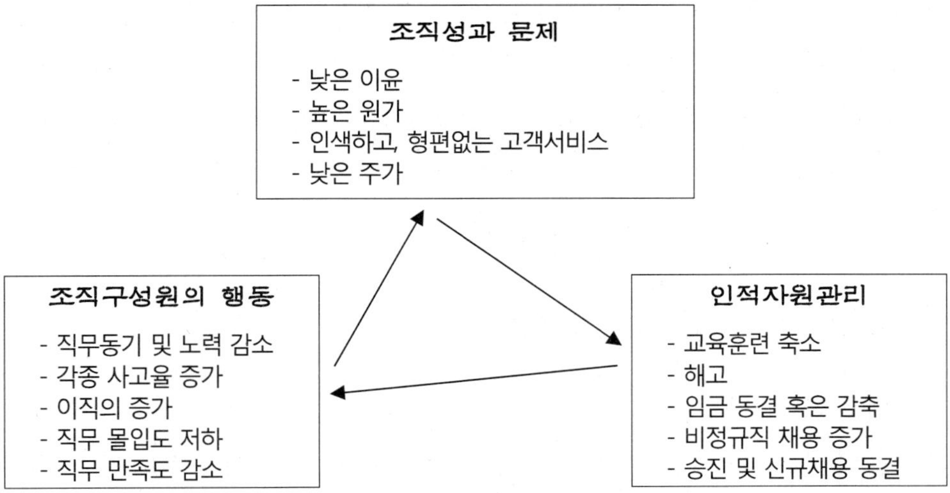

자료: 조영탁(2010), 인적자원관리와 인간존중경영, (주)휴넷.

여기서 실패한 기업들은 일반적으로 가장 신속하고 쉽게 조정할 수 있는 부분인 인건비와 관련된 비용을 줄이고자 구성원들에 대한 교육훈련을 축소, 임금동결 혹은 감축시키는 한편, 승진은 보류시킨다. 또한 기존 구성원들은 해고되는 반면, 파트타임이나 임시직 채용은 증가되며, 근무시간이 단축된다. 하지만 이것이 과연 기업의 경쟁력에 얼마만큼의 역할을 할까?

이러한 인적자원관리상의 조치들은 조직구성원들의 행동에 부정적인 영향을 미치게 된다. 필연적으로 구성원들의 만족이나 동기, 회사에 대한 몰입과 충성심을 저하시키게 되고, 회사에서의 근속의지와 자신의 일에 대한 흥미 및 집중도를 떨어뜨리게 된다. 대신 구성원들은 흔히 동료들과 모여 해고에 관한 이야기를 나누거나 혹은 회사에 대한 불평불만을 공유해 나가기도 할 것이다. 또한 직무에 대한 흥미의 상실은 고객에 대한 서비스의 질을 떨어뜨릴 뿐만 아니라, 직무수행과 관련된 각종 사고를 유발시켜 이와 관련된 각종 보상비용도 크게 늘어나도록 만들 수 있다.

더욱 중요한 것은 이러한 조직구성원들의 부정적인 행동들은 조직성과에 부정적으로 영향을 미치게 된다는 것이다. 형편없는 고객서비스와 높은 산재율, 증가된 이직율과 결근, 그리고 이와 결부된 생산성의 저하는 다시 회사의 매출과 이윤, 그리고 원가에 악영향을 주게 된다. 결국 기업은 자기쇠퇴의 악순환에 빠지게 되는 것이다. 대부분의 실패한 기업들은 이러한 악순환에 빠져들고 있으며, 반면에 성공한 기업들은 기업성공의 원천으로서 인간존중경영을 실천하여 위기를 극복하고 지속적으로 성장하고 있는 것이다.

1.3. 인간존중경영과 내부고객만족

기업운영의 철학으로 인간존중경영을 내세우는 성공한 기업들의 인적자원관리 방식은 조직구성원이라는 내부고객의 만족을 극대화시키는데 초점을 두고 있다. 성공한 기업들이 내부고객만족을 위해 실천하고 있는 중요한 명제들은 다음의 [그림 1-2]와 같다(조영탁, 2010).

[그림 1-2] 우수인재 유인 및 유지의 4가지 명제

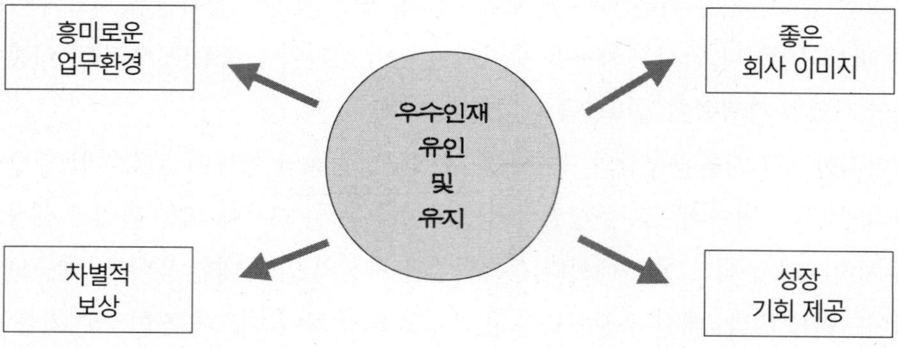

자료: 조영탁(2010), 인적자원관리와 인간존중경영, (주)휴넷.

성공기업들은 이러한 명제들을 실천함으로서 우수한 인재를 끌어 모으는 한편, 지속적으로 조직 내에서 역량을 발휘하도록 유도하고 있다.

1.3.1. 흥미롭고 도전적인 직무를 제공한다.

기업은 자사의 인력, 특히 우수인력들이 원하는 직무설계를 해야 한다. 그 이유는 우수인력은 자신의 전문성과 역량을 강화하려는 학습욕구가 강하며, 자신의 역량을 최대한 발휘해야 성취감을 느끼기 때문이다. 그러므로 우수인력들이 담당하는 직무는 자신의 재능을 100%로 발휘할 수 있는 도전적이며 흥미로운 일이어야 하며, 자율적으로 추진할 수 있는 권한이 있어야 한다.

따라서 성공한 기업들은 우선적으로 조직내에 존재하는 모든 직무들이 그 직무를 담당하는 구성원들을 만족시킬 수 있도록 과업을 제시하고, 자신의 직무에 대해 불만족을 느끼는 구성원의 의견을 수렴하여 직무를 재설계하거나 구성원이 원하는 직무로 재배치시키는 등의 인간존중경영을 실천하고 있다.

1.3.2. 차별적인 보상을 제공한다.

기업에 필요한 인적자원을 채용하기 위해서는 그 인력이 가지고 있는 지적자산의 시장가치만큼 보상을 제공해야 한다. 또한 조직에서 인적자원이 조직에 기여한 정도를 반영해 차별적 보상을 제공해야 한다.

따라서 성공한 기업은 시장가치 및 조직내에서 상대적인 기여도를 반영하여 구성원들이 공정하다고 느낄 수 있는 보상수준을 제시하고 있으며, 구성원들의 동기부여와 도전정신을 고취시키기 위해 성과와 연동된 다양한 보상프로그램을 운영하고 있다.

1.3.3 비전을 제시하고 좋은 기업이미지를 제시한다.

우수한 인적자원은 일차적으로 자신이 담당할 직무를 선택하지만, 동시에 평판이 좋은 회사, 자신의 가치에 부합하는 회사, 훌륭한 CEO가 있는 회사를 원한다. 즉 회사가 어떤 비전이 있고, 어떤 가치관이 있는지를 중요하게 생각한다는 것이다. 당장 돈은 적어도 장래성이 있고 비전이 있는 회사라면 그곳에서 자신의 재능을 발휘하고자 할 것이다. 특히 성공한 기업에는 자신이 배울만한 리더 또는 명성 있는 CEO가 존재하는 경우가 많다.

맥킨지(McKinsey)의 강력한 기업평판:

미국의 MBA출신자들은 가장 좋은 직장으로 컨설팅회사인 맥킨지를 꼽는다. 그 이유는 이 회사가 컨설팅 업계에서 좋은 평판을 얻고 있기 때문이다. 맥킨지는 대외적으로 인재중시, 철저한 내부훈련과정, 경영자 마인드 등을 강조하는 것으로 알려져 있다. '맥킨지'라는 회사브랜드 자체가 이미 좋은 기업이미지를 내포하고 있기 때문이다.

1.3.4. 경력목표를 달성할 수 있는 기회를 제공한다.

우수인력은 자신의 경력목표를 달성하고자 하는 욕구가 강하다. 따라서 기업은 이들이 가지고 있는 경력목표를 달성할 수 있도록 다양한 경력개발기회를 제공해야 한다. 특히 그 중에서는 훌륭한 상사를 멘티로 지정하여 우수인력과 장기적인 관계를 형성하도록 하는 것이 중요하다. 성공한 기업들은 인재들에게 '생애설계'를 해주고 있다. 자신들이 어느 시점에서 어떤 위치에서, 어떤 일을 하게 될지, 그렇게 하기 위해서는 무엇을 준비해야 할지를 제시하고, 이를 실현하도록 도와준다.

제2절. 인적자원이 중요한 이유는 무엇인가?

노벨경제학상 수상자인 베커교수는 금세기를 "인적자본의 시대"라고 부르고 있다. 인적자본개발이 한 나라의 경제발전과 한 기업의 생존과 경쟁력을 결정하는 중요한 요소라는 것이다. 왜 일까? 그 이유는 무엇일까? 또한 무한경쟁을 극복하고 초일류기업을 지향하기 위해서 경영자는 무엇을 어떻게 해야만 하는가? 그리고 경쟁자들이 쉽게 따라할 수 없는 성과를 창출할 수 있도록 자기만의 비결을 찾아내고 유지할 수 있는 궁극적으로 경쟁우위를 어떻게 확보해야 하는가? 이에 대한 답은 분명하다. 무한경쟁을 극복하는 것도 사람, 경쟁사와 차별화된 탁월한 성과를 창출하는 것도 사람이기 때문에 21세기 경쟁우위의 원천은 바로 인적자원이며, 조직이 보유하고 개발한 인적자원을 통해 경쟁우위를 확보하여야 한다.

제프리 페퍼(2009)는 기업이 지속가능한 경쟁우위를 확보하는데 사람이 결정적인 핵심인자(DNA)라고 한다. 그 이유는 우수한 인적자원을 확보하여 효과적으로 일하도록 관리하는 것은 모방하기 어렵고 상당히 긴 기간동안 경영성과를 창출하는데 활용할 수 있기 때문이다. 이러한 관점에서 볼 때, 조직내에 어떤 사람이 있으며, 그 사람들에게 어떤 기회를 제공하고 그들을 어떻게 보상하고 개발하는가 하는 문제는 오늘날 기업의 사활이 걸린 문제가 될 수 있다. 조직이 인적자원을 가장 중요한 경쟁요소로 간주하여 미션과 전략의 중심에 놓고 전략적으로 잘 개발하고 활용하며, 그리고 단기적 성과보다는 장기적 성과중심으로 잘 관리하게 되면 인적자원은 레버리지 효과, 즉 기대이상의 효익을 조직에 안겨줄 수 있게 될 것이다. 따라서 우리는 조직에서 인적자원이 왜 경쟁력의 원천인지 그리고 왜 중요한지를 보다 구체적으로 살펴보도록 한다.

2.1. 성과창출의 주체

초일류 기업이란 "진정한 인재를 바탕으로 초일류 경쟁력을 갖추고 계속적인 생존을 추구하는 기업"을 의미한다. 초일류를 지향하는 오늘날의 기업은 조직구성원에게 무엇을 원하는가? 바로 '성과를 내는 것'이다. 즉 프로경기에서 감독 및 코치가 선수들을 잘 뛰게 해서 경기에서 승리하는 것처럼 말이다. 프로의 세계는 냉정하듯이 기업도 마찬가지다. 기업에서의 리더는 구성원들이 '열심히' 일하는 것, 최선을 다하는 것에 만족하지 않는다. 반드시 성과로서 모든 결과를 보여주어야 한다.

최근에는 경영환경의 변화가 빠르고 광범위하게 일어나고 있다. 켈러와 프라이스(서영조 역, 2014)에 따르면, '기업이 S&P 500 종목에 머무는 평균기간이 1955년에는 45년이었다가 1975년에는 26년, 2009년에는 17년으로 줄어들었다고 한다.

이런 속도라면 2010년에 올랐던 기업들 중 절반은 2020년이 되기 전에 사라질 가능성이 높다고 한다. 뿐만 아니라 누구나 알고 있었던 글로벌 기업들(엔론, DEC, 리먼 브러더스, AIG, 아서 앤더슨, 브리티시 레일랜드 등)이 아예 지구상에서 사라졌다. 왜 탁월한 성과를 낸 기업들의 3분의 2는 추락하고 마는 것일까? 결국은 사람의 문제라고 본다. 즉 인적자원으로 귀결되는 문제의 원인은 바로 미래성과를 창출할 수 있는 조직의 건강을 무시하고 단기적 성과에만 집중하였다는 것이다.

현재의 성과 즉 '오늘 어떤 성과를 내느냐'에만 집중하는 기업들은 분기별 목표나 연간 목표달성에 필요한 일들에만 집중적으로 투자하다 보니 장기적인 미래성과를 창출할 수 있는 조직의 건강에 대한 투자는 간과하기 마련이다. 즉 단기적인 결과에만 집착하면 조직을 약화시키고 미래를 위협할 수 있어 짧은 영광의 순간을 누릴 뿐 그 이상은 달성할 수 없게 된다는 의미로 볼 수 있다. 스포츠에서 프로선수들은 단순히 경기에만 집중하지 않고 미래에 성과를 거두려면 지금당장 건강을 돌봐야하듯이, 기업이 미래에도 살아남고 번성하려면 지금 건강에 투자해야만 한다.

오늘 탁월한 성과를 올리고 있는 조직이 내일도 지속적으로 탁월한 성과를 창출하는 위대한 조직이 되려면 어떻게 하여야 할까? 지금 이순간의 경쟁우위만이 아니라 장기간 지속적으로 우위를 유지해야 한다. 이를 위해서는 조직이 건강해야 함으로 성과와 건강 모두 적극적으로 관리하여야 한다. 비록 건강에 대한 투자의 결과는 한참 뒤에 나타날지라도, 성과와 건강 모두에 '오늘'부터 당장 투자해야 한다는 점이다.

맥킨지에서는 변혁을 추진 중인 기업 들을 조사한 결과, 성과와 건강에 동시 집중한 기업들은 건강에만 집중한 기업들보다 2배 가까이 좋은 결과를 얻었고, 성과에만 집중한 기업들보다는 3배 가깝게 더 좋은 결과를 얻었다고 한다(McKinsey, 2010).

여기서 성과와 건강의 의미에 대하여 간단히 살펴보면 다음의 〈표 1-1〉과 같다.

〈표 1-1〉 성과와 건강의 의미

구 분	개 념
성 과	고객에게 가치(value)를 줄 수 있는 구체적인 산출물로서 기존에는 재무적인 요소(기업이익, 순영업이익, 자본이익률, 순운전자금, 주식수익률 등의 기준을 통해 평가)를 지칭했으나 현재는 품질, 고객만족, 프로세스 효율화와 같은 비재무적인 요소도 함께 가리킨다.
건 강	'변화하는 환경에 적응하기 위해 경쟁자들보다 빨리 내부적으로 한 방향으로 정렬하고, 실행하고, 스스로 새로워지며 탁월한 성과를 유지할 수 있도록 하는 능력'을 의미한다.

자료: Keller, S. & Price, C.(서영조 역, 2014), 차이를 만드는 조직, 전략시티

사실 재무적으로 너무 높은 성과를 올리면 좋지 않은 영향이 있을 수 있다. 그 이유는 현재에만 안주하다 조직의 건강에 문제가 생길 수 있기 때문이다. 대표적인 예로 소니와 도요타를 들 수 있다. 1980~90년대 세계시장을 제패했던 소니는 수익성 악화에 쩔쩔매고 있다. 특히 세계전자업계의 대표인 소니의 영업이익률은 2000년 3.3%, 2005년 0.4%, 2009년 -0,3% 등 이런 추세로 고꾸라져가고 있다(나기현, 2013). 또한 2009년 리콜사태로 인한 도요다자동차 최고경영자의 눈물로 상징되는 도요타의 추락은 글로벌 초일류기업들이 영원한 세계최고의 기업으로 마냥 존재할 것으로 보았으나, 최근 무너지거나 추락하는 모습을 보면서 성공의 역설인 영원한 승자는 없다는 사실을 새삼 인식하게 되었다.

이와 같이 '상승기 위기관리'를 제대로 대처하지 못할 경우, 특히 '우리가 세계최고'라는 오만이 싹트는 순간 무너져 내리는 것은 국가나 기업이나 마찬가지일 것이다. 독일의 경제학자 게오르크 호이젤은 저서 '승자의 뇌구조'(유영미 역, 2009)에서 '승자의 곡선(winner's curve)'과 '패자의 함정'을 제시한다. '승자의 곡선'은 엄청난 노력으로 승리를 맛보게 되면 계속된 승리를 이끌게 되고 상승곡선을 타게 된다. 반면에 '패자의 함정'은 계속된 승리는 행복, 안정감을 느끼게 해 모든 정보를 유리하게 해석함으로써 위기의 경고등을 무시하고 패배하게 된다는 것이다. 그러므로 지속적인 성장을 위해서는 '승자의 곡선'을 타야 되는데 그러려면 늘 긴

장하고 위기를 점검하고 새로운 생각과 새로운 상품, 새로운 서비스로 혁신하지 않으면 안 된다.

따라서 상승기의 위기관리 그리고 성과와 건강 모두에 대한 적극적인 관리를 통해 기업들이 탁월한 성과를 지속적으로 창출하기 위해서는 무엇보다도 유능한 인재들의 확보와 개발이 전제되어야만 한다. 그 이유는 경영실행을 통한 성과창출의 주체가 바로 기업이 보유하고 있는 구성원들이기 때문이다.

소시에터 컨설팅그룹은 유능한 인재들을 확보하기 위해서는 기업에 '인재확보의 선순환 구조'를 정착시켜야 한다고 한다. 이를 [그림 1-3]으로 정리할 수 있다.

[그림 1-3] 인재확보의 선순환 구조

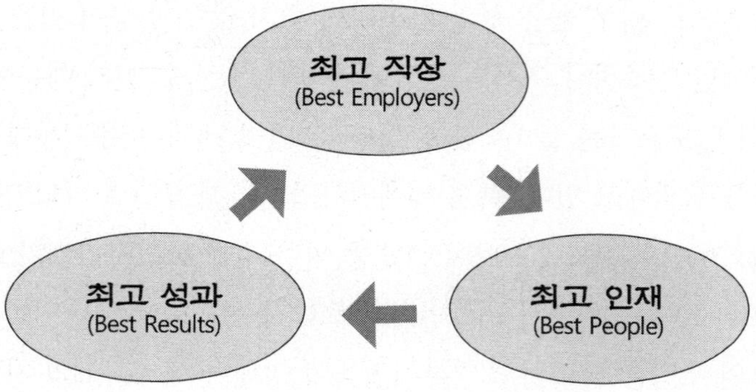

인재확보의 선순환 구조는 '최고의 직장(Best Employer)'이 '최고의 인재(Best Employee)'를 모으고, 이러한 인재가 '최고의 성과(Best Results)'를 내며, 이러한 성과가 다시 최고의 직장을 만드는 밑거름이 되어야 한다는 것이다.

최고직장의 생성요인은 무엇인가? 글로벌 컨설팅 그룹 휴잇어소시엇츠에서는 최고직장의 생성요인으로 리더십이 다르며, 사람관리가 전략의 핵심이고, 성과조직을 구축하며, 효과적인 인사제도를 운영하며, 고객지향성이 강한 기업 등을 들고 있다. 최고직장으로 인정받는 기업들은 구성원의 성과몰입도가 높고, 재무 및 BSC 관점의 성과가 뛰어나며, 인재가 스스로 찾아오게 하는 브랜드가 구축되고, 핵심 인재를 빼앗기지 않는 흡인력을 지닌 기업이라고 설명한다. 또한 초일류기업이라는 최고의 직장에 부합하기 위한 가장 중요한 요소는 성과몰입과 전략연계성이라고 주장한다. 이런 것들이 제대로 갖추어지지 않으면 최고의 직장이 될 수 없다고 설명한다.

① 성과몰입이란?: '구성원들이 경영성과의 창출 및 향상시키기 위해 지적으로나 정서적으로 몰입되어 있는 상태를 의미'하는데, 성과몰입이 이루어진 구성원들은 고객 충성도를 높이고, 탁월한 경영성과를 쌓게 되며, 회사에 보다 충실하고 유연하게 대처할 수 있다고 한다.

② 전략 연계성은?: '구성원과 리더가 회사전략을 지원하고 인사제도가 회사의 전략 방향에 일관성 있게 구성된 정도'를 의미하는데, 전략연계성을 높이기 위해서는 1) 경영진이 갖고 있는 회사목표와 전략방향을 구성원들이 이해하고 공유해야한다. 2) 관리자들도 회사 인사정책을 활용하고 지지하고 있음을 구성원들이 믿어야한다. 3) 장기적인 주주가치를 측정하는 지표와 회사 성과지표간에 일관성이 존재해야한다. 4) 인사제도가 효율적, 효과적으로 경영전략을 지원해야한다 등 4가지를 제시한다. 따라서 훌륭한 인재들로 구성된 최고의 직장이 되려면 면밀한 전략적 검토와 세밀한 실행이 뒷받침되어야 한다.

결국 탁월한 성과를 창출할 수 있도록 전략연계성과 성과몰입을 유도하는 최고의 직장, 뛰어난 조직을 누가 만들고 구축하는가? 바로 사람 즉 조직의 인적자원들이다. 경쟁에서 성공을 보장하던 기존요인(기업의 독창적인 기술, 제품기술과 공정기술, 보호되고 규제되는 시장, 재무적 자원에 대한 접근성, 규모의 경제 등)의 중요성이 감소하면서 사람과 인적자원 관리방법의 중요성이 점점 부각되고 있는 것이다. 또한 인적자원의 관리로부터 비롯되는 조직문화와 조직역량의 중요성은 점점 증가하고 있는 추세이다.

따라서 조직의 성과와 건강 모두에 대한 적극적인 관리를 통해 기업들이 탁월한 성과를 지속적으로 창출할 수 있도록 유능한 인적자원의 보유와 개발여부가 현대기업의 경쟁우위요소이며, 사람에 의한 경쟁력이 결정적이고 차별적인 경쟁우위의 원천인 것이다.

2.2. 혁신/변화의 주체

성과창출의 경영을 효과적으로 수행하기 위한 경영진의 가장 어려운 책임중의 하나는 '변화를 감당하는 것'이라고 한다. 특히 변화를 효과적으로 다루기 위해서는 변해서는 안 될 것이 무엇인지를 제대로 알고 있어야 한다(마그레타; 권영설 & 김홍열 역, 2004.) 마그레타는 변화를 위해 변해서는 안 될 무엇은 크게 두 가지로, 하나는 '우리는 왜 함께 일하고 어떻게 일 하는가에 대한 답을 다루는 경영의 핵심'과 관련된 것이고, 다른 하나는 '구성원들간의 공통적인 성과를 만들어 내기 위한 방안으로 계획을 성과로 옮기는 경영의 실행'과 관련된 것이다. 이들을 다음의 〈표 1-2〉와 같이 정리할 수 있다.

〈표 1-2〉 경영핵심과 경영실행에 있어 변하지 말아야 하는 것들

구 분	내 용
경영 핵심	1) 가치 창조: 회사 밖으로부터 안으로.
	2) 비즈니스 모델: 통찰을 사업화하기.
	3) 전략: 탁월한 성과를 내는 논리(차별화)
	4) 조직: 어디에 선을 그릴 것인가(참여규칙 확립, 디자인).
경영 실행	1) 현실직시: 직관보다 숫자에 초점(숫자로 본 조직현실 파악)
	2) 진정한 핵심: 사명과 측정도구들(구성원노력의 결집을 위해)
	3) 미래에 베팅: 혁신과 불확실성(장 · 단기의 성과조화를 위해)
	4) 성과내기: 솔선수범 하라(자원 배분, 우선과제에 집중 위해)
	5) 인적자원관리: 인간존중경영의 실현: 어떤 가치(개인차인정, 자율성 등)들이 중요?

자료: Magretta, J.(권영설 & 김홍열 역, 2004), 경영이란 무엇인가?, 김영사

글로벌 경제 질서와 경영환경이 급변하는 대변혁기에 기업경영의 화두인 지속적인 생존을 위해서는 변화하지 말아야할 것들을 정확히 알고, 그 바탕위에서 환경변화에 선제적으로 대응하고, 탁월한 성과를 창출할 수 있도록 기업은 조직의 변화를 끊임없이 추구하여야만 한다. 그 이유는 성공적인 조직변화는 구성원들의

행동변화여부에 달려있기 때문이다. 당연한 얘기지만 구성원들이 성과몰입이 되어 있을수록 성공가능성은 높아질 수밖에 없다. 따라서 기업조직에서 혁신활동을 통한 성과창출을 제대로 수행하기 위해서는 '변화된 경영자와 관리자들', '변화된 조직', '변화된 구성원들'을 필요로 하는 것은 당연한 일이다.

그렇다면 위대한 조직이 되기 위한 변화프로세스는 무엇인가? 지속성장하는 위대한 조직으로의 변화에 성공하기 위해서 어떤 프로세스를 거쳐야 하는 것인가? 이와 관련하여 켈러와 프라이스(서영조 역, 2014)는 기본적으로 답해야 하는 다섯 단계 질문(5A)으로 성과와 건강의 측면에서 각각의 프로세스를 다음의 〈표 1-3〉과 같이 제시한다.

〈표 1-3〉 성공적 변화를 위한 다섯 단계 질문(5A)

단 계	질 문
포 부(Aspire)	우리는 어디로 가고 싶은가?
평 가(Assess)	우리는 그곳에 갈 준비가 얼마나 되어 있는가?
설 계(Architect)	그곳에 가려면 무엇을 해야 하는가?
실 행(Act)	구체적으로 어떻게 실행해야 하는가?
전 진(Advance)	지속적으로 유지 · 발전시키려면 어떻게 해야 하는가?

단계	추진해야 할 도전과 접근법			
	성과 측면		건강 측면	
포부	전략적 목표	변화의 비전과 목표를 어떻게 만들 것인가?	건강 핵심요소	목표인 건강한 조직이란 어떤 것을 말하는지, 어떻게 파악할 것인가?
평가	역량 플랫폼	비전과 목표를 달성할 능력을 어떻게 확인하고 진단할 것인가?	발견 프로세스	조직건강의 핵심인 의식구조의 현 상태를 어떻게 진단할 것인가?
설계	과제 포트폴리오	성과향상 시킬 구체적/균형 잡힌 과제를 어떻게 설정할 것인가?	영향력 모델	건강한 의식구조에 도움이 되는 근무환경을 어떻게 만들어낼 것인가?

실행	실행 모델	포트폴리오상의 각 과제에 대해 어떻게 올바른 접근법을 결정하고 실행할 것인가?	변화의 엔진	어떻게 변화를 추동할 에너지가 끊임없이 만들어지고 발휘되도록 할 것인가?
전진	지속개선 위한 인프라	한 번의 큰 변화에 집중하는 것에서 지속적 향상 노력하는 것으로 어떻게 이동할 것인가?	중심 잡힌 리더십	지속적 변화를 이끌 수 있도록 어떻게 자기관리를 해나갈 것인가?

자료: Keller, S. & Price, C.(서영조 역, 2014), 차이를 만드는 조직, 전략시티.

이러한 변화프로세스는 현재 변화를 겪고 있는 조직뿐만 아니라 변화관리역량을 키워 앞으로도 계속 변화하며 지속 성장하려는 조직에도 도움을 주기 위한 것이다.

따라서 '환경에 가장 적합한 개체가 가장 잘 적응하기 때문에 경쟁자들을 물리치고 살아남는다.'는 찰스 다윈의 적자생존이론은 현재의 비즈니스 환경에 딱 맞는 말이다. 결국 기업을 역동적으로 경영하여 환경에 빠르게 적응하는 능력이야말로 21세기 경쟁우위의 가장 중요한 원천이라 할 수 있다.

사람들이 없으면 조직의 생명은 다하고, 시스템이나 인프라 등 겉 뼈대만이 남는다. 그러므로 변화하는 것은 조직이 아니라 사람들이기 때문에 인적자원이 경쟁력의 원천이 되는 것이다.

학습목표(과제)

1. 인적자원관리와 인간존중경영의 관련성은 무엇인가?
2. 조직에서 우수인재를 유인 및 유지방안은 무엇인가?
3. 인적자원이 왜 경쟁력의 원천인가?

참고문헌

게오르크 호이젤(유영미 역, 2009), 승자의 뇌구조, 갈매나무.

나기현(2013), 성과예술: 인간존중경영, 부산외국어대학교 출판부.

신유근(1997), 인간존중의 경영, 다산출판사.

조영탁(2010), 인적자원관리와 인간존중경영, (주) 휴넷.

Cott, K. & Price, C.(서영조 역, 2014), 차이를 만드는 조직, 전략시티.

Lencioni, P. M.(송경모 역, 2006), 탁월한 조직을 만드는 4가지 원칙, 위즈덤하우스.

Magretta, J.(권영설 & 김홍열 역, 2004), 경영이란 무엇인가, 김영사.

McKinsey(2010), What Successful Transformations Share, McKinsey Quarterly Survey, Jan.

Peters, T. & Waterman, Jr. R.H.(1982), In Search of Excellence, Warner Books.

Pfeffer, J.(포스코경영연구소 역, 2009), 사람이 경쟁력, 21세기북스.

제2장. 인적자원관리의 발전 모멘텀(계기)

인사관리의 발전 모멘텀(계기)을 공부하는 것은 과거 역사의 교훈으로부터 현대 인사관리의 좌표를 확인하고 오늘의 문제를 해결하는 지혜를 얻을 수 있을 것이라고 믿기 때문이다. 인사관리의 기원은 일반적으로 산업혁명이후 임금노동이 보편화되기 시작하면서 태동하고 오늘날에 이르기까지 획기적으로 발전하게 된 계기들이 있었다. 따라서 제1절에서는 인사관리가 발전하게 된 중요한 계기들을 살펴보도록 한다. 제2절에서는 인사관리와 인적자원관리의 비교를 통해 차이가 무엇인지를 살펴보고, 인적자원관리의 목표에 대하여 알아보도록 한다.

제1절. 인사관리(PM: Personnel Management)의 발전 모멘텀

인사관리의 출발점은 서구 산업혁명으로 보는 것이 대체적인 견해이다. 그 이유는 인간이 타인의 기업체에 고용되어 노동의 대가로 임금을 받는 임금노동이 보편화되었기 때문이다. 인사관리가 발전하게된 획기적인 계기를 몇 단계로 구분해보면 다음과 같다(김영재외 2인, 2005).

1.1. Taylor의 과학적 관리(Scientific Management)

인사관리발전의 첫 번째 계기로 테일러를 들 수 있다. 그는 과학적 관리방법을 내세움으로서 당시에 지배적이던 주먹구구식관리 또는 표류관리를 대체하는 새로운 과업관리(Task Management)를 주장하였다. 이는 1880년대부터 노동자간에 빈번하게 일어난 조직적 태업을 해결하기 위해서는 명확한 법칙과 원리를 기초로 한 진실한 과학으로서의 관리를 개발하고 수행해야 한다는 필요성에서 나온 것이다. 과학적 관리법의 주요 내용은 다음의 〈표 2-1〉과 같이 정리할 수 있다(김종득

& 정형일, 2009).

〈표 2-1〉 과학적 관리법의 주요 내용

구 분	과학적 관리법	그 이전 관리제도
관 리	과업관리	표류(주먹구구식)관리
임 금	차별적 성과급제	단순성과급제도
조 직	직능조직	군대조직

테일러의 과학적 관리법에 의한 인사 관행은 매우 혁신적으로 당시에 보편화되어있던 인사 관행과는 아주 대조적인 방법이었다. 그 이유는 당시 사용자들이 작업성과를 올리기 위해 종업원들에게 해고의 위협을 가하는 것이 효과적이라고 생각하던 시기에, 테일러의 생각은 노사의 대립을 해소하기 위하여 과학적인 방법을 도입하여 작업능률을 향상시킴으로서 경영자의 임률삭감을 회피하고, 노동자의 임금증대를 보장하는 것이었기 때문이다. 이와 같은 고임금 · 저노무비(high wages and low labor cost)의 실현이라고 하는 과학적 관리법의 목표를 달성하기 위해 그가 제시한 여러 원리들 중 우리가 인사관리부문에서 관심을 가져야 할 주요 내용은 세 가지로 다음의 〈표 2-2〉와 같이 정리한다.

〈표 2-2〉 인사관리부문에서 가져야 할 주요 관심사

<table>
<tr><td>1. 생산작업에 필요한 기술을 가진 자를 선별하는 일.</td><td rowspan="3">과업의 설정과 표준화
시간연구 ↗ ↓ ↖ 동작연구
낭비, 무리한 행동과 시간제거
↓
작업능률의 향상</td></tr>
<tr><td>2. 생산성을 증가시키기 위해 성과급을 지급하는 일.</td></tr>
<tr><td>3. 최상의 성과달성방안을 알기 위해 직무를 분석하는 일.</td></tr>
</table>

1.1.1. 과학적 선택과 훈련

설계된 직무내용과 작업조건을 중심으로 인간공학(human engineering)의 관점에서 직무에서 요구되는 육체적, 지능적 자격을 갖춘 근로자를 선발하고, 또 직무조건에 맞추어서 표준생산량을 감당할 수 있도록 그들을 훈련시켜야 한다는 것이다. 이는 인간보다는 구조우선적인 인사관리 관점을 강조하였다.

1.1.2. 차별 성과급제

근로자를 보상하는데 있어서 성과에 비례하여 임금을 지불해야 한다는 것이다. 특히 그는 단순히 생산량에 정비례하여 임금을 지불하는 순율성과급제와는 달리, 일정한 표준량을 초과하는 부분에 대해서는 더 높은 임금률을 적용하는 차별 성과급제를 창안하였다. 차별 성과급제에서 적용되는 표준량과 임금률이 직무연구를 통하여 설정되는 것은 물론이다.

임금관리에 있어서 테일러리즘에 의한 인사관행과 현대 인사관리와의 차이는 보상에 있다. 테일러는 재무적 보상만을 통해 성과를 달성하려했던 반면 현대는 재무적 보상과 구성원의 심리적 보상(인정, 책임, 성취감 등)을 활용해 성과를 달성하고 있다는 점이 커다란 차이로 볼 수 있다.

1.1.3. 과업관리와 직무관리

관리자는 근로자의 직무를 설계해주고 직무수행방법도 구체적으로 설정해 주는 직무연구(job study)에 책임을 져야 하며, 근로자는 관리자가 설정해준 직무를 그대로 수행하는 것이 그들의 과업이라는 것이다. 따라서 시간 및 동작연구를 통해 직무내용은 물론 직무수행에 사용되는 도구 등 작업조건과 환경을 표준화하여 최선의 직무수행방법을 설정하고, 이를 기준으로 표준생산량도 설정하는 등 경영관리자의 기획기능을 강조하였다.

과업관리의 원리는 경영층과 근로자층의 분업을 통하여 조직계층의 전문성과 합리성을 높이고, 직무연구는 근로자의 직무설계와 표준화를 통하여 이들의 능률과 성과를 높이는데 크게 기여하였다.

이와 같이 과학적 관리법은 공장경영을 효율화하고 능률과 생산성을 높이는 과정에서 직무연구와 성과급제, 과학적 선발과 훈련, 그리고 기능적 관리조직구조 등 현대 인사관리에서도 사용하고 있는 인사관리기능의 발전에 크게 기여하였다.

1.2. 초기 산업 및 조직심리학자들의 기여

과학적 관리법과 때를 같이 하여 '공장의 작업환경과 근로자의 심리적 연구'를 통하여 직장과 근로자간의 관계를 효율화시키려는 산업 및 조직심리학자들이 인사관리에 중요한 공헌을 하였다.

1913년 뮨스터버그는 '심리학과 산업능률'이라는 저서를 통해 직업에 적합한 사람들을 선발하는 실험에 대해 기술하고 있다. 그가 연구한 내용들 중 우리가 인사관리부문에서 가져야 할 주요 관심사는 크게 두 가지로 다음의 〈표 2-3〉과 같이 정리할 수 있다.

〈표 2-3〉 인사관리부문에서 가져야 할 주요 관심사

1. 직무를 분석하는데 있어 직무수행능력을 고려한 점.
2. 직무수행능력을 측정하는 도구를 개발한 점.

그는 심리학 지식과 연구방법은 과학적인 조직체 경영과 인사관리에 큰 도움이 될 수 있다고 강조하고, 근로자의 직무를 분석하고 각종 검사측정을 통해서 직무에서 요구되는 신체적 · 지능적 그리고 성격적 요건을 연구하여 근로자의 과학적 선택에 실질적인 공헌을 했다. 또한 직장사고에 따른 인적손실과 관련하여 각종 검사도구를 통하여 사고성(accident proneness)이 많은 사람들을 추려내려고 노력하였으며, 직무의 지루함(monotony)이나 직무간의 연결성 등 작업조건과 환경도 분석하여 이에 알맞은 인적요건을 연구하여, 직무와 근로자 사이의 적합화

(matching)가 잘 되도록 과학적인 접근을 시도 하였다.

제1차 세계대전 중 미국에서는 병사들을 선별하기 위한 심리검사 일환으로 지능검사를 시행한바 있으며, 제2차 세계대전을 계기로 이러한 심리검사들이 인사관리의 중요한 영역으로 편입되었다. 즉 제2차 세계대전 중 전쟁수행에 필요한 인력의 원활한 공급과 적격자의 선발이 군대에서는 주된 업무였다. 군에서 필요로 하는 개인의 관심사, 보유기술, 능력들을 신속하게 그리고 정확하게 파악하기 위해서 심리검사(psychological test)가 급속히 발달하게 되었다. 전쟁이 끝난 후 이 심리검사법은 기업체에 사용되어 신입사원을 선발하는 도구로 널리 쓰이게 되었다.

과학적 관리와 마찬가지로 초기 산업 및 조직심리학자들은 심리학의 지식 및 연구방법을 활용하여 조직체의 능률과 생산성을 높이기 위한 직무수행능력 고려와 이를 측정할 수 있는 도구개발 등 인사관리의 원리와 방법을 개발함으로서 인사관리 발전에 크게 기여하였다.

1.3. Mayo의 호손(Hawthorne) 연구

1920년대 하반기 하버드대 사회학자인 메이요(Mayo)와 뢰슬리스버거(Roethlisberger)는 시카고시 근교에 위치한 웨스턴 일렉트릭회사의 호손공장에서 과학적 관리법의 유효성을 실제로 검증하는 연구인 호손실험을 1927~1932년의 장기간에 걸쳐 실시하였다. 연구결과, 직무만족 같은 "사회적 요인이 생산성에 영향을 미친다."는 주장을 발표하기에 이른다. 이 유명한 '행복한 근로자가 일 잘하는 관리자(A Happy worker is a Productive Worker)'라는 명제는 이른바 '인간관계운동(Human Relation Movement)'의 주된 테마였으며, 이 운동은 60년대 까지 지속되었다.

인간관계운동이 인사관리에 기여한 점을 정리해보면 다음의 〈표 2-4〉와 같다.

〈표 2-4〉 인간관계운동이 인사관리에 기여한 점

1. 조직의 사회적 성격 강조
2. 작업자의 동기부여와 집단의 중요성
3. 부하직원에 대한 리더십 발휘의 중요성

1.3.1. 조직의 사회적 성격 강조

호손실험에서도 작업집단의 생산성은 직무체계와 표준생산량 등의 공식적인 요소보다는 집단구성원들간의 상호작용에 의하여 지배되는 것으로 나타났다. 조직체는 단순히 직무와 권한으로 형성된 공식구조가 아니라 개인들로 구성된 사회적 집합체이다. 그러므로 조직의 목적을 달성하고 생산성을 높이려면 합리적인 공식구조의 설계도 중요하지만, 이와 더불어 조직체에서 실제로 나타나는 자연발생적인 비공식 조직도 매우 중요하다. 따라서 조직은 단순한 직무의 구조체계라기보다는 인간으로 구성된 사회적 유기체라는 것이 강조되기 시작하였다.

1.3.2. 작업자의 동기부여와 집단의 중요성

호손실험에서 작업집단의 구성원들은 자신들의 비공식조직과 규범(norm)을 통하여 자신들의 행동을 통제하면서 상호간의 귀속감과 안정감을 증대시키려고 노력하는 것이 현저히 나타났다. 또한 경제적 동기보다도 집단의 규범과 사회적 동기가 집단구성원의 행동형성에 더 중요한 요소로 작용하고 있었다. 따라서 조직구성원들은 단순히 경제적 동기에 의해서만 행동하지 않고 집단구성원으로서 사회적 동기에 의하여 행동이 형성된다.

이처럼 사회적 동기로 인해 개인의 행동은 집단영향을 많이 받기 때문에 조직체 성과에 있어서도 집단행동과 집단성과가 매우 중요한 요소로 인식되기 시작하였다. 그리고 집단성과는 집단의 직무구조와 작업조건보다는 집단구성원들의 상호관계와 상호작용으로부터 더 많은 영향을 받는다는 새로운 전제하에 집단구성원들간의 인간관계와 집단의 사기(morale) 그리고 집단의 응집력(cohesiveness)에 큰 관심을 갖게 되었다.

1.3.3. 리더십 발휘의 중요성

호손실험결과로 인한 또 하나의 새로운 인식은 직무만족과 생산성과의 관계이다. 조직의 생산성은 조직구성원이 자기 직무에 얼마나 만족하고 있고, 자기 자신이 관리자로부터 얼마나 인정을 받고 있는지에 달렸다는 새로운 관점을 제시하였다. 따라서 집단구성원의 직무만족을 높이기 위하여 리더는 구성원을 잘 이해하고 그들의 문제에 관심을 갖고 배려해 주는 인간중심적이고 민주적인 리더십 및 관리방법이 강조되기 시작하였다.

1.4. 1964년 민권법의 제정

인사관리는 법적환경의 영향을 받기 때문에 인사관리와 관련된 법률의 제정은 인사관리에 결정적인 영향을 미친다. 미국에서는 1964년 제정된 민권법(Civil Right Act)이 제정되어 성, 종교, 인종, 피부색, 출신국가를 이유로 고용에 차별을 두는 행위를 불법으로 규정하게 되었다. 이후 미국기업의 인사관리는 종래의 행정적인 역할을 벗어나 고용계약의 관리, 종업원의 태도조사, 노동관계법에 대한 대책수립 등 양적, 질적으로 점차 확대되었다.

1.5. 1980년대 인적자원관리의 발전

1970년대 까지만 해도 서구기업의 인사관리는 반응적(reactive)인 수준에 머물러 있었다. 반응적 인사관리란 '조직 내 어떤 필요성이나 문제가 발생을 했을 경우에만 인사 조치를 시행하는 것'을 의미한다. 그러나 1980년대 들어서면서 미국에서 인적자원관리(Human Resources Management)가 기업이윤의 증대에 기여하고 타 기능수행에 도움을 주는 수단으로 인식되면서 선행적(proactive)인 수준으로 변화하게 된다.

선행적인 인적자원관리는 인적자원을 기업혁신의 잠재력으로 인식하고 모방할 수 없는 경쟁우위로 간주하는데서 출발하여, 기업내부고객인 구성원을 위한 경력관리, 인력개발, 코칭 등 도구들을 동원하여 기업 내부시장에서의 경쟁력을 높인다. 또한 기업의 긍정적 이미지를 유지하고 매력제공 등으로 외부노동시장에서의 우위를 점하여 질 높은 노동력을 확보로 외부노동시장에서의 경쟁력을 제고시킴으로서, 인사부서가 이익중심점으로서의 기업성장에 결정적인 역할을 수행하는 단계로 꾸준히 발전하게 된다.

따라서 현대적 인적자원관리는 인적자원의 잠재력과 개발가능성에 초점을 두고, 인적자원관리를 기업의 중요한 전략으로 승화시킴으로서 인적자원의 전략적 중요성과 라인관리자의 인적자원기능을 한 층 더 강조하고 있다. 즉 오늘날의 인적자원관리는 종래의 전문화되고 단독적인 기능에서 새롭게 전환되어 인적자원과 라인관리자가 파트너십을 형성하여 비교우위를 획득하고 기업의 목표를 달성하는데 있어서 결정적 역할을 하는 것으로 평가되고 있다.

이상과 같이 우리는 서구의 인사관리의 발전계기를 5가지 차원에서 살펴보았다. 그러나 우리기업의 인사관리는 인력의 확보나 유지관리에만 치중하고 경력개발제도(CDP) 같은 개발관리에는 등한시해 여전히 대응적 관리수준에 머물러 있으며, 선행적 관리와는 거리가 멀다고 볼 수 있다. 따라서 창의성 기반 경제시대로 바뀌고 사람이 경쟁력의 원천인 지식정보화시대에서 우리기업의 인사관리와 인사관리부서는 반응적인 관리관점에서 선행적인 관리관점으로 인식의 전환과 역할의 변화를 꾀하여야한다.

제2절. 인사관리와 인적자원관리의 차이, 그리고 인적자원관리의 목표

종래의 인사관리에서 인적자원관리로 이행한 것은 단순히 단어의 차이가 아닌 내용상의 현격한 차이를 의미하는 것이기 때문에, 본 절에서는 인사관리와 인적자원관리의 달라진 시각과 내용을 살펴보고 인적자원관리의 목표에 대하여 알아보도록 한다.

2.1. 인사관리와 인적자원관리의 차이

인사관리와 현대적 인적자원관리의 차이를 비교하면 다음의 [그림 2-1]과 같다.

[그림 2-1] 인사관리와 인적자원관리의 차이비교

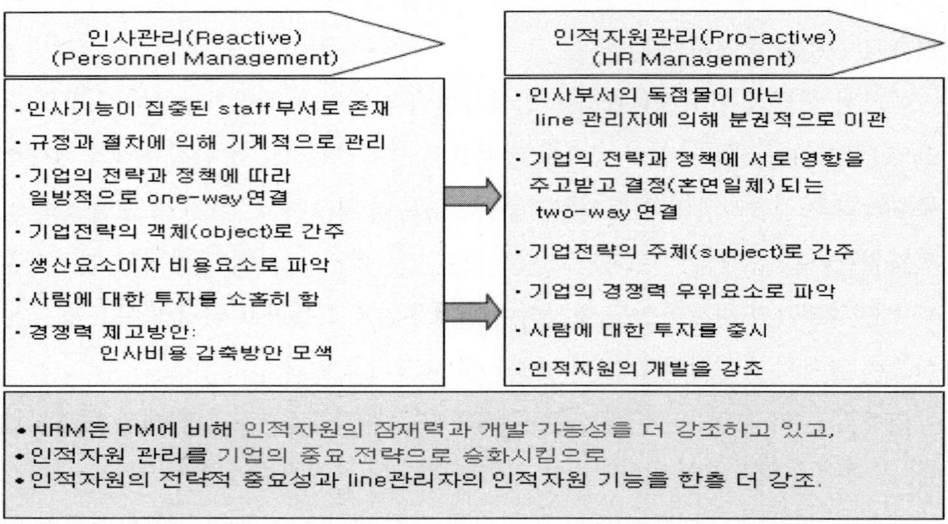

자료: 김영재외 2인(2005), 인적자원관리, 삼영사

인사관리는 주로 관리자가 아닌 일반종업원을 대상으로 하는 수직적 경영인데 비해서, 인적자원관리는 주로 관리자의 개발에 중점을 두고 있다는 점에서 수평적 경영으로 간주된다는 것이다(김성국, 1997). [그림 2-1]에서 차이를 비교 · 정리한 내용을 구체적으로 다음과 같이 설명할 수 있다.

1) 인사관리 측면에서 인사관리부서는 인사기능이 집중된 스텝부서로 존재하며, 라인관리자는 인사스텝이 마련하는 규정과 절차에 따라 기계적으로 사람들을 관리하였다. 즉 반응적 인사관리에서는 인사관리가 기업전략의 일부가 될 수 없으며, 라인관리자는 인사문제를 자기의 문제라기보다는 인사부서에 속한 전문가

의 문제로 치부하게 된다. 이에 비해 인적자원관리 측면에서 인사관리기능은 인사부서의 독점물이 아니라 라인관리자들에게 분권적으로 이관되고 있다. 즉 인사관리의 주된 집행자는 라인관리자이고 인사부서는 이들을 지원하는 역할을 담당하는 것으로 변경되었다.

2) 과거 인사관리는 기업의 정책에 따라 자동적으로 결정되는 일방적 연결(one-way linkage)인데 비해, 인적자원관리에서는 기업의 정책과 혼연일체가 되어 서로 영향을 주고받는 쌍방적 연결(two-way linkage)이라는 점이 특징이다.

3) 인사관리에서는 사람을 기업전략의 객체(objects)로 간주하고 구성원을 생산요소이자 비용요소로 파악하기 때문에 기업경쟁력제고를 위해 인사비용 감축방안 모색에 초점을 두었다. 반면에 인적자원관리는 사람을 기업전략의 주체(subject)로 간주하고 인적자원(human resource)을 기업의 경쟁우위요소로 파악하기 때문에 사람에 대한 투자를 중시하고 인적자원개발을 강조하고 있다.

4) 인사관리는 기업의 경제적 목표(생산성, 이윤, 수익성 등)와 사회적 목표(종업원의 직무만족, 사기, 복리후생 등)는 상쇄관계(trade-off)로 보는데 반해 인적자원관리에서는 기업의 강한 문화에 의해 두 목표가 균형을 이룰 수 있다는 가능성을 제시하고 있다.

결론적으로 현대적 인적자원관리가 종래의 인사관리와 확연히 다른 점은 인적자원의 잠재력과 개발가능성을 중시하고, 인적자원관리를 기업의 중요한 전략으로 승화시키고, 본질적으로 선행적(pro-active) 관리라는 점이다.

따라서 기업의 인사관리도 이제는 반응적 수준에서 벗어나 선행적인 인적자원관리로의 변화를 추구해야 한다. '옷에다 사람 맞추는 식'의 전통적인 방식을 탈피하고 능력주의, 정예주의를 바탕으로 한 창의적/자율적인 인사관리시스템을 유지하고 운영해야만 한다.

2.2. 인적자원관리의 목표

인적자원관리의 궁극적인 목표는 개인의 목표와 조직의 목표의 조화 및 균형 즉 조직유효성향상과 근로생활의 질(QWL: Quality of Working Life)을 추구하는데 있다. 그렇다면 조직의 목표와 개인의 목표는 무엇이고, 각각 이를 달성할 수 있는 방안들은 무엇인가? 이에 대해 구체적으로 살펴보면 다음의 [그림 2-2]와 같이 정리할 수 있다.

[그림 2-2] 인적자원관리(HRM)의 목표

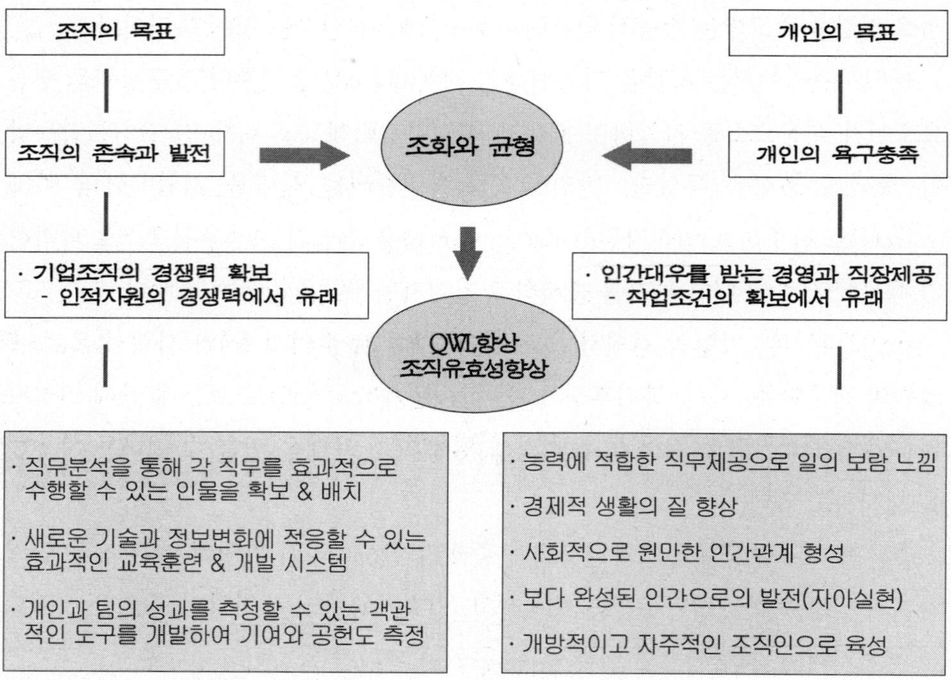

자료: Pfeffer, J.(포스코 경영연구소 역, 2009), 사람이 경쟁력, 21세기북스.

2.2.1. 조직의 목표

조직의 목표는 조직의 존속과 발전으로, 이를 위해서는 기업조직의 경쟁력을 확보해야 한다. 우리는 기업조직의 경쟁력을 어떻게 확보할 수 있을까? 즉 기업경쟁력의 원천은 무엇인가? 바로 인적자원의 경쟁력을 통해서 기업의 경쟁력을 확보해야할 것이다.

21세기 지식기반의 정보화 사회에서는 사람이 갖는 위력이 더욱더 날로 커져가고 있다. 끊임없이 혁신을 통하여 성장해 가는 초우량기업들을 보면 결국 기업의 경쟁력과 기업혁신의 원동력이 사람이라는 것에 재론의 여지가 없어 보인다. 제프리 페퍼(Pfeffer, J.)의 '사람이 경쟁력'(포스코 경영연구소 역, 2009)에 소개된 것처럼 사람을 통한 경쟁력을 확보하기 위해서는 최소한 세 가지 측면의 작업이 이루어져야 한다. 먼저 1) 기업은 직무분석을 통해 각 직무를 가장 효과적으로 수행할 수 있는 인물을 확보하고 배치해야 한다. 이는 적재적소(the right man for the right people)의 원칙을 강조한 것으로, 직무분석을 통해 직무수행능력을 밝혀내고, 이에 따라 직무에 가장 적합한 인물을 선발하고 배치하는 것을 의미한다. 2) 새로운 기술과 정보변화에 적응할 수 있는 효과적인 교육훈련 및 개발시스템을 갖추어야 한다. 우수한 역량을 갖춘 인적자원을 확보해도 시간이 지남에 따라 그들의 역량이나 지식과 기술 등은 진부화 할 수밖에 없다. 따라서 기업이 보유한 인적자원의 역량개발을 위한 다양한 교육훈련프로그램과 개발시스템을 갖추는 것이 치열한 글로벌 경쟁에서 비교우위를 점할 수 있는 가능성이 그만큼 커진다고 볼 수 있다. 그리고 3) 개인과 팀의 성과를 측정할 수 있는 객관적인 도구를 개발하여 기여와 공헌도를 측정하여야 한다. 고성과를 창출하는 우수한 인력들은 자신이 만들어 낸 성과 그리고 팀의 성과에 대해 자신이 기여한 정도를 객관적으로 측정하고, 이에 따라 공정한 보상 및 피드백이 이루어지기를 기대하고 있다. 이들의 기대충족여부에 따라 조직에 대한 몰입은 물론 의욕, 열정, 충성심 등에 영향을 받을 수 있기 때문이다.

2.2.2. 개인의 목표

개인의 목표는 개인들의 욕구충족으로, 이를 위해서는 인간대우를 받는 경영과 직장을 제공받아야 한다. 즉 이는 작업조건의 확보를 의미하는 것으로, 어떠한 작업조건들이 확보될 때 인간적인 대우와 존중을 받는 직장으로 여기게 되는 것일까?

먼저, 1) 자신의 능력에 적합한 직무를 제공받음으로서 일의 보람을 느낄 수 있어야 한다. 이는 개인의 특성과 직무특성간의 적합화를 의미하는 것으로, 직무를 통한 즐거움과 만족에 영향을 미쳐 조직구성원들의 근로생활의 질(QWL)의 향상을 유도할 수 있다. 또한 성과창출을 위한 바람직한 행동을 유도할 수 있고, 이는 조직유효성을 향상시키는데 기여할 것이기 때문이다. 즉 개인적 특질과 직무특질간의 적합관계는 직무스트레스, 직무수행, 이직의도, 그리고 직무만족 및 조직몰입과 같은 작업관련 태도와 상관이 있다. 2) 일을 통해 경제적 생활의 질이 향상되어야 한다. 구성원 개개인들은 왜 일을 하는가? 보상을 위해?, 성공을 위해?, 나의 천직? 이에 대한 답은 각기 다를 것이다. 구성원 개개인들이 일을 바라보는 관점에 따라 일에 대한 몰입과 노력, 태도가 달라진다. 구성원들이 스스로 자신의 일에 의미를 부여하고 소명의식을 제고하기 위해서는 자신이 하고 있는 일이 세상을 좀 더 좋은 곳으로 바꾸는데 기여한다고 생각하면 일하는 과정을 즐기고 열정을 다 할 수 있을 것이다. 그러나 기본적인 전제는 최소한의 삶의 조건인 경제적인 생활의 질이 어느 정도의 보장이 되어야 한다는 것이다. 3) 사회적으로 원만한 인간관계를 형성할 수 있어야 한다. 회사는 구성원간 인간관계의 질을 높이고 동료관계를 확장하도록 지원해야 한다. 특히 취미가 같은 동료들이 함께 만나는 '사내 동호회'나 유사한 업무를 하는 동료끼리 서로 소개하는 '동료소개 프로그램' 등을 시행할 필요가 있다.

4) 보다 완성된 인간으로의 성장 · 발전(자아실현)할 수 있어야한다. 행복한 직장인은 자신의 업무가 의미 있고, 업무에 자신감을 갖고 있으며, 그리고 직장에서 일을 통해 성장하고 있다고 생각하는 경향이 뚜렷하다. 또한 일을 통해 새로운 것을 학습하고 자신을 성장 · 발전시켜 나간다. 그리고 회사는 구성원의 강점에 맞는 업무를 부여하고 강점을 향상시키는 훈련을 제공해야 한다. 특히 구성원의 잠재적 역량을 업무에 구체적으로 활용할 수 있도록 적극 지원해야 한다. 따라서 자신의 강점을 새롭게 발견하고 일에 몰입함으로서 스스로 성장한다고 느낄 수 있도록 적극적인 조직의 지원이 필요하다. 5) 개방적이고 자주적인 조직인으로 육성되어야 한다. 이를 위해서는 조직과 상사로부터 많은 지원을 받아야 한다. 조직

과 상사의 지원이란 '조직이 구성원의 의견에 관심을 갖고 공정하게 대우하며, 상사는 구성원을 업무적 · 감정적으로 지원하는 것'을 의미한다. 또한 능동적으로 자신의 업무를 재설계 즉 잡 크래프팅(job crafting)을 할 수 있어야 한다(Wrzesniewski & Dutton, 2001; 임명기, 2013). 특히 자신의 일에서 불필요한 업무를 제거하고 대신 중요하다고 생각되는 업무를 찾아 재조정함으로서 종업원 스스로 능동적인 변화를 만들어 낼 수 있는 자주적인 조직인으로 육성되어야 한다.

학습목표(과제)

1. 인적자원관리의 발전 모멘텀은 무엇인가?
2. 인사관리(PM)와 인적자원관리(HRM)은 차이는 무엇인가?
3. 인적자원관리의 목표는 무엇인가? 그리고 목표달성방안은 무엇인가?

참고문헌

김성국(1997), 트렌디 인사관리, 명경사.

김영재, 김성국, 김강식(2005), 인적자원관리, 삼영사.

김종득 & 정형일(2009), 지식 · 창의경영을 위한 경영학원론, 경문사.

임명기(2013), 잡크래프팅: 일이 즐거워지는 변화, SERI 경영노트, 제116호, 삼성경제연구소.

Pfeffer, J.(포스코 경영연구소 역, 2009), 사람이 경쟁력, 21세기북스.

Wrzesniewski, A. & Dutton, J. E.(2001), Crafting a Job: Revisioning employees as active crafters of their work, *Academy of Management Review*, 26.

제Ⅱ부. 성과관리에 대한 이해

많은 기업들이 성과주의 인사정책인 연봉제를 경쟁하듯이 도입하여 운영하고 있다. 대부분의 경영자들이 성과관리를 제대로 해야 한다는 데는 모두들 동의하지만 정작 제대로 실천하는 일은 주저하고 있다. 그 이유는 무엇일까? 제 II부에서는 성과관리에 대한 이해를 통해 그 원인들을 살펴보고 이를 해결할 수 있는 방안을 찾고자 하는데 목적이 있다.

제II부는 3개의 장으로 구성되어 있다.

제1장은 외환위기 이후 많은 기업에서 서구기업들에서 활용되고 있는 성과관리제도를 도입하여 운영하고 있어, 이에 대한 이해를 돕고자하였다. 성과관리란 무엇인가? 조직에서 왜 성과관리가 필요한가? 조직에서 성과관리를 어떻게 할 것인가에 대하여 알아보도록 한다.

제2장은 조직에서 성과관리의 도입과 운영상에서의 문제점에 대하여 살펴본다. 성과관리가 제대로 실행되지 않는 이유는 무엇인지?, 성과관리제도가 정착하기 위한 조건 즉 관리자 및 구성원들의 역할은 어떻게 변화하여야 하는가? 그리고 우리나라 기업들이 성과주의 인사를 실시한지 10여년이 지난 현시점에서 성과주의 인사의 공과(功過)를 재점검하고, 지속적인 경쟁우위확보를 위해 한국기업이 지향해야 할 성과주의 인사의 새로운 방향을 모색하고자 한다.

제3장은 기업조직에서 인적자원기능들의 통합을 촉진하고, 조직목표들의 추구와 함께 인적자원들의 통합관리방안을 찾는 라인관리자들을 지원할 수 있는 포괄적인 성과관리시스템을 제안하기 위한 기초토양에 대하여 알아본다. 또한 기존 성과관리시스템의 공통된 요소들의 분석을 통한 성과관리와 인적자원관리의 이론적인 기초를 제공할 포괄적인 성과관리모델을 제안하고자 한다.

제3장. 성과관리란 무엇인가?

오늘날 글로벌 무한경쟁의 시장경제시스템 속에서 기업과 구성원 모두가 살아남아야 한다. 기업생존을 위한 수단들 중의 하나로 많은 인적자원전문가들은 성과관리의 필요성을 역설하고 있으며, 성과관리시스템을 인적자원관리에 대한 포괄적인 접근(통합)방법으로 보고 있다. 그 이유는 무엇인가? 그 이유는 성과관리시스템이 인적자원기능들을 통합하여 전략실행을 지원하고, 구성원 개발목표와 조직목표간의 균형을 추구할 수 있는 도구이기 때문이다.

따라서 성과관리에 대한 이해를 돕기 위해 본장 제1절에서는 성과와 성과관리란 무엇인지?, 그리고 제2절에서는 조직에서 성과관리를 왜 해야만 하는지 그리고 어떻게 해야 하는지에 대하여 알아보도록 한다.

제1절. 성과와 성과관리란 무엇인가?

시장의 환경이 고객중심의 고도경쟁, 저성장구도로 변화함으로써 이에 대응하기 위해 우리기업들은 서구의 성과경영에 대한 중요성을 인식하고 연봉제와 인센티브 등과 같은 성과중심의 경영혁신기법들을 너도나도 서둘러 도입하고 있다. 그러나 정작 문제는 많은 조직에서 경영자나 구성원들이 성과가 무엇인지를 제대로 이해하지 못하고 있다는 점이다. 성과라는 용어는 통상 아주 광범위하게 사용되는 말이기 때문에 우리는 이 용어를 구체적인 이해 없이 아무렇게나 사용하고 있는지도 모른다. 따라서 본 절에서는 먼저 성과란 무엇인가? 그리고 성과관리란 무엇인가에 대하여 알아보도록 한다.

1.1. 성과란 무엇인가?

성과(performance)를 간단히 사전적 의미처럼 '일이 이루어진 결과'로 볼 때, 이 결과를 어떻게 규정하느냐에 따라 성과측정대상이 변하게 된다. 그러므로 성과의 개념을 명확하게 정의한 연구는 그리 많지 않으며, 그 대신에 많은 연구에서 구성요소나 측정변수를 중심으로 성과를 정의하는 경우를 많이 볼 수 있다.

이처럼 학자들 간에도 성과의 개념에 대한 명확한 합의가 이루어지지 않고 있어 성과의 고유한 측정변수들이 개발되지 못하고 있고, 구성변수(효과성, 생산성, 효율성, 직무만족, 조직몰입 등)의 측정지표를 성과변수로 사용하고 있다는 점 등이 문제로 지적되고 있다. 이러한 문제점들을 해결하고 성과제고를 위한 실효성 있는 적합한 대안들을 제시하기 위해서는 먼저 활발한 논의를 통해 성과개념에 대한 합의가 이루어지고, 이를 바탕으로 연구내용/범위와 대상에 따른 적합한 측정지표의 개발이 이루어져야 한다.

이와 같이 명확하게 합의되지 않은 성과개념이 경영학분야에서 언제부터 등장했는지를 정확하게 언급하기는 어렵다. 그러나 1980년대 이후, 조직성과가 생산성, 효율성, 효과성 등을 어우르는 개념으로 산출과 결과를 대변하고, 이를 평가하는 기준으로 일반화되어 널리 사용되면서부터 성과는 어떤 조직에서나 강조되고 있으며 많은 사람들이 고민하고 있는 주제이다. 즉 모든 조직과 조직구성원은 성과에 민감할 수밖에 없는 상황이다. 그 이유는 조직과 조직구성원은 지금 현재도, 앞으로의 미래도 각자의 '성과'에 의해 평가되고, 그 결과에 좌우될 수밖에 없기 때문이다. 그렇다면 최근 더욱 강조되고 있는 성과란 도대체 무엇인가? 그리고 성과의 구성요소는 무엇인가?

1.1.1. 포괄적인 관점: 과업성과와 정황적 성과

"성과는 결과(result)나 아웃풋(output)만을 의미하는 것이 아니라 행동(behavior)이나 프로세스(process)까지도 포함"(Rummler & Brache, 1995; Corvellec, 1997, 2001; 강대석, 2009)하는 포괄적 개념으로 파악할 경우, 성과는 두 측면으로 나누어볼 수 있다.

하나는 실질적인 과업에서의 성과인 해당 직무기술서(job description)상의 과업 완수를 의미하는 과업성과(task performance)와 다른 하나는 조직에서의 사회적 유대를 위해 필요한 행동성과(Witt, Kacmar, Carlson, & Zivnuska, 2002; Campbell, 1990)인 정황적 성과(contextual performance)이다. 이처럼 성과를 두 측면으로 나누는 이유는 과업성과가 중요하긴 해도 이것이 조직효과성에 기여하는 모든 면을 반영하기에는 충분치 못하기 때문에 기업들의 인사고과에는 성과지표나 근무태도뿐만 아니라 과업외적인 개인의 행동측면이 역량평가의 범주로 평가에 포함되고 있다.

전통적으로 핵심과업성과에 대한 관심이 많았던 것이 사실이지만, 최근 들어서는 관계적 성과가 조직의 경쟁우위를 산출한다는 것이 점차 실증연구들을 통해 입증되고 있다(Borman & Motowidlo, 1993; Organ & Paine, 1999). 따라서 관리자들은 성과관리에서 관계적 성과, 즉 조직의 목표가 달성되어 전반적인 기업의 성과에 기여하는 그 정황(context)을 지원하고 강화한다는 것을 고려할 필요가 있다. 정황적 성과는 다음의 〈표 3-1〉과 같이 5가지 측면에서 설명될 수 있다(Borman & Motowidlo, 1993).

〈표 3-1〉 정황적 성과

<table>
<tr><td rowspan="5">정황적
성과</td><td colspan="2">1. 정해진 업무외 활동을 위한 자발성</td></tr>
<tr><td colspan="2">2. 중요한 직무요건의 완수가 요구될 때 열정의 지속</td></tr>
<tr><td colspan="2">3. 타인과의 협조 및 협력</td></tr>
<tr><td colspan="2">4. 불편을 감수하더라도 법규나 규정된 절차를 준수</td></tr>
<tr><td colspan="2">5. 조직목표의 공개적인 지지, 신뢰, 지원</td></tr>
<tr><td colspan="3">과업외적 성과(non-task performance)와 관련된 용어와 개념</td></tr>
<tr><td colspan="2">시민행동 성과
(Citizenship performance)</td><td>사회 및 심리적 환경에 도움을 줌으로써 그 조직의 목표에 기여하는 개인의 행동을 일컫는다. 이와 관련된 여러 용어와 개념들이 병존하고 있다.</td></tr>
</table>

조직시민행동 (Organizational citizenship behavior)	개인의 공식적인 역할요건은 아니지만, 조직의 기능을 효과적으로 만드는 자발적인 성격의 행동(Organ, 1988).
친사회적 조직행동 (Pro-social organizational behavior)	a) 조직구성원들에 의한 행동으로서, b) 조직에서 역할을 수행하는 동안 자신과 상호작용하는 개인, 집단, 또는 조직을 위한 행동과 c) 이들의 번영을 위한 의도가 있는 행동(Brief & Motowidlo, 1986).
역할외 행동 (Extra-role behavior)	조직에 이익이 되거나 또는 조직에 이익을 주기 위한 행동으로서, 기존의 역할기대(role expectations)를 넘어서는 행동(Van Dyne, Cumming, and McLean Parks, 1995).
조직에서의 자발성 (Organizational spontaneity)	역할외 행동이며, 자발적으로 수행되고 조직효과성에 기여하는 개인의 행동(George & Brief, 1992).

자료: 강대석(2009), 성과향상 Skill Up, 경문사.

1.1.2. 결과지향적 관점: 물리적 시스템과 업무에 있어서의 성과

류랑도(2006)에 따르면, 성과를 다음의 〈표 3-2〉와 같이 효율성과 효과성 측면의 결과 지향적 관점에서 물리적 시스템에서의 성과와 업무에 있어서의 성과 두 측면으로 설명하고 있다.

결과지향적인 관점에서 탁월한 성과를 내는 기업의 경영자나 구성원들은 자신이 목표로 하는 바로 그 탁월한 성과가 무엇인지 알고 있고, 늘 그것을 염두에 두고 업무를 수행한다는 것이다. 즉 내가 지금 무슨 일을 하고 있는가, 내가 업무수행을 통해 달성하는 결과물의 최종고객은 누구인가, 결과물은 무엇으로 평가 받는가를 항상 생각하면서 업무를 수행한다는 말이다. 그러나 아무리 업무를 열심히 수행하더라도 성과라는 목적의식이 불충분하면, 실제 구체적인 성과로 연결될 수 없다. 이처럼 성과란 철저히 결과지향적인 개념이다. 해당업무를 수행함으로써 목적한 결과를 제대로 달성해야 한다. 그렇게 달성한 결과가 통상적인 경우와 달리 탁월하게 창출되었을 때 그것을 성과라고 부르지, 하고 있는 일을 정해진 시간 내에 해내거나 평소 하는 것보다 조금 더 일을 했다고 성과라고 하지는 않는다는 것이다.

〈표 3-2〉 성과의 구분과 개념

구 분	내 용
물리적 시스템 에서의 성과	• 일반적으로 투입요소(Input)가 어떠한 변환과정(Process)을 거쳐 나타난 결과물(Output)을 의미함으로 투입대비 산출물의 비율(Input/Output)이 성과가 된다는 것이다. • 효율성(Efficiency)의 측면에 초점이 맞추어져 있다.
업무에 있어서의 성과	• 업무수행의 결과가 원래 의도한 업무목적을 달성한 정도를 의미함으로 효율성을 포함한 효과성(Effectiveness)에 초점이 맞추어져 있다고 한다. • 효율성의 측면에서 아무리 훌륭한 결과물을 내놓았다 하더라도, 효과성의 측면에서 원래 의도한 목적을 달성하지 못하였다면 성과는 적은 것도 아닌 아예 제로(0) 또는 투입요소들을 낭비했으니 마이너스(-) 일수도.

자료: 류량도(2006), 1 Mission 3 Role: 성과중심의 리더십, 웅진윙스.

위의 내용을 정리해보면, 성과란 크게 두 가지 요건을 갖추어야 한다. 첫째는 지금 하고 있는 일이나 업무의 상호작용을 통해 질적으로 변화된 다른 모습의 결과, 즉 고객을 만족시키는 '가치'를 창출할 수 있어야 한다는 것. 그리고 둘째는 그렇게 이루어낸 결과가 통상적인 수준이 아니라 '평균이상'의 탁월한 것이어야 한다는 것이다.

따라서 성과란 고객에게 가치(value)를 줄 수 있는 구체적인 산출물로서 기업의 이익과 같은 재무적인 요소와 품질, 고객만족, 프로세스 효율화와 같은 비재무적인 요소도 함께 가리킨다.

1.1.3. 성과의 구성요소

성과를 구성하는 기본요소에는 수행과 관련된 능력(ability), 기회(opportunity), 그리고 자발적 의지(willingness) 등이 포함된다. 개인의 성과는 이들 간의 관계에서 다음과 같은 등식(equation)으로 표현되기도 한다(Peters, 2004).

$$\text{성과(P)} = \frac{\text{지식} + \text{기술}}{\text{환경적인 장애요인}} \times \text{태도}$$

고성과를 창출하기 위해서는 개인이 지식과 그에 따른 기술을 겸비하는 수행능력을 지녀야 한다. 또한 자신의 능력을 발휘할 수 있는 기회를 가질 수 있어야 하며, 환경적 제약을 극복하려는 자발적 의지인 태도를 가지고 있어야 한다. 그러나 저성과를 창출하는 경우에는 성과등식의 각 항목에 따라 저조한 성과의 원인을 규명해 볼 수 있다. 지식과 경험의 부족은 초기 적응과 자신감 형성에 부정적인 영향을 미칠 수 있으며, 역량의 부족은 성과의 지속을 방해한다. 그리고 시간과 예산, 자원과 도구, 동료, 권한 등 환경적 지원의 부족은 개인의 능력발휘를 어렵게 만든다. 게다가, 도전적인 목표를 수용하고 이를 위해 최선을 다하는 노력이 부족하다면 개인의 능력이나 환경적 지원에도 불구하고 성과를 기대하기란 어렵다는 것이다. 이를 다음의 [그림 3-1]로 정리할 수 있다.

[그림 3-1] 저조한 성과의 원인

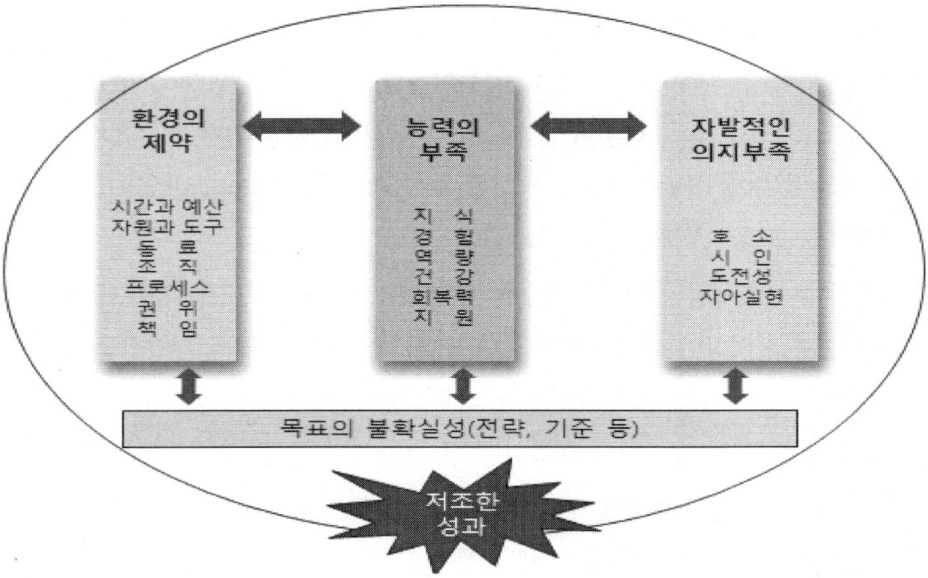

자료: 강대석(2009), 성과향상 Skill Up, 경문사

1.2. 성과관리란 무엇인가?

1990년대부터 성과관리가 비즈니스의 비전을 제시할 수 있는 핵심적인 경영프로세스로 인식되기 시작하였다(Flectcher, 2002). 그 이유는 대부분의 성공한 조직들을 특정지워 주는 것은 자신들이 보유하고 있는 인적자원들을 얼마나 잘 관리하는가와 보유인적자원들이 탁월한 성과를 창출할 수 있도록 얼마나 성과관리를 잘 하는가에 달려 있기 때문이다. 이는 조직의 차별적 경쟁우위를 달성하고 유지할 수 있는 능력이 바로 조직의 인적자원과 성과관리에서 나오기 때문이다. 특히 최근의 화두로 등장하고 있는 지식경영의 핵심 역시 조직을 실제로 움직이는 인적자원에 대한 차별적 경영이라고 할 수 있다. 즉 보다 효율적으로 조직내 인적자원을 활용하고, 그 잠재력과 역량을 최고로 활용하기 위한 일련의 노력이 지식경영의 요체이기 때문에 탁월한 성과창출을 위한 인적자원의 성공적인 관리는 조직의 지속적 경쟁우위의 핵심이라고 할 수 있다.

성과관리는 종종 HR시스템(human resources system)으로 혼동되기도 하지만, 이보다는 더욱 포괄적이어서 조직의 성과를 관리하는 방법론, 매트릭스, 프로세스, 소프트웨어, 시스템 등으로 설명될 수 있다. 성과관리란 '조직의 구성원들이 능력을 최대로 발휘할 수 있는 업무환경을 만드는 프로세스'이다(Snell & Bohlander, 2007). 또한 '고객 요구사항을 구체적으로 목표화 하고 수행기준을 정해서, 결과에 대해 합리적이고 공정하게 보상(능력급, 성과급, 인센티브 등)하는 지식경영을 실행하는 것'이 성과관리이다.

따라서 고객중심경영과 지식경영을 성공적으로 구현하기 위해서는 올바른 성과관리 경영의 정착이 선행되어야 한다. 기존의 경영방식에서 기업과 구성원 모두가 경영관리시스템과 업무수행방법, 직무수행역량을 성과관리프로그램을 통해 재구축해야 한다. 효율적이고 효과적인 성과관리는 기업과 구성원들의 경쟁력을 키워서 그들이 시장경쟁에서 지속적 우위를 차지할 수 있게 하는 원동력이며, 계속기업(going concern)과 신 지식근로자를 만드는 강력하고도 유일무이한 실행 도구이다. 따라서 성과관리란 '구성원 관리'로 볼 수 있다. 그 이유는 성과창출의 주체인 구성원들이 주인의식을 가지고, 열정과 헌신으로 똘똘 뭉쳐 신바람내면서 일하게 하는 것이기 때문이다. 업무에 '집중'하는 정도가 아니라 '몰입'하게 하는 것이 바로 성과관리이기 때문에 당연히 사람을 중심으로 생각하면서 애정을 가지고 접근해야 성공한다. 그러나 대부분의 기업들이 이러한 본질을 무시한 채 사람들을 소모품으로, 기계로 생각하고 토사구팽식의 경영관리를 밥 먹듯이 하니까 제대로 된 성과를 낼 수 없는 것이다.

제2절. 성과관리를 왜 해야만 하고 어떻게 해야 하는 것인가?

1990년대 후반 들어 지식 · 정보화 사회가 가속화되면서 국경을 초월한 무한경쟁, 초경쟁의 양상을 띠기 시작하였고, 기존의 공급자가 가지고 있었던 시장의 주도권은 고객의 손으로 완전히 넘어갔으며, 이에 따라 시장경제패러다임도 고객중심으로 변화하게 되었다. 또한 경제체제도 국내경제중심에서 글로벌경제중심으로 바뀌었다. 이러한 경영환경변화에 기업이 적극적으로 대응하고 생존하기 위해서는 지속적인 성과창출을 위한 성과관리가 필연적이다. 따라서 본 절에서는 지식 · 정보화 사회에서 우리기업에게 요구하는 경영관리방식, 성과관리를 해야만 하는 이유, 그리고 조직 성과관리와 개인 성과관리는 어떻게 하는 것인가?에 대하여 알아보도록 한다.

2.1. 지식 · 정보화 사회에서 우리기업에게 요구되는 경영관리방식

지식 · 정보화 사회에 있어서 기업이 시장에서 살아남을 수 있느냐에 대한 결정여부는 누가 고객에게 더 차별화된 부가가치(added value)를 제공하느냐에 달려있기 때문에, 이를 실현하고 글로벌시장에서 생존을 하기위해 우리기업에게 요구하는 경영관리방식은 크게 세 가지로 요약해 볼 수 있다(류랑도, 2004).

첫째, 완전경쟁을 기본으로 하는 시장경제논리의 정착이 가장 시급한 과제이다. 우리기업에는 아직도 새 시대에 역행하는 기업문화인 과거 공급자중심의 마인드가 기업내부에 팽배해 있기 때문에 시장경쟁 메커니즘을 기업내부에 도입시켜 이런 기업문화를 없애고, 무늬만 사업부제나 팀제가 아닌 진정한 사업부제를 통한 책임경영체제를 실현시켜야 한다.

둘째, 인적자원관리시스템도 변화해야 한다. 대다수의 많은 기업들이 연봉제를 실시하며 성과를 중시한다고 하면서도 성과투입자원의 질이나 과정을 평가의 중심요소로 삼았던 기존의 연공서열방식에서 크게 벗어나질 못하고 있는 실정이다. 따라서 인적자원관리시스템을 결과지향적인 성과(performance)중심 체제로 바꿔야 한다.

셋째, 기업내부 경영방식을 글로벌스탠드에 맞추고, 고객만족경영과 투명경영, 성과경영을 통한 지속적인 경쟁우위를 창출하여야만 한다. 고객이 요구하는 성과를 극대화하기 위해서는 그들을 만족시킬 수 있는 다양한 방법의 집합체인 지식경영이 필요한 것이다.

노나카 이쿠지로(1995, 1999)는 성공적으로 지식경영을 수행하기 위한 방안으로 3가지를 제시한다. 1) 우선 성과달성을 위한 실행방법의 선택권한을 고객접점에 있는 조직이나 실무자에게 전적으로 위임되어야 한다. 또한 2) 목표달성을 위한 성과기준이 명확해야 한다. 그리고 3) 성과에 대해서는 반드시 그에 걸맞는 보상이 전제되어야 한다. 그래야만 실무자들이 동기부여 되어서 창의적으로 업무에 임할 수 있기 때문이다.

2.2. 성과관리를 해야 하는 이유

우리가 성과를 중시하고 성과를 관리해야만 하는 이유는 글로벌 경영환경의 변화로 인해 성과창출 요인이 완전히 달라졌기 때문이다. 과거에는 성과창출 요인과 성과를 내기 위해 어떻게 사고해야 하는가와 관련하여 기업이나 기업조직 등 내부(Inbound)에 있었고 자기중심적 사고에 초점을 두었다. 그러나 지금은 기업 및 조직외부(Outbound)에 있으며 상대방(고객) 중심의 사고에 초점을 두어야만 한다(마그레타; 권영설 & 김홍열 역, 2004). 성과를 창출하기 위해서는 내부 핵심역량의 혁신은 물론 고객지향적인 마케팅이 필수적인 환경이 되어버린 것이다. 내부에 있는 우리가 잘하는 것은 물론 당연하다. 그러나 중요한 것은 고객이 인정해야 한다는 것이다. 경쟁자와 차별화된 가치(value)가 있어야 한다는 것이다. 즉 내부지향적인 마인드나 프로세스로는 성과를 내기가 어림없다는 말이다. 철저하게 고객지향적인 마인드와 프로세스로 뭉쳐야 한다.

성과는 과거에도 존재했고 지금도 존재하고 앞으로도 존재할 것이다. 하지만 성과동인요소는 시대 및 환경의 변화에 따라 달라질 수 있다. 성과자체를 관리하는 것도 중요하지만 무엇보다도 더 중요한 것은 성과동인(고객이 요구하는 것을 잘 찾아내어 창의적인 지식을 동원하고, 구체화하며, 경제적으로 생산하여 고객에게 전달할 수 있는 핵심요소)을 찾아내고, 이를 데이터화해서 성과와의 인과관계를 연계하여, 지속적으로 성과가 창출될 수 있도록 하는 것이다.

성과관리의 이점이라고 하면, 1) 전략차원에서의 정책결정과 이에 대한 타당화가 수월하며, 진척도의 측정과 이것에 대한 커뮤니케이션이 가능하다는 것이다. 2) 운영차원에서 변화의 유도와 더불어 효율성 달성을 들 수 있다. 그리고 3) 개인적 이점으로서 책임과 목표의 명확화, 전략적 목표나 미션과의 연계를 들 수 있다. 성과관리시스템이 하나의 조직운영 도구로서 효과적으로 작동되게 되면 다음의 〈표 3-3〉과 같은 것들이 용이하게 됨으로써 개인과 조직 모두에게 유익할 수 있다.

〈표 3-3〉 성과관리시스템의 효과적 작동시의 이점들

• 상위계층과 하위계층간 전략적 목표의 연계 • 개인과 팀의 성과주안점이 전체적인 목표와 부합될 수 있도록 조정 • 구성원-관리자 관계에서 상호 기대를 명확화 • 적시 피드백과 목표지향적인 인적자원개발을 통한 지속적인 학습과 성과의 향상 • 보상, 개발, 승계 계획 등과 같은 인적자원관리의 핵심프로세스들을 위한 기초를 제공

2.3. 조직 성과관리는 어떻게 하는 것인가?

차종석 등(2004)에 따르면, 최근 공기업과 사기업 구분 없이 '조직 성과관리'에 관심이 집중되고 있다고 한다. 그 이유는 '성과주의 문화의 확산을 통한 인적자원의 경쟁력 향상'이 우리나라 모든 조직의 핵심화두가 되고 있는데, 성과주의 문화의 진정한 출발점이 바로 성과관리이기 때문이다. 이는 조직의 성과에 대해 먼저 평가하고 그 다음에 개인의 성과에 대해 평가하는 조직차원의 성과관리부터 제대로 되어야 성과주의 문화이식이 효과적으로 이루어질 수 있다는 말이다. 그러나 지난 수년간 성과주의제도를 도입했던 우리기업들은 '개인 성과관리부터 먼저하고, 조직 성과관리는 나중에'라는 접근법을 취해왔다. 이는 지금까지 우리기업들이 성과를 높이기 위해 도입한 제도는 주로 개인의 업적과 역량에 초점이 맞추어진 개인 성과관리영역 중심이었다는 것이다.

그렇다면 우리기업들은 왜 처음부터 조직 성과관리 영역부터 손을 대지 못한 것일까? 여러 이유들 중 가장 핵심적인 것은 조직의 성과를 명확하게 관리할 수 있는 성과책임단위가 모호했기 때문이다. 다시 말해 많은 기업들이 '무늬만 사업부제'를 채택하고 있어서 사업부별 혹은 팀별 손익을 명확하게 파악하고, 이에 대한 책임을 물을 수 있는 기준이 정립되있지 않고 정보지원이 잘 되지 않았기 때문에 각 사업부와 팀들이 수행하는 많은 과업들이 '전사 지원활동'이라는 모호한 영역으로 분류되고 전사차원으로만 평가되고 있는 것이다.

따라서 조직의 성과를 명확하게 관리하기 위한 효율적인 조직 성과관리원칙을 다음의 〈표 3-4〉와 같이 몇 가지를 알아보도록 한다(차종석 외 2인, 2004).

〈표 3-4〉 효율적인 조직 성과관리원칙

원 칙	내 용
1. 조직 성과책임 단위를 명확히 할 기반을 만들어라.	• 조직 성과관리가 제대로 되기 위해서는 조직도상의 사업부제 도입뿐만 아니라 관리회계기준 및 정보시스템의 개선 등의 노력을 통해 성과책임단위를 실제로 명확히 하는 것이 필요하다. • 성과책임단위를 명확히 할 때 염두에 둬야할 점은?: 각 성과책임

	단위의 특성에 따라 책임의 범위와 내용을 차별화하여야 함. • 성과책임의 범위와 내용은 원가 중심점, 이익 중심점, 투자 중심적으로 조직단위를 구분할 수 있다.
2. 조직 성과관리를 위한 핵심성과지표를 만들어라.	• 책임단위가 명확해진 후 고민해야 할 문제는?: "각 조직 성과책임단위들을 어떤 내용의 지표로 평가할 것인가?"이다. • 균형성과지표체계(BSC)에 관심을 가져야. BSC는 재무와 비재무성과에 대한 균형, 내부와 외부관점에 대한 균형, 단기성과와 장기성과에 대한 균형 등을 목표로 하기 때문. • BSC는 개인과 팀의 활동이 기업전략과 어떻게 연계되어 미래가치를 창출할 수 있는지에 대한 정보제공으로 성과개선/전략실행을 위한 근원적인 문제점을 파악하기가 수월해진다.
3. 조직 성과관리 프로세스를 정립하라.	• 프로세스는 4 단계로 이루어진다. 1) 목표설정: 상 · 하위조직의 목표합의과정을 정립하는 것이 중요. 2) 성과검토 및 개선: 핵심성과지표의 목표달성치 점검 통해 구체적 성과개선계획을 도출하고, 성공사례/노하우를 공유해야. 3) 성과평가: 평가결과를 적합한 보상체계와 연계해야. 보상과의 연계시 고려사항은?: '개인별 보상차등을 어디까지 허용할 것인가' 4) 성과지표수정 및 개발: 타당성 및 신뢰성을 높여야. 성과지표가 제대로 목표반영하고, 성과개선 및 향상을 위한 신뢰성과 타당성 있는 지표인가를 상시 분석해, 합리적 지표수정 및 개발해야.
4. 조직 성과관리를 위한 전담팀을 구성하라.	• 조기 정착시키기 위해서는?: 최고경영층산하에 독립적인 성과관리 담당조직을 구성하고, 그 역할과 책임을 명확히 규정해야. • 성과관리 담당조직의 주요 역할은?: 기업의 모든 핵심성과지표 현황관리 및 개선, 성과검토 및 평가시에 핵심성과지표관련 자료의 산출 및 집계, 지표 관련부서와의 업무협조, 성과관리 프로세스의 운영 및 개선업무, 조직성과와 관련된 경영진과 조직간의 의사소통지원 및 보고서작성 등.

자료: 차종석 외 2인(2004), 한국형 인재경영, 넥서스 BIZ.

이상에서 기술한 내용을 종합할 때, 우리 회사에 적합한 조직 성과관리체계를 도입하기 위한 체크포인트는 다음의 〈표 3-5〉와 같이 정리해 볼 수 있다.

<표 3-5> 조직 성과관리 체크리스트

영 역	체크 포인트
조직	• 명확한 성과책임단위를 가지고 있는가? • 성과관리 조직기능이 조직특성에 맞게 설정되어 있는가? • 조직구조에 맞는 성과관리제도가 운영되고 있는가?
핵심 성과지표	• 장 · 단기 성공요인이 포괄적으로 고려되어 있는가? • 선정된 지표들 사이의 인과관계가 충분히 고려되었는가? • 재무적 지표와 비재무적 지표가 균형을 이루면서 구성되어 있는가?
성과관리 프로세스	• 전사적 목표배분 및 조정을 위한 합리적인 프로세스가 운영되고 있는가? • 성과지표의 부진 원인분석을 통한 성과향상 노력이 이루어지고 있는가? • 성과평가결과의 수용성 및 활용은 어떠한가?
인프라 스트럭쳐	• 전사적인 이익체계 관리를 위한 내부 관리회계시스템 운영은 어떠한가? • 성과관리를 위한 전산 인프라 현황은 어떠한가? • 조직 성과관리를 위한 전담팀이 구성되어 있는가?

자료: 차종석 외 2인(2004), 한국형 인재경영, 넥서스 BIZ.

2.4. 개인 성과관리는 어떻게 하는 것인가?

최근 회사마다 인사제도의 개선 붐이 불면서 업적평가와 역량평가를 기반으로 하는 성과중심 인사제도로 개선하고 있다. 그 이유는 평가를 조직적인 관점에서 해석하면 '성과관리(performance management)'라고 할 수 있기 때문이다. 성과관리는 '조직 또는 개인의 성과가 효과적이고 효율적으로 산출되기 위해 적극적으로 관리하는 모든 행위와 제도를 총칭하는 것'으로 목표관리, 성과검토, 평가 및 피드백 등의 세부분으로 구분된다.

이러한 성과관리를 하는 궁극적인 목표는 무엇인가? 바로 조직의 장기비전 또는 전략을 효과적/효율적으로 수행하기 위한 것이다. 즉 조직의 전략을 이행할 수 있도록 모든 경영자와 종업원들에게 동기를 부여하고, 개인과 기업이 함께 성장과 발전을 할 수 있도록 개인 능력개발과 기업 비전성취의 연결고리가 되는 것이다. 그렇다면 현대 기업들의 성과관리는 어떠한가?, 기업의 전략을 효과적으로 지원하는 바람직한 성과관리를 위한 각 단계별로 유의사항을 살펴보도록 한다(차종석 외 2인, 2004).

2.4.1. 현대 기업들의 개인 성과관리는 어떠한가?

현대기업에 있어 개인의 성과를 관리하기 위한 두 개의 중요한 영역은 역량과 업적이다. 그 이유는 한 개인의 성과는 엄밀히 구분하면 투입(input)과 산출(output)의 측면으로 나누어 생각할 수 있기 때문이다. 업적이 산출측면의 성과라면 업적평가는 구성원에 대한 과거지향적인 특성을 갖는다. 반면에 역량은 투입측면의 성과라 할 수 있어 역량평가는 구성원에 대한 미래지향적인 특성을 지니게 된다.

1) 역량평가와 비슷한 개념으로 기존에 사용되어온 용어가 능력평가이다. 기존에 통용되던 능력은 일반적인 태도차원, 수행능력 차원을 조직역량에 대한 고려없이 범 직무적으로 정의한 것이다. 이는 직무가 달라도 능력평가요소는 동일하였다는 의미이다. 그러나 역량은 전사 전략적인 차원에서 조직역량을 개인차원까지 끌어내리는 개념이다. 즉 역량은 특정 직무를 수행하는데 있어 우수성과자가 나타내는 차별적인 행동특성, 지식, 기술 등의 집합을 의미하기 때문에 직무별로 차별적으로 정의된다. 따라서 역량평가는 직무별 역량체계 내에 있는 역량들을 역량평가항목의 모집단으로 보고, 그 중에서 해마다 직무별로 중점관리가 필요한 역량들을 평가하는 것이다.

2) 업적평가는 통상적으로 목표관리방식(MBO: Management By Objective)을 채택하고 있다. 목표관리방식은 '상사와 부하가 상호 합의하에 특정시점까지의 구체적이고 측정 가능한 목표를 설정하고, 그 실행계획을 수립하며, 목표달성을 위해 공동으로 노력함으로서 조직전체의 목표를 달성하도록 관리해가는 과정'을 의미한다. 그러므로 목표관리방식의 업적평가는 목표관리과정 중에 설정된 목표의

달성정도를 평가하고, 이를 업적평가 자료로 피평가자의 인사고과에 공식적으로 반영하는 제도를 의미한다.

따라서 상사의 주관적 판단과 기억에 의존하여 개인의 업적을 평가하던 과거관행에서 벗어나 목표대비 달성률이라는 객관적인 업적자료를 근거로 평가를 하기 때문에 구성원 모두에게 분명한 목표의식은 물론, 목표달성을 위한 자율적인 업무추진 동기와 책임감을 부여해줄 수 있다.

2.4.2. 성과관리의 각 단계별로 유의사항

기업의 전략을 효과적으로 지원하는 바람직한 성과관리는 어떠해야하는가? 성과창출을 위한 평가가 제대로 이루어지고, 구성원들이 평가받는 것에 대해서 부정적으로 생각하지 않도록 어떤 노력을 하여야 할까? 다음의 〈표 3-6〉과 같이 성과관리의 각 단계별로 유의사항을 살펴보도록 한다(차종석 외 2인, 2004).

〈표 3-6〉 성과관리의 각 단계별 유의사항

구 분	내 용
1. 직무별 특성이 반영된 다양한 평가기준을 마련하라.	• 직무특성을 반영하기 위해 명확한 직무분류체계와 직무별 내용정의를 확립할 필요가 있다. • 명확한 평가가 이루어지지 못한 이유는?: 평가기준에 있다. • 수행하는 일이 다르면 필요한 능력이나 성과결과도 차이가 나기 때문에 평가기준도 달라져야 한다.
2. 평가자와 피평가자가 면담을 통해 바람직한 목표가 설정되도록 하라.	• 목표설정을 위해서는 하향식방식과 상향식방식 중에서 기업문화나 업무특성에 따라 적합한 것을 선택할 수 있다. • 목표합의를 위해서 평가자와 피평가자 사이의 면담기회를 갖는 것이 중요하다. • 면담을 통해 평가자는 목표의 구체성, 측정가능성, 도전성, 개인목표와 조직목표의 연계성 측면을, 피평가자는 결과에 대한 통제가능성과 목표수준 수용가능성을 점검할 수 있다.

3. 목표달성 노력을 가속화 하기위해 지속적인 관찰과 중간점검을 하라.	• 평가결과에 대한 피평가자의 수용성을 높이기 위해 업무에 관심을 갖고 지원해야. 특히 중간점검시에는 피평가자의 능력수준을 감안하여 다양한 방법을 사용하는 것이 바람직. • 우수인재의 경우: 자율성을 저해하지 않도록 해야(도전적인 목표제시, 간략한 실행지침, 결과중심의 점검 등을 통해). • 능력이 부족한 인력의 경우: 지속적인 관심과 배려가 필요(자세한 실행지침, 많은 가용자원 제공 등을 통해).
4. 다양한 정보를 갖고 유연하게 평가하라.	• 평가제도가 경직되고 상당히 복잡한 문제를 극복하기 위해서는 평가자 중심의 유연한 평가가 이루어져야. • 평가자의 의견이 반영되는 기술식 평가가 이루어져야 • 평과과정에서 발생 가능한 오류들에 대응하도록 평가자 교육훈련이 필요. • 평가자가 다양한 평가정보원천(상급자, 하급자, 동료 또는 외부전문가 등)을 활용해야. 어떤 정보원천을 어떻게 사용할지는 직무특성에 따라 차별적 접근필요.
5. 평가결과의 활용을 통해 인사제도의 일관성을 유지하라.	• 평가결과는 보상 및 인재육성 등의 기초자료로 최대한 활용될 수 있도록 그 기준을 명확히 제시해야 한다. • 업적평가 결과: 성과급 지급기준으로 • 능력평가 결과: 개인별 직무배치, 이동, 교육훈련 등 기타 인적자원관리를 위한 기초자료로 활용.

자료: 차종석 외 2인(2004), 한국형 인재경영, 넥서스 BIZ.

우리기업이 인사제도 개선관련 갖는 문제의식:

1. 직무중심이 아닌 사람중심의 인사제도 운영에 따른 부작용을 완화할 방법을 강구하는 것이다. 직무에 맞는 사람을 선발, 육성하기보다는 직원의 요건에 따라 인력을 운영하다 보니 직무전문가가 부족하게 되고 구성원들에게 성장동기를 부여하는데 제한받고 있다.

2. 연공서열 중심의 평가관행을 지양해야 한다는 것이다. 인재발탁 및 핵심인력 보유에 대한 어려움이 있다.

문제점을 해결하고 역량평가와 목표관리방식의 업적평가 실행을 위한 인사제도 개선방안:

1. 전 직원 대상으로 직무분석실시하여, 주요 직무를 정의하고 각 직무별 역할/책임정리.
2. 직무별 필요역량을 정의하고, 그 직무를 효과적으로 수행하기 위해 필요한 각 역량별로 필요숙련도 수준을 결정.
3. 각 직무별로 조직목표와 연계된 핵심성과지표를 선정하고 측정 공식 및 단위를 정의.
4. 직무별로 정의된 역량들과 핵심성과지표를 토대로 개인평가체계를 역량평가와 목표관리방식의 업적평가로 재편.

IMF이후 한 금융기업은 역량평가체계와 목표관리방식의 업적평가체계 정립을 통해 그 후에 업무특성이 상이한 5개의 직군별로 차별화된 육성 및 보상 제도를 설계 · 운영하여 인적자원관리의 효과성을 높일 수 있었다.

학습목표(과제)

1. 성과란 무엇인가?
2. 성과관리란 무엇인가? 그리고 조직에서 성과관리를 왜 해야 하는가?
3. 조직 성과관리는 어떻게 하는 것인가?
4. 개인 성과관리는 어떻게 하는 것인가?

참고문헌

강대석(2009), 성과향상 Skill Up, 경문사.

류랑도(2004), 통합 성과관리시스템, 한언.

______(2006), 1Mission 3 Role: 성과중심의 리더십, 웅진윙스.

차종석, 박형근, 정헌택(2004), 성공기업으로 가는 한국형 인재경영, 넥서스 BIZ.

노나카 이쿠지로(1995), 지식창조기업(*The Knowledge-Creating Company*). Oxford University Press.

________________(1999), 지식경영의 시대, 치쿠마신쇼.

Magretta, J.(권영설 & 김홍열 역, 2004), 경영이란 무엇인가, 김영사.

Borman, W. C. & Motowidlo, S. J.(1993), Task performance and contextual Performance: The Meaning for Personnel Selection Research, *Human Performance,* 10, pp.99-109.

Brief, A. P. & Motowidlo, S. J.(1986), Prosocial organizational behaviors, *Academy of Management Review,* 11, pp. 710-725.

Corvellec, H.(1997), Stories of achievements: Narrative features of organizational performance, New Brunswick, NJ: Transaction Publishers.

____________(2001), For a narrative criticism of organizational performance, Paper presented at the second New Directions in Organizational Performance Conference. Peters, 2004).

Flectcher, C.(2002), Appraisal: An individual psychological perspective, In S. Sonnetag(Eds.), Psychological Management of Individual Performance, Chichester: Wiley.

George, J. M. & Brief, A. P.(1992), Feeling good-doing good: A conceptual analysis of the mood at work-organizational spontaneity relationship, *Psychological Bulletin,* 112, pp. 310-329.

Organ, D. W.(1988), Organizational citizenship behavior: The good soldier syndrome, Lexington, MA: Lexington books.

Organ, D. W. & Paine, J. B.(1999), A new kind of performance for industrial and organizational psychology: Recent contributions to the study of organizational citizenship behavior, In C. L. Cooper & I. T. Robertson(Eds.), *International review of industrial and organizational psychology*(Vol. 14, pp.337-367), New York, NY: John Wiley and Sons.

Peters, D.(2004), The performance equation: The formula for the dramatic and sustainable performance, *performance Improvement,* 43, pp. 5-8.

Rummler, G. A. & Brache, A. P.(1995), Improving performance: How to manage the white space on the organizational chart, San Francisco, CA: Jossey-Bass.

Snell, S. & Bohlander, G.(2007), Human resource management, Mason, OH: Thomson.

Van Dyne, L., Cumming, L. L. & McLean Parks, J.(1995), Extra-role behaviors: in pursuit of definitional clarity(a bridge over muddled waters), Research in Organizational Behavior, 17, pp. 215-285.

Witt, L. A., Kacmar, K. M., Carlson, D. S., & Zivnuska, S.(2002), Interactive effects of personality and organizational politics on contextual performance, *Journal of Organizational Behavior,* 23, pp.911-926.

제4장. 성과관리 도입 · 운영상의 문제점

외환위기 이후 많은 기업에서 서구의 기업들에서 활용되고 있는 성과관리제도를 도입하여 운영하고 있지만, 처음 도입할 때의 의도 및 기대와는 달리 제대로 실행되지 못하고 있는 실정이다. 그 이유는 무엇일까? 조직에서 성공적으로 성과관리를 도입 · 운영하기 위해서는 무엇보다도 조직의 모든 구성원들이 성과와 성과관리의 철학이 무엇인지를 정확히 이해하고 공유하여야 한다. 또한 성과관리가 효과적으로 실행될 수 있도록 모든 구성원들의 역할변화와 조직문화의 뒷받침이 필요하다. 따라서 본장 제1절에서는 조직에서 성과관리가 제대로 이루어지지 않는 이유는 무엇인지를 살펴본다. 제2절에서는 성공적 성과관리를 위한 관리자와 구성원의 역할변화에 대하여 알아본다. 그리고 제3절에서는 한국형 성과주의 인사의 문제점과 개선방안에 대하여 알아보도록 한다.

제1절. 성과관리가 제대로 이루어지지 않는 이유는 무엇인가?

인적자원전문가들은 기업의 생존을 위한 방안들 중의 하나로 성과관리의 필요성을 역설하고 있다. 이러한 이유로 우리의 많은 기업들도 성과관리 제도를 도입하여 운영을 하고 있지만 기대했던 만큼의 효과를 내지 못하고 있는 실정이다. 왜 기업에서 적극적으로 도입한 성과관리가 제대된 실행 · 운영되지 못하는 것일까? 그 이유는 무엇인가? 이유들을 몇 가지로 나누어 살펴볼 수 있다.

1.1. 제도 도입에 대한 이해부족과 정보공유 부재

많은 기업의 경영자나 구성원들이 성과관리의 도입목적과 철학에 대한 심층적인 이해와 정보공유도 없이 경쟁적으로 성과중심의 경영혁신 기법들을 너도나도

서둘러 도입하고 있다는 것이다(류량도, 2004).

어떠한 기업에서도 혁신의 일환으로 새로운 제도를 도입하고자할 때는 경영자와 구성원들간에 새로운 제도가 왜 필요한가?, 그리고 새로운 제도의 도입목적은 물론 어떠한 방식으로 다룰 것인지에 대한 일정기준 등에 관한 답을 서로가 충분히 공유한 상태에서 이루어질 때 성공적으로 제도가 정착될 수 있을 것이다. 그렇지 않은 경우에는 아무리 좋은 제도라 할지라도 구성원들의 저항을 유발하여 도입 및 운영에 있어서 실패를 할 수밖에 없다. 즉 무늬만 도입하는 결과를 초래할 수 있다.

성과관리는 글로벌 무한경쟁의 시장경제시스템 속에서 살아남기 위한 수단이며, 성과관리의 도입목적은 기업과 구성원 모두가 경쟁적 시장에서 생존하기 위함이기 때문에 성과관리는 휴머니즘이 전제되지 않고서는 제대로 작동될 수 없다. 휴머니즘이란 '인간을 자율적인 인격체로서 신뢰하고 존중하는 사고방식 또는 생활방식'을 의미(신유근, 1997)하기 때문에 기업이 인간존중의 경영을 위해 추구하여야할 바람직한 기본가치 혹은 정신을 기업조직의 경영에 원용하여 반영한 관리제도가 바로 성과관리인 것이다. 따라서 성과관리제도는 장기적인 목표를 바라보면서 구성원들의 육성지향적인 관점에서 운영 · 실행되어야만 한다.

지식 · 정보화 사회 속에서 앞으로 기업의 경쟁력은 자율적이고 창의적인 지식근로자를 얼마나 많이 보유하고 있느냐에 크게 좌우될 것이다. 창의성과 자율성은 임파워먼트가 전제된 휴머니즘적인 성과관리의 철학이 없고서는 불가능하다. 성과관리는 이 시스템에 투입되는 인적자원 모두가 한 인격체로서 그 가치를 존중받을 때 비로소 완성된다는 것을 유념해야 한다.

1.2. 잘못된 방식으로 제도운영

많은 기업들이 성과관리 제도라는 틀만 도입했을 뿐, 그것을 어떤 방식으로 다룰 것인지에 대해서는 일정한 기준이 없을 뿐만 아니라 단기목표 달성정도에 초점을 두고, 획일적인 기준에 의해 단순히 순위를 측정하고, 이에 성급하게 보상에 연계시키는 도구로 사용하는 등 잘못된 방식으로 성과관리 제도를 운영하고 있다는 것이다(류량도, 2004).

성과관리제도는 성과책임이 있는 경영자나 구성원 모두에게 직무특성이나 능력, 제품의 특성 등을 고려하여 각자의 성과목표를 케스케이딩(cascading) 방식으로 함께 설정하고, 성과를 달성하는데 필요한 실행방법의 선택권한을 위임해 결과에 대해 책임을 묻는 기록경쟁 방식의 제도이다. 그러므로 성과관리는 장기적인 목표를 바라보면서 구성원들의 육성지향적인 관점에서 기록경쟁 방식으로 실행되어야만 한다. 그럼에도 불구하고 많은 기업에서 잘못된 방식으로 제도가 운영되고 있다. 이를 정리하면 다음과 같다.

1) 성과관리는 전략과 연계된 목표설정과 업무수행의 기준설정에서부터 시작된다. 그러나 많은 기업에서 경영자나 구성원들 모두에게 중장기 전략과 연계된 기본적인 장 · 중 · 단기의 목표설정 및 업무수행 기준을 설정하는 훈련도 시키지 않고서 성과관리가 운영되고 있다는 것이다.

2) 성과관리는 기록경쟁방식이다. 그러나 많은 기업에서 순위경쟁방식으로 이루어지고 있다는 것이다. 즉 각 계층에서 구성원들에게 일방적(one-way)으로 목표수준만을 제시하고, 지나치게 성급한 단기성과만을 희망하기 때문에 모두가 단기성과만을 획득하려는 문제를 노출시키고 있다는 것이다.

3) 성과관리는 목표달성여부를 확인할 수 있는 명확한 지표들의 관리를 토대로 이루어진다. 그러나 많은 기업에서 지표의 인과관계를 잘 이해하지 못해 비롯되는 지표들간의 불명확한 연계성, 사업부나 각 단위부서의 환경을 고려하지 않은 채 무조건 지표를 들이대는 갖다 붙이기식의 지표관리도 성과관리의 실질적인 효과를 막고 있다는 것이다.

이처럼 많은 기업에서는 성과책임이 있는 당사자의 의지는 등한시되고, 목표실행을 위한 자원사용 및 실행방법 선택권한도 주어지지 않은 채 책임져야할 목표와 책임지표만 잔뜩 안겨주고 있다. 또한 이러한 과정을 통해 생산되는 결과를 성과로 착각하고, 성과평가기준에 포함되어야할 직무와 직급, 수행능력과 제품특성에 대한 고려가 전혀 없이 획일적인 기준에 의해 성과를 평가하고, 이에 대한 보상을 제공하는 보상시스템을 운영하는 순위경쟁 방식으로 실행되고 있다는 것이 우리기업의 현실이며 문제점이다.

1.3. 제도도입에 따른 역할변화 미흡

많은 기업의 경영자나 관리자들이 성과관리제도 도입에 따른 적절한 관리스타일과 역할의 변화를 적절히 추구하지 못하였다는 것이다(류량도, 2004).

기업조직에 구성원 모두의 합의에 의해 새로운 제도가 도입이 되면 무엇보다도 성공적으로 정착이 될 수 있도록 기업문화가 뒷받침이 되고, 경영자나 관리자의 관리스타일과 역할이 적극적으로 변화되어야만 한다. 그러나 많은 기업의 경영자나 관리자들은 아직도 구성원들을 감시·감독하고 통제하는 것이 경영의 기본으로 인식하고 과거부터 계속 사용해왔던 관리스타일과 역할을 그대로 고수한 채 뒷짐만지고 성과를 얻기 위해서 실제로 하는 일은 없이 자신의 성과책임을 하위조직이나 구성원들에게 나누어 떠넘기고 있다. 이들은 통제와 지시받은 일만 추진하고 실행하는데 더 익숙해져 있기 때문에 성과목표달성을 위해 창의적이고 차별화된 전략을 수립하고 실행하며, 고객지향적인 새로운 방법을 사용해서 능동적으로 일을 추진해 나가는 것에는 미숙하기 짝이 없다. 특히 성과과제를 설정하는 능력과 전략실행능력의 부족은 하위조직이나 구성원에게 전략적으로 비전을 제시하거나 합리적인 목표 및 평가기준을 설정하는 일, 효율적으로 업무를 배분하는 일에 서툴 수밖에 없다. 또한 실행을 통제하는 것에만 익숙하다보니 물론 구성원을 지원해주는 도우미능력, 코칭능력, 그리고 그들의 역할을 조정하는 조정능력과 결과에 대한 피드백을 이끌어내는 능력이 미흡하고 부족할 뿐이다.

따라서 성과관리가 제대로 이루어지기 위해서는 경영자와 각 단위조직의 관리자(사업본부장, 팀장 등)들은 성과리더십(Performance Leadership)을 발휘해야 한다. 성과리더십은 '구성원 스스로가 가진 자신의 역량을 잘 발휘하여 성과를 창출할 수 있도록 지원하고 도와주는 성과창출자(Performance Enabler)의 역할수행'을 의미한다(류량도, 2006). 그러므로 역할이 과거의 감시 · 감독의 통제에서 벗어나 성과과제를 설정하는 역할, 전략실행의 역할, 코칭 및 조정역할, 피드백 역할 등을 적극적으로 수행하여야만 한다. 특히 구성원들이 열심히 일할 수 있도록 '신바람 나는 환경'을 만들어 주고 동기부여 시켜주는 역할수행이 더 중요한지도 모른다. 여기서 '신바람 나는 환경'이란 "경영자와 관리자들은 조직이 지향하는 비전을 분명히 보여주고, 달성하고자 하는 성과목표를 함께 설정한 다음, 이를 어떻게 달성할지에 관한 전략을 합의하고, 실행하는 방법에 대해서는 구성원들에게 믿고 맡겨 각자의 능력과 기량을 헌신적으로 발휘하도록 하는 환경"을 의미한다고 볼 수 있다(류량도, 2006).

따라서 기업조직에서 성과관리와 성과리더십을 제대로 수행하기 위해서는 '변화된 경영자와 관리자들', '변화된 조직', '변화된 구성원들'을 필요로 하는 것은 당연한 일이다.

1.4. 통합적 성과관리의 틀 구축의 부재

많은 기업들이 성과관리 제도를 도입 · 운영하면서 인적자원기능(확보, 개발, 유지, 보상 등)을 통합적인 차원보다는 개별적 차원에서만 보고 다루는 것을 문제로 지적한다(Heide, 1993, 나기현, 2004).

조직에서 성과관리가 제대로 운영되기 위해서는 조직 내 · 외부의 인적자원전문가들을 중심으로 비즈니스기능과 인적자원기능, 그리고 개별인적자원기능들을 통합차원에서 다루어야 한다. 그러기 위해서는 성과관리를 위한 틀이 먼저 구축되고, 그 틀 속에서 성과관리가 실행되어야만 한다. 그 이유는 성과관리는 조직내부의 각 구성원 개발목표와 기업의 조직목표간의 균형을 추구하여 직무성과를 효과적으로 관리하기 위한 새로운 접근방법이기 때문이다.

그러나 많은 인적자원전문가들은 조직에서 포괄적이고 통합적인 성과관리시스템을 구축하는 것이 좌절감을 안겨주는 아주 까다로운 과업중의 하나라고 한다. 그 이유는 무엇인가? 헤이디(Heide, 1993)는 기존 성과관리시스템들에 대한 분석결과, 크게 두 가지 이유를 제시한다. 이를 정리하면 다음과 같다.

1) 다양한 성과관리시스템에서 조직의 비즈니스기능과 인적자원기능들을 통합하기 위하여 성과계획, 성과모니터링, 성과평가, 그리고 성과에 대한 보상요소들은 포함하고 있지만, 훈련과 개발, 경력개발은 절대적으로 필요한 단계로 보기보다는 성과관리과정의 가능한 응용기능정도로 보았다는 점이다. 또한 성과관리시스템과 선택/배치를 제휴하기 위한 필요성들은 언급되었지만 이러한 기능들은 시스템의 일부분으로 결코 구성되지 않고 있다는 점이다.

2) 성과관리시스템의 구축을 통한 실행에 있어서 문제점 중의 하나는 성과관리를 비즈니스의 현실과 동떨어져 있는 인적자원부서에 의해서 촉진되어지는 프로그램정도로 라인관리자들이 아직도 보는 경향이 있다는 점이다. 성과관리시스템이 성공적으로 운영 · 실행이 되기 위해서는 라인의 관리단계부터 조직전체에 이르기까지 성과관리가 관리과정의 일부분으로 인식되어야 한다는 점이다. 즉 인적자원부서에 의해 전형적으로 제공되는 여러 프로그램들 중의 하나로 성과관리가 인식된다면 성과관리가 전체적 비즈니스전략 속으로 통합되는데 방해가 될 수밖에 없다.

이와 같이 성과관리시스템을 연구하는 인적자원전문가들은 인적자원관리에 대한 포괄적인 접근방법으로 인적자원기능들의 통합을 요구하고 있으며, 성과관리를 위한 명확한 틀의 부재는 인적자원기능들의 통합을 방해한다고 주장하고 있다(Baker, et. al.,1990).

따라서 포괄적인 성과관리시스템 개발의 주된 목적은 조직의 목표들을 촉진하고 지원하는, 그리고 각 구성원의 잠재능력을 최대한 개발하는 통합된 인적자원 접근방법을 만들어내는 것임에 틀림이 없다. 인적자원기능들은 종점이 아니라 조직의 전략적인 비즈니스 목표들의 성취를 돕기 위하여 개발되어지는 것이다.

제2절. 성공적 성과관리를 위한 관리자 및 구성원의 역할변화

올바른 성과관리를 정착시키기 위해서는 기업의 모든 구성원들이 성과관리시스템과 이의 실행방법을 습득하는 것도 중요하지만, 이에 앞서 조직구성원들에게 새로운 제도도입에 따른 역할변화를 유도할 수 있도록 전략적으로 학습시키는 과정이 시급하게 이루어져야 한다.

2.1. 리더/관리자의 역할변화

류량도(2004)에 따르면 최고경영자와 중간관리자의 역할이 새롭게 정리되어야 한다고 주장한다. 최고경영진은 직책수행자들에게 목표를 제시하기만 할 것이 아니라 목표달성을 위한 구체적인 방법에 대해 끊임없이 코칭하고 조언해 주어야 한다. 즉 최고경영진은 성과관리와 관계된 전 과정에 많은 애정과 역량을 쏟아 부어야 한다. 또한 중간관리자는 구성원들에게 어떻게 합리적인 성과목표를 배분하고 그들과 어떻게 합의하며, 생산적인 면담을 수시로 하면서 결과에 대한 피드백을 제대로 당사자들에게 주고 있는지에 대한 관심을 보여야 한다.

올바른 성과관리를 위해서 향후 리더/관리자들의 역할수행은 다음의 〈표 4-1〉과 같이 3가지로 정리할 수 있다.

〈표 4-1〉 올바른 성과관리를 위한 향후 리더/관리자들의 역할수행

역 할	내 용
목표 설정자 (Goal Setting)	1) 비전과 목표달성 전략을 구체적으로 구성원들에 제시하고, 2) 자신과 하위 실행조직이 달성해야할 성과목표와 업무수행기준을 사전에 명확히 제시해주는 역할을 수행해야 한다. 3) 팀내에 공감대를 형성시켜 구성원들을 한 방향으로 집중시키는 역할도 수행해야 한다.
도우미 (Helper)	하위조직이나 구성원들이 목표를 달성하는 도중에 장애요인에 부딪혔을 때, 면담을 통해 문제를 해결해주는 역할을 수행해야 한다. 즉 리더는 면담자일 뿐 아니라 장애요인을 해결해 주는 사람, 코치, 조정자(Coordinator)이다.
평가자 (Evaluator)	1) 연초나 과제수행 초기에 수립했던 목표와 성과를 분석하고 평가하는 역할을 수행하여야 하고, 2) 결과에서 올바른 피드백을 이끌어내는 역할을 하여야 한다.

대부분의 직장인들, 직무수행 후 구체적인 직무수행결과나 과정에 대한 피드백을 받아본 적이 없다보니 눈치로서 막연하게 본인이 개발해야할 부분이나 공헌도에 대해 짐작하곤 한다. 피드백은 육성적인 측면에서 보았을 때, 성과관리에서 대단히 중요한 위치를 차지한다. 리더는 평가 후 결과에 대한 피드백을 알려줄 때도 단순히 결과만을 통보하지 말고, 구성원 개개인의 라이프사이클 관점에서 직무전직이나 재배치, 자기개발 포인트를 구체적으로 알려주어야 한다. 특히 피드백을 알려줄 때는 면담을 통해서 하는 것이 좋다.

국내 기업의 많은 관리자들은 다음의 [그림 4-1]과 같이 실행을 관리하고 결과를 검토하는 과정(회의, 보고, 품위, 협의 등)에 전체 경영활동 비중의 약 80%이상을 쏟아 붙는 것이 현실이다. 류량도(2004)는 성과관리를 제대로 하기 위해서는 이러한 비중을 20%이하로 줄이고, 대신 수행기준을 제시하고 목표를 설정하는 것에 50%이상의 비중을 두어야 한다. 그리고 평가자로서의 평가와 피드백 역할을 수행하는 것에 30%이상을 할애해야 한다고 주장한다.

[그림 4-1] 향후 리더/관리자의 역할변화

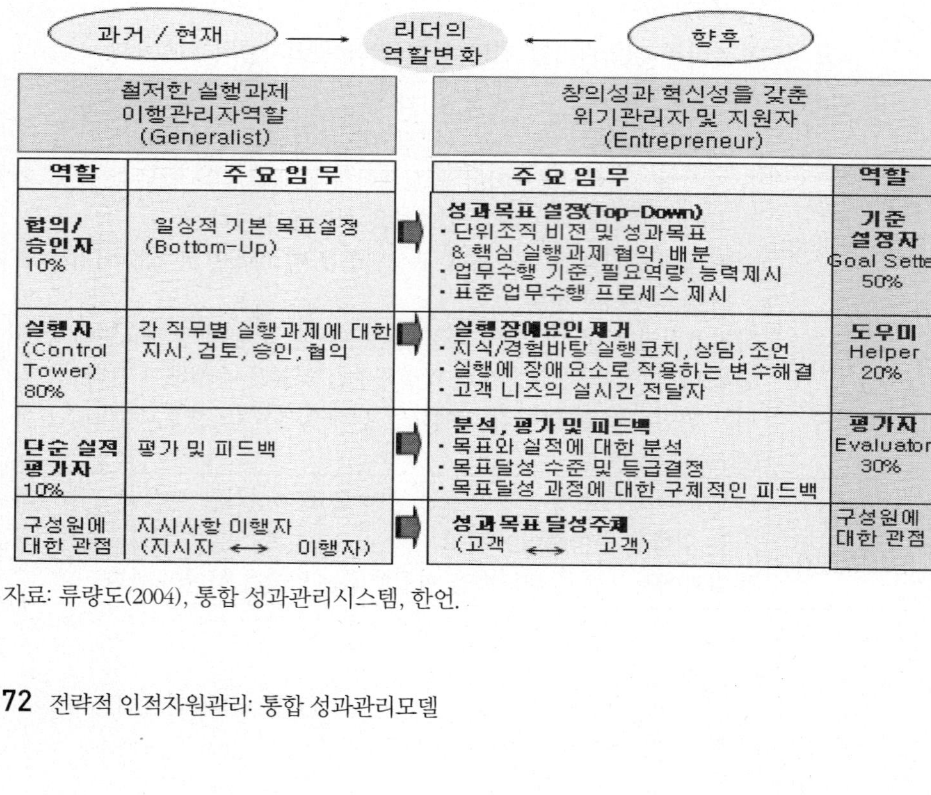

자료: 류량도(2004), 통합 성과관리시스템, 한언.

이처럼 상위조직과 하위 실행조직이 목표와 전략, 성과평가기준을 사전에 합의하고, 서로 그것을 명확하게 공유하고 있으면 실행방법이나 과정에 대한 권한은 자연스럽게 실행조직에 넘어가게 된다.

2.2. 구성원의 역할변화

류량도(2004)에 따르면, 구성원들의 역할도 새롭게 재정립되어야 한다고 주장한다. 즉 자신에게 주어진 일만을 수행하는 수동적인 자세에서 벗어나 성과관리를 바탕으로 보다 능동적으로 일을 추진하는 모습을 스스로의 역할로 재정립하여야 한다. 성과관리를 위한 구성원들의 역할은 다음의 〈표 4-2〉와 같이 3가지로 정리할 수 있다.

〈표 4-2〉 성과관리를 위한 구성원들의 역할

역 할	내 용
창의적인 전략실행자	구성원들은 내부고객(사업부장, 팀장)과 합의한 성과목표를 달성하기 위한 창의적 실행계획을 수립하고, 이를 능동적으로 집행하는 전략실행가가 되어야 한다.
시장가치 창출자	구성원들은 전략적인 테마활동, 경력개발, 자기개발 활동, 담당직무 프로세스 개선 등의 활동을 통해 자신의 시장가치 및 직무핵심역량을 강화시켜야 한다.
고객 분석가	구성원들은 내부고객의 욕구를 바탕으로 직무실행기준을 정하고, 창의적이고 미래지향적인 서비스를 개발하는데 필요한 고객욕구와 정보를 수집하고 가공해야 한다.

이러한 세 가지 역할에 대한 비중은 다음의 [그림 4-2]와 같이 각각 다르게 두되, 창의적인 전략실행자는 그 비중을 70%, 시장가치 창출자는 20%, 고객 분석가의 역할은 10%로 둬서 성과창출에 공헌하고 높은 시장가치를 유지하는 전문가가 되

도록 해야 한다.

[그림 4-2] 향후 구성원의 역할변화

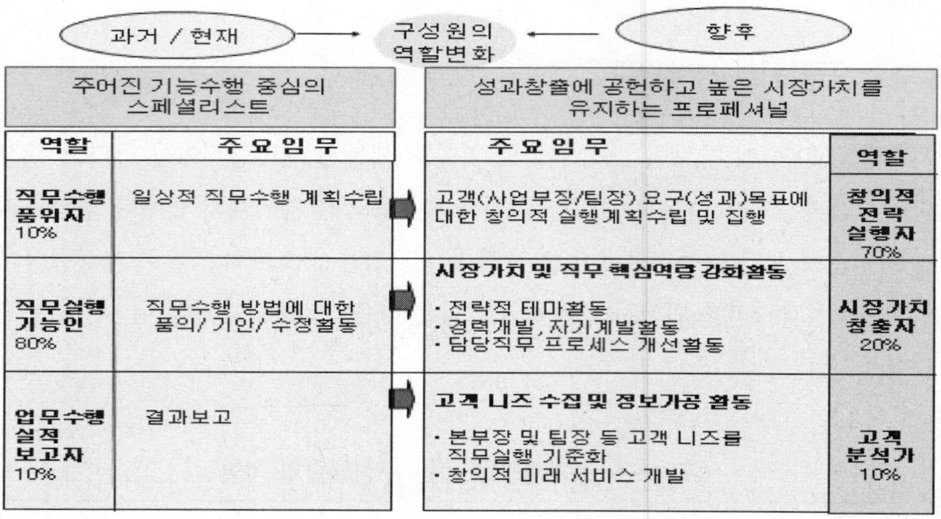

자료: 류량도(2004), 통합 성과관리시스템, 한언.

이상과 같이 우리는 성공적인 성과관리를 위한 리더와 구성원들의 향후 역할변화에 대하여 살펴보았다. 이와 관련하여 5단계 성과목표 경영프로세스 즉 성과목표를 설정하고, 실행하며, 평가하고, 피드백을 통해 자기계발을 하는 Plan - Do - See 과정을 통해 우리는 팀장의 역할과 연계한 팀원의 역할을 3가지로 모델화 해 볼 수 있고, 각각의 역할을 잘 수행하기 위한 과제를 다음의 〈표 4-3〉과 같이 제시할 수 있다.

팀장의 역할과 연계한 팀원의 역할을 간단히 보면 1) 팀장과 함께 목표설정시 팀원은 팀장의 요구를 잘 파악해야 하며, 2) 팀장이 코치로서 지원을 잘해주면 열심히 뛰어 최선의 플레이를 펼치도록 해야 하고, 3) 팀장이 공정하게 평가해서 피드백을 주면 팀원은 자신이 무엇이 부족한지 구체적으로 분석하여 자기계발에 힘써야 할 것이다.

〈표 4-3〉 Plan - Do - See 과정에 따른 팀원의 역할과 과제

과정	역 할		잘 수행하기 위한 과제
	팀장	팀원	
Plan	**목표설정자** (Goal Setter)	팀 성과목표와 연계된 팀원 자신의 성과목표를 설정할 수 있는 **마케터(Marketer)** 역할	• 미션과 비전, 성과목표 설정 • 성과목표 달성전략과 역량기준을 수립 • 자기계발 계획수립 • 고객인 팀장요구를 파악하여, 이를 충족시킬 수 있는 고객만족 전략을 도출해야
Do	**지원자/** 도우미 (Helper)	성과목표 달성전략을 스스로 수립하고 주도적으로 실행할 수 있는 **플레이어(Player)** 역할	• 성과목표 모니터링 • 팀장과의 면담을 통한 전략수정 • 팀장 및 팀원과의 정기적인 커뮤니케이션 • 지속적인 자기계발하기 • 회사가 요구하지 않아도 스스로 필요한 역량과 능력을 개발하는 프로사원이 되야
See	**평가자** (Evaluater)	성과에 대해 평가하고 자기 피드백을 통해 스스로 학습할 수 있는 **학습자(Learner)** 역할	• 성과목표/실적에 대한 성과분석을 잘 해야 • 이를 통한 차기 성과목표를 수립하고 • 자신의 성과와 역량, 능력에 대해 분석하고 지속적으로 자기계발 해야

자료: 류량도(2007), 하이퍼포머 팀장매뉴얼, 쌤앤파커스.

제3절. 한국형 성과주의 인사의 문제점과 개선방안

'성과주의 인사'를 실시한지 10여년이 지난 현시점에서 성과주의 인사의 공과(功過)를 재점검하고, 지속적인 경쟁우위확보를 위해 우리기업이 지향해야 할 성과주의 인사의 새로운 방향을 모색하고자 한다.

3.1. 한국형 성과주의 인사의 특징

성과주의란 모든 의사결정의 중심에 성과가 있으며 이를 위해 자율과 혁신을 추구하고 팀워크가 극대화되는 협동체계의 구축을 목표로 하는 이념적 체계이다(이춘우, 2014). 또한 성과주의 인사란 개인과 팀이 달성한 성과를 바탕으로 구성

원들을 승진, 이동, 육성하는 것을 의미한다.

국내기업들은 1997년 외환위기 이후 "호봉제 및 고정상여 등의 연공주의 보상으로는 위기극복이 어렵다"며 성과주의 인사(연봉제, 직급파괴, 인센티브제 등)로 급격하게 전환되었다. 그 이유는 민주화 이후 노동운동이 자유화되면서 연공적 보상에 따른 노동비용 상승이 부담으로 작용하였기 때문이다. 한국기업의 대표적인 인사제도로 정착하게 된 성과주의 인사는 재무성과 향상을 지원하기 위한 '효율적 통제위주의 인력관리', 과정보다는 '손익위주의 결과추구', 그리고 '성과에 연동한 금전적 보상의 차별화' 등 3가지 특징을 지니고 있다(고현철 외 3인, 2008). 이를 다음의 〈표 4-4〉와 같이 정리할 수 있다.

〈표 4-4〉 한국형 성과주의 인사의 특징

특 징	내 용
핵심목표: 효율과 통제	• '재무성과향상을 지원' 취지에서 인력관리의 효율성이 부각. 이는 특히 상시 구조조정을 통해 과다인력을 해소하는 등 고용유연성을 제고 함. • 몰입형 보다 통제형 인사시스템에 가까운 방식으로 도입. • 몰입형: 기업의 비전을 공유하고, 책임과 권한의 확대, 고용안정 등을 통해 임직원의 자발적 헌신을 중시. 혁신 및 창조기업에 적합. • 통제형: 기업의 양적목표를 효과적으로 달성하기 위해 규정과 절차, 유연한 인력운영 등을 중시. 비용절감 및 스피드 중시형 기업에 적합.
결과중심	• 성과관리의 초점이 투입/과정보다는 결과(손익 위주)에 치중. • '결과'중심의 단기목표 달성여부: 개인별 보상수준(연봉/인센티브 등) 결정요인. 집단인센티브(성과배분 등)도 조직의 생산성/수익성 달성여부로 결정. • 핵심성과지표: 당해 연도의 영업, 매출과 이익 등 재무성과 중시. • 미래성장 위한 노력(교육투자, 신사업 발굴, 인재양성 등) 소홀해짐.
동기부여: 금전적 보상	• 성과주의인사 실행이 금전적 보상(개인성과급과 연봉제 등)에 집중. • 이유: 드러나지 않는 보상차별화는 '조직운영상의 혼란을 최소화할 수 있고 동기부여 효과도 크다'는 점 때문. • 보상 이외의 승진, 평가 등은 연공을 중시하는 관행이 아직도 존속.

이와 같은 특징을 갖고 있는 한국기업의 성과주의 인사의 '공(功)'과 '과(過)'를

살펴보면 다음과 〈표 4-5〉와 같이 정리할 수 있다(고현철 외 3인, 2008).

〈표 4-5〉 한국기업의 성과주의 인사의 '공(功)'과 '과(過)'

구분	내용
공(功) (긍정적)	**1) 임직원의 동기부여 강화:** • 과거의 연공급제를 탈피하고, 성과연계 보상체계로 대체함으로서 개인의 인식과 태도가 성과지향적으로 전환됨. • 성과에 따른 가시적 임금조정을 통해 고성과자에게는 인정메시지가, 저성과자에게는 분발을 촉구하는 메시지가 명확히 전달 됨.
	2) 우수인력의 확보: • 성과창출에 큰 기여를 한 우수인재일수록 가치를 인정받고 대우받는 풍토 조성으로 우수인재 확보 및 유지가 가능해짐. • 대기업 경우 핵심인재위해 일반사원과 다른 보상프로그램운영이 보편화됨.
	3) 재무성과 개선: • 성과주의 임금은 종업원들에게 성과제고 동기부여를 명확히 함으로서 재무성과 및 생산성 향상에 기여(박상언, 2000). • 성과주의 임금도입(연봉제와 성과배분제 등)이 작업동기를 제고하여 노동생산성을 증진(김동배, 2006).
과(過) (부정적)	**1) 단기성과에의 집착:** • 단기목표달성에 집착한 나머지 쉽게 성과가 나는 비용절감에 주로 매달려 지속성장을 위한 투자에 소홀. • 현안과제 및 단기성과에 초점을 둔 인력운용으로 장기관점의 인재육성에 소홀. • 구조조정에 따른 고용불안, 인재육성소홀 등으로 빚어진 임직원의 '자발적 헌신 의지'도 저하.
	2) 팀 · 부서간 협력저해: • 성과평가/보상차등으로 인한 과도한 경쟁의식이 구성원간, 부서간 협력저해. 예: 팀워크가 중요한 제조부서: 과도경쟁조장으로 조직일체감/시너지약화 초래. • 선행연구: 성과주의 인사의 문제점으로 팀간 협력과 조직활성화 저해를 지적(대한상공회의소, 2008). 또한 기업활동이 복잡해지고, 혁신의 중요성 증대될수록 구성원간 경쟁보다는 협력적 분위기 조성이 효과적(린다 그래튼, 런던비즈니스스쿨 교수).
	3) 평가에 대한 불신: • 체계적 목표관리미흡, 성과측정의 타당성 부족 등 성과관리시스템의 부실로 인해 성과주의 인사의 전제조건인 평가의 공정성이 신뢰받지 못하는 실정. • 개인 기여도를 객관적으로 측정곤란, 그리고 평가의 과정관리 및 피드백 미흡으로 평가결과에 대한 불신이 증폭.

한국기업의 성과주의 인사의 '공(功)'과 '과(過)'를 종합적으로 평가한 결과, 절반의 성공과 새로운 도전에 직면해 있다고 볼 수 있다. 즉 임직원에 대한 동기부여와 재무성과향상이라는 가시적인 효과를 거두었으나, 미래 성장잠재력 지원이라는 새로운 상황에 직면한 상황이다. 따라서 지난 10년간의 성과주의 '공(功)'과 '과(過)'를 거울삼아 지속적인 경쟁우위확보를 지원하기 위해서는 '장기적 경쟁력 확보'라는 관점에서 성과주의 인사의 질적 전환을 모색할 시점에 왔다. 즉 이미 성과주의의 시행착오를 경험한바 있는 미국과 일본 등 글로벌기업의 사례를 시금석으로 활용하는 것도 바람직한 방법이다.

3.2. 한국형 성과주의 인사의 보완방향

국내기업도 '성과주의 인사'원칙은 견지하되, 현행 성과주의 인사의 부작용을 최소화 하고 미래의 환경변화에 선제적으로 대응하는 방향으로 보완할 필요가 있다. 이를 위해서는 1) 무엇보다도 현행 성과주의 인사제도의 대표적인 문제점(단기실적에 대한 집착, 부서간 협력저해, 고용불안과 회사에 대한 충성심 저하 등)을 정확히 이해하여야 한다. 또한 2) 초경쟁(Hyper-competition) 시대로 진입하면서 기업경쟁력 원천이 노동과 자본에서 지식과 창의성으로 이행되므로 전통적인 효율중심의 경영방식(스피드, 저비용, Catch-up: 따라잡기, 격차해소 등)보다 창의성에 기반한 가치창출이 기업의 성패를 좌우한다는 것을 인식해야 한다.

따라서 초경쟁 시대에 지속적인 경쟁우위를 뒷받침하기 위해서는 기업들이 성과주의 인사정책을 현행 성과주의에서 지속가능한 성과주의인 '고용안정', '역량과 과정', 그리고 '비금전적 보상강화'에 맞추어야 한다(고현철 외 3인, 2008). 특히 단기적인 재무성과라는 좁은 개념에서 벗어나 창의와 혁신, 장기적 인재육성, 기업이미지 제고 등 다양한 요소를 포괄하도록 설정할 필요가 있다. 현행 성과주의와 지속가능한 성과주의의 차이는 다음의 [그림 4-3]과 같다.

[그림 4-3] 현행 성과주의 대 지속가능 성과주의

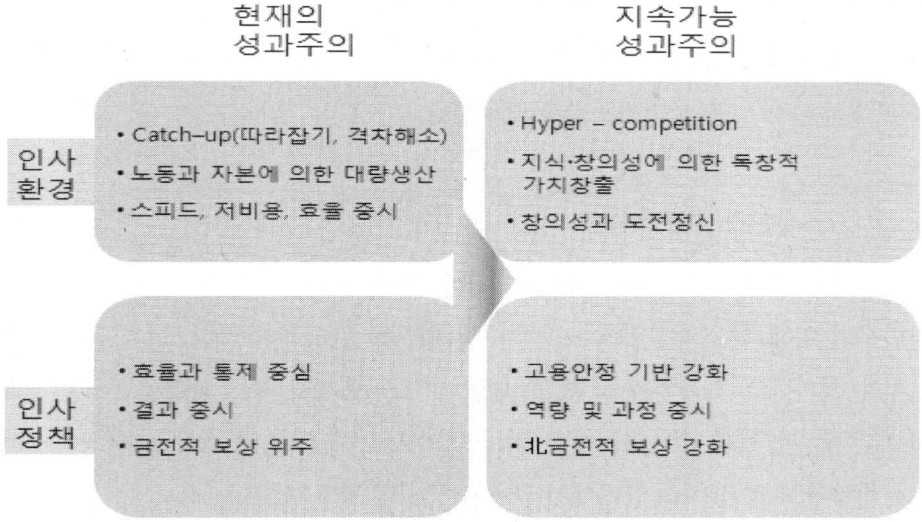

자료: 고현철외 3인(2008), 성과주의 인사의 진화방향, CEO Information, 제654, 삼성경제연구소.

3.2.1. 고용안정 기반강화

과도한 고용불안과 이로 인한 조직불신이 만연한 상황에서는 지속가능한 성과주의 인사를 구현하기가 곤란하다. 그 이유는 지나친 고용보장이 나태와 정체의 원인이 되기도 하나, 과도한 고용불안도 조직에 대한 충성도와 직무몰입도를 저해시키는 요인이기 때문이다. 특히 조직내실화를 위한 상시적 고용조정은 조직 내 우수인력들이 이직하거나 도전적인 업무를 회피하는 등 의도하지 않은 결과를 불러올 수도 있다.

따라서 성과주의의 기본 틀을 유지함으로서 건전한 긴장감을 자극하는 동시에 고용안정감을 심어 주기 위한 다음과 같은 다양한 노력을 전개해야 한다.

1) 합리적이고 공정한 제도운용(구조조정 회피노력 선행, 고용조정 기준의 사전공지 및 공감형성, 성의 있는 사후관리 강화 등)을 통해 임직원의 불신과 불안을 최소화해야 한다. 그 이유는 고용조정 폐기 등 완전고용보장은 현실적으로 불가능하기 때문이다.

2) 임직원의 역량강화를 통해 고용가능성을 제고하는 한편 정년제도 및 임금제도를 고용안정성을 높이는 방향으로 재정비해야 된다.

3) 정부차원에서도 불가피하게 퇴출되는 인력에 대한 직업교육과 재취업지원을 확대하는 등 고용안전망을 확충해야 한다.

3.2.2. 과정과 역량중시

재무성과 같은 최종결과에 집중되어 있는 현재 성과주의의 평가기준을 보다 다원화하기 위해서는 '과정(process)'에 대한 평가를 반영해야 한다. 그 이유는 당장 보이는 성과에만 집착하게 되면, 미래를 대비한 보이지 않는 역량확보에는 상대적으로 무관심해질 수 있기 때문이다. 그러므로 최종결과이외에 도전정신발휘, 혁신역량확보 등 장기적 안목에서 과정을 중시할 필요가 있다.

또한 성과주의 인사의 초점을 개인에서 집단 및 조직차원으로 바꾸어 조직구성원의 태도와 행동을 'Positive Sum'게임으로 전환해야 한다. 그 이유는 개인간 경쟁에 기초한 동기부여는 제로섬 게임이 되어 결국에는 협력과 시너지를 저해하는 요인으로 작용할 수 있기 때문이다. 예로, 고성장을 구가하고 있는 캐논의 경우 팀워크를 통한 시너지 확보와 성과를 발생시킨 프로세스를 중시하는 성과주의시스템을 운영하고 있다.

3.2.3. 비금전적 보상강화

금전위주의 획일적 보상방식에서 벗어나 인정, 격려, 승진과 육성 등 다양한 보상방식을 적극 활용하여야 한다. 그 이유는 금전적 보상이 동기부여에 긍정적이지만, 과도한 보상차별화는 오히려 일 자체에 대한 몰입과 만족감을 저하시킬 우려가 있기 때문이다. 따라서 다음의 [그림 4-4]와 같은 총 보상(Total Compensation)의 관점에서 금전적 보상과 비금전적 보상을 병행해야 한다. 특히 창의적 혁신기업일수록 금전적 보상과 함께, 임직원의 아이디어 발현과 지속적인 도전의식 고취에 대해 성패와 무관하게 인정과 격려 등 비금전적 보상을 적극 활용해야 한다.

또한 경력개발 및 교육기회제공을 통해 개인의 성장을 촉진할 뿐 아니라 장기적으로 조직차원의 핵심역량을 확보해야 한다. 그 이유는 고성과자 및 핵심인력 후보군 등 우수인재일수록 개인의 성장기회를 중시하기 때문이다.

[그림 4-4] 총 보상의 구성

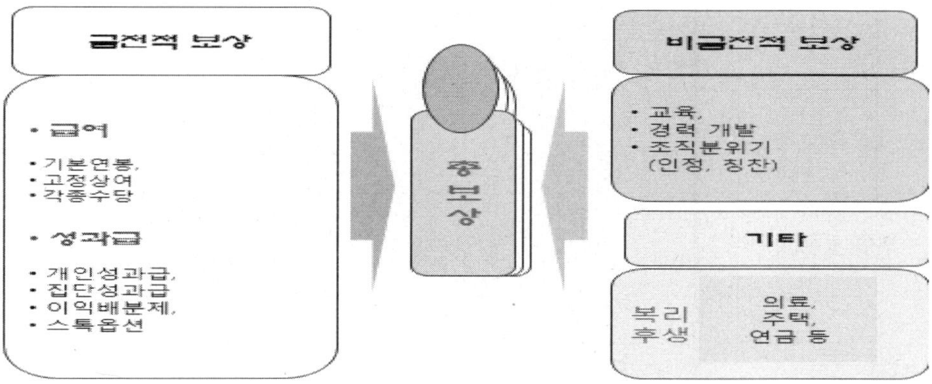

자료: 고현철외 3인(2008), 성과주의 인사의 진화방향, CEO Information, 제654, 삼성경제연구소.

3.2.4. 기업특성 등을 고려한 유연한 접근

성과주의 인사의 선택지는 매우 다양하므로 기업의 경쟁전략과 사업특성 등을 고려해 차별적으로 운용해야 한다. 그 이유는 각 기업의 특성을 고려하지 않고 성과주의 인사를 획일적으로 적용할 경우 오히려 성과향상에 부정적으로 작용할 수 있기 때문이다. 따라서 기업의 특성을 고려하기 위해서는 다음의 〈표 4-6〉과 같이 기업의 경쟁기반(기술 선도형 대 운영 효율형), 성과창출 단위(개인 대 집단), 그리고 노동시장 상황(유연 대 경직) 등의 사업특성을 고려해야 한다. 예로 개인의 창의성이 성과창출의 원동력이 되는 기술 선도형 기업은 과정과 역량을 중시하는 보상전략이 효과적이다. 특히 노동시장이 유연한 업종일수록 즉 증권업종의 경우 우수인재의 확보 및 유지를 위해 개인단위의 성과보상이 필요하다.

또한 기업내부에서도 역할 및 직무특성을 고려한 맞춤형 성과주의를 적용해야 한다. 예로 업무수행상 재량권과 성과차이가 뚜렷한 간부급은 결과중심으로, 조직적응과 학습이 우선시 되는 사원층은 과정과 역량을 감안한 성과주의를 운영해야 한다. 또한 생산, 디자인, 마케팅 등 직종별로 전문성과 팀워크 수준 등의 차이를 고려해 차별화된 성과주의 모델을 적용할 필요가 있다.

〈표 4-6〉 경영전략과 사업특성에 따른 인사정책 차별화 예시

사업특성 / 경쟁기반	성과창출단위		노동시장		인사정책
	개인	집단	유연적	경직적	
기술 선도형	0		0		고정 및 역량중심의 개인별 보상 (창의적 혁신을 중시하는 IT업종)
운영 효율형		0		0	결과중심의 집단적 성과보상 (비용절감형 후발 제조업)

학습목표(과제)

1. 조직에서 도입한 성과관리가 성공적으로 운영되지 못하는 이유는 무엇인가?
2. 조직에서 성과관리가 성공적으로 운영되기 위해서 관리자와 구성원에게 요구하는 역할은 무엇인가?
3. 한국형 성과주의 인사의 특징은 무엇인가?
4. 한국형 성과주의 인사의 문제점과 보완방안은 무엇인가?

참고문헌

고현철, 배노조, 이상우, 최유중(2008), 성과주의 인사의 진화방향, CEO Information, 제654호, 삼성경제연구소.

김동배(2006, 2월), 성과주의 임금의 도입실태와 시사점, 노동리뷰, 한국노동연구원.

나기현(2004), 포괄적인 성과관리모델에 관한 연구, 외대논총, 제28집, 부산외국어대학교.

대한상공회의소(2008, 1월), 한국형 성과주의 인사의 발전방향.

류량도(2004), 통합 성과관리시스템, 한언.

_____(2006), I Mission 3 Role; 성과중심의 리더십, 웅진윙스.

_____(2007), 하이퍼포머 팀장매뉴얼, 쌤앤파커스.

박상언(2000), 성과주의 임금제도와 인적자원관리, 산업노동연구, 제6권 제1호.

신유근(1997), 인간존중의 경영, 다산출판사.

이춘우(2014), 인적자원관리, 무역경영사.

Baker, H. G., Spier, M. S., Dhammanungune, S.(1990, April), Trust, Credibility, and Empowerment, Paper presented at the Bay Area Organizational Development Network Conference (Best in West), Palo Alto, CA.

Heide, D. P.(1993), A Comprehensive Performance Management Model, A Dissertation in School of Human Behavior, United States International University, San diego, CA.

제5장. 통합적 성과관리모델 제안을 위한 기초토양

성과관리는 '조직내부의 각 구성원 개발목표와 기업의 조직목표간의 제휴 및 균형을 추구하여 직무성과를 효과적으로 관리하기 위한 새로운 접근방법'이기 때문에, 개별기업들이 성공적인 성과관리를 위해서는 조직내 인적자원기능들을 통합적인 차원에서 보고 다루어야만 한다. 그러기 위해서는 조직에서 인적자원기능들을 통합 · 운영할 수 있는 포괄적인 차원에서의 성과관리모델이 구축되어야 한다.

포괄적인 성과관리시스템을 구축하기 위해서는 두 가지가 선행되어야 한다. 하나는 조직내 인적자원기능들을 내부적으로 통합하는 것이고, 다른 하나는 인적자원관리와 비즈니스관리를 통합하는 것이다. 그 이유는 비즈니스관리를 하는데 있어서 인적자원관리는 조직체의 목적과 성과를 달성시키는 경영과정이기 때문이다. 예로 조직체의 장기 전략과 계획을 중심으로 이에 필요한 경영 인력과 기술인력 등 조직체에서 요구되는 인력의 구체적인 수급계획 등 조직체의 장기적인 인적자원계획기능을 포함하기 때문이다.

따라서 기업조직에서 인적자원기능들의 통합을 촉진하고, 조직목표들의 추구와 함께 인적자원들의 통합관리방안을 찾는 라인관리자들을 지원할 수 있는 포괄적인 성과관리시스템을 제안하기 위한 기초적인 작업의 일환으로 제1절에서는 인적자원기능들의 내부적 통합부분을 살펴보고, 제2절에서는 비즈니스관리와 인적자원관리의 통합부분을 살펴본다. 그리고 제3절에서는 기존 성과관리시스템에서의 공통요소 분석을 통한 성과관리와 인적자원관리의 이론적인 기초를 제공할 통합적인 성과관리모델을 제안하고자 한다.

제1절. 인적자원기능들의 통합

많은 인적자원전문가들이 인적자원기능들의 통합에 대한 필요성을 제기하였고, 그와 같은 통합을 어떻게 성취할 것인지에 대해 다양한 제안을 하였지만, 아직까지는 조직에서 인적자원기능들의 통합을 위한 가이드라인에 대한 명확한 합의는 없다.

1.1. 인적자원기능들이 통합되어야 하는 이유는 무엇인가?

성과관리를 도입하고 있는 많은 기업들에서 나타나는 문제는 인적자원기능(인력의 확보, 확보된 인력의 개발, 개발된 인력의 유지, 그들의 기여에 따른 보상 등)들을 개별적인 차원에서만 보고 다룬다는 것이다. 그러나 성공적인 성과관리를 위해서는 조직내 인적자원기능들을 통합적인 차원에서 보고 다루어야만 한다. 왜 통합차원에서 다루어야 하는가? 그 이유는 인적자원기능들이 비즈니스계획과 조직목표들에 전략적으로 연결되어져 있기 때문이다. 또한 인적자원기능들이 상호간에 밀접한 관계를 맺고 있기 때문이다.

비즈니스와 인적자원계획을 어떻게 통합할 것인가를 논의하기 전에 인적자원기능들의 내부적인 통합이 우선되어져야 한다(Burack, 1986). 특히 조직에서 각 직무를 위해 개발되어진 직무역량들은 선택, 배치, 평가, 경력진로, 개발, 보상 같은 인적자원기능들과 함께 연결되어야 한다(Mirabile, Caldwell, & O'Reilly, 1986). 그 이유는 전략수행과정에서 여러 인적자원기능과 활동(고용, 직무설계, 인사고과, 보상, 교육훈련 등)이 상호간에 균형과 조화를 이루고 일관성 있게 전개되어야하기 때문이다.

이처럼 인적자원관리 기능들은 상호간에 밀접한 연결 관계(통합)로 기능간의 시너지(synergy)를 통하여 인적자원관리의 전체적인 효율성/효과성을 극대화시키게 됨은 물론 조직체 성과에 많은 영향을 미친다. 예를 들면, 아무리 우수한 인력을 선발했다하더라도, 직무체계와 보상제도가 그들의 능력발휘를 뒷받침하도록 설계되지 않으면 높은 성과를 기대할 수 없다. 반면에 우수한 인력이 아니더라도 교육훈련과 현장지도가 잘 이루어져서 시너지효과가 발생하면 그들의 능력개발과 더불어 높은 성과를 기대할 수 있다. 이와 같은 인적자원기능간의 연계와 조화 그리고 상호보완관계는 다음의 [그림 5-1]과 같이 전략적 인적자원관리를 실현시키고, 높은 성과를 달성하는데 결정적인 역할을 한다.

[그림 5-1] 인적자원기능간의 연계

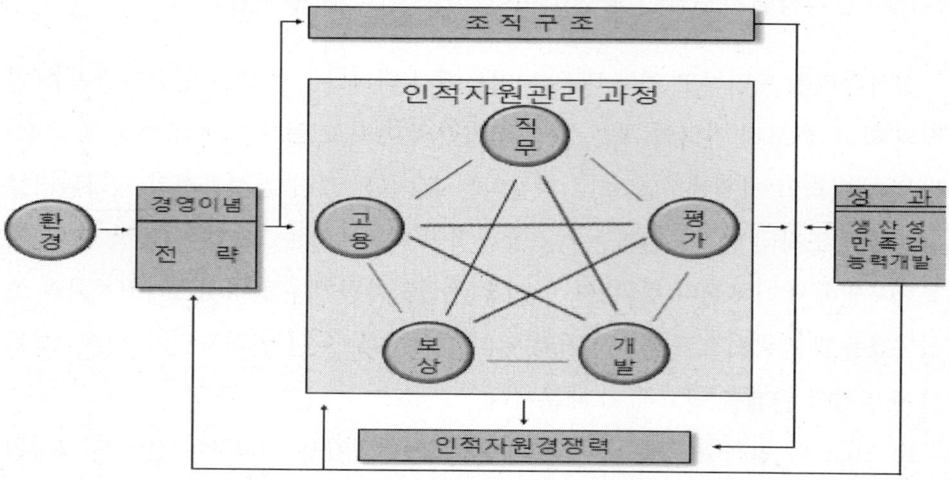

자료: 이학종 & 양혁승(2005), 전략적 인적자원관리, 박영사.

따라서 인적자원부서기능들의 통합목표를 갖기 위해서는 인적자원부서의 목표들과 조직의 전체적인 목표들이 어떻게 조화되어야 하는가에 대한 명확성이 존재해야 한다. 만약 명확성이 부족하다면, 이는 인적자원과 관련된 프로그램들이 조직목표들의 달성지원에 가끔은 모순될 수 있을 뿐만 아니라 심지어 인적자원프로그램들이 서로 충돌될 수도 있다는 의미이기도 하다. 이와 같은 갈등이 라인관리자에게 인적자원부서를 그들의 직무와 무관한 존재로 또 무가치한 것으로 보게 하는 원인이 된다고 볼 수 있다(Allen, 1991).

1.2. 인적자원기능들의 통합

인적자원기능들은 성과관리 틀을 구축하여 통합적으로 운영되어야 한다. 조직에서 이를 구축할 경우 그 효과는 조직의 계획과정에서 하나의 통합된 목표들과 목적들 아래로 라인관리기능들과 모든 인적자원기능들을 모이게 한다는 것이다. 또한 개별적인 각 인적자원기능들의 목표는 라인관리자에게 가장 유용한 프로그램을 제공하는 것으로 변화한다는 것이다. 이와 같은 유용한 프로그램은 조직과 개인이 그들의 목표들을 제대로 도달하도록 효율적으로 도울 것이고 인적자원기능들 사이에서 협동을 이끌어낼 것이다.

구축된 성과관리 틀 속에서 모든 인적자원기능들의 주된 초점은 조직의 계획과 그 계획에 따라 만들어진 더 구체적인 개인의 직무기대들에 맞춰져야 한다. 이를 위해 인적자원전문가들은 현재의 직무기대들을 개발, 유지, 수정 등을 돕기 위해 그들의 전문성을 제공하여야 하고, 전문가들의 투입노력에 대한 피드백은 인적자원기능들 모두로부터 그리고 이러한 기대들이 충족된다고 확신하는 라인관리자들로부터 확보되어야 한다. 그 이유는 이러한 직무기대들이 충족됨으로 조직목표들은 도달될 것이고 각 구성원들은 그들의 잠재성을 향해 성장될 것이기 때문이다.

이처럼 직무기대들이 개발된 후, 적격심사, 선발 그리고 배치전문가들은 사람과 직무간의 최상의 조화를 만들어내기 위하여 직무기대들을 사용하고, 훈련전문가들은 구성원들이 그들의 기대들을 채우기 위해 준비하도록 같은 직무기대들을 사용한다. 또한 인적자원전문가들은 라인관리자들이 그들의 구성원들을 모니터링, 평가, 보상, 피드백, 코치를 돕기 위한 도구를 개발하기 위해 직무기대들을 이용한다.

따라서 모든 인적자원전문가들의 에너지는 구성원들이 그들의 직무기대들을 충족하도록 돕고 지원하는 방향에 초점을 두어야 한다. 이러한 공통된 초점은 인적자원기능들이 서로 협력과 협조하도록 도와준다. 또한 모든 인적자원관리기능들이 공통된 목표를 향해 움직일 때 협동을 쉽게 하게하고 그리고 각 기능이 더 성공적이 되도록 다른 것들을 지원하도록 할 것이다.

제2절. 인적자원관리와 비즈니스관리의 통합

성과관리목표들 중의 하나는 인적자원기능들과 조직의 비즈니스목표들의 통합을 가능하게 하는 것이다. 인적자원관리가 조직체 성과와 경쟁적 비교우위에 기여하려면 조직체의 전략형성과정에 인적자원요소들이 고려되어야 하고, 전략수행과정에서 조직체의 전략목적이 인적자원관리에 직접 반영되어 인적자원관리가 전략경영과 통합된 과정으로 전개되어야 한다.

따라서 인적자원관리와 비즈니스관리간의 통합적인 연결이 이루어질 때, 새로운 전체로서 이 두 실제를 포용하는 포괄적인 관리과정이 만들어질 것이다. 그와 같은 과정을 개발하기 위하여 조직에서 관리, 인적자원과정, 전략, 그리고 구조의 다양한 관점 모두를 함께 묶을 수 있는 포괄적인 개념의 틀이 요구된다. 따라서 본 절에서는 문헌연구를 통해 그와 같은 틀을 제공해줄 수 있는 포괄적인 성과관리모델을 제안하기 위하여 1) 통합의 접근방법들과 2) 성공적인 통합에 있어 중요한 요소들을 살펴볼 것이다.

2.1. 통합의 접근방법들

인적자원관리와 비즈니스관리간의 통합접근방법으로 경영전략과 인적자원관리의 연결유형, 인적자원 계획하기와 조직속에서 계획의 다양한 관점들에 대한 연결필요성, 그리고 조직의 적합성과 인적자원의 전략적 관리를 위한 유형 등을 살펴보도록 한다.

2.1.1. 경영전략과 인적자원관리의 연결유형

경영전략 즉 전략적인 비즈니스계획과 인적자원관리의 통합관계를 처음 연구한 것은 클리브랜드지역 10개회사 인적자원관리중역들의 인터뷰조사였다 (Golden & Ramanujam, 1985). 조사결과, [그림 5-2]에서 보는바와 같이 연결유형을 4가지 형태(독립적인 행정적 연계, 일방적 영향관계, 쌍방적 영향관계, 통합관계 등)로 구분하였고, 이 연결의 네 가지 유형들 사이의 차이점들은 통합의 다른 단계들로 귀착된다고 하였다.

[그림 5-2] 전략계획과 인적자원기능간의 통합유형

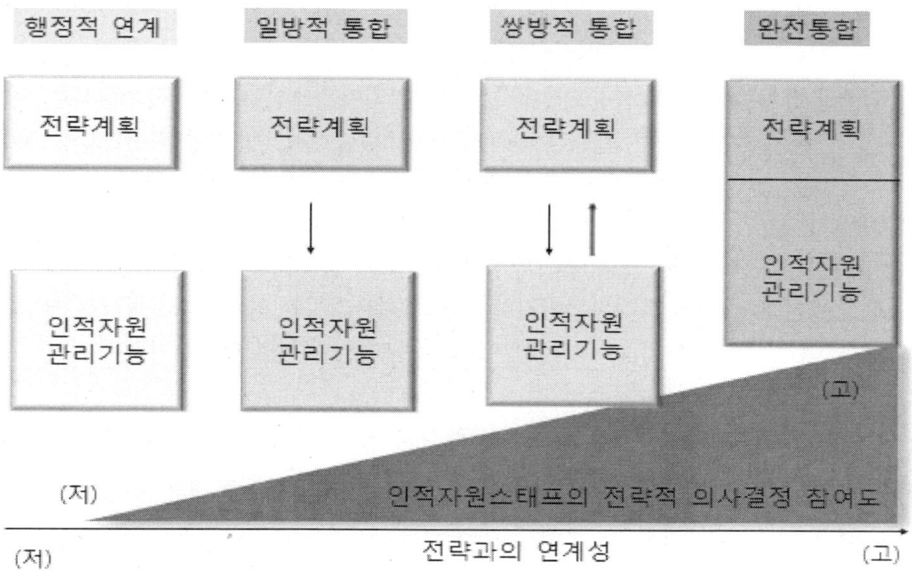

자료: 이학종 & 양혁승(2005), 전략적 인적자원관리, 박영사.

연결유형을 구체적으로 살펴보면, 다음의 〈표 5-1〉과 같이 정리할 수 있다.

〈표 5-1〉 전략적인 비즈니스계획과 인적자원관리의 통합유형

구 분	내 용
행정적 연결 (독립적 관계)	• 경영전략과 인적자원관리간에 체계적으로 계획된 상호연계관계가 없이 경영전략수행에 따라 인적자원이 관리되는 행정적 연결 관계를 의미한다. • 인사부서들이 전통적으로 수행하고 있는 역할의 범위 안에서 필요한 만큼의 지원적이고 실행적인 프로그램들을 제공한다.

일방적 연결 (일방적 영향관계)	• 경영전략 수행과정에서 경영전략이 인적자원관리에 체계적으로 반영되는 일방적 통합관계를 의미한다. • 전략적인 계획과 인적자원기능들 사이에 일련의 관계가 존재한다. 즉 전략적인 계획에서부터 인적자원기능으로 이루어진다.
쌍방적 연결 (쌍방적 영향관계)	• 경영전략 수행과정에서 경영전략과 인적자원관리가 '호혜적이고 상호의존적인 관계'를 갖는 즉 서로 적응 · 조정하면서 전략목적을 달성해 나가는 쌍방적 통합관계를 의미한다. • 쌍방적 연결조직에서는 라인관리자들, 비즈니스 계획수립자들, 인적자원의 스텝들은 전략적인 파트너들로서 상호작용한다(Buller, 1988).
통합적 연결 (완전 통합관계)	• 경영전략과 인적자원관리가 전략형성에서 전략수행에 이르기까지 전체 전략경영과정에 걸쳐서 완전히 통합된 관계를 의미한다. • 전략적인 계획과 인적자원관리 사이의 상호작용 관계인 동태성에 의해서 특성화되어진다. 인적자원관리자는 라인관리자들과 함께 실제적인 비즈니스 파트너로써 전략적인 의사결정에 참여한다.

이들 4가지 유형은 전략적 인적자원관리의 정도를 나타내며, 물론 완전통합관계에 가까울수록 전략적 인적자원관리가 보다 효율적으로 전개될 수 있는 요건이 조성되어 있음을 의미한다. 또한 전략결정과 전략수행과정에서 인적자원스태프의 참여정도가 완전통합유형에 가까울수록 더 커지고, 따라서 인적자원스태프가 조직체성과에 기여하는 정도도 더욱 커진다.

2.1.2. 인적자원 계획하기와 조직에서 계획들의 연결필요성

인적자원관리와 비즈니스관리의 통합과 관련하여 문헌에서 제기된 관심은 크게 두 가지이다. 하나는 인적자원계획하기이다. 인적자원계획은 조직에서 예상되는 미래의 비즈니스와 환경적인 요구들 그리고 이러한 조건들에 의해서 구술된 인사요구들의 만남이다(Lengnick-Hall & Lengnick-Hall, 1988). 이러한 인적자원계획발전과정은 다음의 〈표 5-2〉와 같이 3단계로 구분(Ulrich, 1984)할 수 있는데, 이런 변화를 일방적 연결에서 전략적 계획과 인적자원관리의 쌍방적 연결을 향한 움직임으로서 설명하였다(Golden & Ramanujam, 1985).

〈표 5-2〉 인적자원계획의 발전과정

단 계	내 용
1	1963년까지는 노동비용유지와 통제에 주목적을 두는 파일유지와 관리행정을 강조.
2	1964년부터 1976까지 인적자원계획은 정부규제와 동등한 고용기회 보장(EEO) 요구들을 따르는데 주된 초점을 둔다.
3	1980부터 현재까지는 인사부서가 인적자원부서로 변화되었고, 시장에서의 경쟁력을 얻기 위한 인적자원관리로 조직차원에서는 전략적인 계획들이 공식화되었고, 인적자원부서는 이의 실행을 위하여 계획들과 전략들을 세우는 것이 요구되었다.

또한 렝니크-홀(Lengnick-Hall & Lengnick-Hall, 1990)등은 인적자원계획의 3단계 발전과정에 '만약 인적자원계획이 전략적 인적자원관리의 필요성을 전체적으로 채울 수 있다면'이라는 네 번째 단계의 첨가필요성을 제안하였다. 이 단계에서는 전략적인 그리고 인적자원 관심들을 통합하는 포괄적인 계획을 개발하기 위하여 인적자원관리자와 전략적인 관리자들이 파트너로서 함께 일을 하게 되는데, 이러한 단계를 진정한 통합적 연결로 구분하였다(Golden & Ramanujam, 1985).

다른 하나는 조직 속에서 계획의 다양한 관점들에 대한 연결 필요성이다. 계획을 1) 변화하는 환경의 요구들을 만나고 조직의 변화를 돕기 위해 설계되어진 전략적 계획, 2) 인적자원 요구와 매일매일 운영상의 다른 요구사항과 관련하여 '확실히 우리가 무엇을 하여야 하는가?'를 묘사하는 운영적 계획, 그리고 3) 미래를 위하여 인적자원 필요성을 예측하고, 이의 충족을 위해 필요한 프로그램설계를 하는 인적자원계획 등의 세 영역으로 구분한 맨지니(Manzini, 1988)는 이 세 영역에 대하여 통합을 요구하였다. 그 이유는 만약 조직이 성공하기 위해서는 운영적인 계획은 단독으로 설 수 없고 전략적인 계획과 함께 통합되어져야만하고, 인적자원계획은 전략적 계획과 운영적인 계획과 함께 통합되어져야만 하기 때문이다.

전략적인 단계에서 인적자원계획은 전략적인 방향에서 변화에 필요한 인적자원들을 예측하여야만하고, 운영적인 단계에서 인적자원프로그램들은 조직의 목표들의 달성을 도울 수 있도록 개발되어져야만 한다. 그러므로 효과적인 계획시스템에서 조직의 목표들은 전략적인 목표들을 통합하기 위하여 개발되어져야 하고, 조직의 목표들을 지원하는 인적자원 프로그램들은 역시 전략적인 변화를 지원해야 할 것이다. 또한 전략적인 과정속으로 라인관리자의 투입은 아주 중요하다. 그 이유는 라인관리자의 투입 없이는 전략적인 계획들이 실제에 도달할 수가 없고 그리고 실행이 심지어 불가능하거나 어려울 것이기 때문이다. 따라서 인적자원계획, 전략적 계획, 운영적 계획이 통일된 전체 속으로 통합되어진 시스템은 모든 조직의 요소들이 조직의 전략적인 목표들을 향해 움직인다는 것을 확신하게 된다.

2.1.3. 조직의 적합성과 인적자원의 전략적 관리를 위한 유형

효과적인 조직에서의 인적자원관리는 조직의 전략 그리고 구조와 제휴되어져야만 한다(Tichy, Fombrun, and Devanna, 1982). 또한 관리 과정들 역시 선택되어진 특별한 전략을 뒤따르기 위해 개발되어져야 한다. 즉 적합성이 요구되는 것이다.

적합성은 '조직과 조직의 환경을 제휴시키고 내부적으로 배열을 지원하도록 자원들의 조정을 추구하는 동태적인 하나의 과정'이기 때문에, 전략이 조직과 조직의 환경을 제휴시키고 그리고 조직의 구조와 관리과정은 이러한 제휴를 지원하기 위하여 이용되어져야 한다(Miles & Snow, 1984b). 이처럼 다양한 조직들은 그들의 전략, 구조, 그리고 관리 과정들이 내·외적으로 일치 또는 적합할 때 성공할 수 있다는 것이다.

전략적 비즈니스계획과 인적자원관리의 통합을 추구하는 문헌들을 살펴보면, 인적자원관리는 환경, 전략, 구조에 대해 반응적인 것보다는 오히려 인적자원 계획과정에서 선행적이 되어야 하며, 인적자원전략과 포괄적인 비즈니스개발을 준비하는 과정에서 성장과 준비성 두 요소들을 고려하여야 한다는 것이다. 이는 조직의 준비단계와 함께 기업성장 기대들과의 조화를 의미한다. 기업성장 기대들은 조직의 목표들로서 정의를 내리고, 조직의 준비성은 인적자원들을 구체적인 상황에 즉시 투입할 수 있는가와 관련이 있다. 이 두 요소를 기초하여 2x2 메트리스로 네 개의 사분면을 개발하였다(Lengnick-Hall & Lengnick-Hall, 1988, 1990). 사분면의 내용은 다음의 〈표 5-3〉과 같다.

〈표 5-3〉 성장과 준비성간의 메트리스

기업의 성장 기대들		
고	팽창 2	개발 1
저	생산성 3	방향수정 4
	고 조직의 준비성 저	

자료: 나기현(2004), 포괄적인 성과관리모델에 관한 연구, 외대논총, 제28집, 부산외국어대학교.

사분면의 첫째는 개발(1)로, 이에 분류된 조직은 조직의 높은 목표들을 갖고 있는 반면에 어설픈 조직의 준비성을 갖춘 것으로 특성화되어진다. 개발 사분면에서 조직은 여러 조건들을 갖추어야 되는데, 조직의 준비성을 증가시키기 위하여 조직의 인적자원개발의 강조에 힘써야 하고, 조직의 준비성과 조화를 이루기위해 기업의 목표들의 변화를 선택하여야 하고, 가능한 자원들과 기술들의 장점을 이용하기 위해 기업의 목표들을 전체적으로 변화하여야 한다.

두 번째로 높은 성장기대들과 높은 조직의 준비성으로 특성화된 팽창(2)에서는 조직은 자원들을 어느 정도의 비율로 계속되는 성장과 안정에 투자할 것인가를 결정해야 한다.

세 번째 낮은 성장기대들과 높은 조직의 준비성으로 특성화된 생산성(3)에서는 조직은 확실한 경쟁적인 이점을 갖고, 그들의 조작은 항상 고도로 효과적이고 효율적이다. 그들은 근원적인 비즈니스전략에서 더 이상 필요하지 않은 자원들을 투자할 기회들을 찾을 것이다.

네 번째 낮은 성장기대들과 미비한 조직의 준비성으로 특성화된 방향수정(4)에서는 진부한 제품들이나 방법들로 쇠락하는 조직을 경쟁적인 것으로 유지하기 위해서는 180도 전환을 하든지 아니면 퇴장해야 하는지를 선택을 하여야 한다. 180도 전환의 선택은 인적자원과 경쟁적인 관심들의 완전한 재구성을 포함한다.

불러(Buller, 1988)는 인적자원기능들과 전략적 계획간의 통합적으로 연결한 조직에 대한 연구를 통하여 다음의 〈표 5-4〉와 같이 7가지 특성들을 구분하였다.

〈표 5-4〉 인적자원기능들과 전략적 계획간 통합된 조직의 특성

1) 불완전한 비즈니스 환경의 압력은 조직들이 통합을 향해 움직이도록 영향을 미친다.
2) 조직들은 그들의 역사에 뿌리를 둔 '사람지향적인 문화'들을 갖도록 공헌한다.
3) 조직들은 인적자원중역들이 다른 기능들의 중역들과 함께 파트너로써 일할 수 있는 생산적인 구조를 갖고 있다.
4) 조직들은 명확하게 표현되어진 전략을 갖고 있다.
5) 조직들은 통합적인 연결의 필요성을 보고, 훌륭한 비즈니스 기술들을 의무로 지워지는 중요한 중역들을 갖고 있다.
6) 우수한 기술들을 가진 조직의 인적자원전문가들은 인적자원문제들의 해결을 돕는 것을 기꺼이 받아들인다.
7) 조직의 시스템들(보상, 의사소통, 그리고 정보)은 통합적인 연결을 지원한다.

2.2. 성공적인 통합에 중요한 요소들

인적자원계획/관리와 함께 비즈니스계획/관리의 통합에 관련된 문헌을 검토하는 동안, 통합의 성공에 중요한 요소로 조직의 문화, 최고경영자와 라인관리자의 관여, 그리고 인적자원전문가들을 위한 변화 등이 거론되었다. 이를 구체적으로 살펴보면 다음과 같다.

2.2.1. 조직문화

인적자원에 관한 사고는 두 가지의 주제로 구분해 볼 수 있다(Fowler, 1987; 1990). 하나는 무엇보다도 통합된 비즈니스전략과 인적자원관리는 조직문화에 의해서 강화되어야한다는 것이다. 이는 사람이나 과정에 초점을 둔 관리시스템 어느 것도 조직문화와 함께 향하지 않는 한 성공할 수 없다는 것이다. 즉 새로운 관리시스템을 조직문화가 적극적으로 지원할 수 있도록 새 시스템의 실행전에 조직문화가 변화하지 않는다면, 아무리 새로운 시스템이 우수하다 할지라도 조직의 문화는 새로운 시스템을 훼손하게 된다. 다른 하나는 사용자와 구성원 모두가 비즈니스의 성공에 대해 일반적인 관심을 공유할 때, 구성원들은 솔선수범과 몰입에 대한 높은 단계로의 해빙을 위한 잠재력이 된다는 것이다.

일의 측면에서 개개인의 목표들이 조직의 목표방향과 제휴될 때, 구성원들은 일하기 위해 더 동기부여 될 것이라는 것은 누구나 알고 있는 아주 단순한 상식이다. 그러므로 조직목표들의 제한속에서 구성원들이 개인의 목표들을 만나도록 도와주는 가치로의 조직문화의 변화는 비즈니스의 생산성과 수익성을 크게 향상시킬 수 있다.

2.2.2. 최고경영층과 라인관리자의 관여

브라크(Burack, 1986)는 인적자원과 비즈니스계획의 통합을 용이하게 하는 요소들의 목록(미국과 캐나다에서 60개 기업을 연구한 후 작성)에 첫 번째로 최고경영층의 관여를 올렸다. 그 이유는 최고경영층의 가치들과 태도들은 조직의 문화를 확립하게 되고, 확립되어진 조직의 문화는 조직의 인적자원과 비즈니스 관리기능들의 통합을 조장하거나 또는 방해할 수 있기 때문이다.

특히 인적자원계획과 인적자원 관리과정기능들이 성공적이 되기를 원한다면 라인관리자가 인적자원계획과 인적자원관리과정 모두에 관여해야 한다. 이와 관련한 연구결과들을 살펴보면, 인적자원전문가들은 그들의 노력을 비즈니스계획과정과 함께 연결하여야 하고 '조직의 라인관리자들과 전략적인 파트너십'을 계획

해야 한다는 피터스(Peters, 1988)의 연구. 또한 가능한 많은 라인관리자들이 인적자원결과들에 대한 책임을 져야만 하고, 인적자원계획과 인적자원전문가들의 성공은 라인관리자들이 그들의 직무들을 수행하는데 있어 얼마나 잘 지원해주느냐에 의해 측정되어야 한다는 맥마니스와 레이브맨(McManis & Leibman, 1988a)의 연구. 그리고 성공적인 인적자원관리의 근본적인 요소들 중 하나는 라인관리자들에게 연결이라고 하는 로더스(Rhodes, 1988)의 연구 등이 있다.

문헌에서는 인적자원계획과 관리 모두에 있어 라인관리자의 관여에 대한 필요성을 역설하고 있지만, 실무에서는 빈번하게 관찰되지 않고 있는 것이 큰 문제이다. 엔코모(Nkomo, 1986)는, 포춘 500대 기업 중 287기업의 설문조사에서, 몇몇 소수의 조직만이 인적자원계획에 라인관리자들이 적극적으로 관여를 하고 있다고 보고하고 있다.

2.2.3. 인적자원전문가들을 위한 새로운 모습

전통적으로 인사관리는 인사부서에서 하는 것으로 인식되어 왔다. 예로 과거 인사부서관리자나 담당자는 단순히 인력을 관리하는 것에 대해서만 책임을 지고 비즈니스 성과부분에 대해서는 책임을 지지 않았다. 또한 라인관리자들에게도 역시 비즈니스 성과부분에 대해서만 책임을 지도록 하고 인력관리문제에 대해서는 따로 책임을 묻지 않았다. 그러나 전략적 기능이 강화되는 인적자원관리로 발전하면서 인사부서뿐만 아니라 모든 일선 라인관리자 및 구성원 개개인도 인사관리과정에 대해 참여할 수 있게 되었고 책임도 질 수 있게 되었다. 또한 인사관리부서가 기업의 전략이나 아웃소싱에서도 중요한 역할을 하게 되었으며 동시에 비즈니스의 성과측면에서도 책임을 갖게 되었다.

따라서 인적자원관리가 성공적으로 운영되기 위해서는 인사관리활동에 조직의 모든 구성원들이 적극적으로 참여하고 주체로서 역할을 하여야 한다. 특히 전략적 인적자원관리의 발전으로 인적자원관리와 비즈니스 전략과의 성공적인 통합은 인적자원전문가들의 역할변화는 물론 스킬(skill)변화를 요구한다. 이는 실무를 담당하고 있는 라인관리자들과의 책임관계에도 변화를 의미한다. 인사부서관리자나 담당자가 전략적 동반자와 변화담당자역할을 수행하게 되면서 인적자원전문가는 라인관리자와 함께 인력관리와 비즈니스 성과에 대해 공동으로 책임지는 역할을 하게 된 것이다. 이를 다음의 [그림 5-3]과 같이 정리할 수 있다.

[그림 5-3] 인사부서와 라인관리자의 책임

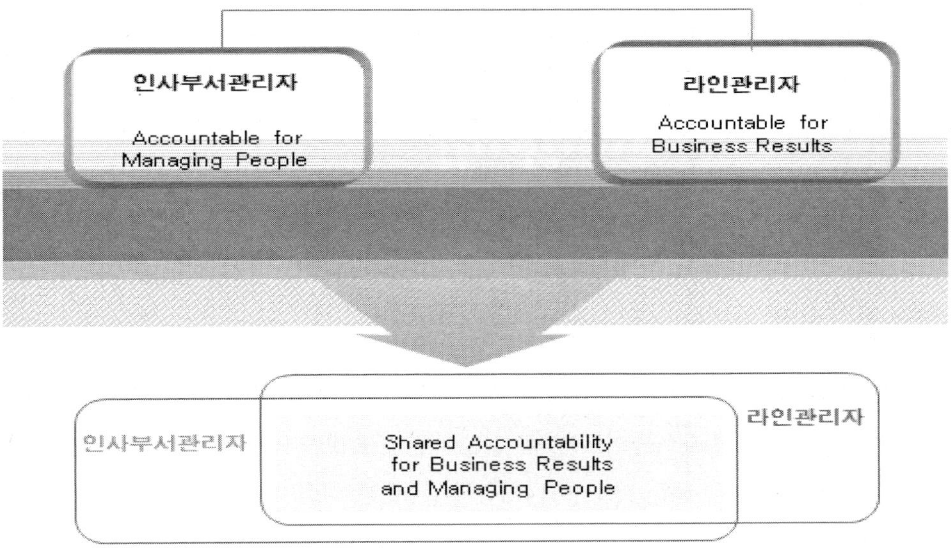

자료: 이춘우(2014), 인적자원관리, 무역경영사.

아마도 가장 중요한 변화는 비즈니스에 잘 숙달되어진 인적자원전문가들에 대한 필요성일 것이다. 비즈니스에 잘 숙달되어진 인적자원전문가로의 스킬(skill)변화로는 먼저 인적자원전문가에게 사람들을 임파워링(empowering)하고 그리고 조직의 변화를 촉진하는 역할을 부여하였다(Armstrong, 1989). 또한 조직의 구조와 문화 그리고 인적자원시스템과 비즈니스전략을 제휴시키는데 있어 전문성을 조합하는 새로운 유형의 전문가를 요구하고 있다(Sears, 1984). 또한 울리치(Ulrich, 1987)는 5년 이상 전략적인 인적자원부서에서 훈련에 참여한 인적자원전문가들을 대상으로 한 설문조사 결과를 토대로, 다음의 〈표 5-5〉와 같이 인적자원전문가에게 요구되는 전문적인 그리고 개인적인 역량들을 제시하였다.

〈표 5-5〉 인적자원전문가에게 요구되는 두 영역의 역량

역량 구분	내 용
전문적인 역량들	• 비즈니스를 알고, 인적자원부서 안에서 유능해야 하고, 변화예견 그리고 선행적 반응, 라인관리자의 몰입과 관여, 데이터베이스 되어야 하고, 단순 성공에 우선순위를 매기고 그리고 책임지다, 자신의 성공, 소비자에게 가까이 남다, 경쟁적인 이점을 만들기 위해 인적자원의 사용 등이 있다.
개인적인 역량들	• 전략적인 사고, 신뢰성 개발, 정직해야 되고, 정치적으로 기민해야 되고, 리더가 되다 등이 있다.

이러한 역량들은 비즈니스와 인적자원계획 연결에서 인적자원전문가의 중요한 전략적인 충원의 역할을 보여주려고 노력했다.

따라서 조직문화, 최고경영층과 라인관리자의 관여, 인적자원전문가의 새로운 모습 등 조직의 배경요소들이 포괄적인 성과관리모델의 이행에 어떻게 영향을 미칠 것인지에 대한 관심을 갖는 것이 아주 중요하다.

제3절. 포괄적인 통합 성과관리모델 제시

본 절에서는 공/사기관 등에서 다양하게 개발되어지고 수없이 증식되어져 온 성과관리시스템들을 통해 성과관리기능들의 공통된 요소들이 무엇인지 살펴보고, 이를 토대로 통합적이고 포괄적인 성과관리모델을 제시하도록 한다.

3.1. 기존 성과관리시스템의 공통내용 검토

성과관리시스템이라는 용어는 비어 앤 루스(Beer & Ruh, 1976)에 의해 Corning Glass사에서 실행되어진 시스템에서 처음 사용되어졌다. 이 시스템은 전문가적인

구성원의 '관리, 측정, 그리고 성과와 전진을 위한 잠재력 향상'을 위하여 사용되어질 수 있도록 설계되어졌다. 그러나 이 접근방법이 구성원들에 의해 얻어진 결과들을 측정하는데 효과적일지는 몰라도 이러한 결과들을 얻기 위해 사용되어진 행위들의 효과성을 측정하지는 못하였다. 이러한 문제점을 보완한 학자는 브름백과 멕피(Brumback & McFee, 1982)이다. 이들은 행위와 결과들의 관리(MBR)을 통해 비어 앤 루스(Beer & Ruh, 1976)가 강조한 '행위평가와 결과평가 사이의 차이점'에 대한 연구를 더욱 발전시켰다. 또한 결과들을 획득하기 위한 도구적인 수단으로써가 아닌 그들 자신의 성과들로서 행위들은 보아야하며, 행위들은 결과들과는 별도로 판단되어지고 평가되어져야 한다고 주장한다.

기존 성과관리시스템의 공통내용을 종합적으로 검토한 헤이디(1993)에 따르면, 성과관리시스템은 비어 앤 루스(Beer & Ruh, 1976)의 연구에서부터 브름백(Brucmback, 1981; 1982; 1988)의 미국 건강성 연구에 이르기까지 공공기관과 영리기관(Addams & Embley, 1988; Baker, Spier, & Dhammanungune, 1990 등)에서 다양하게 개발되어지고 수없이 증식되어져 왔다고 한다. 또한 그는 비록 시스템들이 서로 정확하게 같지는 않더라도 다음의 〈표 5-6〉과 같이 공통된 요소들을 정리해 볼 수 있다고 한다.

〈표 5-6〉 성과관리의 다양한 모델속에서 성과관리기능들의 포함 내용

출처 \ 성과관리기능들	직무기대들의 계획	적격심사, 선택, 예측	훈련	모니터링	평가	보상	코칭, 경력개발
Addams & Embley (1988)	S	X	X	S	S	S	M
Beer & Ruh (1978)	S	X	X	S	S	S	X
Brumbak & McFee (1982)	S	X	M	S	S	S	M
Geis (1987)	S	X	X	S	S	S	S
Fahnestock (1984)	S	X	M	S	S	S	M
Greene (1991)	S	M	X	X	X	S	X
Guinn (1987)	S	X	X	S	S	X	M
Hagnes (1986)	S	X	X	S	S	M	M

Johnson & Bell (1987)	S	M	M	M	X	X	S
Mumford & Buley (1988)	S	M	M	M	S	S	X
Schneier et al. (1986a, b)	S	M	M	S	S	M	S
Schneier et al. (1987)	S	X	M	S	S	M	M
Schwandt et al. (1989)	S	X	M	S	S	M	M
Sink & Tutle (1990)	S	X	X	S	X	X	X
Baker et al. (1990)	S	S	S	S	S	S	S

S = 성과관리시스템에서 단계로서 포함되어진 성과관리 기능
M = 성과관리시스템에서 단계들 중 한 단계의 일부분으로 언급되어진 성과관리 기능
X = 성과관리시스템에서 언급되어지지 않은 성과관리 기능
자료: Heide, D. P.(1993), A Comprehensive Performance Management Model, A Dissertation in School of Human Behavior, United States International University, San diego, CA.

위의 다양한 성과관리모델들을 살펴본 봐와 같이, 이들에게서 공통된 성과관리 기능은 다음과 같다.

1) 조직의 비즈니스 계획기능과 인적자원기능들을 통합하기 위하여 성과기대 계획, 성과모니터링, 성과평가, 그리고 성과에 대한 보상요소들을 다양한 성과관리시스템에서 포함하고 있다는 것이다.

2) 훈련과 개발, 경력개발은 절대적으로 필요한 단계로 보기보다는 성과관리과정의 가능한 응용정도로 보았다는 점이다.

3) 성과관리시스템과 선택 그리고 배치를 제휴하기 위한 필요성들은 언급되었지만 이러한 기능들은 시스템의 일부분으로 결코 구성되지 않고 있다는 점이다.

이상과 같이 성과관리시스템에 관한 기존의 문헌들을 구체적으로 살펴보면, 많은 인적자원전문가들은 인적자원관리에 대한 포괄적인 접근방법으로 인적자원기능들의 통합을 요구하고 있으며, 이를 위한 방안으로 통합적/포괄적인 성과관리틀을 요구하고 있다. 포괄적인 성과관리시스템 개발의 주된 목적은 조직의 목표들을 촉진하고 지원하는, 그리고 각 구성원의 잠재능력을 최대한 개발하는 통합된 인적자원 접근방법을 만들어내는데 있다.

3.2. 포괄적인 통합 성과관리모델

기존 성과관리시스템의 문헌연구, 성과관리시스템의 공통내용을 종합적으로 검토하고 포괄적인 성과관리모델을 제시한 헤이디(Heide, 1993)의 연구, 베이커와 스피어 등(Baker, Spier, & Dhammanungune, 1990)이 연구한 성과관리시스템 등을 토대로, 조직의 비즈니스 계획기능과 인적자원기능들을 통합하기 위하여 다음의 [그림 5-4]와 같이 포괄적인 통합 성과관리모델(8가지 단계)을 제시한다. 또한 통합 성과관리모델의 성공적 실행을 위한 조직의 배경요소들을 제안한다.

[그림 5-4] 포괄적인 통합 성과관리모델

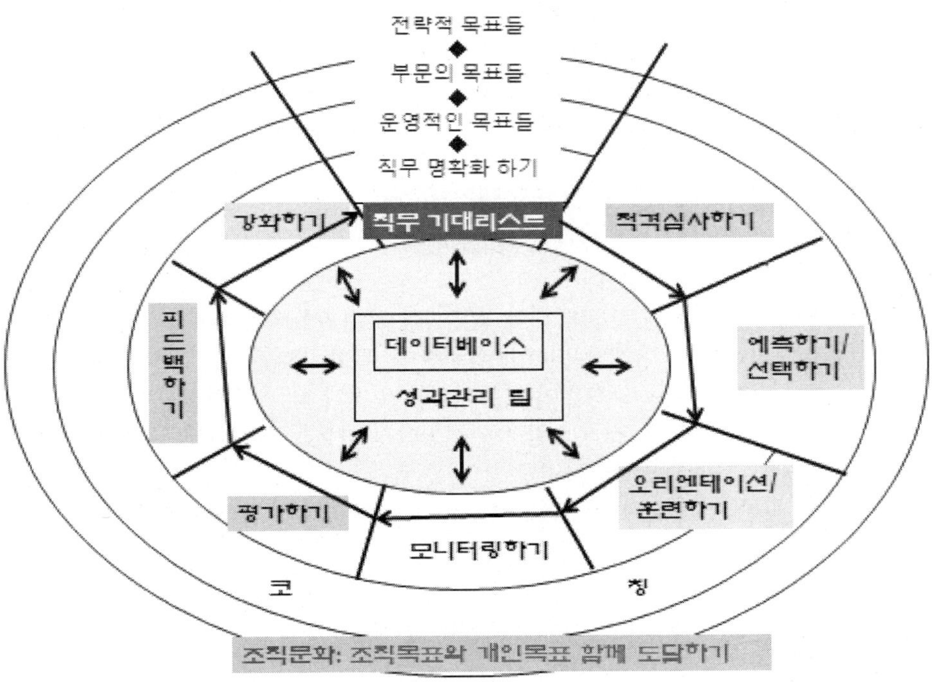

자료: 나기현(2004), 포괄적인 성과관리모델에 관한 연구, 외대논총, 제28집, 부산외국어대학교.

3.2.1. 포괄적인 통합 성과관리모델의 8가지 단계

포괄적인 통합 성과관리모델의 8가지 단계는 다음의 〈표 5-7〉과 같이 요약할 수 있다.

〈표 5-7〉 포괄적인 통합 성과관리모델

단 계		내 용
1	직무명확화하기 (기대리스트 작성)	• 직무성과 기대리스트 작성 단계. • 직무분석을 통해 얻어진 각 직무기술서와 명세서를 포함. 그리고 성공적 직무수행에 필요한 과업행동과 기대되는 결과를 묘사해야.
2	적격심사하기	• 구성원들이 현재직무에 얼마나 적합한지를 분석 · 평가하는 단계 • 기업이 보유한 인력들에 대한 재고파악을 통해 보유한 인력의 질적 내용(개인의 지식, 능력들, 스킬 등)을 분석하고, 분석결과를 직무기대리스트와의 비교를 통해 편차정도를 파악해야.
3	예측/선택하기	• 직무기대리스트와 비교를 통한 주어진 직무에서 가장 성공적으로 직무를 수행할 사람을 예측, 선택하는 단계. • 효과적인 선발과정의 구조화가 가능해짐.
4	오리엔테이션/훈련하기	• 새로운 구성원으로 선발되어 조직에 적응하도록, 기존구성원이 새 직무로 배치되었을 때 직무수행 잘할 수 있도록 하는 훈련단계. • 각 직무에 대한 직무성과 기대리스트의 존재로 훈련프로그램의 개발은 훨씬 쉬워진다. 특히 주어진 훈련프로그램의 평가는 구성원이 직무기대를 얼마나 잘 충족시켰는지, 이를 측정할 도구가 얼마나 적절한지 여부를 측정하면 되기 때문에 아주 단순화된다.
5	모니터링하기	• 직무성과 기대리스트 내용들을 구성원들이 얼마나 잘 부응하는지에 대한 관찰하는 단계. • 모니터링의 주된 목적은 개개인 구성원의 성과평가를 위한 성과 데이터를 모으는데 있다.
6	평가하기	• 구성원의 성과자료와 명확하게 규정된 직무성과기대와 비교 단계. • 평가하기목표는 가능한 정확하게 구성원의 효과성을 결정하는 것이다. 즉 구성원의 실제적인 성과에 부정확한 평가의 원인이 되는 개입요인들이 제거되었는지 확인해야 한다.

7	피드백하기	• 직무성과 기대리스트내용들을 구성원의 성과가 얼마나 잘 부응했는지에 관한 내용을 구성원에게 주어지는 것이다. • 성공적으로 부응했다면: 동기부여와 용기를 북돋울 수 있는 새로운 직무기대로 도전할 수 있는 승진 등의 방법을 찾을 것이다. • 그렇지 못할 경우: 구성원들이 직무성과기대를 부응할 수 있도록 계획을 개발하고 그들을 돕거나, 그들의 보유지식이나 능력에 더 적절한 직무로의 전환을 추진할 것이다.
8	강화하기	• 구성원들에게 전체적으로 공평하게 보이는 보상시스템을 개발하고 성과에 따른 보상을 통해 바람직한 행동을 강화하는 단계. • 성과와 보상사이의 정확한 관계는 명확하게 설계되어야 한다. • 직무성과 기대들이 개발되어질 때 보상설계도 같이 행해져야.

3.2.2. 포괄적인 통합 성과관리모델의 성공적 실행을 위한 조직의 배경요소들

포괄적인 통합 성과관리모델의 성공적 실행여부에 영향을 미칠 수 있는 조직의 배경요소들(조직문화, 최고경영자와 라인관리자의 관여, 그리고 인적자원전문가들을 위한 변화모습)에 대한 전제는 다음과 같다.

1) 조직문화와 관련한 전제:

통합 성과관리모델이 조직의 목표달성과 구성원개발 모두에 이익이 되도록 설계되었다 할지라도 성공적인 실행을 위해서는 조직문화를 준비하는 특별노력이 요구된다. 그러므로 조직문화와 관련하여 가치로 '개인과 조직의 목표를 함께 도달하자'를 추천하고자 한다. 그 이유는 성과관리모델의 목적이 성과와 성장을 위한 개인들의 목표가 커다란 조직목표의 우산아래서 실현되어지고 그리고 달성되는 시스템을 창조해내는데 있기 때문이다. 따라서 구성원들이 개인과 조직의 성장과 개발에 대해 조직의 주된 몰입을 이해하는 것으로서, 그들은 성과관리시스템의 실행을 위해 필요한 처음의 단계들을 시작할 준비를 하게 될 것이다.

2) 최고경영층과 라인관리자의 관여와 관련한 전제:

인적자원기능들과 비즈니스 관리기능들이 종종 통합되지 못하는 이유들 중 하나는 최고경영자들은 프로그램개발에 결코 관여하지 않기 때문에, 최고경영층에 의해 이 프로그램들이 잘 받아드려지지 않는 경향이 있고, 그리고 라인관리자 단계에서는 자신들과는 관련이 없는 것으로 보고 있다는 것이다.

성과관리모델은 인적자원전문가들에 의해 소개되어진 새로운 프로그램이기보다는 오히려 비즈니스 목표들과 전략들의 성취에 대한 관심과 함께 인적자원관심들을 통합하는 관리의 과정이기 때문에, 과정들의 각 부분을 이행하기 위해서는 최고경영층의 결단이 있어야하고 조직은 이러한 방향에서 조직화되어야 한다. 또한 조직에서 성과관리모델이 제대로 작동되기 위해서는 라인관리자가 실행을 책임져야 하기 때문에 실행부분이 모든 관리자의 직무기술서의 일부분이 되어야 한다. 따라서 성과관리모델은 인적자원전문가들에 의해 이행되어지는 프로그램이 아니라, 오히려 조직의 일들을 성취하기 위하여 취하는 관리접근방법이라는 사실을 인식할 필요가 있다.

3) 인적자원전문가들을 위한 새로운 모습과 관련한 전제:

성과관리모델에서 인적자원전문가의 근원적인 과업은 조직의 목표를 성취하는데 있어 라인관리가 성공적이 되도록 도와주고, 인적자원기능들을 함께 묶는 것뿐만 아니라 이를 조직의 라인관리기능들에 효과적으로 연결하는데 명확한 목적들이 있다. 따라서 이러한 목적들을 추구하기 위해 성과관리팀의 구축이 필요하다. 성과관리팀은 성과관리모델 각 단계의 실행을 효과적으로 이끄는데 필요한 모든 전문성을 가진 관리자들의 그룹을 의미한다. 즉 인적자원전문가들은 이 팀의 일부분이 되는 것이다.

통합 성과관리모델은 인적자원전문가들의 개발에 있어 새로운 접근방법을 요구한다. 이상적인 것은 조직을 위하여 사람과 사람간의 훌륭한 대인관계기술들을 가진 성공적인 관리자들을 선발하여 인적자원기능에 관한 구체화된 훈련을 받도록 하는 것이다. 특히 훈련과정은 라인관리자의 역할을 포함하여 재무, 마케팅, 전략경영, 그리고 조직개발 등 비즈니스와 인적자원기능들에서 광범위한 이해와 훈련을 함께 한다. 이런 방법으로 훈련되어진 인적자원전문가들은 성과관리팀의 일원으로서 가장 적절할뿐더러, 인적자원에 관한 결정과 비즈니스 의사결정과정에서 활동하도록 자격이 주어지며 성과관리모델을 실행하는데 있어 효과적인 도움을 줄 것이다.

이상과 같이 포괄적인 통합 성과관리모델의 8가지 단계와 성과관리모델의 성공적 실행을 위한 조직의 배경요소들을 제시하였다. 다음 제Ⅲ부 6장부터는 포괄적인 통합 성과관리모델의 각 단계에 대하여 이해를 돕고자 보다 구체적으로 살펴보기로 한다.

학습목표(과제)

1. 인적자원기능들이 통합되어야 하는 이유와 통합방법은 무엇인가?
2. 인적자원관리와 비즈니스관리가 통합되어야 하는 이유와 통합방법은 무엇인가?
3. 통합적 성과관리모델의 구성요소는 무엇인가??
4. 통합성과관리모델이 정착하기 위한 기초토양은 무엇인가?

참고문헌

나기현(2004), 포괄적인 성과관리모델에 관한 연구, 외대논총, 제28집, 부산외국어대학교.
이춘우(2014), 인적자원관리, 무역경영사.
이학종 & 양혁승(2005), 전략적 인적자원관리, 박영사.
Addams, H. L., & Embley, K.(1988). Performance Management Systems: From Strategic Planning to Employee Productivity. *Personnel*, 65(4), 55-60.

Allen, K. R.(1991). Personnel Management On the Line: How Middle Managers View the Function. *Personnel Management,* 23(6), 40-43.

Armstrong, M.(1989). Personnel Director's View From the Bridge. *Personnel Management,* 21(10), 53-55.

Baker, H. G., Spier, M. S., & Dhammanungune, S.(1990, April). Trust, Credibility, and Empowerment, paper presented at the Bay Area Organizational Development Network Conference, Palo Alto, CA.

Beer, M., & Ruh, R. A.(1976). Employee Growth Through Performance Management. *Harvard Business Review,* 54(4), 59-66.

Brumback, G. B.(1981). Revisiting an Approach to Managing Behaviors and Results. *Public Personnel Management,* 10(2), 270-277.

______________(1988), Some Ideas, Issues, and Predictions about Performance Management. *Public Personnel Management,* 17(4), 387-402.

Brumback, G. B., & McFee, T. S.(1982). From MBO to MBR. *Public Administration Review,* 42(4), 363-371.

Buller, P. F.(1988). Successful Partnerships: HR and Strategic Planning at Eight Top Firms. *Organizational Dynamics,* 17(2), 27-43.

Burack, E. H.(1986). Corporate Business and Human Resources Planning Practices: Strategic Issues and Concerns. *Organizational Dynamics,* 15(1), 73-87.

Fahnestock, C. M.(1984), One Utility's System in Management Planning and Performance Review. *Public Utilities Fortnightly,* 114(2), 33-36.

Fowler, A.(1990). Performance Management: The MBO of the 90's? *Personnel Management,* 22(7), 47-51.

_________(1987). When Chief Executives Discover HRM. Personnel Management, 19(1), 3.

Geis, A. A.(1987), Making Merit Pay Work. *Personnel,* 64(1), 52-60.

Golden, K. A., & Ramanujam, V.(1985). Between a Dream and a Nightmare: On the Integration of the HRM and the Strategic Business Planning Process. *Human Resource Management,* 24(4), 427-454.

Greene, R. J.(1991), A 90's Model for Performance anagement. *HR Magazine,* 36(4), 62-65.

Guinn, K.(1987), Performance Management: Not Just an Annual Appraisal. *Training,* 24(8), 39-42.

Haynes, M. E.(1986), Partnerships in Management: Employee Involvement Gets Results. *Personnel Journal,* 65(7), 46-55.

Heide, D. P.(1993), A Comprehensive Performance Management Model, A Dissertation in School of Human Behavior, United States International University, San diego, CA.

Johnson, P. & Bell, C.(1987), Focused Vision for Focused Performance, *Training and Development Journal,* 41(120), 56-59.

Lengnick-Hall, C. A., & Lengnick-Hall, M. L.(1990). Interactive Human Resource Management and Strategic Planning. New York: Quorum Books.

________________________(1988). Strategic Human Resource Management: A Review of the Literature and a Proposed Typology. *Academy of Management Review,* 13(3), 454-470.

Manzini, A. O.(1988). Integrating Human Resources Planning and Development: The Unification of Strategic, Operational and Human Resources Planning Systems. *Human Resources Planning,* 11(2), 79-94.

McManis, G. L., & Leibman, M. S.(1988a). Improving HR Practice: Practical Approaches. *Personnel Administrator,* 33(1), 35-39, 85.

Miles, R. E., & Snow, C. C.(1984b). Fit, Failure, and the Hall of Fame. *California Management Review,* 26(3), 10-28.

Mirabile, R., Caldwell, D., & O'Reilly, C.(1986). Designing and Linking Human Resource Programs. *Training and Development Journal,* 40(9), 60-65.

Mumford, J. & Buley, T.(1988), Rewarding behavioral Skills As Part of Performance. *Personnel Management,* 20(12), 33-37.

Nkomo, S. M.(1986). The Theory and Practice of HR Planning: The Gap Still Remains. *Personnel Administrator,* 31(8), 71-84.

Peters, J. W.(1988). Strategic Staffing: A Key Link in Business and Human Resource Planning. *Human Resource Planning,* 11(2), 151-158.

Rhodes, D. W.(1988), Can HR Respond to Corporate strategy?, *The Journal of Business Strategy,* 9(20, 57-58.

Schneier, C. E., Beatty, R. W., & Baird, L. S.(1986a), Creating a performance Management System. *Training and Development Journal,* 40(5), 74-79.

________________________(1986b), How to Construct a successful Performance Appraisal System. *Training and Development Journal,* 40(4), 38-42.

Schneier, C. E., Geis, A., & Wert, J. A.(1987), Performance Appraisals: No Appointment Needed. *Personnel Journal,* 66(11), 80-87.

Schwandt, D. R., Hillman, L. W., & Bartz, D. E.(1989), Clarifying Performance Expectations.

Supervisory Management, 34(11), 17-21.

Sears, L. N.(1984). Organization and Human Resource Professionals in Transition. *Human Resource Management,* 23(4), 409-421.

Sink, D. S. & Tutle , T. C.(1990), The Performance Management Question in the Organization of the Future. *Industrial Management,* 32(1), 4-12.

Tichy, N., Fomburn, C. J., and Devanna, M. A.(1982). Strategic Human Resources Management. Sloan Management Review, 23(2), 47-64.

Ulrich, D.(1987). Organizational Capability as a Competitive Advantage: Human Resource Professionals as a strategic Partners. *Human Resource Planning,* 10(4), 169-184.

________(1984). Strategic Human Resources Planning: Why and How. In Reading in Personnel and Human Resources Management, (Eds.), R. S. Schuler & S. A. Youngblood, (pp. 57-71), New York: West Publishing Company.

제Ⅲ부. 포괄적인 통합 성과관리모델

비즈니스관리를 하는데 있어서 인적자원관리는 조직체의 목적과 성과를 달성시키는 경영과정이기 때문에 인적자원관리와 비즈니스관리는 통합되어야 하고 인적자원기능들도 통합되어야 한다. 이러한 통합을 이끌어 낼 수 있는 포괄적인 성과관리시스템개발의 주된 목적은 조직의 목표들을 촉진하고 지원하는, 그리고 각 구성원의 잠재능력을 최대한 개발하는 통합된 인적자원접근방법을 만들어내는 것임에 틀림이 없다. 특히 인적자원기능들은 종점이 아니라 조직의 전략적인 비즈니스 목표들의 성취를 돕기 위하여 개발되어지는 것이다.

전략적 인적자원관리인 통합 성과관리모델은
8가지 단계로 구성되어 있다.

1. 직무명확화하기: 직무의 내용과 책임, 의무, 직무의 성공적인 수행에 필요한 과업행동과 기대되는 결과들을 묘사하는 직무성과 기대리스트 작성 단계.
2. 적격심사하기: 직무성과 기대리스트와의 비교를 통해 구성원들이 현재직무에 얼마나 적합한지를 분석 · 평가하는 단계.
3. 예측/선택하기: 직무성과 기대리스트와 비교를 통한 주어진 직무에서 가장 성공적인 직무를 수행할 사람을 예측, 선택하는 단계.
4. 오리엔테이션/훈련하기: 새로운 구성원으로 선발되어 조직에 적응하도록, 기존 구성원이 새 직무로 배치되었을 때 성공적으로 직무수행 할 수 있도록 하는 훈련단계.
5. 모니터링하기: 구성원의 성과평가를 위한 성과데이터를 모으기 위해 직무기대 리스트 내용들을 구성원들이 얼마나 잘 부응하는지를 관찰하는 단계.
6. 평가하기: 구성원의 성과자료와 명확하게 규정된 직무성과기대와 비교단계.
7. 피드백하기: 직무성과 기대리스트 내용들을 구성원의 성과가 얼마나 잘 부응했는지에 관한 내용을 구성원에게 주어지는 것이다.
8. 강화하기: 공평한 보상시스템을 개발하고, 성과에 따른 보상을 통해 바람직한 행동을 강화하는 단계.

제6장. 직무명확화하기

조직에서 효과적인 성과관리를 위한 첫 단계는 명확하게 이해할 수 있는 계획을 수립하는 것이다. 그 이유는 조직 내 · 외적인 환경변화를 고려하여 설정된 조직의 방향과 목표를 효과적으로 달성하기 위해서는 전략을 포함한 비즈니스 계획 수립과 함께 시작되어야 하기 때문이다. 이러한 계획은 비즈니스 환경에 대한 반응을 결정하게 됨은 물론 전략계획과정 속에서 조직의 미션과 가치가 확립되고, 이로부터 조직의 목표, 부문간 목표, 현장의 목표로 흐르게 된다. 또한 계획을 효과적으로 실행하기 위해서는 목표달성 및 계획실행에 필요한 모든 활동과 역할, 직무들, 프로젝트들, 책임들을 개인들이나 팀이 성공적으로 일할 수 있도록 보다 구체적인 과업들로 쪼개져야 하고, 세분화된 과업들이 합리적으로 팀이나 개인에게 부여되어야 한다. 그렇기 때문에 계획과정의 마지막 단계에서는 개인이나 팀에 부여된 각 직무의 직무성과에 대한 기대들의 리스트가 작성되어야 한다.

따라서 본장 제1절에서는 비즈니스 목표와 계획수립에 대해 살펴보고, 제2절에서는 수립된 계획을 달성하기 위해 쪼개져 배분된 일들을 누구든 효과적으로 수행할 수 있도록 직무명확화하기와 이의 방법(직무분석과 역량모형분석)에 대해 알아본다. 그리고 제3절에서는 직무명확화하기의 결정체인 직무성과 기대리스트 작성에 대해 알아보도록 한다.

제1절. 비즈니스 목표와 비즈니스 계획

기업의 활동이 합리적으로 수행되기 위해서는 목표를 설정하고, 이를 효과적으로 달성하기 위해 필요한 활동방향, 지침, 그리고 질서를 결정해야 한다. 비즈니스계획은 경영과정상의 각 기능과 밀접한 관련을 갖고 있기 때문에 무엇을 언제, 누가 어떻게, 얼마만큼 할 것인가에 대해서 명확하게 설명하는 것이다. 따라서 목표유형과 기간 및 성격에 따라 구분되는 경영계획에 대하여 간단하게 알아보도록 한다.

1.1. 비즈니스 목표유형과 계획의 유형

경영자는 기업의 비전 및 미션을 달성할 수 있도록 조직구성원들의 활동방향을 제시하여야 한다. 이를 위해서는 비즈니스목표를 설정하고, 이러한 목표들을 달성하도록 전략을 포함한 비즈니스 계획을 수립해야 한다. 그 이유는 계획수립은 목표달성을 위해 해야 할 일의 순서와 방법을 찾는 것이기 때문이다.

계획(plan)이란 '조직이 정의된 목표를 달성하는데 필요한 방법이나 과업을 상세히 기술한 틀'을 말한다(김종득 & 정형일, 2009). 이는 조직의 목표를 달성하기 위하여 누가, 무엇을, 언제, 어떻게, 왜 작업을 해야 하는지에 관하여 사전에 결정하는 것으로 현재의 활동과 미래의 활동을 연결하는 교량역할을 한다. 그러므로 계획의 궁극적인 목적은 조직의 목표달성 정도를 높이기 위해 조직의 제반활동을 조정하는데 초점을 두기 때문에, 결국 조직에 있어서 활동목표, 운영목표, 그리고 전체목표를 달성하기 위한 방법 또는 수단이 된다.

[그림 6-1] 계층별 목표와 계획

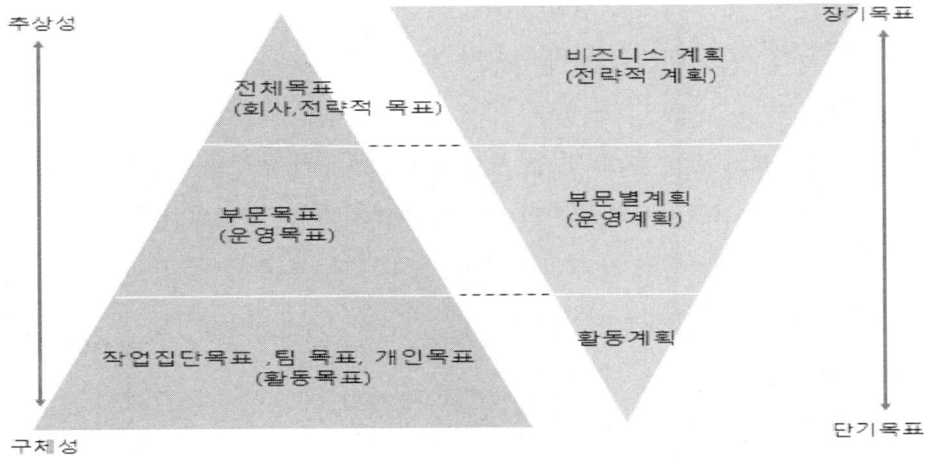

따라서 조직의 각 부문이 어떠한 책임을 수행하는가에 따라 구분되는 목표와 기간 및 성격에 따라 다양하게 구분되는 계획들 간의 관계를 [그림 6-1]과 같이 정리할 수 있다. 이에 대해 간단히 살펴보도록 한다.

1.1.1. 전체적 목표(장기 및 전략적 목표)와 비즈니스 계획(장기 및 전략계획)

전체적인 목표는 기업의 사명이나 비전을 토대로 궁극적으로 기업이 무슨 활동을 할 것이며, 어디에 초점을 둘 것이며, 무엇을 달성해야 하는지와 관련된 추상성이 많은 개념이다. 그러나 조직의 장기적 성공을 위한 방향에 도움이 되며, 환경변화에 조직을 적응시키도록 하는 중요한 특성을 갖고 있다. 이처럼 내 · 외적인 환경변화를 고려하여 조직방향과 목표를 설정하고, 이를 효과적으로 달성하기 위해서는 전략을 포함한 비즈니스 계획수립과 함께 시작되어야 한다. 따라서 명확하고 이해할 수 있는 비즈니스 계획수립은 조직에서 전체적인 목표를 달성하고 효과적인 성과관리를 위한 첫 단계가 된다.

전체적 목표가 장기 및 전략적 목표(기업사명을 달성하기 위한 하나의 수단적인 목표로 설정된 것이기 때문에 경영전략의 실행을 통해 최종적으로 얻고자 하는 결과를 가능한 정량화된 형태로 구체화한 것)를 포함하듯이 비즈니스 계획은 장기 및 전략계획을 포함한다. 조직의 전체목표를 달성하기 위한 방법 및 활동들을 기술하는 비즈니스계획은 기업의 모든 경영활동을 포괄하는 청사진이므로, 조직의 최상층의 수준에서 수립되며 조직의 포괄적인 목표를 달성하는데 초점을 두어야 한다.

따라서 회사목표와 경영목표 등을 포함하고 있는 전체적인 목표와 비즈니스 계획에는 구체적인 목표달성의 시기가 명시되지 않지만, 이 목표와 계획을 통해 최고경영층은 조직 계층별로 각 부문의 목표, 운영목표, 활동목표 등을 설정하게 된다. 예로 회사목표설정에는 시장점유율향상, 신 공장건설, 매출신장, 자기자본의 충실화 등의 문제가 포함될 수 있다.

이러한 목표와 계획을 효과적으로 달성하기 위해서는 목표달성 및 계획실행에 필요한 모든 활동과 역할을 공식직무로 설계하고, 각 직무간의 연결관계를 분명히 해야 한다.

1.1.2. 부문목표(중기 및 운영목표)와 운영계획(중기 및 부문/단위계획)

부문목표는 '전체적 목표인 경영목표달성을 위한 부문별(부, 과, 집단 및 팀별)로 할당된 목표'를 의미한다. 부문목표는 조직의 실제적인 활동목표를 통해 추구되는 목표이며, 구체적이고 단기와 장기목표가 혼합된 성격을 갖고 있다. 운영목표의 달성여부는 최고경영층의 지시를 받는 중간관리층의 책임영역에 속한다. 또한 이 목표는 전년도의 성과평가, 환경적 추세의 예측, 경쟁기업의 성과분석 등을 통해 조정되며, 연도별로 재정의 되기도 한다.

운영계획은 '전략적 계획을 실행하기 위한 구체적인 계획 즉 전략목표의 수단인 부문목표를 달성하기 위한 방법 및 활동들을 보다 구체적으로 계획한 것'을 말한다. 최고경영층과 부서장 또는 팀장이 협의하는 캐스케이딩(cascading)방식으로 설정된 부문별 목표달성을 위한 운영계획은 조직 내 구성원간의 관계에 대한 계획을 대상으로 한다. 특히 장기의 전략적 계획이 미래의 불확실한 환경을 해결하기 위한 것이라면, 중기의 운영계획은 불확실성이 적은 계획기간에 수행되어야 할 제 활동들 계획에 초점을 둔다.

1.1.3. 활동목표(단기 및 작업 단위목표, 개인목표)와 활동계획(단기 및 개인계획)

활동목표는 '운영목표를 기초로 수립되고, 자체에 행동기준, 성과기준 및 달성시기를 갖고 있는 목표'를 말한다. 이 목표는 구체적이며 단기적인 특성을 갖고, 조직구성원에게 어떻게 그리고 언제 달성할 것인가를 제시해 준다. 활동목표를 달성한다는 것은 운영목표를 달성하는 것을 말하며 궁극적으로는 조직 전체목표를 달성하는 것을 의미한다. 개인목표설정은 부문별 목표를 개인중심으로 할당하여 개인의 직무한계와 목표를 확정하는 일이다.

활동계획은 '조직의 목표달성을 위한 일상적인 활동내용에 관한 계획이며, 조직계층별 계획에서 운영계획의 하부계획'이라고도 할 수 있다. 이는 일반 작업자의 활동에 관한 계획을 다룬다. 특히 조직의 특정목적을 달성하기 위한 일시적으로 사용되는 일시적 계획도 포함하지만 주로 목표달성을 위해 반복되어 사용되어지는 상용계획을 포함하고 있다. 따라서 조직구성원의 활동을 조정하는데 있어서 적절하다고 판단될 때까지 반복적으로 이용된다.

이상에서 살펴본바와 같이 비즈니스계획 속에서 조직계층에 따른 각각의 목표(조직목표, 부문목표, 활동목표 등)의 달성수단인 계획들은 연결 또는 통합되어야 한다. 그 이유는 조직이 성공하기 위해서는 운영적인 계획은 단독으로 설 수 없고 전략적인 계획과 함께 통합되어야함은 물론 인적자원계획은 전략적 계획 그리고 운영적인 계획과 함께 통합되어야 하기 때문이다(Manzini, 1988). 따라서 통일된 전체속으로 통합된 계획들(인적자원계획, 전략적 계획, 운영계획 등)은 모든 조직요소들이 조직의 전략적인 목표들을 향해 움직이도록 하게 될 것이다.

제2절. 직무명확화하기에 대한 이해

조직 내 구성원들은 모두 조직체의 목표달성을 위해 일하고 있다. 그러나 조직체의 목표달성은 쉽지만은 않다. 그 이유는 무엇일까? 여러 가지 이유들이 있겠지만 가장 큰 문제는 팀이나 개인들이 자신에게 부여된 일에 대해서 잘 모른다는 점이다. 즉 일을 바쁘게 그리고 열심히 하면서도 왜 이러한 일들을 해야 하는지, 이러한 일들이 조직목표달성과 어떤 관계가 있는지, 이러한 일들을 제대로 수행하기 위해서는 어떠한 과업행동들을 해야 하는지, 이러한 일들을 원만히 수행하기 위해 어떠한 자격요건이 필요한지, 그리고 이러한 일들을 하면서 얼마만큼의 결과를 만들어내야 하는지에 대하여 명확하게 알지 못한다. 그렇다면 팀이나 개인이 자신이 수행하는 일에 대해서 명확하게 알지 못하는 이유는 무엇인가? 바로 조직에서 직무명확화하기가 제대로 이루어지지 않았기 때문이다.

조직의 비즈니스 목표와 계획들을 효과적으로 달성하기 위해서는 세분화되어 개인이나 팀에 부여된 일에 대한 명확화하기가 필요하다. 개인이나 팀에 부여된 일에 대한 내용과 자격요건 등을 밝혀내 직무성과 기대리스트를 작성하는 과정이 직무명확화이기 때문에, 이는 성과창출을 지원하는 인적자원관리의 기초가 된다. 그러므로 직무명확화를 하기 위해서는 직무에 관한 모든 정보자료가 수집 · 분석되고 종합 · 정리되어 구체적인 직무내용이 설정되어야 하고, 직무를 수행하는 방법도 분석되어야 한다. 따라서 본 절에서는 조직목표를 효과적으로 달성하기 위한 직무명확화하기에 대한 이해를 돕기 위해 1) 직무명확화하기의 개념과 중요성에 대하여 알아보고, 2) 직무명확화하기 방법(직무분석과 역량모형분석)에 대해 알아보도록 한다.

2.1. 직무명확화하기의 개념 및 중요성

조직구성원은 조직체에서 주어진 직무를 수행하면서 시간을 보낸다. 그러므로 직무는 개인의 일상생활에 매우 중요한 부분을 차지하는 것은 물론, 인간으로서의 성장과 자아실현에도 지배적인 영향을 준다. 따라서 개인과 직장 그리고 직무간의 관계에 대한 문제는 오랫동안 조직체 연구의 중요주제가 되어왔다. 현대 조직에서 성과에 대한 인정과 능력발휘 그리고 자아실현의 기회는 높은 임금과 안정된 직무와 더불어 구성원들이 가장 원하는 직무요소들이다. 그러므로 개인이 조직에서 높은 성과를 창출하고 능력발휘 그리고 자아실현을 하기 위해서는 무엇보다도 자기가 수행하는 일에 대하여 명확히 알고 있어야 한다. 그러기 위해서는 조직에서 직무명확화하기가 선행적으로 이루어져야 한다. 이는 인적자원관리의 기초이자 일과 사람의 합리적 결합이라는 인적자원관리의 이상을 실현하기 위한 첫걸음이다.

2.1.1. 직무명확화하기의 개념

직무명확화하기(defining the job)란 '조직목표를 달성하기 위해 개인들이나 팀이 효과적으로 일을 할 수 있도록 작업의 종류와 수준이 유사한 직위들의 집단을 의미하는 직무에 대한 내용(의무, 책임, 역할, 해야 할 일들과 그에 따른 과업행동 등)과 직무수행방법 등을 체계적으로 파악하고, 각 직무를 성공적으로 수행하기 위해 필요로 하는 자격요건(능력, 숙련, 역량, 지식 등) 등의 제 요건을 명확히 밝혀낸 다음 밝혀진 정보들을 토대로 직무성과 기대리스트를 작성하는 일련의 과정'을 의미한다(Heide, 1993; 나기현, 2004). 따라서 직무명확화하기를 제대로 해낸다면 조직에서 인적자원관리에 필요한 직무정보(Job Information)를 제공하는 것은 물론 관리의 과학화를 꾀할 수 있다.

구 분	내 용
Job Analysis	It broadly defined is the collection & analysis of any type of job information by any method for any purpose.
Org'al perspective	It has been viewed **as a tool** that provides an informational base for a wide variety of org'al and managerial function.
HRM perspective	it has been conceptualized **as a major support activity** for the primary functional activities of org'al staffing, employee training & development, employee compensation, labour relation, and job design.

2.1.2. 직무명확화하기의 필요성과 효과

'일' 중심보다는 '사람' 중심으로 조직이 운영되는 우리기업에서는 직무에 대한 개념이 모호하다. 그러기 때문에 구성원들이 내가 어떤 일을 하고 있느냐하는 직무중심의 사고보다는 어떤 직위에 있느냐하는 직위중심의 사고를 하고 있다. 직무에 대한 개념이 모호하고 명확하지 않으면 성과관리에 바탕을 둔 인적자원관리의 모든 활동이 발전될 수 없다. 따라서 직무중심의 인사체계를 정립하기 위해서는 직무명확화하기가 선행적으로 조직에서 이루어져야 한다.

직무명확화하기를 통해 구체적으로 얻을 수 있는 효과는 다음의 〈표 6-1〉과 같다.

〈표 6-1〉 직무명확화하기의 효과

효 과	이 유
1. 모집과 선발의 정보제공	• 직무명확화하기를 통해 어떤 직무를 수행하는데 필요한 사람은 어떤 요건을 지닐 것인지에 대한 정보를 제공하기 때문.
2. 책임과 권한의 확정	• 직무명확화하기를 통해 그 직무에 적합한 직위(position)를 부여하고, 그 직위에 맞는 권한과 책임을 명확히 할 수 있기 때문.
3. 교육훈련프로그램 개발/설계 기초제공	• 직무명확화하기를 통해 직무수행에 어떤 종류의 기능/능력이 요구되는가를 구체적으로 제시해주기 때문.
4. 인사평가를 위한 자료제공	• 직무명확화하기를 통해 표준성과수준을 결정하고, 이와 구성원의 실제성과를 비교해 합리적인 인사평가를 실시한다. 또한 이 정보를 종업원의 승진이나 이동자료로 제공한다.
5. 직무개선과 적정인력관리	• 직무명확화하기를 통해 밝혀진 직무내용은 직무개선(업무합리화, 표준화)의 기초자료로, 그리고 이를 통해 도출된 업무량 산정은 조직 내 적정인원 규모기준을 파악(인력과잉/부족 정보제공).
6. 보상수준의 결정	• 직무명확화하기 기초한 직무평가 자료: 직무의 상대적 중요도 파악 → 능력에 맞는 보상수준을 결정, 적정보상의 기초자료로 활용.
7. 합리적 급여체계 수립위한 기초제공	• 직무평가 자료: 직무급 산정의 기초자료로 활용되어 객관적 근거를 가진 합리적 급여체계수립이 용이하다.

이처럼 직무명확화하기는 인력계획의 출발점이며 인력관리의 기본적인 도구이다. 즉 인적자원관리의 과학화를 꾀할 수 있다. 예로 정원관리, 모집과 선택 그리고 배치의 기준, 직무의 이동경로, 인사고과의 항목선정, 성과평가의 기준, 승진의 기준, 능력평가의 기준, 교육훈련의 필요성 발견, 경력개발, 능력급과 직무급의 설정, 연봉제 실시 등의 인적자원 관리내용과 밀접히 연결되어 사용된다. 따라서 직무명확화하기는 서구에서 많은 고용관련 절차의 과학화에 가장 기본이 되는 방식으로 자리 잡았고, 이에 근거하지 않는 절차나 제도는 법률소송에 견디지 못한다는 인식을 정착시켰다.

2.2. 직무명확화하기 방법

직무를 명확화하기 위해서는 직무분석과 역량모델분석이 전제되어야 한다. 그 이유는 직무분석과 역량모델분석을 통해 얻어진 정보들을 토대로 직무를 명확화 할 수 있기 때문이다. 그러므로 직무명확화하기 방법은 직무관련 정보들을 얻을 수 있도록 1) 직무분석 방법과 절차 그리고 2) 역량모델분석 방법과 절차를 활용할 것이다. 이 두 가지 측면에 대하여 보다 구체적으로 살펴보도록 한다.

2.2.1. 직무분석의 방법과 절차 활용

직무분석 방법과 절차는 일반적으로 4단계로 구분해볼 수 있다. 먼저 1) 직무분석의 목적에 따라 필요한 정보의 목록을 직무분석표로 작성하고, 2) 이를 토대로 목적에 적합한 정보를 가장 효과적으로 수집할 수 있는 방법을 선택하여 정보수집하고, 3) 수집된 정보를 목적에 맞게 분석 · 정리하는 즉 가공하는 과정을 거치며, 4) 이 결과로 직무기술서, 직무명세서, 그리고 직무평가서를 작성하는 것이다. 따라서 직무를 명확화하기 위해서는 이러한 직무분석의 4단계 방법 및 절차를 따르되, 기술서와 명세서 그리고 평가서를 작성하는 것으로 끝나는 것이 아니라 이들을 토대로 성과관리팀에서 각 직무에 대한 직무성과 기대리스트를 작성하여야 한다. 그 이유는 직무명확화하기의 궁극적인 목적이 각 직무의 직무성과 기대리스트를 작성하는 것에 있기 때문이다(Heide, 1993; 나기현, 2004). 직무분석의 방법과 절차에 대하여 보다 구체적으로 알아보도록 한다.

2.2.1.1. 직무분석표의 작성

직무분석이란 '직무에 관한 정보를 수집, 분석해 직무의 내용과 직무수행 자격요건 등의 제 요건을 명확히 하여 인적자원관리에 필요한 직무정보를 제공하는 일련의 과정'을 의미하기 때문에 직무분석의 목적이 명확해야 한다(Noe, et. al., 2003). 그 이유는 직무분석의 목적에 따라 필요로 하는 정보가 달라지기 때문이다. 그러므로 직무분석목적에 따라 필요로 하는 정보가 어떤 것인가를 파악해야 하므로 일정양식으로 정리하여 직무분석표로 작성하는 것이 정보수집이 용이하고, 얻고자 하는 정보를 효과적으로 얻을 수 있는 기본적 도구가 된다. 따라서 직무분석의 꽃은 직무의 목적에 부합하도록 얼마나 직무분석표를 제대로 작성하느냐에 달려있다(편의상, 1992). 다음의 〈표 6-2〉는 직무분석 목적에 따른 얻어야 하는 직무정보항목의 내용을 간단히 정리한 것이다.

〈표 6-2〉 직무분석항목의 내용

분석목적 구분	얻어야할 정보
직무특성 관련 내용	• 담당업무의 종류 및 내용과 양, 그리고 업무진행순서와 방법 • 표준 업무량과 근무시간, 업무능률, 업무간의 상호연관성과 빈도 • 구성원들간의 인간관계 및 커뮤니케이션의 과정
책임과 권한 관련 내용	• 직무배분기준과 역할 그리고 직무수행결과와 기대효과 • 직무수행규칙과 그 기준 그리고 책임과 균형의 균형성 • 전결권과 의사결정 재량권의 범위, 그리고 책임성과에 따른 상벌내용
업무태도/동작 기준, 정신적 작용 관련 내용	• 업무태도와 자세, 기본동작과 주요 동작내용 • 업무강도와 계속시간, 표준동작시간과 여유시간 • 분석력, 이해력, 추진력 등 정신 작용력과 지적능력정도 및 활용시간
숙련도와 기능축적도 관련 내용	• 동일업무 지속시간과 숙련과정, 동일업무 반복횟수 및 기능축적과정 • 유사업무수행에 따른 관련업무 수행능력 함양관계 • 동일업무의 장기수행에 따른 신체적 · 정신적 변화과정
직무담당자 자격요건 관련 내용	• 기초지식, 전문지식, 교양의 수준과 필요기준 • 기능과 기술, 필요자격증 현황, 직무수행에 요구되는 경험/경륜 • 체격 및 체력조건, 건강상태 등의 신체적 조건 • 성별의 기준과 연령범위
근무지 환경조건 관련 내용	• 근무시간, 교대시간, 협동/공동 작업과정, 단순작업 등 근무환경조건 • 사무실 및 작업장의 크기, 위치, 온도, 습도, 소음, 분진 등의 물리적 환경조건 • 안전사고 발생빈도와 건수, 위험도의 정도, • 직업병의 발생빈도와 발생가능성

2.2.1.2. 직무정보의 수집

정보수집의 방법은 직무분석 목적에 따라 그리고 직무의 성질이나 분석기간 등에 따라 달라지기 때문에 타당한 정보수집 방법을 선택하기 위해서는 다양한 정보수집 방법에 대하여 이해하여야 한다. 정보수집에 있어 일반적인 방법과 보다 전문적인 방법으로 구분하여 살펴보면 다음과 같다.

2.2.1.2.1. 일반적인 정보수집 방법

일반적인 정보수집 방법으로 다음 〈표 6-3〉과 같이 다양한 방법들이 활용되고 있다.

〈표 6-3〉 일반적 정보수집의 방법

구 분	장 점	단 점
관찰법	- 경험풍부시 정확성을 갖는다. - 직무의 외적활동 파악가능	- 분석자의 주관개입 우려 - 지적, 정신적 활동의 직무는 불가
질문지법	- 적은 비용, 모든 직무에 사용가능	- 정보제공자의 표현능력에 좌우
면접법	- 탄력적, 종합적 정보수집이 가능	- 면접능력이 부족: 부정확한 정보수집
체험법	- 체험으로 정확한 정보수집 - 보완목적사용, 분석자 훈련방법사용	- 사전지식을 습득 못하면 정확성 상실 - 기묘한 심리상태의 체험이 어려움
실험법	- 과학적 실험으로 객관성이 높다	- 많은 시간과 비용소모 - 전문기술자 양성필요
통합법	- 정확한 정보수집	

2.2.1.2.2. 전문적인 정보수집방법

보다 전문적인 정보수집방법으로는 다음과 같은 방법들이 있다(김식현, 1999).

1) 중요 사건법(Critical Incident Method): 플라나간(Flannagan) 개발

직무를 성공적으로 수행하기 위해서 필수적인 행위들을 유사한 범주별로 분류하고, 이를 중요도에 따라서 점수를 부여하는 방법이다. 이는 효율적 혹은 비효율

적 행위의 체크리스트 개발에 기초가 된다.

중요 사건법 분석절차:

- 전문가들이 효과적인 직무수행의 행위와 비효과적인 직무수행 행위의 사례(행위 원인과 과정 그리고 결과에 대한 내용과 함께 작업자의 행위통제력 정도로 기술)를 제시한다.
- 직무분석 담당자나 전문가들이 중요사건들을 유사한 범주로 집단화한다.
- 위의 각 범주들에 명칭을 부여한다.
- 각 범주들을 직무의 성공적 수행을 위해서 얼마나 중요한가에 따라 점수를 부여한다.

이 방법의 장점은 측정가능하고 관찰가능한 직무행동에 초점을 맞추어 직무분석의 이익과 용도를 충분히 인식할 수 있어, 인사고과 척도의 개발이나 교육훈련의 내용을 선정하는데 유용하게 활용된다. 그러나 단점은 중요사건의 수집과 분류에 많은 시간이 소요되고, 이것만으로 보통의 직무행동이나 직무전체의 모습이 기술되지 않는다는 점에서 다른 방법과 병용해서 사용하는 것이 바람직하다.

2) 기능적 직무분석(Functional Job Analysis): 미 노동성 개발

이는 관찰과 면접으로 직무담당자가 실제 작업하는 것을 모든 직무에 존재하는 3가지 일반적 기능정보(자료, 사람, 사물관계)로 분류하고 작업기능에 코드를 부여하여 정리한 것이다. 원래 직무배치와 상담을 목적으로 개발된 이 방법으로 미국의 직업사전이 만들어졌다. 따라서 장점은 기능적 직무정보는 직업사전을 활용하여 특정 직무를 간단하게 분류하는데 유용하며 특히 중소기업에서 쉽게 사용할 수 있다. 또한 다른 방법과 결합해서 사용하면 직무분류와 직무평가에 유용하게 활용할 수 있다.

3) 직위분석설문지(PAQ: Position Analysis Questionnaire): 맥코믹(McCormick) 개발

작업에 대한 표준화된 정보를 수집하는 대표적인 방법으로, 작업자활동과 관련된 187개의 항목과 임금관련 7개 항목을 포함하여 총 194개 항목으로 구성된 질문지이다.

설문항목은 직무특성의 6개 범주 즉 투입정보(35개 항목), 정신적 과정(14개 항목), 과업성과(49개 항목), 다른 사람과의 관계(36개 항목), 직무환경(19개 항목), 기타 직무특성(41개 항목) 등 구성되었다.

따라서 장점은 변형 없이도 넓은 범위의 직무에 사용가능해 많은 직무를 쉽게 분석할 수 있고, 많은 자료원에 비교가 가능해지므로 선발과 직무분류 그리고 직무평가 용도로 널리 활용되고 있다. 단점은 인사고과나 훈련용도로는 활용할 수 없다. 이유는 성과표준이나 훈련내용을 설문지의 점수로부터 도출해내기가 어렵기 때문이다.

4) 과업목록법(Task Inventory Procedure): 크리스탈(Christal) 개발

이는 특정과업에 대한 구체적인 정보를 수집하는 대표적인 방법이다. 설문지를 이용하여 분석하고자 하는 직무의 과업을 모두 열거하고, 각 과업의 상대적 소요시간, 빈도, 중요성, 난이도, 학습의 속도 등의 차원에서 평가한다.

과업목록법은 특정 직업을 단위로 직업을 구성하는 각 직무별로 수행되기 때문에 일반화된 양식은 없다. 일단 개발비용이 많이 들지만 개발되면 훈련용도로 매우 효과적이다. 그러나 직무간의 비교가 어렵기 때문에 직무평가 등의 용도로는 적합하지 않다.

5) 능력요건척도(Ability Requirement Scale): 플래시만(Fleishman) 개발

이는 능력을 '직무성과를 낳는 개인의 지속적인 속성'으로 전제하고, 직무수행에 필요한 능력요건을 분석하는 방법이며 작업자에 대한 표준화된 정보를 수집하

는 방법이다.

이 방법은 어떤 직무에도 해당하는 52가지의 인지적, 감각적, 정신운동능력을 7점 척도로 측정하며, 직무분류와 경력개발, 선발과 훈련에 유용하게 활용되고 있다.

6) 관리직위 기술 질문지: 토나우와 핀토 개발

관리 직무는 계획, 조직, 부하들간의 분쟁해결 같은 다른 활동으로 이루어져 있으며, 유사한 성격의 직무도 사람에 따라 다르게 수행될 수 있고 직급, 직종, 지역적 여건, 조직성격에 따라서도 달라지기 때문에 이에 대한 분석은 매우 복잡하다. 책임, 관계, 제약, 요구, 활동 등에 관하여 관리 직무를 객관적으로 기술하기 위해 과업중심적인 방법으로 시험된 208항목으로 구성되어 있다.

이 방법은 새로운 직무로 이동하기로 되어있는 관리자의 훈련필요성을 진단하고, 새로운 직무의 직무분류, 직무평가에 유용하다. 그러나 관리자들의 개인적 자질과 직무의 행동적 요건, 조직성과의 측정을 연계시키는 것이 과제이다.

2.2.1.3. 정보자료의 분석과 정리

일반적인 방법과 전문적인 방법 등에 의해 수집된 정보자료들을 분석목적에 따라 분석 · 검토하여 객관적으로 직무의 특질을 추출하여야 한다. 즉 가공하여야 한다. 이 분석 작업은 직무에 대한 주요 항목별로 실시하여야 하며, 분석결과는 일목요연하게 정리되어야 한다. 자료가 불충분한 직무에는 추가적인 정보를 수집 · 보완하여야 한다. 다음의 〈표 6-4〉는 항목별로 분석요점에 대해 정리한 것이다.

〈표 6-4〉 항목별로 분석요점

항 목	분석 요점
1. 직무내용분석	• 직무에 포함된 과업의 종류와 내용을 명확히 한다. • 이러한 과업이 무엇을 위해 행해지는가 하는 목적을 파악한다. • 다른 직무와 관계를 파악해 시간적 흐름, 관계발생시점 등을 명확하게 이해한다. • 구체적인 작업방법에 대해 살펴본다.

	- 일 수행에 사용하는 도구/기계 등의 종류와 사용상의 유의점. - 일의 표준화 여부, 작업수행상의 자주성 여부 등을 파악.
2. 책임 · 권한의 분석	• 책임내용: 생산에 대한 책임, 기계 · 설비에 대한 책임, 안전에 대한 책임, 지도 · 조정의 책임 등이 있으며 직무별로 각각의 책임정도를 분석한다. • 권한 내용: 라인관계권한으로서의 결정권, 명령권, 스텝관계 권한으로서의 기획, 입안, 심사, 조언 등이 있으며 책임과 함께 분석되어야 한다.
3. 신체동작과 정신활동의 분석	• 직무수행방법을 분석하는 과정에서 작업 자세, 육체적 부담 및 정신적 부담 등을 명확히 파악한다. • 육체적 동작은 비교적 객관적인 파악이 가능하지만 정신적인 활동에 대해서는 객관적으로 파악하기가 어렵다. • 직무활동에 정신활동이 중요하기 때문에 납득할 수 있는 분석 즉 분석력, 판단력, 비판력 등에 대한 주의 깊은 분석이 필요함.
4. 작업조건의 분석	• 작업조건은 물리적인 그리고 사회적인 환경조건으로 구분가능. • 물리적 환경조건: 온도, 조명, 소음, 분진, 유해가스, 진동 등과 같은 노동재해, 직업병의가능성에 대한 정확한 파악이 필요. • 사회적 환경조건: 노동시간, 임금제도, 작업형태 등도 고려해야.
5. 자격요건의 분석	• 직무를 수행하는데 필요한 자격요건을 각 직무별로 파악한다. • 문서나 작업지도서 등의 해독, 보고서의 작성 등 기초지식, 기계장치의 사용방법이나 생산공정에 관한 실무지식, 필요한 경험연수와 관련된 기능의 정도, 직무수행에 적합한 심적 특성이나 남녀의 적성, 최적연령의 범위 등이 포함된다.

정리된 자료들은 인적자원관리를 위한 자료로 활용되는데, 이러한 목적으로 작성되는 것이 직무기술서와 직무명세서, 그리고 직무평가서이다. 직무분석 자료의 계속적인 보완을 통해 직무에 변화가 있는 경우 해당 직무기술서에 이를 반영시킴으로서 직무분석 자료를 항상 현실화하여야 한다. 직무기술서와 직무명세서를 현실화 하는 것은 매우 힘든 일이지만, 대체로 3년마다 직무분석 자료를 현실화 하는 것이 바람직하다.

1) 직무기술서(Job Description)

직무분석의 결과에 의거하여 직무수행과 관련된 과업 및 직무행동을 일정한 양식에 기술한 문서로 '과업, 임무, 책임' 등을 요약한 것이다. 이는 직무에서 기대되는 결과와 직무수행방법을 간단히 설명해 준다.

- What do you expect to employee in the job?
- What person does in the job?
- The whole things of job holder: tasks, activities, duties, responsibilities.

직무목적과 표준성과도 제시함으로서 작업자에게 기대되는 결과를 명백히 해 주기 때문에 작업자의 오리엔테이션, 교육훈련, 성과평가의 기준으로 활용되며, 조직구조분석과 설계, 조직 관리자의 승계와 대체에 사용된다.

2) 직무명세서(Job Specialization)

직무관련 인적요건만을 분리하여 구체적으로 작성한 문서로, 특히 성공적인 직무수행을 위해 필요한 자격요건을 중심으로 기술한 것이다.

- What kind of person do you want or look for the job?
- The whole things of job holder: skills, backgrounds, abilities, characteristics

직무를 만족스럽게 수행하기에 필요한 지식과 기술, 기타능력 및 자질을 명세한 것으로 주로 모집과 선택, 직무개선과 재설계(job redesign), 경력계획 및 상담에 사용된다.

3) 직무평가서(Job Evaluation)

직무분석결과 직무의 숙련, 노력, 책임, 작업조건 등을 비교 · 평가함으로서 기업전체 계층에 있는 각종 직무간의 상대적 서열을 결정하는 절차로 직무 그 자체의 가치를 평가하는 것이다. 즉 직무상의 인간을 평가하는 것이 아니다.

- What they do it? physical environment, social environment, employment conditions.

직무의 상대적 가치를 결정함으로서 기업내부의 임금격차를 합리적으로 결정하고, 직무의 상대적 가치에 따라 임금률을 결정하는 직무급을 정립하여 공정한 임금관리 등 인적자원관리 전반의 합리화를 기하기 위한 것이다.

2.2.2. 역량모델분석 방법과 절차 활용

역량모델(competency model)이란 '조직에서 구성원이 감당해야 하는 넓은 범주의 일을 하는데 필요한 인적특성을 분석하는 것'을 의미한다(이순규 & 이주희, 2005). 이러한 역량모델을 기업에서 채택 및 활용하는 이유는 무엇일까? 그 이유는 3가지 측면에서 설명할 수 있을 것이다.

1) 사람중심으로 운영되는 우리기업에서는 직무의 개념이 모호하여 직무간의 구별이 상대적으로 명확하지 않고, 팀제 활성화로 개인 업무개념이 팀 업무의 개념으로 확대되고, 팀간 협력업무 등의 증가로 직무분석으로는 업무성격의 파악 즉 직무명확화하기에 한계를 경험하고 있기 때문이다. 특히 분석되는 일의 규모 및 분석방식의 차원에서 볼 때 직무분석방식에서는 직무라는 상대적으로 작은 크기를 다루고 있기 때문에 이를 보완하는 작업이 필요하기 때문이다.

2) 빠른 기술변화, 환경변화 속에서 일에 대한 관리가 작은 단위로 쪼개지는 분업에서 포괄적으로 정의하고 수행하는 통업의 시대로 가고 있기 때문에, 무엇을 하는가보다는 어떻게 하는가, 나아가서 많은 유동적 업무에 필요한 역량이 무엇인가에 관심이 옮겨가게 되었기 때문이다.

3) 역량모델은 과거의 '공급자 중심 시장형태'와 '단기성과 중심의 경영방식'에서 요구되던 구성원의 보유능력을 현재와 미래의 '고객중심의 시장상황'과 '핵심역량 중심의 경영방식'에서 요구되는 역량기준을 표준화하여 제고함으로서 인적자원의 활용을 다변화할 수 있고 역량을 결집/개발시킬 수 있게 하기 때문이다.

많은 기업에서 활용하고 있는 역량모형의 분석수준에서는 직무분석에서 다루지 못했던 비전, 기업가치, 전략 등의 조직수준의 변수들과 장소와 경쟁력 등의 환경적인 요소들을 고려하여 일반적 역량의 도출에 중점을 두고 있다. 그러나 분석

수준이 범위를 넓게 잡아 조직 전체차원의 일반적인 KSA(knowledge, skill, attitude)를 다루고 있기 때문에 직무분석과는 달리 과업수준에 직접 연결되지 않을 수도 있다(Sanchez & Levine, 1999). 그러므로 역량모형의 개발에 전통적인 직무분석 접근방법을 접목시키는 것이 역량모형을 보다 과업 및 작업적 맥락에 근거하도록 할 것이다.

따라서 최근에는 이러한 문제점들을 보완하는 작업범위를 넘어 직무명확화하기에서의 자격요건에 해당하는 일에 필요한 인적요건을 넓은 범주에서 파악해 보고자 하는 역량모형에 대한 이해 및 개발이 필요하다.

2.2.2.1. 역량모형과 직무분석의 활용범주

서구에서는 직무분석이 잘 이루어지고, 좀 더 큰 범주의 역량이 주장되고 있으나 우리기업에서는 잘된 직무분석조차 흔하지 않다. 역량모형과 직무분석의 활용범주와 관련하여 실제적 차이는 다음의 〈표 6-5〉와 같이 정리할 수 있다.

〈표 6-5〉 역량모형과 직무분석의 활용범주차이

직무분석	역량모형
• 세분화에 중점을 두는 전통적인 직무분석이 조직의 가치와의 연계부분에서 미흡하기 때문에 시장성에서는 열세에 있는 것으로 보이지만 학술적/이론적 측면에서는 역량모형에 비해 방어가능성이 높다. • 개인에게 심각하게 영향을 주는 의사결정 분야(모집과 선발, 업적평가, 보상 등), 이해관계자간 갈등, 소송과 같은 민감한 사안이 발생하는 업무수준에서는 직무분석적인 접근이 더 필요할 수 있다.	• 팀, 전체조직, 리더군 등 넓은 범위에 적용가능하고 회사의 비즈니스 전략에 좀 더 직접적으로 연계될 가능성이 높다는 것이다(이순묵, 2004). • 포괄적 분야(인적자원계획, 홍보, 훈련과 개발 등)는 의사결정이 종업원 개인에게 직접적인 영향을 가지고 있지 않아서 법적논쟁이 상대적으로 거의 없는 분야로 역량모형접근이 적절할 수 있다.
• 직무분석과 역량모형은 종업원이 하는 일에 대한 정보수집의 체계적인 접근이라는 측면에서는 비슷하지만, 분석범위의 차이 및 활용도에서는 많은 차이를 보이고 있다.	

따라서 업무분석이라는 큰 틀 속에서 [그림 6-2]와 같이 인적자원시스템 관점에서 두 가지 방식을 적절하게 고려하는 것이 필요하다.

[그림 6-2] 업무분석과 HR시스템간의 연결

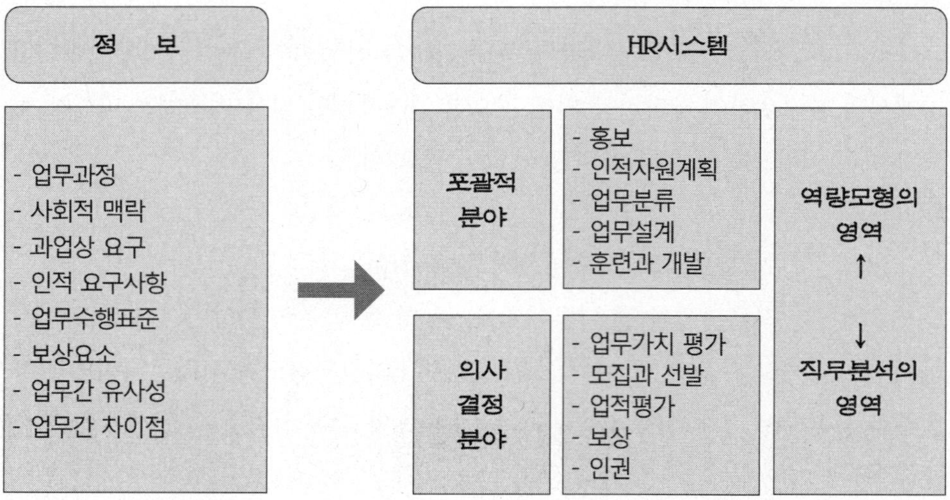

요약하면, 개인에 대한 평가와 같은 개인에 대한 의사결정이 필요하고 법적으로 논쟁이 있을 수 있는 부분에 대해서는 직무분석을 활용하고, 상대적으로 포괄적 대상을 중심으로 하는 교육 및 개발의 분야에서는 역량모형을 활용할 수 있다. 그러나 목적이 복잡한 경우, 직무분석과 역량모형을 서로 적절히 혼합하여 적용할 수 있다.

2.2.2.2. 역량모델은 어떻게 수립되는가?

역량모델은 거시적 관점과 미시적 관점에서 통합적으로 수립된다. 거시적 관점에서는 기업의 비전, 미션과 경영전략으로부터 전략적 핵심과제와 조직의 전체적인 조직역량을 도출하고, 이와 연계하여 핵심성공요인을 추출한 다음 핵심성과지표(KPI)를 설정한다. 미시적 관점에서는 인적자원전략을 수립하고, 이에 따른 목표를 설정하며 역할을 분석하고 고성과 집단으로부터 성공적 행동특성들을 추출하여 역량측정도구와 역량프로파일(profile)을 작성하는 순으로 역량모델을 만들게 된다. 이러한 과정을 거쳐 역량모델이 만들어지면 그를 바탕으로 인적자원관리의 여러 체계를 기업전략의 관점에서 통합적으로 설계 · 운영하는 역량기반 인적자원관리를 실시하여 기업목표달성을 용이하게 할 수 있다.

역량모델은 각 기업이 처한 상황이나 문화, 규모, 관련분야 등에 따라 달라질 수 있고, 같은 기업내 각 개인의 업무나 지위에 따라서도 달라질 수 있다. 그러므로 역량모델을 바탕으로 인사제도를 운영하기 위해서는 그 기업에 맞는 역량모델을 개발하는 것이 중요하기 때문에, 어떤 절차를 거쳐 역량모델이 개발되는지 알아보도록 한다.

역량모델수립에 있어 고전적인 방법은 6단계로 이루어진다. 이를 구체적으로 살펴보면 다음과 같다(이춘우, 2014).

1) 수행 효과성의 준거 정의

이는 무엇을 효과적인 업무수행이라고 정의할 것인지에 대한 구체적이고 객관적으로 측정 가능한 기준이나 척도를 규명하는 것이다. 예로 영업사원은 영업 실적이나 영업수익 등이 기준이 될 수 있고 연구원은 논문발간실적이나 특허출원한 수 등이 척도가 될 수 있다.

2) 준거집단 선정

이는 전 단계에서 규명한 기준이나 준거를 토대로 우수자 집단과 보통 집단을 선정하는 것이다.

3) 자료수집

이는 자료를 수집하는 단계로, 자료수집방법은 행동사건면접, 전문가 패널, 설문조사 등이 있다. 이를 정리하면 다음의 〈표 6-6〉과 같다.

〈표 6-6〉 자료수집방법

구 분	내 용
행동사건 면접	• 피면접자가 해당 직무에 종사하면서 경험했던 중요사건에 대해 묻고 답하는 방식이다. • 피면접자에게 사건의 상황이나 과업내용, 관련인물, 대처했던 방법, 결과 및 그에 대한 생각이나 느낌 등 폭넓은 질문을 한다. • 사건은 성공 및 실패사례에 대해 각 2~3개 정도 예를 드는 것이 적당. • 장점: 다른 방법으로는 파악할 수 없는 심층적인 정보를 얻을 수 있다. • 단점: 시간과 비용이 많이 들며, 면접자의 전문성이 요구된다.
전문가 패널	• 먼저 전문가패널(우수자 그룹이나 연구대상 직무의 상급관리자, 해당 직무에 정통한 전문가 등)을 구성한다. • 패널을 통해 해당 직무수행에 필요한 적정수준 최소한의 허용수준, 혹은 한계 등)의 특성과 우수한 수준의 특성을 찾아낸다. • 방대한 양의 자료를 단시간내에 효율적으로 수집할 수 있지만 그릇된 통념이 반영될 소지가 있으니 주의해야 한다.
설문 조사	• 전문가패널이나 조직구성원에게 설문조사를 실시해 효과적 직무수행을 위한 각 역량요소(역량이나 행동지표)의 중요도와 요구되는 정도 등을 평가하는 방법이다. • 장점: 충분한 양의 자료를 저렴한 비용으로 신속하게 수집할 수 있다. • 단점: 설문개발시 미처 고려하지 못했던 역량은 누락될 수 있다.

자료: 이춘우(2014), 인적자원관리, 무역경영사

4) 자료 분석과 역량모델 개발

여러 방법을 통해 얻은 자료를 분석하여 평균자 집단과 우수자 집단을 구분하는 역량과 성격적 특성을 규명하여 정확/구체적인 역량모델을 개발한다. 여기서는 기존에 정의가 내려진 역량을 추출하는 경우도 있고 정의되지 않은 새로운 역량을 찾아내기도 한다.

5) 역량모델의 타당성 검증

전 단계에서 구축된 역량모델의 타당성 검증을 한다. 검증에는 3가지 방법이 있다. 이를 살펴보면 다음의 〈표 6-7〉과 같다.

〈표 6-7〉 역량모델의 타당성 검증방법

구 분	내 용
동시적 교차 타당화	• 역량모델이 동일한 직무를 수행하는 다른 집단에서도 적용이 되는가 확인. • 제 2의 준거표본을 설정한 후, 행동사건면접 데이터를 수집하여 다른 집단의 수행을 예측할 수 있는지 알아본다.
동시적 구성 타당화	• 제 2 준거표본의 우수자와 평균자를 대상으로 검사하는 방법이다. • 검사도구를 개발해 역량모델에 의해 정의된 역량을 측정하는 것으로, 모두가 타당한 것이라면 제2 준거표본의 우수자 집단평가에서도 높은 점수를 얻어야.
예언 타당도	• 역량모델을 적용하여 사람을 선발 혹은 훈련 후, 이들이 우수한 직무성과를 보이는가에 대한 검사를 실시해 역량모델의 타당성 정도를 확인한다.

6) 검증된 모델을 적용하기 위한 준비

검사방법을 통해 타당성이 입증된 역량모델은 인적자원관리(HRM)와 인적자원개발(HRD)의 전 분야에 활용될 수 있는데, 특히 선발면접, 평가센터, 경력경로, 교육훈련, 급여 등에 폭넓게 사용할 수 있도록 기타 시스템과 연계되도록 한다.

2.2.2.3. 역량모델 구조와 팀 역량모델을 구축하는 방법

역량모델의 구조는 다음의 [그림 6-3]과 같이 공통역량, 역할역량, 직무수행역량 등 세 가지로 구분할 수 있으며, 팀 차원에서는 팀장 및 팀원들의 역할역량과 개별 팀원의 직무수행역량으로 구분할 수 있다.

[그림 6-3] 역량모델 구조

역량 구분	공통역량		역할역량		직무역량
	전사 공통	부문 공통	리더(Leader) 역량	팀원(Staff) 역량	
정의	• 전 사원이 보유/실천해야 할 공통역량 • 비전/전략실행에 필요한 인재상의 행동규범적 표현	• 부서수준의 성과목표달성을 위해 부서 구성원이 공통적으로 보유/실천할 공통역량	• 팀장이 리더직책을 효과적 수행하기 위하여 반드시 갖추어야 할 역량	• 팀원에 부여된 업무를 전문지식, 사고력, 직무경험/숙련을 바탕으로 효과적 수행 위해 갖춰야 할 역량	• 팀원 개인에게 주어진 담당직무를 효과적으로 수행함에 있어 요구되는 전문적인 지식/기술 관련 역량
역량 구분	3~5항목	1~3항목	5~10항목	5~10항목	5~10항목
대상	전 사원	전 부서사원	팀장	전 팀원	개별 팀원

자료: 류량도(2007), 하이퍼포머 팀장매뉴얼, 쌤앤파커스.

역량모델구조에서 팀 역량모델의 구축절차는 역량체계 결정→ 역량항목 도출 → 역량수준 정의→ 역량행위사례 도출하는 절차로 진행된다(류량도, 2007).

2.2.2.3.1. 역량항목의 도출

역량항목의 도출에는 팀장 역량항목의 도출, 팀원 역량항목의 도출, 그리고 팀원 직무수행역량의 도출을 포함한다.

1) 팀장의 역할역량 항목의 도출:

이는 직무분석을 토대로 팀장직무에 대한 역할을 구분하여, 이에 필요한 항목을 도출하게 된다. 팀장의 역할은 3가지(목표 설정자, 지원자, 평가자 등)로, 이들 역할과 관련하여 필요역량 항목을 도출하면 다음의 〈표 6-8〉과 같다.

〈표 6-8〉 팀장의 역할과 그에 따른 역량항목

<table>
<tr><th>직무 정의</th><th colspan="2">역 할</th><th></th><th>역 량</th><th>역량 정의</th></tr>
<tr><td rowspan="5">경영마인드, 리더십 등을 바탕으로, 조직의 인적 · 물적 자원을 조직화하여 조직성과를 창출하는 직무</td><td>목표 설정자: 성과창출 방법찾기</td><td>• 단위조직 비전제시, 달성 전략제시
• 업무수행 프로세스 표준 제시</td><td rowspan="5">⇨
⇨</td><td>성과관리 역량</td><td>목표와 책임을 할당하고 목표달성 과정과 그 성과를 객관적으로 측정하고 피드백 하는 역량</td></tr>
<tr><td>지원자 (도우미): 부족부분 채우기</td><td>• 업무수행과정에서 코치, 상담지원
• 팀원 역량개발지원</td><td>과정관리 역량</td><td>수립된 계획의 성공적 완수를 위해 시간과 자원 활용을 최적화하며, 목표달성을 지원할 수 있는 역량</td></tr>
<tr><td rowspan="3">평가자: 달성된 성과 파악/분석</td><td rowspan="3">• 구성원의 장 · 단점, 역량수준, 업무수행능력 파악
• 목표와 실적에 대한 분석 및 피드백</td><td>동기부여 역량</td><td>과업달성을 위해 개인이나 집단에게 의욕을 불러일으키는 적절한 대인관계스타일과 방법을 사용하는 역량</td></tr>
<tr><td>구성원 관리역량</td><td>팀 미션 달성위해 팀원에게 책임/권한을 부여하며, 팀원을 공정하고 개방적인 관점에서 관리하는 역량</td></tr>
<tr><td>인재육성 역량</td><td>팀원의 적성/강 · 약점에 맞는 다양한 기회를 제공하여 잠재력을 향상시키는 능력</td></tr>
</table>

자료: 류량도(2007), 하이퍼포머 팀장매뉴얼, 쌤앤파커스.

2) 팀원 역할역량 항목의 도출:

이는 직무분석을 토대로 팀원직무에 대한 역할을 정의한 후에, 이에 필요한 역할역량 항목을 다음의 〈표 6-9〉와 같이 도출하게 된다.

〈표 6-9〉 팀원의 역할과 역할역량

<table>
<tr><th>직무 정의</th><th>역 할</th><th></th><th>역 량</th><th>역량 정의</th></tr>
<tr><td rowspan="7">전문지식, 사고력, 직무에 대한 경험 및 숙련을 바탕으로 팀장의 지시 또는 협의로 주어진 업무를 주도적으로 진행하는 직무</td><td rowspan="2">• 팀장과 업무협의 또는 지시에 따라 목표달성을 위한 전략 및 계획을 수립하고, 이에 기초해 업무수행</td><td rowspan="7"></td><td>직무 열정</td><td>직무에 대한 풍부한 전문지식을 획득하고자 노력하며, 목적의식을 가지고 열정적으로 직무에 몰입하는 태도</td></tr>
<tr><td>시간 관리</td><td>본인에게 주어진 업무목표를 달성하기 위하여 시간을 효과적으로 계획하고 활용하며 업무를 추진하는 능력</td></tr>
<tr><td rowspan="2">• 절차/표준에 대한 지식을 응용하여 팀장의 업무수행을 지원하면서도 독자적 업무를 기획하고 추진</td><td>조직 행동</td><td>조직기능을 이해하고 조직의 다른 구성원들과 보조를 맞춰 업무를 진행하여 조직의 역동성에 기여할 수 있는 능력</td></tr>
<tr><td>커뮤니케이션</td><td>전달내용을 상대방이 이해하기 쉽게 구조화해 설명하며, 상대방의 동의를 얻어 소기의 목적을 달성할 수 있는 능력</td></tr>
<tr><td>• 특정분야에 대한 전문지식과 기술을 보유/발휘해 업무주도</td><td>업무 주도</td><td>책임지는 자세와 끈기 있는 태도로 업무를 수행하고, 문제해결능력과 주도적 모습을 통해 업무를 추진해나가는 능력</td></tr>
<tr><td rowspan="2">• 결정된 방침에 따라 재량으로 업무를 처리하고, 업무결과에 따라 책임을 짐</td><td>문제 해결</td><td>문제발생시 본질을 정확히 파악하고 필요한 정보를 수집하여 합리적으로 체계적인 해결방안을 수립, 시행하는 능력</td></tr>
<tr><td>품질 관리</td><td>내·외부고객의 요구에 적합한 품질수준의 상품과 서비스의 공급이 가능하도록 지속적인 관심과 개선을 일깨우는 능력</td></tr>
</table>

자료: 류량도(2007), 하이퍼포머 팀장매뉴얼, 쌤앤파커스.

3) 팀원 직무수행역량 항목의 도출:

이는 팀원의 수행직무내용을 파악 후, 필요역량을 다음의 〈표 6-10〉과 같이 도출한다.

〈표 6-10〉 팀원의 직무수행역량

역량 구분	역량 정의
과제추진 스킬	선정된 과제에 적합한 세부계획(목적, 목표, Activities 및 스케줄)을 작성하고 수행할 수 있는 능력
과제 효과분석 스킬	추진과제의 효과분석을 위한 원가구조를 이해하고 타당성 있는 경제성분석으로 과제목표 및 실적을 평가 · 관리할 수 있는 능력
Lab Simulation 설계지식	공정개선 및 신규기술 도입시 최적 Lab Simulation 방법을 설계하여 정확한 효과검증 및 Trial error를 최소화할 수 있는 지식
공정지표관리 및 분석지식	원료/생산부서에서 발생되는 여러 데이터를 수집하고, 그중 주요 공정지표를 선택 · 관리하여, 개선활동/공정안정을 위해 분석할 수 있는 지식
선진기술도입 적용 스킬	Internal & External Network을 활용하여 선진기술을 도입, 변형, 최적화 과정을 통하여 당사의 원가개선에 크게 이바지할 수 있는 능력

자료: 류량도(2007), 하이퍼포머 팀장매뉴얼, 쌤앤파커스.

2.2.2.3.2. 역량수준의 정의

역량수준은 일반적으로 5단계로 구분할 수 있으며, 각 팀 역량수준의 활용목적을 고려하여 그 수준의 구분에 대한 조정이 가능하다. 각 수준에 대한 의미, 행동내용, 행동특성은 다음의 〈표 6-11〉과 같다.

〈표 6-11〉 각 역량수준에 대한 의미, 행동내용, 행동특성

역량 수준	의 미	행동의 내용	행동 특성
부족 (poor)	초보자	독자적 행동이 곤란해 타인의 지도/조언 요구되는 수준	• 배우는 단계로 지시 대기 • 자신업무영역만 관심 있고 필요한 최소 행위만 제공
기본 (basic)	주요원리 이해수준	부분적 타인지도/조언 요구, 행위는 부분/단편적 수동적	• 해당업무처리에 기초역량발휘 • 업무수행: 상사/선배 지도요구
보통 (intermediate)	적응/ 실행수준	해야만 하는 것을 할 시점에 수행하는 통상적 행동	• 상황에 적절히 대응 • 반복적 상황에서 역량발휘 • 뛰어난 수준의 행동 가끔발휘

우수 (advanced)	응용/ 개선수준	명확한 의도/판단/이유에 기초/선택한 능동적 행동	• 구체적 성과창출 • 복잡/어려운 상황서 역량발휘 • 뛰어난 수준의 행동 자주발휘하며 타인 지도 가능
탁월 (excellence)	통합/ 창조수준	독자적으로 효과적인 아이디어를 더한 행동, 독창적 행동, 상황변화 시키거나 장애 극복하려는 창조적 행동	• 뛰어난 성과창출 • 막연한/위기상황서 역량발휘 • 뛰어난 수준의 행동을 항상 발휘하며 사내 모범

자료: 류량도(2007), 하이퍼포머 팀장매뉴얼, 쌤앤파커스.

2.2.2.3.3. 역량행위 사례의 도출

이는 각 역량항목별로 다음의 〈표 6-12〉와 같이 실제 업무수행과정에서 나타날 수 있는 행위들을 위주로 각 수준별로 도출해야 한다. 단 '부족'은 기본에 미달한다는 의미이므로 별도로 도출하지 않아도 된다.

〈표 6-12〉 역량항목 수준별 행위사례의 도출 예

구 분	팀원 역할역량	역량 명칭	문제해결역량
역 량 정 의	• 문제발생시 본질을 정확히 파악하고 필요한 정보를 수집하여 합리적으로 체계적 해결방안을 수립, 시행하는 능력		
역 량 수 준	행위 사례		
기 본	• 문제발생시 원인분석을 위한 객관적인 정보를 수집한다. • 문제발생시 동료/부하 직원에게 미루지 않는다.		
보 통	• 논리적 사고를 바탕으로 문제를 진단하고 원인과 결과를 명확히 한다. • 문제를 일으키는 기본적 원인을 찾아내어 해결방안수립에 반영하고 있다. • 문제해결을 위해 상급자의 지원을 효과적으로 이끌어낸다.		
우 수	• 문제점을 합리적/체계적으로 해결하고 재발방지를 위한 근본원인을 규명한다. • 업무수행과정에서 발생하는 이슈를 정리하고 토의를 통해 해결한 후 공유한다. • 문제해결 추진과정에서 발생할 수 있는 장애요인을 고려하여 업무를 추진한다.		

탁 월	• 해당 문제의 원인으로부터 시장/고객에 대한 새로운 이해를 가져올 수 있는 통찰력이 있어 동료팀원에게 컨설팅을 한다. • 복잡하고 어려운 사안의 경우, 변수들의 관계를 종합적으로 유추하고 종합하여 새로운 대안을 제시함으로서 주위사람들이 확신을 갖고 동참하게 한다.

자료: 류량도(2007), 하이퍼포머 팀장매뉴얼, 쌤앤파커스.

2.2.3. 일의 변화에 따라 새롭게 요구되는 역량

최근 기업의 급속한 외부환경변화에 따라 일의 세계에도 많은 변화가 일어나고 있다. 이는 일을 수행하는 방식의 변화는 물론 기업이 구성원들에게 요구하는 능력이나 기술 등도 변화되고 있음을 의미한다. 일의 세계에서 변화요인은 무엇인가? 그리고 이에 따라 조직에서 구성원에게 요구하는 역량은 무엇인지 알아보도록 한다.

일의 세계 변화요인으로는 기술의 발달, 팀제의 증가, 의사소통기술의 발달, 세계화, 고객만족에 대한 관심의 부각 등 5가지를 들 수 있다(Schmitt & Chan, 1998). 이와 같은 변화요인에 따른 필요역량은 다음의 〈표 6-13〉과 같이 정리할 수 있다(유태용, 2003; 인쿠르트 경력개발연구소, 2004).

〈표 6-13〉 일의 변화에 따른 필요역량

변화 요인	필요 역량
1. 기술 발달	• 새로운 상황에 적응하기 위해 구체적 지식/기술보다 새로운 지식/기술을 빨리 습득할 수 있는 **일반적 학습능력 필요**. (논리력, 추리력, 이해력, 수리력 등) • 학습능력과 더불어 기꺼이 **학습하고자 하는 동기 및 의욕필요** - 능력검사: '할 수 있는(can do)' 요소 측정 - 성격검사: 행동을 '기꺼이 하고자 하는(will do)' 요소 측정 - 성취욕구, 경험에 대한 개방성, 스트레스 인내력 • 새로운 환경에 신속하게 적응할 수 있는 **적응성 요구**

2. 팀제의 증가	• 조직에서 수행하는 일: 복잡하고 대부분 한 사람이 할 수 있는 능력을 초과하므로 팀을 이루어서 하는 것이 효과적이다. 먼저 팀의 특성이 무엇인지 밝히고, 팀제에 적합한 즉 대인간 조화를 이룰 수 있는 요인들인 개인의 능력, 성격, 태도, 가치의 일치도 등을 고려할 필요가 있다. • 성격 고려할 필요: 외향성과 정서적 안정성 필요 • 의사소통능력, 대인관계 기술, 협조성, 호감성, 감정이입능력
3. 소통 기술의 발달	• 인터넷, 전자메일, 화상회의 등으로 소통기술 발달: 이는 개인의 작업하는 시간이나 장소에 있어 상당한 유연성제공. 반면에 고립감, 소속감과 책임감의 약화 초래. • 사무실과 떨어진 공간에서 독자적으로 일을 수행할 수 있는 자율성요구 • 동료와 접촉없이 온라인에서만 작업하는 정신적 고립감이나 스트레스를 효과적으로 이겨낼 수 있는 역량이 요구. • 판단력, 의사결정력, 스트레스 인내력, 자율성, 성실성, 정직성 등
4. 세계화	• 세계화추세에 따라 자신과 다른 문화, 관습, 언어 등을 이해하고 이문화와 관습에 대한 개방적 태도 지녀야: 이문화와 관습에 잘 적응능력 필요 • 국외근무에 적합한 개인의 능력이나 특성을 고려할 필요가 있음: 1) 자기차원: 정신건강, 심리적 행복감, 자기효능감 유지능력 2) 관계차원: 파견된 해외조직과 국내본부조직과의 긴밀 관계 유지능력 3) 지각차원: 파견된 나라의 직원들의 행동을 정확히 지각/평가할 능력 • 외국어 능력요구: 영어와 현지어도 필요 • 감정이입능력, 스트레스 인내력, 대인관계기술
5. 고객만족 관심부각	• 고객에 대한 서비스의 질 강조 • 서비스 지향성요구: 사교성과 호감성 등 • 정서노동에 대한 인내력

2.2.4. 역량기반 인사제도의 효과성 제고방안

조직이 지속적인 경쟁우위를 점하기 위해서는 비즈니스 전략과 보다 밀접히 연계된 역량이 선발과 교육측면에서 강조되어야 하고 또한 적절히 평가되고 보상되어, 지속적으로 발현될 수 있어야 한다. 그런 측면에서 보았을 때, 우리의 많은 기업들이 유행처럼 역량기반 인사제도(교육, 채용, 경력관리, 보상제도 등)를 갖추고 있지만 기대했던 만큼의 충분한 효과성을 발휘하고 있는가에 대해서는 많은 전문가들이 확신을 할 수가 없다. 그 이유는 역량모형의 가장 난점인 일 단위의 구획화 어려움, 역량도출의 한계, 평가를 위한 역량별 수준(행동지표) 작성의 한계 등으로 인해 역량모형에 대한 실무자 및 관리자들의 회의적인 시각을 종종 접하기 때문이다. 따라서 이러한 문제점들을 개선할 수 있는 보다 정교화된 역량모형의 구축방안(오인수, 2007)에 대해여 알아본다.

1) 급변하는 경영환경과 이에 대응해 변화해야 하는 직무가변성을 고려할 때, 모든 직무에 이렇게 세세한 역량모형을 적용하기는 힘들다. 그러나 역량모형의 도입은 제도화 압력 때문이 아닌 실제 제반 인사제도의 근간으로 작동해야 한다. 따라서 최소한 선발 및 교육에 활용할 수 있는 수준의 정교한 역량모형을 회사 비즈니스전략과 밀접히 연계된 핵심 일(분야)를 중심으로 개발하여야할 것이다.

2) 간접적인 지원/행정 직무(군)의 경우, 시장에 나와 있는 일반적인 역량을 활용한 역량사전(competency dictionary)방식이 효과적일 수 있다. 그러나 회사의 비즈니스 전략 및 기존의 직무에 맞춤형 역량이 도출될 수 있도록 최대한 노력해야 한다. 즉 차별적인 역량모형 작업을 하여야 한다는 의미이다.

3) 역량모형이 직무분석을 대체할 수 없다. 직무기술서는 채용공고나 조직개편 등의 행정적인 목적 등의 조직활동에 중요한 필수요소이다. 직무분석에서 제공했던 KSA 중심의 인사행정용 직무명세서에 비해 역량모형은 좀 더 넓은 개념의 KSA 즉 변혁적 리더십, 고객감동의 서비스정신, 위기대처능력 같은 성과향상과 연결된 조직개발의 소재가 되는 방향을 제시해주기 때문에 대체가 아닌 거시적 영역의 개척이다.

4) 역량모형의 도입시 전사적 도입에 앞서 특정부문이나 본부를 대상으로 예비(pilot)시행을 해보고 그 도입여부와 범위(전사적 혹은 특정 직무군 한정도입) 등을 결정해야 할 것이다. 즉 역량기반의 제도가 수립되고 보완될 때 비즈니스 전략의 견인차로서의 역량기반 인사제도는 효과성을 발휘할 수 있을 것이다.

제3절. 직무성과 기대리스트 작성과 실행을 위한 단계

조직에서 성과관리를 성공적으로 실행하기 위해서는 라인관리자와 구성원이 성과를 주제로 자주 마주앉아서 성과파일을 꺼내놓고 현재 우선순위가 뭔지, 어느 정도 진도가 나가고 있는 것인지, 관리자가 도와줄 것은 무엇인지를 물어보는 시간을 투자하는 것이다. 이를 위해서는 조직 내 각 직무별로 구성원의 성과기대의 개발과 이를 달성할 계획이 이루어져야 한다. 이는 대부분의 성과관리시스템에서 공통적인 단계이다. 그 이유는 성과관리의 본질은 직무명확화하기를 통한 직무성과 기대리스트를 작성하고, 이를 실현하기 위한 계획을 수립하여 라인에서 실행하는 것이기 때문이다.

특히 성과와 행위관리에 대한 구성원들의 몰입을 이끌어내기 위해서는 각 직무마다 직무성과 기대리스트 작성하여야 한다. 특히 직무성과 기대리스트 작성에는 직무분석과 역량모형분석을 통한 정보들을 바탕으로 직무명확화하기가 전제되어야함은 물론 두 가지의 방법인 1) 결과지향적인 즉 기대되어지는 성과결과들의 윤곽을 그려놓은 MBO유형과, 2) 전통적으로 더 행위지향적인 즉 철저한 직무분석을 통해 얻어진 관리적 책임행위들을 목록으로 만든 성과평가 접근방법 모두가 반영되어야 한다(Brumback & McFee, 1982).

따라서 직무분석과 역량모형분석을 통한 정보들을 바탕으로 직무명확화하기의 결과로 조직 내 각 구성원들의 명확한 직무성과 기대리스트를 작성하고, 이를 라인에서 성공적으로 실행하기 위해서는 다음과 같은 세 가지 단계가 꼭 필요하다(Schneier, Beatty, & Baird, 1986a).

3.1. 직무성과 기대리스트 작성

첫 단계는 직무성과 기대리스트 작성으로, 이를 위해서는 다음과 같은 과정이 필요하다. 과정별로 설명하면 다음과 같다.

1) 성과관리팀 구성

조직 내 각 직무마다 구성원들의 명확한 직무기대들을 설정하기 위해서는 무엇보다도 성과관리팀이 구성되어한다. 성과관리팀은 직무분석, 선발, 훈련, 평가, 보상 등과 관련 있는 인적자원전문가인 프로들과 라인관리자가 함께 작업할 수 있도록 구성되어야 한다.

2) 직무분석과 역량모형분석 또는 기존 정보자료 검토

성과관리팀이 구성된 다음, 성과관리팀에서는 체계적인 직무분석과 역량모형분석 등을 실시하거나, 이미 실시되었다면 이와 관련된 정보들을 검토한다. 그리고 검토된 정보내용들을 중심으로 성과관리팀에서 구체적으로 토론을 한다.

3) 기대들의 개발과 설정

성과관리팀에서 토론한 내용들을 토대로 구체적인 직무수행을 위한 성과와 관련하여 기대들을 설정하고 개발해야 한다. 여기서 가장 중요한 역할을 수행해야 할 사람은 바로 라인관리자이다. 그 이유는 라인관리자는 이미 그 일을 경험하였거나 혹은 구성원이 하는 일들을 옆에서 지켜보고 관리감독을 해왔기 때문에 다른 성과관리팀원들이 이상적이거나 비현실적으로 제시할 수 있는 성과관련 기대들을 현실에 맞게 조정할 수 있기 때문이다.

4) 기대리스트 작성

개발 또는 설정된 기대들을 중심으로 성과관리팀에서 우선순위를 결정하여 직무성과 기대리스트를 작성한다. 기대리스트의 내용에는 직무분석을 통해 얻어진 각 직무기술서 내용들을 포함함은 물론 직무의 성공적인 수행에 필요한 과업행동과 기대되는 결과들을 묘사하여야만 한다. 또한 역량모델분석을 통해 직무 및 기능차원에서 도출된 역량은 물론 비즈니스 전략과 연계된 전사적 차원의 역량을 도출하여, 이들이 반영되어야 한다.

특히 여기서 중요한 것은 직무성과기대는 행위와 결과를 측정 가능하도록 명확화 되어야 하며, 직무성과 기대의 명확화 과정은 다른 성과관리과정의 인적자원관리기능에 기초를 제공하기 때문에 아주 중요하다. 즉 가장 자격요건을 갖춘 적격자를 가려내고, 직무에 대한 훈련과 모니터링 그리고 코칭과 평가의 기준으로 활용되기 때문이다.

5) 작성된 기대리스트의 수정 및 보완

직무성과 기대를 만들고 발전시키기 위해서는 성과관리 과정들에서 얻어지고 모아진 정보들을 바탕으로 성과관리팀이 계속적으로 수정 · 보완 하여야 하고, 조직의 상위관리자들과 계속적으로 의사소통의 연계가 되어 있어야 한다. 특히 직무들을 수행하는 동안 모아진 정보들은 성과관리팀으로 보내지고, 여기서 직무기대들을 가능한 효과적으로 개정하기 위한 계획과정으로 공급되어야만 한다. 그리고 개인적으로나 집단적으로 구성원 성과에 관한 정보는 데이터베이스화되어 공급되고, 조직에서 각 역할을 수행할 수 있는 최고의 인재를 선발하기 위한 새로운 사이클(cycle)에 사용될 것이다.

이처럼 여러 단계를 거쳐 작성된 직무성과 기대들은 모든 인적자원기능들 간의 연결을 통일화시키는 명확한 구조이며, 성과관리팀에 의해 공동으로 개발되어진 성과관리시스템의 요소이고, 성과관리시스템 속에서 이행되는 모든 기능들의 기준이 된다.

3.2. 직무성과 기대들에 대한 의사소통하기

두 번째 단계는 구성원에게 직무수행을 통해 충족해야만 할 성과기대에 관하여 의사소통하기이다. 직무성과 기대리스트가 작성되고 나면, 이와 관련하여 라인관리자는 개별구성원과의 의사소통을 하여야 한다. 그 이유는 성과관리시스템과 개별 직무성과 기대들에 대한 구체적인 이해가 클수록 개별 구성원들의 수용과 몰입 및 만족을 더 잘 이끌어 낼 수 있기 때문이다(Williams & Levy, 2000).

직무성과 기대리스트는 구성원 개개인들의 핵심성과영역(key result areas), 개별적 성과목표(performance objectives), 성과기준(performance standards) 등을 결정하는 것과 관련된다고 볼 수 있기 때문에, 이러한 내용들이 구성원들과 구체적으로 의사소통이 이루어져야 한다. 그 내용은 다음의 〈표 6-14〉와 같이 정리할 수 있다.

〈표 6-14〉 직무성과 기대리스트의 커뮤니케이션 내용

구 분	이 유
핵심성과영역	조직의 목표를 충족시키는데 있어 개별 구성원의 중요한 직무영역으로서 "수행자의 책임이 무엇인가?"라는 질문에 해당되기 때문.
성과목표	특정 시간 내에 수행할 것으로 기대되는 구체적인 활동들로서, "수행자는 언제까지 무엇을 할 것인가?"라는 질문에 해당되기 때문.
성과기준	목표를 달성하기 위해 행동할 것으로 기대되는 방식으로서 "어떻게 행동할 것인가?"라는 질문에 해당되기 때문.

성과목표는 특히 감독과 평가에서 중심이 된다. 그 이유는 성과목표는 개별 구성원들의 핵심성과영역으로부터 개발되어야 하며, 결국 모든 구성원들의 성과목표는 조직이 목표를 실현하는데 있어서 성공리에 달성할 필요가 있는 활동들이기 때문이다. 즉 직무성과 기대리스트에는 이 직무를 수행하는 사람이 누구든 간에 의무와 책임 관련하여 구체적으로 어떠한 과업행동들을 수행해서 성과표준인 기대성과를 창출하여야 한다는 내용들이 기술되어 있어 성공적으로 실행될 경우 조직목표달성에 기여하기 때문이다. 그렇기 때문에 이는 성과평가의 기준으로도 작동됨으로 구성원들은 라인관리자와의 의사소통하기를 통하여 정확하게 직무기대리스트내용과 성과관리시스템에 대한 이해가 이루어져야만 한다.

따라서 조직의 계획들로부터 개발되어진 직무기대들과 함께 성과관리시스템의 강조점은 구성원들이 조직의 목표를 향한 그들의 기여정도에 의하여 평가되어져야 한다는 것이다. 동시에 조직의 계획과 인적자원관리사이의 유용한 연결을 만들어내도록 어떻게, 무슨 기준에 의해 구성원들이 평가되어지는지 각 구성원들이 먼저 알 수 있도록 의사소통을 하여야 한다는 것이다.

성과관리는 조직의 목표와 미션에서 기인한 개인의 성과목표설정과 피드백을

연결한다. 또한 평과결과에 대한 피드백이 변화를 위한 세부적인 성과목표설정으로 몰입하게 될 때 피드백은 행위들 속에서의 변화를 더 쉽게 일으키게 된다(Locke & Latham, 1990). 따라서 결과들과 행위들을 측정하는 시스템에서 조직은 직무의 성과기준들과 목표들 그리고 계획들이 어떻게 이행될 것인가를 결정하는 행위기술들을 모두 통합하여야 한다(Mumford & Buley, 1988).

3.3. 직무성과 기대충족을 위해 함께 계획 만들기

마지막 단계로는 구성원의 구체적인 직무성과 기대들을 충족시키기 위한 계획을 만들어내기 위하여 라인관리자와 구성원들이 함께 만나는 것이다.

이들이 함께 만나 직무성과 기대리스트의 내용들을 성취하기 위한 달성계획을 협의하고 합의하여야 한다. 기대리스트의 달성계획을 연간단위, 분기단위, 월간단위 등 세부적으로 수립하는 것은 아주 중요한 성과관리상의 필수항목이다. 그러나 분기단위가 힘들다면 반기 단위까지는 반드시 달성계획을 수립하여야 한다. 이때 고려해야할 점은 '투입(input)중심'의 얼마나 많은 업무를 실행했는가를 염두에 두고 작성하는 것은 피하고 '산출(output) 중심'으로 계획하여야 한다. 그래야만 그렇게 합의된 달성계획에 대해 자율적으로 실행할 수 있는 권한위임을 해줄 수 있다. 권한위임을 제대로 하려면 반드시 기대리스트 달성계획에 대해 권한을 위임하는 자(라인관리자 혹은 팀장)와 위임받는 자(구성원) 사이에 합의가 전제되어야 한다. 이러한 권한위임 프로세스는 조직의 일하는 방법을 혁신시키는 아주 중요한 도구이다.

기대리스트의 달성계획을 수립할 때 협의과정에서 도우미 역할을 해야 하는 라인관리자는 스스로에 다음과 같은 질문을 던져보자.

- 과거의 성공경험이나 직관적인 통찰력을 동원하여 아전인수 격의 업무추진계획을 수립하고 있지는 않은가?
- 업무추진계획의 변화가 없이 그저 '열심히', '적극적으로', '최대한'이라는 말을 반복

하고 있지는 않는가?
- 말은 성과지향적이라고 하면서 업무진행순서를 단순히 나열해놓은 업무추진계획을 세우고 있지는 않는가?

구성원들은 흔히 업무를 진행하면서, 결과에 대한 자신의 책임을 규명하기 보다는 그 과정에서 얼마나 많은 시간과 노력을 기울였는지를 강조하고 싶어 한다. 그렇기 때문에 달성계획을 세울 때에도 투입중심, 즉 얼마나 많은 업무를 실행했는가를 염두에 두고 작성하기 쉽다.

따라서 기업에서 향후 필요로 하는 성과중심의 관리자(팀장)의 역할은 인풋보다는 아웃풋 지향적으로 사고하고 팀의 성과목표에 초점을 맞추어 그 목적지에 도달하기 위해 조직과 구성원의 개별목표를 전략적으로 연계시킴으로서, 최대한 구성원들이 자신의 역량에 맞게 계획을 수립하도록 도와주고, 그들이 창의적인 제안을 할 수 있도록 실행주체에게 힘을 불어넣어주는 존재이다(류량도, 2006). 이것으로 역할을 다 한 것은 아니다. 구성원들이 라인관리자와 합의하에 만들어진 기대리스트 달성계획을 잘 실행해나가도록 모니터링 하는 일과 모니터링과정에서 기대내용과 달성계획이 현실적인지 아님 비현실적인지 등의 기대리스트에 대한 정보를 수집하여 성과관리팀에 보내는 일이 남아 있다. 이를 위한 장치를 효과적으로 설정하여야 한다.

학습목표(과제)

1. 직무명확화하기의 개념과 효과는 무엇인가?
2. 성과관리의 시작을 직무명확화하기부터 해야 하는 구체적인 이유는 무엇인가?
3. 직무명확화하기를 위한 직무분석방법과 절차는 무엇인가?
4. 역량모델분석 방법과 절차는 무엇인가?
5. 직무성과 기대리스트 실행을 위한 과정은 무엇인가?

참고문헌

김식현(1999), 인사관리론, 무역경영사.

김종득 & 정형일(2009), 지식.창의경영을 위한 경영학 원론, 명경사.

나기현(2004), 포괄적인 성과관리모델에 관한 연구, 외대논총, 제28집, 부산외국어대학교.

류랑도(2007), 하이퍼포머 팀장매뉴얼, 쌤앤파커스.

______(2006), 1 Mission 3 Role; 성과중심의 리더십, 웅진윙스.

유태용 역(2003), 산업 및 조직심리학, 시그마프레스.

오인수(2007), 역량기반 인사제도의 효과성 제고방안: 역량모형의 진전에 관한 조망, 관행과 개선, 그리고 인사담당자를 향한 조언. In 이순묵, 탁진국, 한인수, 황규대(2007), 인적자원관리 프론티어, 박영사. 그리고 인쿠르트 경력개발연구소(2005), 역량기반 인사제도의 효과성 제고방안, 인재경영, 6월호, pp.60-67에서 전제함.

이순규 & 이주희(2005), 일에 대한 분석방법: 직무분석과 역량모형, 인재경영 10월호, 인크루트 경력개발연구소, pp.36-43.

이순묵(2004), Upside and downside of competency modeling, 한국 산업 및 조직심리학회 추계 학술대회 발표논문집.

이춘우(2014), 인적자원관리, 무역경영사.

인쿠르트 경력개발연구소(2004), 경쟁우위 달성에 있어서 인적자원의 전략적 역할, 인재경영, 창간호, pp.88-95.

편의상(1992), 직무분석을 어떻게 할 것인가, 서울: 옴마니, pp. 162-164.

Brumback, G. B., & McFee, T. S. (1982). From MBO to MBR. *Public Administration Review,* 42(4), 363-371.

Dessler, G.(1978), Personnel Management, Reston, Virginia: Reston publishing company, Inc.., pp.33-34.

Heide, D. P.(1993), A Comprehensive Performance Management Model, A Dissertation in School of Human Behavior, United States International University, San diego, CA.

Locke, E. A., & Latham, G. P. (1990). A Theory of Goal Setting and Task Performance. Englewood Cliffs, N.J.: Prentice Hall.

Manzini, A. O.(1988). Integrating Human Resources Planning and Development: The Unification of Strategic, Operational and Human Resources Planning Systems. *Human Resources Planning,* 11(2), 79-94.

Mumford, J., & Buley, T. (1988). Rewarding Behavioral Skills As Part of Performance. *Personnel Management,* 20(12), 33-37.

Noe, R. ., Hollenbeck, J. R., Gerhart, B., & Wright, P. M.(2003), Human Resource Management: Gaining a competitive advantage, 4th ed., New York: McGraw-Hill.

Sanchez, J. I. & Levine, E. L.(1999), "Is job analysis dead, misunderstood, or both?: New forms of work analysis and design," In Evolving practices in human resource management, by Allen I, Kraut & Abraham, R. Korman, San-Francisco: Jossey-Bass.

Schneier, C. E., Beatty, R. W., & Baird, L. S. (1986a). Creating a Performance Management System. *Training and Development Journal,* 40(5), 74-79.

Schmitt, N. & Chan, D.(1998), Personnel Selection: A Theoretical Approach, Sage Publications.

Williams, J. R. & Levy, P. E.(2000), Investigating some neglected criteria in performance appraisal: The influence of organizational level and perceived system knowledge on appraisal reactions, *Journal of Business and Psychology,* 13, pp.501-513.

제7장. 적격심사하기

기업조직에서 성과관리/리더십을 제대로 수행하기 위해서는 기업문화가 뒷받침이 되고 경영자나 관리자의 관리스타일과 역할이 적극적으로 변화되어야만 한다. 특히 과거의 감시 · 감독의 통제에서 벗어나 성과과제를 설정, 전략실행, 코칭 및 조정, 피드백 등의 역할 등을 적극적으로 수행하여야만 한다. 이처럼 역할변화와 더불어 아마도 구성원들이 열심히 일할 수 있도록 '신바람 나는 환경'을 만들어 주고 동기부여 시켜주는 역할수행이 더 중요하다. 여기서 신바람 나는 환경이란 "경영자와 관리자들은 조직이 지향하는 비전을 분명히 보여주고, 달성하고자 하는 성과목표를 함께 설정한 다음, 이를 어떻게 달성할지에 관한 전략 및 계획을 합의하고, 실행하는 방법에 대해서는 구성원들에게 믿고 맡겨 각자의 능력과 기량을 헌신적으로 발휘하도록 하는 환경"을 의미한다고 볼 수 있다(류랑도, 2006).

따라서 이러한 신바람 나는 환경조성의 첫 단계는 무엇보다도 바로 구성원들의 적재적소배치이기 때문에 이를 위해서는 적격심사하기가 요구된다. 그러므로 본 장 제1절에서는 성과리더의 미션인 적재적소배치의 의미는 무엇인가를 살펴보고, 제2절에서는 적재적소배치를 위한 적격심사하기 방안에 대하여 알아본다.

제1절. 적격심사하기와 적재적소배치

1.1. 적격심사하기와 적재적소배치의 개념

적격심사하기란 '기업이 보유한 인적자원들 각각이 수행하고 있는 현재직무에 얼마나 적합한지를 분석 · 평가하는 과정'이다(Heide, 1993; 나기현, 2004). 즉 기업이 보유한 인력들에 대한 재고파악을 통해 인력의 질적 내용(개인의 지식, 능력들, 스킬 및 역량 들)을 분석하고, 분석결과를 직무성과 기대리스트상의 자격요건과의 비교하는 과정을 의미한다. 조직에서는 구성원들이 현재의 직무에 적합한지

여부를 왜 파악하여야 하는가? 이러한 복잡한 비교과정을 왜 거쳐야 하는가? 그 이유는 구성원들의 적재적소배치를 위한 목적으로 이루어지는 것이다. 즉 아무리 우수한 구성원이라도 적합한 자리가 아닌 곳에서는 성과를 창출하지 못하기 때문이다. 또한 탁월한 성과를 창출하는 조직에서의 리더 및 관리자가 해야 할 가장 핵심적인 미션이기도 하기 때문이다(류랑도, 2006).

구성원들을 적재적소(the right man for the right place)에 배치한다는 것은 무슨 의미인가? 이는 개인과 직무간의 적합화 또는 매치(person-job match)를 나타내는 것으로서, "개인의 능력과 직무요구 특성간의 부합(fit) 또는 개인의 요구와 직무특성간의 부합"이라고 정의된다(Edward, 1991). 또한 적재적소의 배치는 [그림 7-1]과 같이 '직무와 인재의 유기적 결합관리를 통한 조직성과와 개인만족의 통합적 실현'에 목적을 두고 있다. 이를 실현하기 위해서는 먼저 직무명확화하기인 조직 내의 직무분석과 역량모형분석을 통한 직무의 특성, 내용, 자격요건 등에 관한 직무정보자료를 정확하게 정비하여야 한다. 다음으로 조직이 보유한 인적자원에 대한 평가 즉 구성원 개개인의 적성 및 태도와 직무수행능력의 수준에 대한 인사고과를 실시하는 등 인적자원정보자료의 확보가 이루어져야 할 것이다(김종재 외 2인, 2004). 이들의 직무정보자료와 인적정보자료에 기초한 종업원의 적정배치 및 인적자원이동의 실현은 배치 · 이동관리의 기본과제라 할 수 있다.

[그림 7-1] 적재적소배치

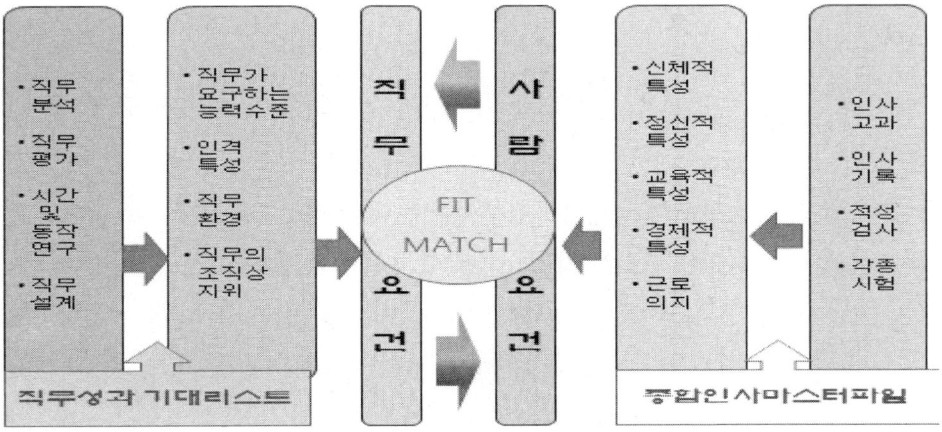

1.2. 적재적소배치의 중요성

조직관리자들은 개인적 특질과 직무특질간의 적합관계인 적재적소배치가 주는 긍정적 효과를 충분히 이해하고, 이를 연계시키려고 노력하여야 한다. 조직의 관리에 있어 긍정적 효과를 촉진하는 이유들을 정리하면 다음의 〈표 7-1〉과 같다(김종재 외 2인, 2004).

〈표 7-1〉 적재적소배치의 긍정적 효과

- 종업원 개개인의 적성을 살려 잠재능력을 발휘시킬 수 있고, 적성을 고려한 배치로 삶의 보람을 느끼게 한다.
- 개인차를 인정하고 존중하는 것이 되어 인간존중경영을 실현할 수 있다.
- 동기유발로서 일하는 보람을 얻게 하고 성취욕구를 충족시켜 창조력을 발휘하게 한다.
- 종업원으로 하여금 참여와 자발적 노력을 발휘하도록 한다.
- 기업의 목표를 효율적으로 달성시킬 수 있다.
- 직무에 신규배치나 재배치의 기준으로 작용된다.
- 직무를 통한 즐거움과 만족에 영향을 미쳐 조직구성원들의 근로생활의 질(QWL)의 향상을 유도할 수 있다.
- 성과창출을 위한 바람직한 행동을 유도할 수 있고, 이는 조직유효성을 향상시키는데 기여한다. 즉 개인적 특질과 직무특질간의 적합관계는 직무스트레스, 직무수행, 이직의도, 그리고 직무만족 및 조직몰입과 같은 작업관련 태도와 상관이 있다.

개인특질과 직무특질을 적합화(매치)시키기 위한 방안은 다음과 같이 제시할 수 있다.

첫째, 조직은 직무분석과 역량모형분석을 토대로 직무명확화하기를 통해 직무의 성격 및 직무수행에 필요한 자격요건을 명확히 밝혀 놓아야 한다. 이를 밝히는 것은 효과적으로 조직을 운영하고 과학적으로 성과를 관리하기 위한 조직의 의무이다. 먼저 이 직무는 일상적이고 단순반복적인 정형화된 업무인지 아니면 비일상적이고 전문성과 창의성을 요구하는 비정형화된 업무인지, 독립적인 과업인지 아니면 다른 직무와 연계되어 팀플레이를 요구하는 과업인지 등에 대한 직무분석을 통해 직무특질을 정확히 파악하여야 하며, 파악된 직무를 성공적으로 수행하기 위해서 어떤 자격요건이 필요한지를 정확히 분석해두어야 한다. 또한 직무별로 분석된 정보들을 체계적으로 관리하는 직무정보시스템이 구축되어야한다.

둘째, 조직 내에서 직무를 담당하는 개인의 특질에 대한 성격 및 적성 그리고 흥미검사 등의 사전분석과 함께 개인이 보유한 능력과 지식, 기능과 기술, 역량분석이 이루어져야 한다. 또한 분석된 개개인들의 정보와 개개인들이 조직에 들어와서 어떤 교육 및 훈련을 받아왔고, 맡은 직무들에서 어떤 성과를 만들어 냈는지에 대한 평가결과 등의 정보들을 체계적으로 관리하는 개인역량 및 성과관련 정보시스템이 구축되어 있어야 한다.

셋째, 직무정보시스템과 개인역량 및 성과관련 시스템을 크로스로 체크하여 사람과 직무간의 적합화를 합리적으로 꾀할 수 있도록 제도가 운영되어야 하며, 이를 제대로 실시할 수 있는 조직의 분위기가 만들어져야 한다.

넷째, 내 · 외부의 인사선발과정에서부터 사람과 직무간의 적합화를 꾀할 수 있도록 사람중심이 아닌 일 중심, 직무중심의 선택기법을 활용하여야 한다. 이를 위해서는 조직에서 직무분석과 역량모형분석을 토대로 직무명확화하기가 선행되어야 하고, 이를 통해 작성한 직무성과 기대리스트를 체계적으로 충족시키도록 관리하는 통합적인 성과관리시스템구축이 필요하다.

제2절. 적재적소배치를 위한 적격심사하기 과정

대부분의 성과관리시스템들에서는 조직에서 적격심사하기를 거론하지도 구성하지도 않았지만, 통합 성과관리모델에서는 조직유효성 향상방안의 일환으로 구성원들의 적재적소배치를 위해 적격심사가 이루어져야 하기 때문에 중요한 단계로 포함하였다. 특히 조직에서 지속적인 성과창출을 하기 위해서는 직무명확화하기를 통한 직무성과 기대리스트가 명확히 작성된 후, 구성원들의 적격심사를 통해 모든 기존 구성원들이 그들의 현재직무에 얼마나 적합한지 여부를 평가하여야 한다. 적격심사하기 과정은 세단계로 구분할 수 있다. 1) 기업이 보유한 인력들에 대한 재고파악을 통해 개별인력의 질적 내용(KSA와 역량 등)을 분석하고, 2) 각 개인별 분석된 질적 내용을 직무기대리스트상의 자격요건과의 비교를 통해 편차정도를 파악하여야 한다. 그리고 3) 편차가 있을 경우, 이를 제거할 수 있는 방안을 모색해야 한다. 이들 세 단계를 구체적으로 살펴보도록 한다.

2.1. 구성원에 대한 재고파악

현재 근무 중인 구성원의 능력이나 역량 등을 정확히 파악하는 것은 인적자원관리나 성과관리 중에서도 어려운 과제의 하나로 여겨지고 있다. 그 이유는 구성원의 능력은 학교의 성적과는 달리 다만 시험성적이라는 표면에 나타난 평가에 의해서만 사정될 수 없기 때문이다. 즉 기업 내 인간의 능력은 지식과 기술만의 평가로도 사정할 수 없고 그 이외의 요인 즉 의욕이라는 요소에 의해서 크게 좌우되는 성질을 갖고 있다. 따라서 조직 내 구성원들의 재고파악(능력 및 역량, 의욕, 적성, 업적 등)을 위해서는 무엇보다도 조직의 특성에 적합한 재고파악 측정도구들을 다양하게 개발하여야 한다. 만약 자체적으로 측정도구의 개발이 어렵다면, 이미 개발되어 사용되는 기존도구들의 활용은 물론 조직내 구성원들에 대한 정보들을 각 부서나 팀 수준에서 수집해 놓은 다양한 정보파일들을 적극적으로 활용할 필요가 있다. 예로 조직이 보유하고 있는 기능목록(skill inventory)을 활용하는 것도 좋은 방법 중의 하나이다. 여기서는 조직 내 구성원들에 대한 재고파악 방법을 보다 구체적으로 알아보도록 한다.

2.1.1. 관리직 목록과 기능목록의 활용

관리직 목록과 기능목록의 목적은 조직 내 인적자원에 대한 정보를 종합하는데 있다. 모든 구성원들의 종합된 정보를 조직이 갖고 있다면 직무에 적합한지 여부를 파악할 수 있는 적격심사는 물론 승진이나 전환 등 내부공급에 있어 가장 적합한 개인을 뽑는 데 유익하다.

관리직 목록(management Inventory)은 관리직 구성원들의 기능과 능력을 상세하게 요약해 놓은 것으로서, 이는 보다 높은 수준의 직위에 승진할 수 있는 잠재력을 가진 개인을 확보하는데 이용되기도 한다. 관리직 목록은 다음과 같은 자료들을 포함한다.

- 과거의 관리경력 및 경력목표, 승진 잠재력과 개별 신상명세서
- 강점 및 약점: 결점을 제거할 수 있게 하는 구체적 훈련확보
- 감독하는 부하직원의 수와 유형 그리고 그들의 임무, 책임을 지고 있는 예산의 규모 등

기능목록(skill inventory)은 비관리직 구성원들이 보유하고 있는 기능과 능력을 조사하여 결과를 요약해 놓은 자료로, 이는 개인의 직무적합성에 대한 정보를 정확하게 찾아내기 위한 장치이다. 일반적으로 기능목록에 포함되어야 하는 것은 다음의 〈표 7-2〉와 같고, 조직의 필요에 따라 기타 다양한 정보들이 추가될 수 있다(신유근, 1987).

〈표 7-2〉 기능목록의 정보내용

- 인적자료: 연령, 성, 결혼여부, 강점 및 약점 등
- 보유기능: 교육수준, 직무경험, 교육 · 훈련, 그리고 조작가능 기계 · 장비 · 도구 등
- 특별자격: 전문집단의 회원, 특별한 업적, 직무성과 등
- 급료 및 직무전력: 현재 및 과거의 급료, 임금인상 일자, 담당했던 여러 직무, 현재 담당하고 있는 직무의 내용 및 책임정도 등
- 회사자료: 복리후생자료, 퇴직정보, 연공 등
- 개인의 능력: 심리 및 다른 테스트의 성적, 건강정보 등
- 개인의 특별한 선호: 지리적 위치, 직무유형 등

최근에는 컴퓨터의 발전에 의하여 인사기록들이 기억되면서 구성원에 대한 자

료를 쉽게 얻을 수 있는 기능목록은 널리 보급되고 있다. 특히 개인 및 조직에 관한 각종 정보와 기능목록이 담고 있는 정보를 연계시켜서 보다 폭넓은 용도로 활용 가능한 인사정보시스템으로 통합하고 있다.

조직 내 구성원들의 재고파악을 통해 얻어진 정보들은 성과관리팀으로 보내져서 관리되어야 한다. 즉 재고파악 도구들을 통해 구성원 개개인들에 대한 측정된 결과들을 종합적으로 수집하고 관리할 수 있는 시스템 개발이 필요하다. 또한 성과관리팀은 구성원들의 능력, 기술, 기능 등의 재고파악을 보다 객관적으로 할 수 있도록 조직의 특성에 적합한 합리적인 측정도구들을 개발하여야 한다.

2.1.2. 능력 및 적성을 파악하는 구체적인 방법

구성원의 신분에 따라 능력이나 적성을 파악하는 방법이 다르다. 예로 현재 근무 중인 구성원에 대해서는 내제적인 능력과 업적평가 및 인사고과 결과 등을 통한 재고파악이 더 설득력을 가진다. 구성원의 능력 및 적성을 파악방법은 다음의 〈표 7-3〉과 같이 보통 4가지로 나눈다(김원경, 1989).

〈표 7-3〉 능력 및 적성을 파악하는 구체적인 방법

1. 인사고과(지도기록이 포함됨)에 의한다.
2. 능력테스트(지식, 기술테스트)에 의한다.
3. 업적평가(목표관리도 포함한다)에 의한다.
4. 면접(대화와 테스트의 양쪽)에 의한다.

그에 따르면, 능력테스트의 방법은 다음의 세 가지 방법으로 구분한다.

1) 내재적인 것: 지적측면, 신체적 측면, 정의적 측면으로 구분할 수 있다. 지적측면은 지능, 기초지식, 전문지식 등을 포함하는 지적능력과 대인기술과 대물기술을 포함하는 기술능력, 그리고 지각능력을 포함한다. 신체적인 측면은 운동능

력과 체력 등을 포함하며, 정의적인 측면은 직업관, 가치관, 인생관, 기질, 욕구, 우등/열등감 등을 포함한다.

2) 중간적인 것: 직무에 대한 적성을 의미한다. 여기에는 지적적성, 습득적 적성, 신체적 적성, 작업 흥미적 적성, 성격적 적성 등을 포함한다.

3) 표출적인 것: 대표적으로 업적을 들 수 있다. 여기에는 대인적 업적, 근태성적, 수량업적, 대인업적 등을 포함한다.

이처럼 능력테스트의 방법은 다양하여 전부에 대하여 측정할 수는 없기 때문에 여기서는 지적능력의 테스트 방법에 대해서 다음의 〈표 7-4〉와 같이 기술하기로 한다.

〈표 7-4〉 지적능력의 테스트 방법

1. 지능테스트
2. 지적능력(판단력, 이해력, 사고력, 창의력, 기획력, 응용력 등)과 직무적성의 지적 성과를 동시에 알 수 있는 직업적성테스트의 사용
3. 정의적 측면과 성격적 특성과를 동시에 알기 위한 성격테스트를 사용
4. 일에 대한 흥미와 직업적 흥미를 동시에 알 수 있는 직업 · 흥미테스트의 사용
5. 대물기술의 숙련을 알기 위해서는 실제로 시켜보는 것이 필요하다.
6. 대인기술에 대해서는 집단토론 테스트를 사용

자료: 김원경(1989), 인사관리론; 인사정보시스템 관리, 형설출판사.

대인기술에 대한 능력을 파악하기 위해서는 집단토론 테스트를 한다. 이 테스트는 6~8인을 한조로 하여 토론테마를 주고 20분정도로 결론을 내리게 하든가 또는 중단하든가 하여 각 개인에 대한 평가를 한다. 평가의 방법은 인물평가(소통방법, 신뢰정도, 협조적인 성질, 지도력 등)와 행동평가(자신감, 토론 및 협동적 작업에의 참여 횟수, 리더십 등)를 함께 한다.

2.1.3. 상담(면접)을 통한 정보 확인 및 추가정보 획득 그리고 평가

상담(면접)의 주목적은 테스트만으로 확실하지 않은 정보를 보완하는 의미를 포함하기 때문에 대화가 주목적이고 평가는 부차적인 목적에 불과하다. 대화에는 직무의 적절성, 일에 대한 흥미 및 직무적성 등을 포함하므로 자기신고적인 뜻도 포함되어 있어 직무분석과 역량모델분석을 통한 직무명확화하기로 작성된 직무성과 기대리스트상의 자격요건과 대비하여 대화해야 하며, 이를 고려하지 않으면 안 된다.

이처럼 성과관리팀에서는 조직 내 구성원들에 대한 질적인 제고파악을 통해 획득한 정보자료들을 인적자원관리와 관련된 의사결정을 내릴 때 유용한 정보로 활용할 수 있도록 데이터베이스화하여야 한다. 그러므로 조직 내 구성원들에 대한 제고파악을 객관적으로 할 수 있도록 타당성 있는 정보수집도구들을 개발하는 것도 성과관리팀이 해야 할 임무이고, 제고파악을 통해 수집된 정보자료들을 조직에 맞게 체계적으로 인사정보시스템을 구축하여 의사결정에 활용할 수 있도록 하는 것도 성과관리팀의 역할이다.

2.2. 재고파악을 통해 획득된 개인정보와 직무성과 기대리스트와의 비교

인사정보시스템(PIS: Personnel Information System)의 기본목적은 관리자로 하여금 합리적인 의사결정을 행할 수 있도록 유용한 정보를 추출하여 적시에 지원하는데 있다. 그러므로 조직에서는 구성원들에 대한 재고를 파악한 결과들을 종합적으로 수집하고 관리할 수 있는 시스템개발 즉 인사정보인 종합인사마스터파일이 구축이 필요하다.

인사정보인 종합인사마스터파일에 수집되는 구체적인 자료들은 다음의 〈표 7-5〉와 같이 정리할 수 있다.

따라서 조직 내 개별구성원에 대한 질적 재고파악을 통해 구축된 인사정보시스템을 활용하여 획득한 각 개인별 정보(보유한 KSA와 역량 등)를 그들이 수행하고 있는 직무의 직무성과 기대리스트상의 자격요건과의 비교를 통해 편차의 정도를 파악하여야 한다. 어떻게 편차를 파악할 것인지에 대한 타당한 방법의 선택은 성과관리팀에서 결정하여야 한다.

〈표 7-5〉 종합인사마스터파일에 수집되는 구체적인 자료들

구 분	수집 정보
기초 자료	**회사 입사시 지니고 있는 속인사항을 포함한다.** • 예로 학력, 전공, 결혼여부, 건강상태, 가족사항, 채용형태 등.
확보 관계 자료	**확보관리와 직간접으로 관계가 있는 자료를 말한다.** • 모집 및 선택 관계자료(선발시험 및 각종 테스트 결과), • 배치관계자료(소속부서, 담당업무, 직위, 발령일자, 일시이동여부 등) • 특기사항(자격 · 면허종류, 구사 외국어 종류 및 정도) • 자기신고사항(희망직무, 적성 등)과 신원보증사항
개발 관계 자료	**교육훈련, 인사고과, 승진관리 및 경력관리 등의 관계자료 포함한다.** • 교육훈련 관계자료(연수부문, 연수처, 연수과목, 연수기간, 연수성적 등) • 경력사항(전직여부, 현 직무 담당기간 등) 그리고 경력목표 및 진로설정 등
평가 관계 자료	**주로 성과와 역량평가와 관계되는 자료를 포함한다.** • 평가 및 인사고과 관계자료(평가일자, 평가기준, 평가내용 및 도구, 평가결과, 고과시기, 고과부서, 고과점수, 개선해야 할 내용, 피드백 시기 등) • 승진관리 관계자료(승진시기, 승진구분, 상벌기록사항 등)
보상 관계 자료	**주로 급여와 관계되는 자료를 포함한다.** • 급여사항(승진일자, 호봉, 승급구분, 기본급, 성과급, 제수당, 연봉 등) • 부가급부(병상보조금, 휴가보조금, 각종 보험혜택 등)
유지 관계 자료	**이직관리, 노사관계관리, 인간관계관리 등의 자료를 포함한다.** • 인간관계 관리자료(인사상담, 제안의 횟수, 조직개발에 참여횟수 등) • 이직 관리자료(퇴직구분, 사유, 시기, 지각 및 조퇴일수 등) • 노사관계 관리자료(조합가입일자, 지위, 참여도 등) • 안전관리자료(사고일자, 정도 및 횟수 등)

인사정보인 종합인사마스터파일을 적격심사하기 위한 시스템으로 그리고 내부공급예측 도구로 효율적으로 활용하기 위해서는 몇 가지 문제를 고려해야 한다.

1) 정보자료의 내용과 범위:

구성원에 관한 정보자료를 가능한 한 많이 입력하는 것도 중요하지만 더 중요한 것은 전환배치, 이동, 승진, 교육훈련, 적격자 분석 등의 의사결정에 활용될 수 있도록 정보자료형태로 입력되어야 한다. 따라서 조직체가 필요로 하는 기술과 능력 및 역량 등을 중심으로 그리고 인적자원관리 의사결정기준과 일관성 있는 종합인사마스터파일 체계에 맞추어 정보자료가 입력되어야할 것이다.

2) 유지 및 관리 문제:

인적자원기록은 조직구성원의 모든 사항을 입력하고 있어야 한다. 그러나 구성원의 변동사항을 즉시 입력시켜 항상 정확하고 완전하게 유지하기가 어렵다. 하지만 조직의 적극적인 지원 등의 많은 노력을 통해 변동사항을 즉시 입력하는 체계적인 시스템을 갖추려는 노력이 필요하다.

3) 의사결정자의 문제:

종합인사마스터파일의 효과를 높이기 위해서는 집적된 정보자료의 보완을 기하는 것은 물론 집적된 정보자료의 타당도에 따라 적절한 주관적 판단을 부과하는 관리자의 의사결정행동을 조성하는 것이 중요하다.

2.3. 적격심사하기 방안

적격심사는 '개별직무를 담당하고 있는 구성원 개인의 종합인사마스터파일속 보유하고 있는 자격요건과 그 개인이 담당하고 있는 개별직무의 명확화하기를 통해 작성된 직무성과 기대리스트상의 자격요건과의 비교'이다. 그러므로 여기서는 적격심사하기 즉 비교를 어떻게 하는지에 대하여 알아보도록 한다. 적격심사를 위한 접근방법에는 프로파일방법, 다중회귀분석방법, 복수의 컷오프 방식 등이 있다. 이들 방법을 구체적으로 살펴보면 다음과 같이 설명할 수 있다(김영재외 2인, 2005).

2.3.1. 프로파일 방법

이는 기업의 성과관리팀이 직무분석 및 역량모형분석을 토대로 직무명확화하기를 통하여 개별직무를 성공적으로 수행하기 위하여 작성한 직무성과 기대리스트상의 자격요건과 재고파악을 위해 다양한 도구들을 이용한 측정결과를 데이터베이스화한 종합인사마스터 파일속 개별 직무담당자의 각 자질과 지식, 기술, 능력(KSA), 그리고 역량 등을 각 요소별로 비교 · 분석하는 방법이다.

일반적으로 두 프로파일간의 유사성을 검증하는 기준을 다음의 [그림 7-2]와 같이 수준과 형태로 나누어 볼 수 있다.

[그림 7-2] 프로파일간의 유사성을 검증하는 기준: 수준과 형태

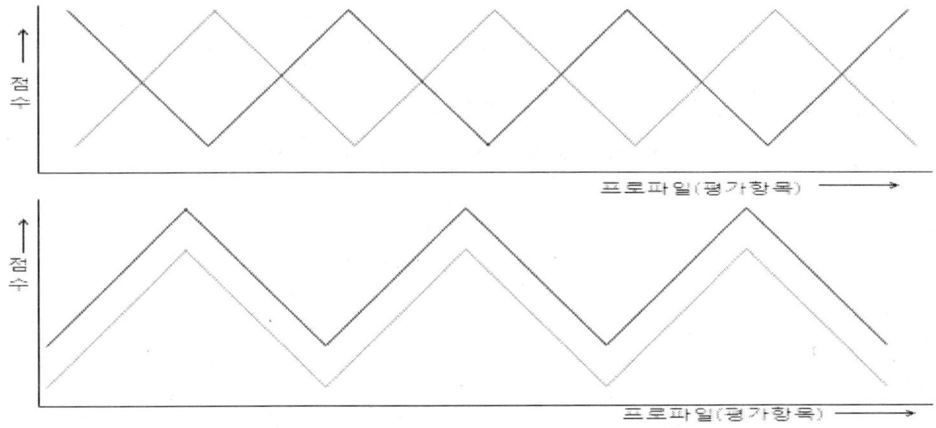

자료: 김영재, 김성국, 김강식(2005), 인적자원관리, 삼영사.

1) 수준(level):

수준이란 '한 요소인 자질의 값과 이상적 자질간의 절대적 차이'를 말한다. 즉 성과관리팀에서 작성된 직무성과 기대리스트상의 자격요건들 즉 각 요소의 값과 합리적인 도구를 통해 수집 · 측정되어 데이터베이스화된 종합인사마스터 파일속 개별 직무담당자의 각 요소별 자질점수사이의 절대적 차이를 의미한다고 볼 수 있다. 수준차가 크면 클수록 적격자일 가능성은 희박해진다. 직무성과 기대리스

트상의 자격요건보다 현재 직무수행담당자의 자격요건수준이 높으면 'over-qualification'이고, 낮으면 'under-qualification'으로 간주되어 낮으면 적격자가 아닐 가능성이 높기 때문이다.

2) 형태(sharp):

형태는 다양한 도구를 통해 수집 · 측정되어 데이터베이스화된 종합마스터파일 속 개별 직무담당자의 각 요소인 자질의 값과 직무성과 기대리스트상의 자격요건인 각 요소별간의 상관관계를 구했을 때 상관계수의 값이 높게 측정되었다면 절대적 수준차이에도 불구하고 그 직무담당자는 적격자라고 판단할 수 있다. 왜냐하면 그 사람의 자질은 직무성과 기대리스트상의 자격요건과 동일한 형태로 진행하기 때문에 같은 '끼'를 지녔다고 볼 수 있어, 그 직무를 성공적으로 수행할 가능성이 높기 때문이다.

프로파일 방법으로 적격자를 결정을 하는 예를 들면, 먼저 특정한 직무에 대한 성과관리팀에서 작성한 직무성과 기대리스트상의 자격요건인 각 요소별로 다음의 [그림 7-3]과 같을 경우, 다양한 도구에 의한 수집 · 측정되어 데이터베이스화된

[그림 7-3] 프로파일 방법으로 적격자를 결정을 하는 예

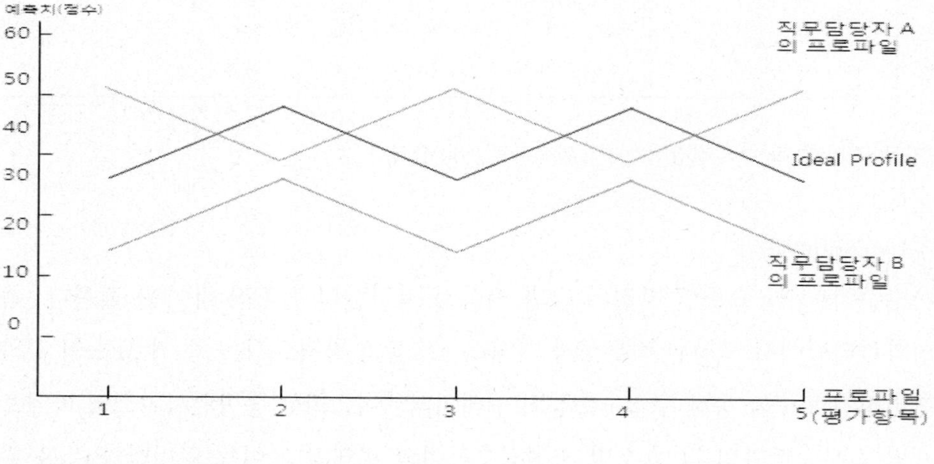

자료: 김영재, 김성국, 김강식(2005), 인적자원관리, 삼영사.

개별 구성원 A, B의 각 요소별 점수는 각기 수준과 형태에 있어서 상이한 분포를 보인다. 여기서 누가 적격자인지는 회사의 적격자 심사정책에 따라 달라질 수 있다. 만약 다양한 도구에 의한 수집 · 측정된 각 요소별 점수의 차이인 수준을 중시할 경우는 평균평점이 높은 구성원 A를 적격자로 결정할 것이고, '끼' 즉 형태를 중시한다면 평점평균이 높은 구성원 A보다는 B가 적격자가 될 가능성이 높다.

2.3.2. 다중회귀분석 방법

다중회귀분석방법은 직무성과의 추정치(준거치)를 종속변수로, 다양한 도구를 통해 수집 · 측정된 현재 직무담당자에 대한 자격요건들인 각 요소들의 점수(예측치)들을 독립변수로 하여 다중회귀분석을 실시하여 준거치가 높은 대안을 적격자로 결정하는 방법이다. 일반적 회귀방정식은 다음과 같다.

$$Y = a + b1X1 + b2X2 + b3X3 + \text{----} + biXi$$

- Y = 준거치(예: 직무성과)의 추정치
- bi: 예측치의 가중치
- Xi: 예측치의 실제 점수
- a: 상수

자료: 신유근(1987), 인사관리, 경문사.

이 방법의 장점은 예측치인 데이터베이스화된 자격요건의 각 요소별간의 가중치를 산출하여 가중치가 높은 요소의 점수를 집중적으로 활용하고 가중치가 낮은 요소를 도태시킬 수 있다. 그러나 단점으로는 자격요건의 각 요소별 자료가 충분히 축적되지 않으면 독립변수들을 알기 어렵고, 독립변수 숫자가 많으면 회귀방정식의 설명력 즉 직무성과의 예측력이 높아진다는 것이다. 이를 보완하기 위하여 각 요소별(프로파일별) 컷오프 방법이 동원된다.

2.3.3. 복수 컷오프(multiple cut-off) 방법

이 방법은 다양한 도구를 동원하여 구성원 재고파악을 통해 데이터베이스화된 현재 직무담당자의 자격요건인 각 요소별의 정보자료들을 활용하여 탈락시키는 점수 즉 컷오프를 정하고 복수의 컷오프를 통과하는 적격자를 걸러내는 방법을 말한다.

복수 컷오프의 방법으로 빈번하게 사용되는 예측치의 타당성은 다양한 도구를 동원하여 구성원 재고파악을 통해 나타난 각 요소별 자료들이 직무성과를 예측하는 타당도가 높을 경우(.70 이상), 현재 각 요소별 점수를 기준으로 적격자와 비적격자를 가릴 수 있는 기초가 마련되었다고 본다.

컷오프인 커트라인은 [그림 7-4]와 같이 직무담당자가 획득한 각 요소별 성적(점수)를 참고하여 준거치와 예측치의 일정한 값으로 설정할 수 있다.

[그림 7-4] 복수 컷오프 방법

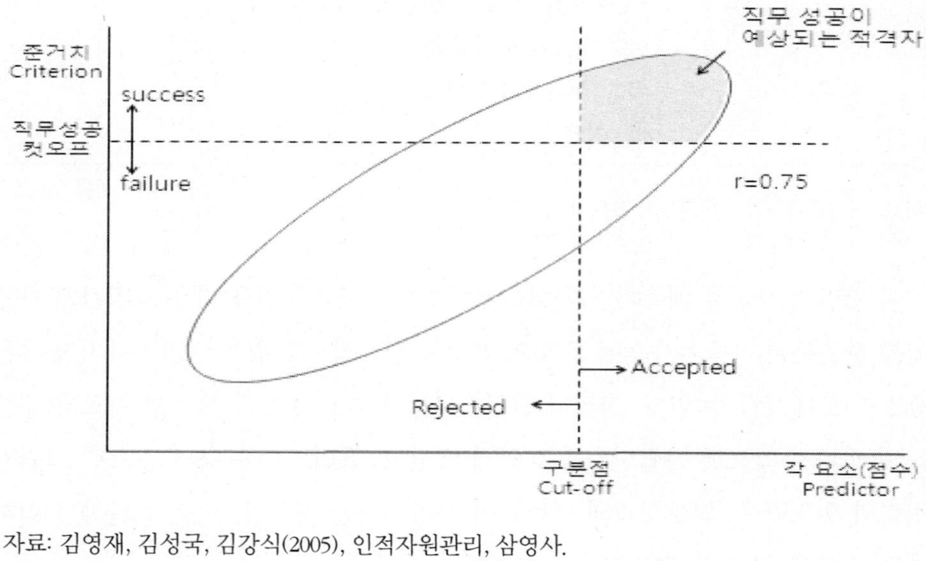

자료: 김영재, 김성국, 김강식(2005), 인적자원관리, 삼영사.

이때 준거치에 설정한 커트라인은 직무수행에 있어 성공과 실패를 결정짓는 컷오프가 되고, 예측치에 설정되는 커트라인은 통과자와 비통과자를 구분하는 컷오프가 될 것이다.

2.4. 적격심사 후, 편차 제거방안

적격심사결과 편차가 심하게 발생하여 부적격자로 판정될 경우, 편차를 제거할 수 있는 방안으로는 다음과 같이 구분해 볼 수 있다.

2.4.1. 재배치 또는 교육 · 훈련기회 부여

부적격자로 판정될 경우, 인사 및 라인관리자가 제일먼저 해야 할 일은 개인의 질적 내용에 가장 적합한 직무로 재배치를 시켜야 한다. 즉 부문별 직무특성, 직무요건 등을 충분히 감안하여 적합한 인재를 적합한 곳에 재배치하는 질적인 배치를 의미한다. 여기서 재배치는 수평적인 이동은 물론 수직적인 이동, 그리고 다른 부문으로의 전환배치도 포함된다. 이처럼 다른 직무로의 재배치되는 구성원의 경우, 조직에 대해서는 잘 알 수 있지만 새로 배정받는 직무에 대해서는 직무성과 기대리스트 내용 및 직무와 관련된 정보 등을 잘 모르기 때문에 이에 대한 전반적인 내용들을 교육 및 훈련시켜야 한다. 그 이유는 재배치는 인재육성시스템의 일환으로 실시되어야 하기 때문이다. 이와 관련된 방법으로는 두 가지를 고려할 수 있다. 먼저 라인관리자가 재배치된 구성원과의 면담을 통해 직무와 관련된 내용 및 기대리스트를 이해시키는 것이 하나의 방법이 될 것이다. 또 다른 방안은 구성원 자신의 능력 및 역량, 그리고 적성 등과 관련하여 가장 적합화가 이루어진 직무에 재배치되었다 할지라도 직무에서 요하는 자격요건과는 개인이 보유한 자격요건이 완전 일치하지 않을 것이다. 따라서 배치되어 직무를 수행하기 전에 이러한 편차부분을 제거할 수 있도록 능력이나 역량요소별로 교육 및 훈련기회가 다양하게 주어져야 한다(Baker, et.al., 1990). 또한 원하는 직무로의 재배치를 위해 필요한 교육 및 훈련을 받는 기회를 제공하여야 한다. 이는 지금까지의 조직편의 및 수월성을 고려한 일반화되고 일방적으로 행해지는 교육 및 훈련을 보다 개별구성원을 고려한 개별화된 프로그램으로 전환할 수 있고, 이로 인해 교육 및 훈련의 효과성을 높일 수 있는 유효한 방안이 될 수 있기 때문이다.

2.4.2. 구조조정 대상에 포함

기회를 제공했음에도 불구하고 직무성과가 낮거나 재배치할 직무에 적합화가 이루어지지 않을 경우에는 명예퇴직과 고용조정 등 구조조정 대상에 포함되어야 할 것이다. 고용조정은 기업의 구조조정 일환으로 다양한 형태(근로시간 단축, 신규채용의 중지 및 감소, 배치전환 및 파견근로, 일시귀휴제도 등)로 실시되고 있다. 또한 해고는 징계 또는 기타사유로 강제적으로 직장을 떠나야 하는 구성원의 비자발적 퇴직의 대표적인 형태이다. 해고의 주요 형태로는 징계해고를 비롯한 일시해고와 정리해고 등이 있다.

2006년 12월 개정된 근로기준법 제32조 2:

- 근로자에 대한 해고사유와 해고시기를 반드시 서면으로 통지하도록 하는 규정을 신설하여, 해고사유 및 해고시점에 대한 분쟁을 방지하도록 함.
- 해고를 위해서는 기업은 1) 해고의 이유를 설명할 수 있는 명확한 해고방침의 제시가 있어야하며, 2) 해고의 결정을 위해서는 인사위원회의 구성 및 운영을 중심으로한 신중한 검토과정이 필요하고, 3) 부당한 해고의 결정을 받지 않도록 구제신청의 길을 열어두는 등의 제반조치가 함께 마련되어야 한다.

이처럼 재배치와 교육 및 훈련기회부여, 그리고 구조조정을 통해 구성원들을 적제적소에 배치하고 조직목표달성을 위해 적정인원으로 유지하여야 한다. 그러나 이러한 과정을 거치면서 인력의 수요와 공급이 균형을 유지하여야 하지만 부족할 경우에는 부족인력을 내부 또는 외부에서 충원하는 조치를 마련해야 한다. 따라서 조직의 내 · 외부 환경의 분석을 토대로 현재 보유하고 있는 인력의 양과 질을 파악하여 현재 및 장래의 각 시점에서 기업이 어떠한 유형의 인적자원을 얼마나 필요로 할 것인가와 아울러 그러한 인적자원을 어떻게 공급받을 것인지에 대한 계획을 수립하여 관리의 과학화를 꾀하여야 한다.

2.5. 인적자원부서의 역할변화 필요

과거 인적자원부서의 책임은 직무분석을 행하고, 각개인의 지식, 능력들, 스킬 등을 분석하여, 직무에 가장 적합한 사람을 매치시키는 노력이 그들 부서의 책임이었다. 그러나 인적자원부서의 인적자원전문가들도 이러한 일들을 당연히 관여하고 있지만, 좀 더 단순화되고 통합적인 과정에 노력을 하여야 한다. 인적자원부서의 새로운 역할은 다음의 〈표 7-6〉과 같이 정리할 수 있다.

〈표 7-6〉 인적자원부서의 새로운 역할

• 기존 인사부서의 역할 수행 • 직무성과 기대를 개발하기 위해 line 관리자 교육, • 성과관리팀의 수집된 정보로 직무성과 기대리스트 작성, • 재고파악을 위한 지식과 능력 측정의 타당성 있는 평가 방법 개발 • 조직의 직무기대에 적합하지 않는 사람을 찾아내는 타당한 적격심사시스템을 개발하는 것에 초점을 둔다.

인적자원부서의 새로운 역할은 직무성과기대를 개발하기 위해 라인관리자들을 교육하고, 성과관리팀의 수집된 정보로 직무성과 기대리스트를 작성할 수 있도록 지원 및 도와주고, 구성원들의 재고파악을 위한 지식과 능력 그리고 역량을 객관적으로 측정할 수 있는 타당도가 높은 평가방법을 개발하고, 그리고 조직의 직무기대에 적합하지 않는 사람을 찾아낼 수 있는 타당한 적격심사시스템을 개발하는 것에 초점을 둔다.

이 적격심사하기 과정은 피드백에서 중요한 역할을 수행하게 된다. 그 이유는 분석과정에서 직무를 수행을 하고 있는 구성원이 왜 직무성과 기대에 부응하지 못하는지, 재고파악을 통해 부족한 지식과 능력 그리고 역량을 어떻게 개발하고 변화시킬 것인지와 관련한 유효한 포인트를 잡을 수 있도록 신중한 분석이 요구되기 때문이다. 특히 이 과정은 배치전환 등의 내부공급과 관련하여 예측과 선택 또는 훈련문제에 영향을 미칠 수 있기 때문에 구성원들을 객관적인 분석하고 평가할 수 있는 유효하고 타당성 있는 시스템의 개발이 요구된다.

학습목표(과제)

1. 적격심사의 개념과 조직에서 적격심사를 해야 하는 이유는 무엇인가?
2. 적재적소배치의 개념과 효과는 무엇인가?
3. 적재적소배치를 위한 적격심사하기는 어떠한 과정을 거쳐야 하는가?
4. 조직에서 인사정보시스템을 구축해야 하는 이유는 무엇인가?
5. 적격심사하기 방안은 무엇인가?
6. 적격심사 후, 편차제거방안은 무엇인가?

참고문헌

김원경(1989), 인사관리론; 인사정보시스템 관리, 형설출판사.

김영재, 김성국, 김강식(2005), 인적자원관리, 삼영사.

김종재, 박성수, 정중부(2004), 인적자원관리, 서울: 법문사, pp. 207~208.

나기현(2004), 포괄적인 성과관리모델에 관한 연구, 외대논총, 제28집, 부산외국어대학교.

류량도(2006), 1 Mission 3 Role; 성과중심의 리더십, 웅진윙스.

신유근(1987), 인사관리, 경문사.

Baker, H. G., Spier, M. S., & Dhammanungune, S.(1990, April). Trust, Credibility, and Empowerment, paper presented at the Bay Area Organizational Development Network Conference, Palo Alto, CA.

Edward, J. R.(1991), Person-Job fit: A Conceptual Integration, literature on Review and Methodological Critique. *International Review of Industrial and Organizational Psychology,* 6, 283-357.

Heide, D. P.(1993), A Comprehensive Performance Management Model, A Dissertation in School of Human Behavior, United States International University, San diego, CA.

제8장. 예측/선택하기

지식정보화 시대에 성공하는 기업들은 '구하기도 어렵고 구해놓은 사람을 붙들어 두기도 어려운(hard-to-find, hard-to-keep) 지식근로자들을 제 때에 잘 구해서 기업의 도약에 활용하는 기업'이라고 할 수 있다. 기업의 인력수요계획(HR demanding planning)에 따라 수요가 발생하면 외부노동시장에서 인력을 사오기(buy)보다는 내부인력을 키워서(make) 충당하는 것이 추세였다. 그 이유는 구성원들의 사기, 충성심, 동기부여를 높여주기 때문이었다. 그러나 최근의 경영환경은 인력의 'make'에는 한계가 있기 때문에 'buy'를 통한 조직의 지식 및 부가가치의 창출이 생존에 필수적이라는 인식이 확산되고 있기 때문에 기업으로 하여금 모집의 원천을 변화시키도록 만들었다. 따라서 본장 제1절에서는 예측/선택하기에 대한 이해를 돕기 위해 정원관리와 인적자원계획 (수요예측과 공급분석) 그리고 모집의 원천을 살펴본다. 제2절에서는 조직의 내 · 외부의 인력들 중에서 직무에 가장 적합한 사람 즉 성과를 가장 잘 창출할 수 있는 사람이 누구인지를 예측해낼 수 있는 방법 및 절차에 대하여 살펴본다. 그리고 제3절에서는 예측도구들을 통해 수집된 정보들을 토대로 조직에서 적격자를 선발할 수 있는 선택방안과 여러 예측/선택도구들의 합리적인 조건들이 무엇인지를 알아보도록 한다.

제1절. 예측/선택하기에 대한 이해 그리고 모집방법

1.1. 예측/선택하기 이전의 고려요소

예측/선택을 수행하기 전에 조직에서는 정원관리와 인적자원계획을 고려하여야 한다. 그 이유는 조직의 목표를 효과적으로 달성하기 위해서는 조직 내 인적자원을 적정하게 유지해야 하기 때문이다. 또한 조직이 환경변화에 대응하여 적시에 필요한 인적자원을 확보 못할 경우 조직경쟁력에 지장이 초래되기 때문이다. 정원관리와 인적자원계획에 대하여 살펴보면 다음의 〈표 8-1〉과 같다.

〈표 8-1〉 정원관리와 인적자원계획

구 분	내 용
정원관리	• "경영활동의 효과적인 수행과 노동력의 경제적인 활용을 위해서 단위 조직 또는 업무별로 필요한 인원을 결정하고, 여러 가지 조건의 변화에 따라 정원을 수정하고 적정하게 유지시키는 활동"을 의미한다(신유근, 1987). • 인적자원관리의 출발점으로서 효율적으로 행해지지 않으면 합리적인 인력확보계획이 수립될 수 없으며, 인력부족 또는 과잉현상으로 인하여 경영전반의 합리성을 기할 수 없다.
인적자원 계획	• 전략적 인적자원계획은 경영전략실행하기 위한 인적자원의 수급에 관한 계획을 의미한다. • 경영전략은 사람을 통해 실행되기 때문에 아무리 훌륭한 사업계획이나 전략목표를 설정한다 해도 이를 추진할 핵심인력을 충당하지 못한다면 실천이 불가능하다. 그러므로 인력의 양적 측면은 물론 질적인 측면에서 조직이 필요로 하는 능력과 가치를 보유한 인력을 충당하지 못한다면 시장에서 경쟁우위를 확보하기가 어렵게 된다.

정원의 산정방법은 크게 미시적과 거시적인 방법에 의해 이루어진다(신유근, 1987).

1) 미시적 방법: 이는 업무량과 업무내용의 변화에 따라 필요한 인원이 증감한다는 전제아래, '업무량파악에 의해서 정원을 산정하는 방법'으로, 직무별과 직종별로 파악한 후 총 정원을 산출하는 상향적인 방법이다. 여기에는 직무분석에 의한 방법, 시간연구에 의한 방법, 관리 폭(SOM)에 의한 방법, 선형책임도표에(LRC) 의한 방법, Work Sampling에 의한 방법, 그리고 Performance Analysis System에 의한 방법 등이 있다.

2) 거시적 방법: 이는 '기업의 임금부담을 고려한 지불능력의 관점에서 산정하는 방법'으로, 조직전체의 커다란 부문의 정원을 양적으로 결정부터 하는 하향적인 방법이다. 여기에는 손익분기점 분석에 의한 방법. 인건비 비율에 의한 방법, 노동 생산성에 의한 방법, 그리고 노동 분배율에 의한 방법 등이 있다.

인적자원의 계획과정은 다음의 [그림 8-1]과 같이 정리할 수 있다.

[그림 8-1] 인적자원의 계획과정

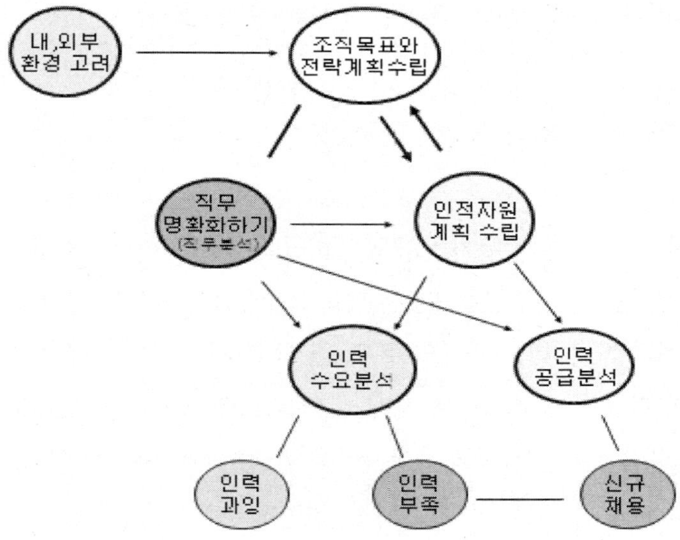

자료: 이학종 & 양혁승(2005), 전략적 인적자원관리, 박영사.

환경변화에 따른 조직의 목표달성을 위해 필요인력의 적시공급을 받을 수 있도록 인적자원의 수요예측과 공급예측을 간단히 알아보도록 한다.

1.1.1. 인력의 수요예측

인적자원의 수요예측은 '조직이 현재 및 미래 각 시점에서 필요로 하는 인력의 양과 질을 추정하는 과정'을 의미한다(신유근, 1987). 인적자원에 대한 수요는 조직의 전략계획과 사업계획 등 조직이 어떠한 활동을 할 것인가에 따라 직접적인 영향을 받는다. 특히 성공적으로 인력수요를 예측하기 위해서는 직무분석이 선행조건임을 유의할 필요가 있고, 다음의 〈표 8-2〉와 같은 조건을 검토하여야 한다.

〈표 8-2〉 수요예측시 고려조건

1. 기업이 미래의 목표와 계획을 어떻게 세우고 있는가? 2. 이 계획을 달성하기 위해 활동계획을 어떻게 설정하고 있는가? 3. 양적변화 뿐만 아니라 어떤 질적인 변화(작업방법과 절차변경에 따른 변화, 자동화와 기계화에 따른 변화 등)를 꾀하고 있는가?

인적자원의 수요예측방법들은 다음과 같이 네 차원으로 구분된다(신유근, 1987).

1) 비통계적 방법: 전문가들의 독립적인 의견을 종합하여 미래사항을 예측하려는 비통계적인 정성적 방법으로는 명목집단기법과 델파이 기법 등이 있다.

2) 통계적 기법: 이는 과거의 추세, 현재의 상황, 미래에 대한 가정을 고려한다. 대표적인 통계적 방법으로는 시계열분석과 회귀분석 등이 있다. 시계열 분석은 '시간의 진행에 따른 사상의 변동사항을 발생순서에 따라 관찰, 표시해 놓은 통계계열'을 의미한다. 예로 장기, 주기적, 계절적 추세선 등을 들 수 있다. 회귀분석은 '독립변수로 설정되는 다른 항목을 아는 것으로 하여 종속변수인 한 항목을 예측하는 과정'을 의미한다. 여기에는 하나의 독립변수와 종속변수($Y = ax + b$)인 단순회귀분석 방법과 한 개 이상의 독립변수가 있는 다중회귀분석 방법이 있다.

3) 미시적 기법: 직무 또는 작업 단위별로 계산된 인력을 합산하여 소요인력을 집게 하는 방식으로 상향식 인력을 예측하는 방법이다. 여기에는 특정종류의 노동을 요하는 활동의 1인당 소요시간을 계획하여, 이를 평균활동(근무시간)으로 나누는 방법이 있다. 또한 일정기간의 총 성과를 1인당 능률로 나누어 소요인원을 계산하는 방법이 있다. 예로 사무 또는 작업총량을 노동자 1인당 담당량으로 나누

어 소요인원을 산출하는 방법이다.

4) 거시적 기법: 기업전반이나 어떤 직장단위의 인력을 예측하는 것으로, 먼저 조직단위 전체의 인력예측을 하여 총 정원을 정하고 나서 이를 다시 인력의 종류로 분할하는 절차를 밟는 하향식 인력계획이다. 여기에는 매출액 & 부가가치를 기준으로 인력계획을 하는 방법이 있다.

거시적 방법의 장점은 기업전반의 경영계획과 직접 결합하기 때문에 유용하고, 합리적인 인력통제를 위해 반드시 필요하다. 반면에 단점은 중간의 매개변수가 너무 많아 정확할 수 없다는 점이다. 이처럼 거시적인 기법과 미시적인 기법을 통해 예측된 수요인력은 편차가 발생할 수 있기 때문에, 이들 편차를 조정해야 한다. 편차를 조정하기 위해서는 목표인력 산정의 조건을 검토하고, 적정성을 확인해야 한다.

1.1.2. 인력의 공급예측

조직이 앞으로 소요될 인력을 합리적으로 예측한 다음에는 그 수요를 충족하기 위하여 필요인력을 어디에서 충당할 것인가를 결정하는 과정이다. 인력의 공급예측을 하기 위해서는 두 공급원인 내부노동시장과 외부노동시장을 고려하여야 한다.

1.1.2.1. 내부 공급예측

내부공급을 위해서는 우선적으로 4가지 측면을 분석하여야 한다(신유근, 1987). 1) 기존의 인적자원분석(방법: 관리자목록, 기능목록 등), 2) 이직 등 기존 인적자원의 잠재적인 상실가능성 분석(방법: 노동 이직율, 노동 안정지수 등), 3) 내부이동을 통한 인적자원의 잠재적 변화분석(방법: 마아코프 모형) 그리고 4) 작업방법이나 절차 등의 변화분석 등이 있다. 또한 조직내부에서 이용 가능한 지식과 기술을 가진 사람들을 어느 시기에 공급될 수 있는가를 예측하기 위해서 통계적인 분석기법이나 기능목록(각 구성원에 대한 직무관련 정보를 요약해 축적해 놓은 시스템), 대체도(구성원의 현재의 성과수준 및 잠재적 승진가능성을 표시한 시각적 인 도구), 그리고 마아코프모형(한 직무에서 시간의 흐름에 따라 다른 직무로 이동해갈 확률을 나타낸 도구)등을 활용한다.

그러나 우리는 전 장의 적격심사하기에서 조직에서 각 직무를 수행하고 있는 수행자들의 적격여부를 파악하기 위하여 인사정보인 종합인사마스터파일을 이미 구축한바가 있기 때문에, 이를 적극적으로 활용할 필요가 있다. 왜냐하면 종합인사마스터파일은 구성원들의 재고파악을 위하여 기능목록이나 다른 인사기록 등에 축적된 다양한 정보들을 하나로 체계화시켜 놓은 시스템이기 때문이다. 따라서 종합인사마스터파일이 조직체 내부의 공급원으로서 인력수요와 적합화 되기 위해서는 개개인들의 변동사항들이 즉각적으로 반영되고 추가되어야 한다. 특히 조직의 인력수요에 따라 인력의 질적 측면인 자격요건을 중심으로 그러한 자격요건을 갖추고 활용할 수 있는 인력의 양이 조직내 얼마나 되는가를 파악하면 될 것이다. 이를 적극적으로 활용할 경우, 구성원들의 능력 및 역량 등을 지속적으로 관리할 수 있을 뿐만 아니라 기존 구성원의 이탈로 직무에 공백이 발생하거나, 새로운 직무가 발생하였을 때 가장 적합한 즉 적격자인 어떤 구성원을 전환, 승진, 이동시킬 것인지를 결정하는데 중요한 정보를 얻을 수 있다. 따라서 이는 개인과 직무에 대한 적합성 즉 적격자에 관한 정보를 정확하게 찾아내 적재적소에 배치할 수 있음으로 성과관리의 토대를 마련한다고 볼 수 있다.

그러나 인력수요가 내부인력공급을 초과하는 경우 또는 내부에서 공급을 받을 적격자가 없는 경우에는 인적자원이 부족한 것을 의미하므로, 외부로부터의 추가 인력을 확보하기 위한 모집과 선발계획으로 연결된다. 따라서 외부노동시장을 분석해 두어야 한다.

1.1.2.2. 외부 공급분석

수요예측을 통해 필요한 인적자원인 적격자를 기업내부의 인력에서 충당하기가 어렵다면 당연히 외부의 공급조건을 분석하고 예측할 수 있어야만 한다. 외부

공급예측은 기업 외부로부터 유입될 수 있는 인적자원의 공급에 초점을 두기 때문에 외부노동시장에 대한 분석을 통하여 기업이 필요로 하는 인력의 공급 상황에 대한 유용한 정보를 확보해야 한다. 노동부 및 고용관련 기관에서 발간하는 각종 고용관련 통계자료를 통하여 외부노동시장의 추이를 분석할 수 있고, 이를 통해 미래의 인력구조 변화양상에 대한 미래지향적 정보를 얻을 수 있다. 그러나 이와 같은 자료는 거시적 동향에 초점을 맞추는 경향이 있으므로 인력양성 및 교육기관, 지방정부 및 유관단체 등을 통하여 기업이 속한 산업과 업종, 지역 내에서의 인력공급에 대한 구체적인 정보도 동시에 활용되어야 할 것이다.

인적자원계획에 대하여 살펴본 결과, 분명한 것은 인적자원계획을 성공적으로 실천하려면 조직체의 전략계획과 부문별 계획과의 연계는 물론 모집과 선발, 배치전환(이동, 승진 등), 교육훈련과 인력개발, 인력조정 등 여러 인적자원관리 기능들과의 밀접한 관계를 유지해야 한다. 또한 인적자원계획은 인력수요예측과 인력개발 등 일선 라인관리자들의 적극적인 참여 없이는 이루어질 수 없다.

[그림 8-2] 인적자원계획의 결과

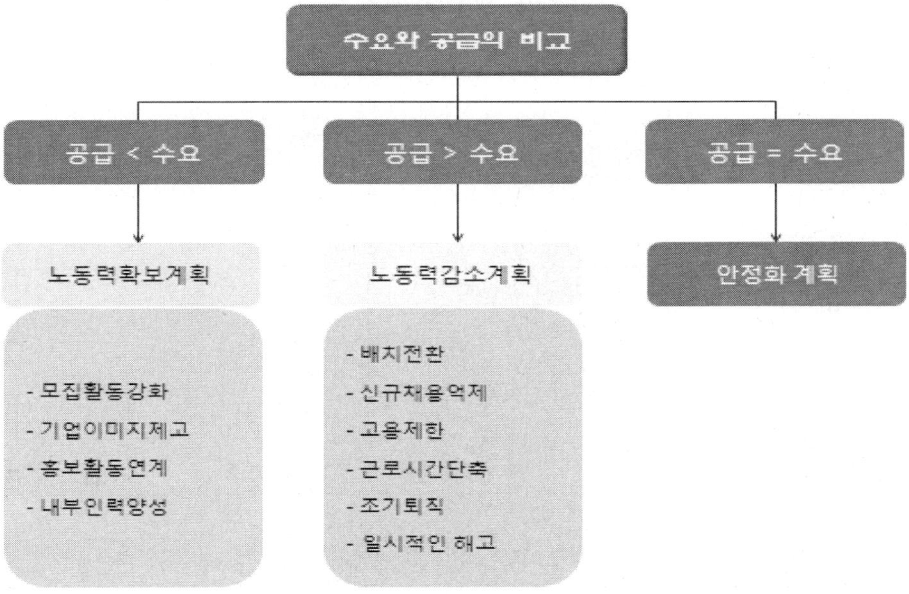

자료: 이학종 & 양혁승(2005), 전략적 인적자원관리, 박영사.

이상과 같이 인적자원계획의 인력의 수요와 공급에 대하여 알아보았다. 예측된 인적자원수요를 전망된 가용 인적자원에 대응시킴으로서 어떤 특정한 시기에 수급균형을 이룰 수 있는 여러 가지 행동방향을 결정하여야 한다. 인력수요와 공급의 비교를 통해 얻을 수 있는 인적자원계획의 결과는 [그림 8-2]와 같다.

1.2. 예측/선택하기 개념

예측이란 "각 직무에 지원한 구직자들에 대한 배경정보(실적, 경력, 연령과 성별 등)와 상황정보(신체적 및 정신적 능력, 역량, 성향 등) 등을 다양하게 수집하여 성공적으로 직무를 수행할 사람인가를 확인하는 과정"을 의미한다(나기현, 2004). 이처럼 주어진 직무에서 가장 성공적으로 직무를 수행할 사람을 예측해 낼 수 있도록 가능하게 만드는 것은 바로 명확하고 측정가능한 직무성과 기대리스트가 존재함으로 인해 효과적인 예측과정의 구조화가 가능하기 때문이다.

예측/선택의 전 과정은 다음의 [그림 8-3]과 같이 요약할 수 있다.

[그림 8-3] 예측/선택의 전 과정

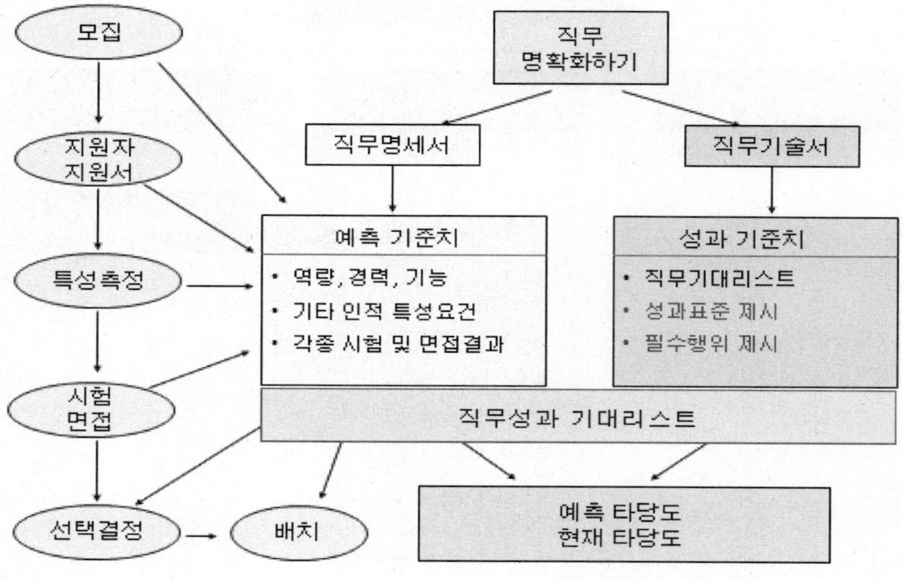

조직에서 예측을 정확히 하기 위해서는 두 가지 조건이 전제되어야 한다. 하나는 조직체에서 공석이 된 직무에 대한 분석을 토대로 직무명확화하기가 선행적으로 이루어져 직무성과 기대리스트가 명확하고 측정가능하게 만들어져야 한다. 다른 하나는 이처럼 작성된 직무성과 기대리스트에 나타나 있는 직무수행능력 및 역량들 즉 자격요건들을 지원한 구직자들이 얼마나 갖추고 있는가를 확인할 수 있도록 다양한 정보들을 수집하고 측정할 수 있는 타당한 예측도구들이 준비되어야 한다. 이러한 전제 조건들이 충족될 수 있도록 하는 것이 인적자원전문가들의 중요한 역할이다.

통합적인 성과관리모델을 적용하고 있는 기업에서의 선택유형은 일(직무) 중심 유형이다. 즉 직무성과 기대리스트의 자격요건을 중심으로 예측/선택하기를 하게 된다. 그 이유는 예측/선택하기를 가장 성공적으로 수행하기 위해 실제 직무에서 필요로 하는 자격요건(실제 KSA와 역량, 실제 경험, 현재 실적가능성 등)에 초점을 두기 때문이다. 따라서 이와 관련된 예측/선택의 기준, 과정 및 절차 등이 설정되어야 하고, 그리고 다양한 정보 수집을 위한 타당한 예측도구들이 준비되어야 한다. 이러한 과정을 거쳐 내・외부노동시장을 대상으로 모집활동을 하게 된다.

1.3. 모집활동

모집활동은 조직체의 정원관리와 장・단기 인적자원계획의 수요예측을 통하여 필요로 하는 인력의 양과 질을 고려하여 이루어져야 한다. 모집은 "기업이 필요로 하는 사람들을 선발하기 위하여 잠재적 응모자들이 적극적으로 지원하게끔 정보를 제공하고 동기화 하는 활동"을 의미한다(신유근, 1987). 즉 조직에서 필요로 하는 인력을 조직체로 끌어들이는, 일할 기회를 찾도록 만드는 과정이다. 모집의 방법은 웹기반 모집을 바탕으로 한 내부모집방법과 외부모집방법으로 구분하여 설명할 수 있다.

웹기반 모집(e-Recruiting)은 인터넷을 통한 온라인 모집방식의 수용은 단순히 방법상의 변화가 아니라 모집의 내용을 본질적으로 변화시켰다. 예로, 모집관련

기업의 기회비용을 획기적으로 감소시키고, 잠재적 응모자에 대한 전 세계적인 풍부한 데이터베이스의 활용이 가능해지고, 세계적인 모집 전문회사들이 갖고 있는 경험과 노하우를 이용할 수 있음은 물론, 실용적인 소프트웨어를 제공받아 모집관리가 획기적으로 개선될 수 있었다.

1.3.1. 내부 모집방법

내부 모집방법에는 직무계시나 공고제도 그리고 인적자원관리부서에서 이미 구축하고 있는 구성원들에 대한 인사정보자료인 종합인사마스터파일을 통해 해당 직무에 적합한 인재를 찾아내는 방법 등이 있다.

1) 직무계시나 공고제도는 결원이 발생한 직무를 회보나 게시판에 알리는 제도로, 노조가 결성되어 있는 조직에서는 규정이나 절차를 협약할 수 있다. 이 제도를 활용할 경우 정실에 치우친 인사를 배제할 수 있다. 그 이유는 모든 자격 있는 구성원들에게 더 나은 직무로 이동할 수 있는 공정한 기회를 제공해주기 때문이다.

2) 구성원들의 인사정보자료를 데이터베이스화한 종합인사마스터파일 활용방법은 소요되는 기술이나 능력프로파일을 중심으로 자격조건을 갖춘 내부인력을 산정하고 그들의 의사에 따라 모집에 응하도록 하는 방법이다. 이 방법의 성공을 위한 전제조건은 사전에 직무분석과 역량모형분석을 통해 직무에서 요구되는 우선순위의 자격요건을 구체화한 직무성과 기대리스트를 작성하여 보유하고 있어야만 한다. 즉 직무성과 기대리스트에 나타난 우선순위의 자격요건에 따라 종합인사마스터파일의 검색을 통해 내부구성원 중에서 누가 가장 적합한지를 찾아낼 수 있기 때문이다.

1.3.2. 외부 모집방법

외부 모집방법에는 광고, 채용박람회, 인턴사원제도, 고용알선기관(헤드헌팅활동) 활용 등이 있다. 최근에는 인터넷의 발달로 웹상에서 인력고용을 알선하는 기관이 매우 많이 등장하고 있다. 이 방법들 중의 활용도는 직종과 직급에 따라 다르다.

인턴사원제도는 졸업직전 실업고나 대학생들이 방학 또는 시간근로제를 이용하여 인턴사원으로 근무하면서 이론과 실무를 함께 배우다가 졸업 후에 채용되는 경우를 말한다. 이 제도는 회사의 입장에서 우수한 졸업예정자를 미리 확보할 수 있고 사전에 회사 일을 익숙하게 가르친다는 장점이 있고, 지원자 입장에서는 자신의 능력과 적성을 정확히 알 수 있는 기회가 되어 입사 후 좌절 또는 전직 등의 시행착오를 줄일 수 있다.

헤드헌팅은 미국에서 대공황의 여파로 실업이 사회문제로 대두된 시기에 처음 등장했으며, 비전문기술을 소지한 생산인력의 고용알선부터 전문경영자나 기술자를 알선하는 헤드 헌터 등 점차 활동영역이 세분화되어 변호사, 회계사, 공무원 등의 채용까지 헤드 헌터에게 의뢰하고 있다. 특히 인터넷의 발달로 근래에는 웹상에서 인력고용을 알선하는 기관이 매우 많이 등장하고 있다. 특히 잡코리아(www.jobkorea.co.kr), 인쿠르트(www.incruit.com), 그리고 사람인(www.saramin.co.kr)과 같은 취직을 원하는 불특정 다수를 위한 포털 사이트가 있으며, 다양한 사이트들이 날로 증가하여 웹을 기반으로 한 외부모집방법이 활성화되고 있다.

제2절. 예측하기 도구 및 절차

예측/선택을 정확히 하기 위해서는 1) 조직체에서 공석이 된 직무에 대한 명확화하기를 통해 직무성과 기대리스트가 명확하고 측정가능하게 만들어져야 하며, 2) 직무성과 기대리스트에 나타나 있는 직무수행능력(KSA) 및 역량들 즉 자격요건들을 지원한 내 · 외부 구직자들이 얼마나 갖추고 있는가를 확인할 수 있도록 다양한 정보들을 수집하고 측정할 수 있는 타당한 예측도구들이 준비되어야 한다.

내부모집과 외부모집의 경우 예측도구는 달라야 한다. 그 이유는 내부모집의 경우는 조직에서 이미 보유한 인력을 대상으로 이루어지는 것이기 때문에 내부구직자들에 대한 재고파악을 통해 인적 및 성과정보를 갖고 있음으로, 이를 데이터베이스화한 인사정보마스터파일을 예측도구로 활용하면 된다. 그러나 외부모집의 경우는 구직자에 대한 정보가 없기 때문에, 외부구직자에 대한 정보를 수집하여 예측을 할 수 있는 다양한 도구를 활용해야 하기 때문이다.

따라서 예측기준에 해당하는 직무명확화하기를 통해 작성된 직무성과 기대리스트상의 자격요건 등은 제6장에서 이미 다루었기 때문에 본 절에서는 외부모집활동을 통해 지원한 구직자들이 각 직무에 적격자인지를 예측할 수 있도록 다양한 정보를 수집하는 예측도구와 절차에 대하여 알아본다. 미국기업의 예측도구의 활용도는 다음의 〈표 8-3〉과 같이 정리할 수 있다.

〈표 8-3〉 미국기업의 예측도구 활용도

예측도구	활용기업비율	예측도구	활용기업비율
지원서	87%*	참고인조회	94%
지능검사	31	신체검사	50
적성검사	78	약물검사	26
성격검사	17	정직성검사	7
면접	96	다지표(거짓말탐지)검사	5

* 지원서 항목에 가중치를 적용하는 기업의 비율은 11%
자료: Ryan & Sackett, 1987: Bureau of National Affairs, 1989

2.1. 지원서와 추천서

지원서는 예측과정에서 가장 보편적으로 사용되는 도구로 학력, 경력, 지원동기, 가족 등 주로 기본 인적사항을 포함한다. 지원서의 중요한 가치는 지원서의 정보자료가 성과를 예측해주는 예측기준치로서 얼마나 잘 사용될 수 있느냐에 달려있기 때문에 예측기준치로서의 가치와 타당도의 관점에서 평가되어야 한다. 또한 지원서의 정보자료가 지니고 있는 가장 큰 문제는 무엇보다도 자료자체의 신빙성이다. 따라서 지원서 자료의 확인이 요구된다.

추천서는 예측과정에서 지원서서류 중 중요역할을 하지만 우리기업체들의 경우 보편적으로 요구하면서도 너무 형식화되어 그 신빙성이 의심되는 경우가 많다. 그러나 신빙성이 높을 경우 직무성과를 예측하는 예측기준치로서의 높은 타당도를 지닐 수 있다. 따라서 우리도 서구의 기업들 경우처럼 지원자가 제출한 추천서를 확인하는 과정을 꼭 거쳐야 할 것이다.

2.2. 각종 테스트

테스트(test)는 "인간특성(능력, 적성, 흥미, 성격 등)을 계량적인 형태로 측정하여 다른 개인과 비교할 수 있도록 인간행동의 표본을 측정하는 체계적인 절차"를 의미한다(신유근, 1987). 복잡한 인간의 행동을 단편적인 지식만으로 파악하기에는 문제가 있지만 타당도는 면접보다도 높게 나타나고 있다. 테스트는 직종과 직급에 따라 활용도가 다르다. 즉 전문직이나 상위계층에는 제한적이며, 일반직이나 하위계층에서 많이 활용된다. 기업에서 예측도구로서의 활용도를 보다 높이기 위해서는 유효한 테스트(valid test)로 만들어야 한다. 그 이유는 예측의 타당성을 향상시킴으로서 선택의 질 향상, 훈련비용의 감소, 생산성 향상, 이직 감소, 더 나은 직무로 조정, 배치오류의 감소 등에 기여할 수 있기 때문이다.

따라서 테스트의 가치는 타당도 분석결과에 달려있기 때문에 항상 분석을 통한 테스트 내용을 수정 · 보완함으로서 테스트의 가치를 높여나가야 한다. 테스트의 유형 및 종류는 다음의 〈표 8-4〉와 같다.

〈표 8-4〉 테스트의 종류

종 류	내 용
지능검사	• 목적: 지적능력 즉 전반적인 학습능력의 측정. • 지능: 일반적 특성 - 학습능력/이해 및 추리능력을 나타내는 것. • 직무를 위한 훈련가능성 탐구를 예측하기 위한 도구

적성검사	• 목적: 개인의 잠재적 능력 측정. • 적절훈련이 주어졌을 때 이를 배우는 잠재적 능력을 보유하고 있는지 측정. 많은 기업이 성격이나 흥미검사를 함께 실시함.
성격검사	• 목적: 해당 직무에 적합한 인성적 자질 보유여부 확인 • 동기, 욕망, 활동성, 자신감, 정서적 안정감 등 개인 상호간 또는 상황에서의 스트레스와 어떻게 관련이 있는가에 대한 성격경향을 측정한다. • 도구: MBTI, MMPI
흥미검사	• 목적: 개인이 어떤 직업/직무에 적합한지 개인의 취미와 관심경향 측정 • 직업 상담자료 및 채용 후 배치목적
성취도 검사	• 목적: 직무와 직접 관련된 현재의 구체적인 지식이나 기술의 측정 • 적성은 미래능력 반면에 성취도는 현재능력을 의미
심리동작 검사	• 목적: 뇌와 동작사이의 원활한 연계성을 측정 • 동작의 기민성, 균형능력 등을 측정한다.
기타	• 정직성검사: 개인의 거짓말 탐지 • 체력검사: 육체적 힘 및 동작 측정 • 훈련가능성 검사: 개인의 학습능력, 훈련가능성 측정

우리조직체에서도 각종 테스트가 예측과정에 많이 사용되고 있지만 기업의 인재상에 적합한지 그리고 성과를 예측할 수 있는 타당도가 얼마나 되는지에 대한 체계적인 분석은 상당히 미흡한 수준이다. 따라서 테스트의 가치를 높이기 위해서는 예측도구인 테스트에 대한 타당도 분석을 항상 실시하여야 할 것이다.

[그림 8-4] 삼성그룹의 직무적성검사 내용 및 문항

인적성 검사 비중강화:
+ 독자적 자체개발
+ 전문업체 아웃소싱

■ 삼성의 SSAT 어떻게 개발했나?

➢ 우수 신입사원을 선발목적
➢ 93년 11월부터 2년간에 걸쳐 개발

▪ 95년 대졸 공채부터 적용, 97년부터 모든 신입사원 채용으로 확대 운영.

▪ 지원자의 학습능력과 문제 해결력 등 종합적인 직무수행능력을 평가할 수 있는 도구로 사용된다.

❖ 삼성그룹 인사 팀 관계자:
❖ "2002년부터 해외 현지 채용을 위해 해외용 SSAT도 개발 적용 중".

❖ 중국과 동남아 8개국 73법인에 적용, 여타 지역에도 확산할 계획이다.

- **■ 검사 내용 및 문항**

- 총 문항 수: 500문항.
- 1문항 당 1점씩 총 500점 만점.
- '컷-오프' 기준이 300점.
- 총 검사 시간: 180분. 출제 방식: 문제 은행식.
- 타당도 검사: 입사 시 SSAT 성적과 근무성적(5년간 고과) 간 상관관계까지 체크.

- 기초능력검사 300점과 직무능력검사 200점.

- **기초능력검사는?**: 4가지로 대별
- 개인의 기본적인 인지능력을 총체적으로 측정.
- 측정 항목: 언어력(이해력, 표현력, 설득력)과 수리력(자료 해석력), 추리력(분석력, 논리력, 판단력), 지각력(지각속도 및 정확성) 등.

- **직무능력검사는?**:
- 학업능력과 별도로 조직 생활에 필수적인 능력을 측정하는 단계로 상식(직무수행 시 필요한 기본적 지식)과 상황 판단력(문제 해결력과 상황 대처능력)으로 구성된다.

2.3. 면접(Interview)

근래에 선발기준이 학력보다는 능력을 강조하게 되면서 면접이 지원자의 능력을 예측하는 도구로서 중요성이 더해지고 있지만 실제연구결과를 보면 성과를 예측하는 도구로서의 면접의 타당도는 테스트에 비해 낮게 나타나고 있다. 즉 대부분의 면접은 기대하는 만큼의 실제가치가 적다고 할 수 있다. 따라서 면접은 어떻게 운용하는가에 따라 매우 다양한 반응을 보이기 때문에 면접의 유효성을 제고하기 위해서는 1) 특정직무의 지원자들에게 동일하고 유의한 질문을 할 수 있도록 구조화된 포맷(format)을 이용하여 신뢰도를 높여야 한다. 또한 2) 지원자의 실제 성과를 예측할 수 있도록 다양한 면접절차와 방법을 통하여 타당도를 높여야 한다. 다양한 면접의 유형과 각 유형의 중점 평가대상, 그리고 대처법은 다음의 〈표 8-5〉와 같이 정리할 수 있다.

〈표 8-5〉 다양한 면접 유형과 대처법

면접유형	특 징	중점 평가대상
다차원 면접	여러 장소에서 다양한 상황연출	적극성, 추진력, 인간성
압박(스트레스)면접	지원자의 약점을 집요하게 질문	자제력, 인내심, 판단력
프리젠테이션 면접	회사와 관련된 상황이나 시사적 내용에 대한 의견발표	전문성, 창의성, 문제해결능력
집단토론 면접	5~10명 지원자들이 특정 주제에 대해 토의	논리력, 사고력, 의사소통능력, 지도력
심층면접	면접관 3 · 5명이 1시간 정도 집중 면접	조직문화에 대한 적합성

유 형	대처법
다차원 면접	• **자신이 면접을 보고 있다는 사실을 잊어서는 안 된다.** • '솔직히 말해보라'는 말에 자신의 단점을 줄줄이 늘어놓는 것은 금기. • 면접관과 조금 친해졌다고 스스럼없이 말을 했다가는 '버릇없다'는 평가를 받기 십상.
스트레스 면접	• **표정관리가 우선. 당황한 표정을 짓거나 말을 더듬어서는 안 된다.** • 여유로운 표정으로 천천히 말을 하면서 생각정리 할 시간을 갖는다. • 주눅 들지 말고 대답하고, 의도된 질문이므로 자존심 상해 할 필요 없다.
프리젠테이션 면접	• **내용보다 자신감 있는 태도가 더 중요하다.** • 가장 기본은 면접관의 눈을 마주 보는 것 • 핵심주제를 찾아 먼저 명확히 정의하고 시작하는 것이 좋다. • 발표시작 전 목차를 설정해 두고, ppt는 한 장에 7줄을 넘지 않도록 작성. • 추측성 발언이나 불명확한 데이터는 신뢰성을 떨어트리는 요인이다.
집단토론 면접	• **토론주제에 대해 명확한 결과를 함께 이끌어 내는 조직력과 리더십을 보여주는 것이 바람직하다.** • 결론을 먼저 말하고 부연설명을 뒤에 하는 것이 좋다. • 다른 지원자와 지나친 경쟁은 피하고, 상대에게 면박을 주거나 비웃으면 안 된다. 특히 다른 사람이 말할 때 끼어드는 것도 감점요인. • 이론보다는 사례를 중심으로 현실적으로 이야기 하는 것이 바람직하다.
심층 면접	• **쉴새 없이 쏟아지는 질문에 솔직하게 대답해야 한다.** • 잘 보이기 위한 거짓말은 공격의 빌미를 제공하고, 뭐든지 안다는 식보다는 모르면 모른다고 솔직히 대답하는 것이 필요하다. • 지원기업의 매출액/핵심사업 등 시장상황을 미리 숙지하는 것이 필요하다. • 장시간 집중질문에 지친기색이나 흐트러진 자세를 보여서는 안 된다.

무자료 면접과 면접관제도가 조직체에 급속하게 확산되고 있다. 무자료 면접에서는 면접이 지원자의 제출서류를 중심으로 이루어지지 않고 복수평가자들이 지원자들을 소집단으로 편성하여 특정주제에 대하여 토의시키고, 토의과정을 관찰하여 지원자 각자의 창의력, 분석력, 표현력, 설득력, 문제접근능력, 합의도출능력 등을 평가한다. 또는 간단한 문제 상황을 제시하고 이에 대한 대응능력을 평가한다. 그리고 면접관제도에서는 임원부터 사원까지 개방하여 각 계층의 구성원들이 면접관으로 면접에 참여함으로서 평가 또는 예측과정에서 세대간의 의견 차이를 줄이도록 한다. 이처럼 면접은 가장 많이 사용되어지는 예측도구중의 하나이지만 면접자의 지각적 오류 때문에 타당도가 의문시 된다. 그러므로 면접자의 지각적 오류를 제거하면서 면접의 타당도를 높이기 위한 대안은 다음의 〈표 8-6〉과 같이 제시할 수 있다(이학종 & 양희승, 2005).

〈표 8-6〉 면접의 타당도를 높이기 위한 대안

- 직무에서 요구되는 주요사항이 무엇인지를 직무분석 자료를 통하여 확정한다.
- 성공적 직무수행에 필요한 KSA와 행동을 구체화하고, 이에 면접초점을 맞춤.
- 면접을 자유스러운 분위기 속에서 진행하고, 질문은 간단 · 명료하게 한다.
- 직무수행과정에서 발생할 수 있는 문제 상황을 제시하고 이에 대한 해결방안을 질문.
- 직무에서 요구되는 KSA(지식, 기술, 능력)와 역량만을 가지고 지원자를 평가한다.

기업 인사담당자들은 다양한 예측도구들의 사용관점이 다른 것으로 나타나고 있다. 이력서는 출신학교를, 지원서에서는 직업관과 지원동기를 평가하고, 그리고 면접에서는 지원자의 태도와 자세가 주요 평가요인으로 나타나고 있다.

최근에는 다양한 면접절차 중 영어면접이 이루어지고 있기 때문에 영어면접에서 다음의 사항들을 알아두어야 한다.

영어면접, 이것만은 알아두어라!!!

- 영어의 유창함보다는 기업의 인재상이라는 인식을 심어주는 것이 중요하다.
- 철저한 사전준비와 연습만이 살길. 특히 처음 5분정도는 달달 외어버린다.
- 너무 욕심을 내 다양한 표현을 외우기보다는 익숙한 어휘를 고른다.
- '내가 면접관 이라면'이란 생각을 하고 미리 준비해 본다.

2.4. 참고인 조회와 신체검사

참고인 조회(reference check)는 '지원자에 관한 인적자료와 그 이외의 지원자에 관한 정보자료를 확인하고, 또 필요에 따라 추가 자료도 얻는 과정'이다. 참고인 조회는 미국기업의 경우 가장 많이 사용되고 있는 예측도구이며, 주로 공식적인 문서보다는 비공식적인 대화나 전화통화를 통해 이루어진다. 그 이유는 많은 사람들이 타인에 대한 서면상의 공식평가를 꺼리기 때문이다.

신체검사(physical examination)는 직무수행과 조직체생활에 적절한 건강상태를 확인하는데 목적이 있다. 지원당시의 신체검사 결과를 예측치로 사용하여 미래의 건강 즉 조직체에서 일하는 동안의 장기적인 건강문제를 얼마나 잘 예측할 수 있느냐의 문제인데, 예측치로서의 타당도가 일반적으로 낮다.

2.5. 종합평가제도(Assessment Center)

종합평가제도는 "복수기준(multiple criteria)과 복수평가자(multiple assessors)를 활용하여 지원자와 조직구성원의 자질과 능력을 보다 집중적으로 그리고 종합적으로 평가하는 방법"으로서 많은 조직체에서 그 타당도가 인정받고 있다(Kiel, 1980; 이학종 & 양희승, 2005). 이 제도는 1950년대 AT&T사에서 처음 개발되어, 하위층 관리자들을 10~15명의 소집단으로 구성하여 2~3일간에 걸쳐서 집중 평가하여 그들의 잠재능력을 측정하고 그들의 승진가능성을 평가하는데 적용하기 시작하였다(〈표 8-7〉 참조). 그 후 이 기법은 조직체 각층 관리자의 능력평가에도 확대

적용 되었고, 신입지원자들을 평가하는데도 활용되기 시작하였다. 미국의 경우 1990년대 2만여의 조직체가 이를 활용하고 있고 그 수는 점차 증가하고 있다(Schuler, 1998).

〈표 8-7〉 종합평가제도 운영일정---예시

제 1 일	• 오리엔테이션(10~15명 피평가자 대상) • 4개의 3~4인조 구성: 경영시뮬레이션게임, 조직능력, 적응성, 리더십 등 관찰/평가 • 적성검사: 구두/계량분석능력, 논리적 사고력 측정 • 성격검사: 행동경향, 태도, 취미 측정 • 심층면접: 동기, 위 약점 측정 • 소집단 토의: 적극성, 설득력, 표현력, 신축성, 자신감, 패기 등 관찰 및 평가
제 2 일	• 의사결정 실습: 스트레스하의 의사결정능력, 상황의 연결능력, 자료준비, 위임력, 타인에 대한 이해력 등 관찰 및 평가 • 역할연기(고용 및 인사고과 면접 등): 타인에 대한 민감성, 상황의 이해력, 정보유출능력 등 관찰 및 평가 • 소집단 행동(예산편성 재무관리 등): 협조, 표현, 열성 등 능력과 태도 관찰/평가
제 3 일	• 사례연구: 표현력, 문제의식, 관련지식(생산, 마케팅, 회계, 인사, 재무 등) 평가 • 동료평가 • 평가자 회의: 토의 및 종합평가
수주 후	• 관리자와 평가결과 토의 • 경력목표설정과 경력개발에 대한상담

종합평가제도에서 활용하는 평가기법은 소집단에서의 리더십행동과 실제 경영실기를 많이 포함하고 있기 때문에 지원자나 조직구성원의 실질적인 능력을 평가하는데 많은 도움을 준다. 또한 측정결과도 평가전문가들에 의해서 분석·토의되기 때문에 전문적이고 정확한 평가가 가능해진다. 종합평가제도의 타당도는 다른 예측도구에 비하여 비교적 높은 것으로 나타나고 있다. 이는 예측치와 성과간의 관계가 다른 도구들에 비해 상대적으로 높다는 것을 의미이기 때문에 전체적인

선발과정을 효율화하는데 크게 기여한다고 볼 수 있다.

2.6. 인턴사원제도

우리나라에서의 인턴사원제도는 1984년 LG그룹에서 처음 도입한 이후 1990년대 들어와 대기업을 중심으로 많은 조직체에서 최근 신입사원채용과 관련하여 많이 활용하고 있는 인턴십(internship) 제도이다. 이 제도는 기업체가 졸업을 앞둔 대학생들을 일정기간동안 실무현장에서 근무시킨 후 특별한 문제가 없으면 그들을 정식사원으로 채용하는 제도이다. 이는 사원을 모집하는 조직체와 직장을 찾는 대졸예정자들에게 서로 탐색할 수 있는 기회를 제공한다는 점에서 상호간에 만족스러운 예측/선발제도가 될 수 있다.

인턴사원제도의 타당도에 관하여서는 아직 체계적인 연구가 미흡하지만 인턴사원으로 하여금 인턴기간 동안에 기업에 대한 현장감을 높이고 자기가 일하고 싶은 분야를 탐색해 보도록 하는 한편, 조직체에게는 인턴사원의 능력은 물론 조직체와의 적합성을 사전에 평가할 수 있게 함으로서 성공적인 선발과 고용관리에 기여할 수 있다. 또한 조직체가 우수한 인재들을 유치하는 데에도 많은 도움을 줄 수 있다. 따라서 인턴사원제도가 모집 · 선발과정과 직무배치를 효율화하고 우수인력을 유치하는 데에도 기여하려면 인턴기간 동안 인턴사원들에게 의미 있는 과업을 부여하고 그들의 능력과 행동 그리고 조직문화와의 적합성을 충분히 평가할 수 있는 체계적인 관리가 수반되어야 할 것이다.

2.7. 헤드헌터(Search Firm)

우리나라에서 헤드헌터라는 용어는 Search Firm과 혼용되어 사용되는데 헤드헌터라는 용어가 기업현장에서 흔히 사용되고 있다. 헤드헌터란 '채용을 원하는 의뢰인(조직)을 위해 전문 인력이나 임원수준의 경영고위직을 찾아주는 사람이나 회사'를 말한다. 이미 고용되어 있지만 새로운 직장으로 이동하고자 하는 경영자급 인력이나 전문가 인력(경력직)을 대상으로 하는 경우가 많다.

헤드헌터나 회사는 먼저 의뢰인의 회사를 방문하여 경영자와 면접(상담)을 통해 채용하려는 인재특성에 대하여 파악하고, 다음으로 자신들이 구축해 놓은 인물데이터베이스에서 적절한 잠재적인 후보자를 찾아내고, 마지막으로 그들과 접촉하여 의뢰인에게 소개한다. 이들은 이미 고용되어 있는 인력에 대한 정보를 최대한 보호하는데, 이는 전직을 원하는 인력이 현재 고용된 기업으로부터 불이익을 당하는 것을 방지하기 위함이다.

헤드헌터를 이용한 채용의 장점은 이직에 관심이 없는 사람이라도 이상적인 인재라면 접촉해서 데려올 수 있다는 것이다. 그리고 기업을 대신하여 잠재적인 후보자를 찾고 검증해 주어, 채용을 원하는 기업 측 경영자나 채용담당자의 시간과 노력을 절약해 줄 수 있다. 반면에 단점으로는 헤드헌터가 채용성사에만 급급하다면 찾아준 사람이 회사가 원하는 사람이 아닐 수도 있다. 또한 수수료를 목적으로 알선 경험이 있는 우수인재들에게 다른 직장으로 이직할 것을 권유함으로 인해 고용안정을 저해할 수도 있다.

우리나라에는 1980년대 중반부터 도입되었으며, 1997년 노동부가 연봉 20%이내의 수수료를 받고 합법적으로 영업할 수 있도록 허용한 이후, 현재는 다수의 업체가 헤드헌팅 활동을 하고 있다.

제3절. 선택결정과 합리적 예측/선택도구의 조건

선발과정의 마지막 단계는 최종적인 선택결정이고, 선택결정은 선택된 지원자들에 대한 배치와 오리엔테이션으로 이어진다. 올바른 선택결정을 하기 위해서는 예측/선택도구들이 합리적인 조건을 갖추어야 한다. 따라서 본 절에서는 올바른 선택결정 방안과 합리적 예측/선택도구의 조건에 대하여 알아보도록 한다.

3.1. 선택결정(Selection Decision)

선택결정은 예측도구인 지원서, 테스트, 면접, 참고인 조회, 그리고 신체검사 등의 과정을 거쳐 나타난 정보들(예측점수 등)을 토대로 직무성과 기대리스트상의 자격요건과 비교하여 개별직무에 가장 적합한 인력을 선택 · 결정하는 과정을 의미한다. 올바른 선택결정을 하기 위하여 다음과 같은 조건들이 반영되어야 한다.

3.1.1. 예측자료의 종합적 평가

올바른 선택결정을 하기 위해서는 여러 유형의 오류를 범할 수 있는 확률을 최소한으로 감소시켜야 한다. 이를 위해서는 예측도구들을 통해 수집 · 분석된 모든 정보자료들을 종합적으로 검토하여 최종적인 평가와 결정이 내려져야 한다. 정보자료들의 종합적인 검토를 위해 고려하여야 할 점은 1) 직무명확화하기를 통해 작성된 직무성과 기대리스트를 충족하기 위해 표준성과 달성에 요구되는 과업행동들과 관련하여 우선순위를 어떻게 두고 있는가? 2) 우선순위에 따른 과업행동을 효과적으로 하기 위해 요구되는 자격요건(KSA와 역량 등)의 우선순위가 무엇인가? 그리고 3) 이러한 점들을 고려하여 여러 예측도구를 통해서 수집 · 분석된 모든 정보자료들(학력, 테스트 점수, 면접결과, 추천서, 기타 평가결과 등) 중에서 어느 자료 및 항목에 더 많은 가중치와 비중을 주어야 하는지의 상대적 비중은 직무들마다 달라야 한다. 특히 구성원들 간의 팀워크와 상호협조적인 조직문화를 강조하는 조직체일수록 지원자와 조직체와의 적합관계를 확인하기 위하여 예측자료의 철저한 종합적 분석과 평가를 거쳐야한다. 예로 구조적 직무와 일반적 직무담당, 그리고 하위계층일수록 예측도구의 예측치로서 선택결정을 내리지만 비구조적인 직무와 전문적인 직무담당, 그리고 상위계층일수록 예측치 문제로 인해 주관적 판단에 의해 선택결정을 하는 경우가 많다. 또한 진취적이고 도전적인 조직문화를 추구하는 조직체는 적극적이고 창조적 행동경향이 강한 지원자를 선호하고, 친화적인 조직문화를 추구하는 조직체는 물론 인화적이고 협조적 행동경향이 강한 지원자를 선택한다.

3.1.2. 라인 실무층의 결정

지원자들 중 누구를 선택할지 최종 선택결정은 실무현장에서 실제로 활용하는 일선관리자 즉 라인 실무층의 권한과 책임이다. 그 이유는 선택된 신입사원의 성과에 대한 책임은 라인관리자에 있는 만큼, 예측과정에 있어 다양한 예측도구로부터 수집 · 분석된 정보들을 평가하는데 있어 라인관리자의 적극적인 참여가 요구된다.

3.1.3. 인적자원부서 스텝의 역할

예전에는 라인관리자들이 예측 및 선발과정을 전문기능으로 보고 하위계층의 신입사원선발에 있어서는 인적자원스텝에게 전적으로 기능적 권한을 위양하는 경우가 많았다. 그러나 이제는 역할이 변하여야 한다. 인적자원부서의 스텝(staff)은 일선관리자들과 협조체계 하에서 협의하여 지원자들을 예측할 수 있는 각종 예측/선택 도구를 개발하는 것이 바람직하다. 또한 인적자원부서 스텝들은 최종평가와 결정에 필요한 모든 자료를 일목요연하게 종합, 정리하여 선택규정과 절차에 입각하여 선발대상 후보를 라인관리자에게 제공하여야 하고, 라인관리자들의 상담에 응함으로서 그들의 선택결정에 도움을 주어야 한다.

3.2. 선택결정의 방법 및 결과예상

다양한 예측/선택도구들의 결과를 중심으로 올바른 선택결정방법은 무엇인지 그리고 선택결정결과에 대한 예상을 해보도록 한다.

3.2.1. 선택결정의 방법

선택결정의 방법은 앞서 적격심사방안에서 다루었던 내용들과 중복된다(참조: 제7장 2절 적격심사방안). 선택결정을 위한 방법에는 프로파일방법, 다중회귀분석방법, 복수의 컷오프 방식 등을 활용할 수 있다. 이들 방법이 선택결정을 어떻게 하는지를 간단히 살펴보면 다음과 같다(김영재외 2인, 2005).

1) **프로파일 방법**: 기업의 성과관리팀이 작성한 개별 직무성과 기대리스트의 자격요건과 다양한 예측/선택도구들을 통하여 수집 및 측정된 개별 지원자들의 각 자질과 지식, 기술, 능력(KSA), 역량 등을 각 요소(프로파일)별로 비교 · 분석하여 유사한 자격요건을 갖춘 지원자를 선택결정 하는 방법이다.

2) **다중회귀분석 방법**: 직무성과의 추정치(준거치)를 종속변수로, 다양한 예측/선택 도구를 통해 수집 · 측정된 각 자질점수(예측치)들을 독립변수로 하여 다중회귀분석을 실시하여 준거치가 높은 대안을 선택 · 결정하는 방법이다.

3) **복수 컷오프(multiple cut-off) 방법**: 선발과 관련된 예측자료들을 활용하여 탈락시키는 점수 즉 컷오프를 정하고 복수의 컷오프를 통과하는 지원자를 걸러내는 방법을 말한다. 복수 컷오프의 방법으로 빈번하게 사용되는 방법은 예측치의 타당성과 Taylor-Russell 방법이다.

Taylor-Russell 방법은 다음의 [그림 8-5]와 같이 예측/선택도구의 타당성, 선발률, 직무 성공률, 기초율간의 관계를 규명하여 선발결정에 활용하는 방법이다.

구 분	내 용
선발률 (selection rate)	• 선발인원을 지원자로 나눈 값 • **선발인원/총 지원자**
예측치의 타당성	• 예측도구를 통해 수집 · 측정된 각 자질점수(예측치)가 직무성과(준거치) 예측에 얼마나 정확성을 갖는가를 나타내는 것. • 둘 상관관계계수가 높을수록(.70 이상) 정확한 예측도구 의미.
직무 성공률 (sucess rate)	• 선발된 인원 중 일정기간 후 성공적인 직무성공자의 비율 • **성공적 직무수행자/선발된 인원**
기초율 (basic rate)	• 총 지원자 가운데 성공적 직무수행자의 비율 • **성공적 직무수행자/ 총 지원자**

[그림 8-5] Taylor-Russell Graph

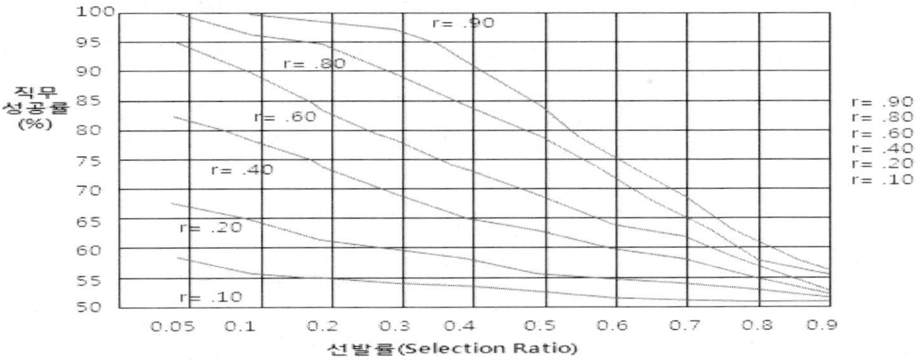

자료: 김영재, 김성국, 김강식(2005), 인적자원관리, 삼영사.

문제: A회사에서 신입사원선발에 모두 500명이 지원하였고 면접을 실시하여 150명을 최종합격자로 선발하였다. 입사 2년 후 이들에 대한 근무평정결과, 15명이 성과를 못내는 부적격자로 나타났다면 이 면접고사의 타당성은? [그림 8-5]를 이용하여 풀어보자.

풀이: Taylor-Russell 방법을 사용하기 위해서는 선발률과 직무성공률을 알아야 [그림 8-5]에서 면접고사의 타당성을 구할 수 있다. 선발율 = (150-15)/500 = 0.3, 직무성공률 = 135/150 = 0.9이므로 이 둘이 만나는 선을 구하면 타당성 0.8의 그래프이다. 따라서 면접고사의 타당성은 0.8이다.

자료: 김영재, 김성국, 김강식(2005), 인적자원관리, 삼영사.

3.2.2. 선택결정의 결과예상: 4가지

선택결정의 결과는 4가지 형태로 예상할 수 있다. 먼저 직무성과를 성공적으로 나타낼 수 있는 지원자를 합격시키고, 직무성과를 형편없이 나타내는 지원자를 탈락시키는 옳은 결정을 예상할 수 있다. 이러한 효과적인 선택결정은 예측도구가 신뢰성과 타당성이 높을 경우로 설명할 수 있다. 그러나 선택결정의 제1유형의 오류는 예측도구(각종 테스트와 면접 등) 결과가 합격선에는 미달하였으나, 선택하였을 경우 만족스러운 성과를 낼 수 있는 경우가 이에 해당된다. 또한 제2유형의 오류는 각종 예측도구들의 결과 합격선은 초과하였으나 실제성과가 만족스럽지 못한 경우가 이에 해당한다. 이러한 오류가 발생하는 원인은 예측도구의 미비나 학연과 지연 등의 정실에 의한 인사 등으로 발생할 수 있다.

		선택 후의 직무성과(준거치)	
		성공(만족)	실패(불만족)
선택 의사결정 (예측치)	거 부	제1유형 오류 False Negative	옳은 결정 (Hit)
	수 락	옳은 결정 (Hit)	제2유형 오류 False Positive

제1유형 오류 (False Negative Error)	• 직무성과를 성공적으로 나타낼 수 있는 지원자를 탈락시키는 경우. • 예: **지역감정, 학연, 혈연, 남녀차별 등의 기준으로** 훌륭한 능력과 자질을 가진 지원자가 탈락하는 경우.
제2유형 오류 (False Positive Error)	• 직무성과가 형편없는 지원자를 선발하는 경우. • 예: **예측도구의 미비, 정실에 의한 인사 등으로 발생한다.** 능력과 자질이 부족한 지원자를 선발하였기 때문에 교육훈련비의 증가, 해고로 선발비용의 추가부담, 기회비용 상실 등 조직에 추가적인 부담을 증가시킴.

따라서 우리는 선택결정에서 정실에 치우친 인사를 배제하고 직무에 적합한 적격자를 선발하는 즉 선택결정의 오류를 제거할 수 있도록 적극적인 도구개발과 예측도구들이 합리적인 조건을 갖출 수 있도록 노력하여야 한다.

3.3. 합리적인 예측/선택도구의 조건

합리적인 예측/선택도구의 조건은 신뢰성, 타당성, 유용성 등의 세 가지 조건이 갖춰져야 한다. 세 가지 관점을 구체적으로 살펴보면 다음과 같다(김영재외 2인,2005).

3.3.1. 신뢰성(reliability)

신뢰성이란 '예측/선발도구의 측정결과가 일관성(consistency)과 안정성(stability)이 있다'는 의미이다. 예측도구가 왜 신뢰성이 있어야 하는가? 그 이유는 신뢰성이 있어야만 지원자들을 대상으로 예측도구로 활용할 수 있고, 측정결과 즉 다양한 예측도구를 활용하여 수집 · 측정된 예측치가 정확하다는 전제하에서 선택결정을 내릴 수 있기 때문이다. 따라서 예측도구로 활용하기 위해서는 신뢰성을 검증하여 높은 신뢰도를 갖는 도구를 개발하여야 할 것이다. 신뢰성을 검증하는 방법에는 실시-재실시 방법과 대체형식에 의한 방법이 있다.

1) 실시-재실시 방법: 동일한 테스트를 동일집단대상으로 시간간격을 두고 재실시하여 두 측정치(첫 번째와 두 번째)가 일치하는 정도를 검증하는 방법으로, 두 측정치간 상관계수가 0.8 이상이 되어야 신뢰성이 있는 것으로 판단한다.

2) 대체형식에 의한 검증: 동일유형의 난이도가 있는 유사한 테스트를 재실시하여 검증하는 방법이다. 동일문제로 테스트하면 첫 시험을 통해 지식을 획득함으로 재실시가 의미가 없기 때문이다.

3.3.2. 타당성(validity)

타당도는 '예측/선택 도구가 선발의 목적(미래 직무성과의 성공)을 얼마나 잘 대변하는가를 나타내는 정도'를 의미한다. 예측/선택도구의 핵심은 '예측/선택도구(테스트, 면접 등)에서 높은 점수를 얻은 사람은 나중에 직무수행에서 과연 높은 성과를 낼 것인가?'하는 것이다. 타당도의 측정방법은 상관계수법과 요인분석이 주로 사용되며 타당도의 유형에는 다음의 〈표 8-8〉과 같은 것들이 있다.

1) 준거관련 타당도: 이는 예측/선택도구의 측정치(예: 테스트와 면접 등의 점수)와 지원자의 근무성적(직무성과)간의 관계를 측정하여 타당성을 검증하는 방법이다. 이 방법에는 근무성적을 적용하는 시점에 따라 동시타당도과 예측타당도로 구분된다. 예측과 현재타당도 모두 예측/선택 도구에 의한 점수와 성과라는 기준과의 관계이기 때문에 양자의 상관관계가 높을수록 예측도구들은 효과적이다.

2) 기술적 타당도: 이는 예측/선택도구가 측정하는 항목과 내용자체를 검증하는 것을 의미한다. 즉 항목이나 내용과 예측/선택 도구를 기술하는 과정이 적정한지를 검증하는 것이다. 이 방법에는 내용타당도와 구성타당도가 있다.

〈표 8-8〉 타당도의 유형과 구성

준거관련 타당도 (Criterion related Validity)	• 동시 타당도 (Concurrent Validity)	• 예측/선택도구의 측정치가 지원자의 현재 달성할 수 있는 직무행위(성과)와 관련되어 있는 정도를 의미한다. • 준거치와 예측치의 적용시점이 동일하다.
	• 예측 타당도 (Predictive Validity)	• 예측/선택도구의 측정치가 지원자의 미래 달성할 수 있는 직무행위(성과)와 관련되어 있는 정도를 의미한다. • 준거치와 예측차의 적용시점이 시차가 있다.
기술적 타당도 (Descriptive Validity)	• 내용 타당도 (Content Validity)	• 측정대상의 주제를 어느 정도 예측/선택도구에 담고 있는가? 측정내용 및 표본의 대표성 즉 내용이 실제 작업표본/행위에 가까울수록 내용타당도는 강해진다.
	• 구성 타당도 (Construct Validity)	• 예측/선택도구 측정치가 이론적인 구성 또는 특질을 가지고 있는 정도를 의미한다. • 예측/선발도구의 측정항목들이 얼마나 이론적 속성에 부합되고 논리적인지를 표시하는 지표이다. • 즉 지능측정은 여러 과제로 구성되어있다.

선발의 예측력을 높이기 위해서는 복수의 예측/선택 도구를 사용하여 그 결과를 종합(combine)함으로서 타당도를 높이는 방안이 바람직하다. 예측/선택도구

의 타당성이 높다는 것은 어디까지나 지원자가 그 예측/선택 도구를 통해 선택결정 되었을 경우 해당 직무를 성공적으로 수행할 기대치가 높다는 뜻이며, 확률이 높다는 것이다.

따라서 기업은 우수인재를 선발하기 위해서는 성과관리팀에서 조직이 원하는 인재상 등을 고려하여 조직특성에 맞는 다양한 예측/선택 도구를 자체적으로 개발하는 것이 무엇보다도 중요하고, 다음으로 풍부한 선발경험과 건전한 직관, 그리고 우수한 통계적 기법을 병행하는 노력을 경주해야 할 것이다.

3.3.3. 선발비율(selection ratio)과 기초비율(base rate)

선발비율은 '선발인원의 수와 지원자의 수와의 관계'를 의미한다. 즉 선발인원수/지원자수이다. 선발비율이 낮을수록 경쟁률이 높아 우수인력을 선택할 가능성이 높아지고 높은 성과가 가능해지고, 선택비율이 높을수록 경쟁률이 낮아 우수인력을 선택할 가능성이 그만큼 적어진다.

기초비율은 '직무를 만족스럽게 수행하고 있다고 생각되는 현재 종업원 수의 비율'을 의미한다. 수행하기 어려운 직무는 일반적으로 기초비율이 낮고, 반면에 쉬운 직무는 기초비율이 높기 때문에 모든 조건이 동일한 경우 중간범위의 기초비율을 갖는 직무에 대한 테스트가 가장 효과적이다.

예측/선택도구의 예측능력이 비교적 낮은 타당도를 가졌어도 선택비율과 기초비율이 양호하면 이 예측/선택 도구는 여전히 양호하다고 볼 수 있다.

3.3.4. 유용성(Utility)

선발의 유용성이 높으면 선발에 있어서 예측/평가도구 성적이 미래직무성과를 예측하는 능력이 커지기 때문에 선발비용도 절감되고, 우수한 사람을 선발할 가능성이 높아짐으로서 조직에 효익을 준다는 의미가 된다.

일반적으로 선발의 유용성을 측정하는 방법은 선발을 통해 입사한 구성원들이 달성하는 직무성과치(제품 및 서비스의 양과 질)를 선발에 투입된 총비용(각종 테스트 비용 등)로 나누어 계산한다. 예측치의 타당성과 선발률은 선발의 유용성에 영향을 미치는 중요한 변수가 된다.

이상과 같이 합리적인 예측/선택도구의 조건에 대하여 살펴보았다. 향후 인적자원전문가들은 비즈니스과정과 인적자원 관리하기의 통합된 길(방법)을 만들어내고, 통합 성과관리모델을 촉진시키기 위해서는 무엇보다도 성과관리모델의 각 과정에서 생성되는 각종 데이터와 정보를 통합할 수 있도록 데이터베이스화하여야 한다.

따라서 성과관리팀이나 인적자원전문가들의 책임은 모니터링, 평가를 하는 과정에서 나오는 데이터와 정보를 한 군데로 모으는데 필요한 유효한 도구를 개발하는 것이다. 또한 인적자원전문가들 또는 성과관리팀은 데이터와 정보를 모으는 도구가 효과적인지, 관리과정에서 친근하게 사용될 수 있는지 라인관리자들로부터 계속적인 피드백을 받아야만 한다.

학습목표(과제)

1. 예측/선택하기의 개념과 중요성은 무엇인가?
2. 타당도가 높은 예측하기도구들은 무엇인가?
3. 성공적으로 예측하기 위해 어떠한 과정을 거쳐야 하는가?
4. 예측/선택하기 도구들에 대한 타당도 검사를 실시해야 하는 이유는 무엇인가?
5. 합리적 예측/선택도구의 조건은 무엇인가?

참고문헌

김영재, 김성국, 김강식(2005), 인적자원관리, 삼영사.
나기현(2004), 포괄적인 성과관리모델에 관한 연구, 외대논총, 제28집, 부산외국어대학교.

이학종 & 양희승(2005), 전략적 인적자원관리, 박영사.

신유근(1987), 인사관리, 경문사.

Kiel, E. C.(1980), Assessment Centers: A Guide for Human Resource Management, Reading, MA: Addison-Wesley.

Ryan, A. M. & Sackett, P.(1987), A Survey of Individual Assessment Practices by I/O Psychologists, *Personnel Psychology,* Vol. 40, pp. 455~488.

Schuler, R. S.(1998), Managing Human Resources, 6th ed., cincinnati, OH: South-Western publishing.

제9장. 오리엔테이션/훈련하기

많은 지원자 중에서 특정 직무에 적격자로 예측/선발결정 될 경우, 신입구성원으로서 제대로 조직에 적응할 수 있도록 조직과 직무에 대한 오리엔테이션이 이루어져야 한다. 또한 조직 내 기존구성원들을 대상으로 각 직무를 수행하는 담당자에 대한 적격심사를 한 후 부적격자로 판단된 경우, 자신이 보유하고 있는 능력이나 역량에 적합한 새로운 직무로 재배치를 하여야 한다. 이때 새로운 직무로 재배치된 구성원의 경우 조직에 대해서는 잘 알고 있지만 새 직무에 대해서는 전혀 알지 못하기 때문에 직무오리엔테이션이 이루어져야 한다. 그리고 조직에서는 신입사원이든 재배치된 구성원이든 그들의 자격요건이 직무성과 기대리스상의 자격요건과 100% 일치할 수 없으므로, 자격요건 중 편차가 발생한 각 요소에 대하여 편차를 줄이는 방향으로 훈련을 시켜서 새로운 직무를 제대로 수행할 수 있도록 하여야 한다. 이러한 오리엔테이션/훈련하기는 훈련전문가의 책임이다. 따라서 경쟁력의 원천인 조직 내 구성원들은 지속적으로 성장 · 발전하여야 하기 때문에 본장 제1절에서는 조직 및 직무에 대한 오리엔테이션에 대하여 알아본다. 제2절에서는 타당한 훈련하기를 위한 교육훈련 프로세스에 대하여 살펴본다. 그리고 제3절에서는 경력개발에 대하여 알아보도록 한다.

제1절. 오리엔테이션에 대한 이해

1.1. 오리엔테이션의 중요성

비즈니스 계획의 효과적인 실행은 필요로 하는 인적자원의 양적 · 질적인 측면이 고려되어 조직의 내 · 외부에서 미리 개발되어진 인력을 공급받아야만 하고, 공급받은 이들이 조직에 적응을 제대로 할 때 이루어질 수 있다. 특히 성과관리의 기본은 조직이 필요로 하는 우수한 인재들을 확보하고, 확보된 우수인력들이 조직에 적응하여 제대로 된 성과창출을 할 수 있도록 조직 및 직무에 대한 명확한 오리엔테이션이 이루어져야 한다.

오리엔테이션(orientation)은 '내 · 외부에서 공급받은 구성원들이 조직에 조기에 정착하고 성공적 직무수행을 할 수 있도록 도와주는, 그리고 구성원들의 지속적 성장 · 발전을 꾀하는 전략적인 개발활동의 일환'으로 볼 수 있다(Dessler, 1998). 그 이유는 인적자원기능들 중 개발관리는 '기업이 경쟁력을 제고시키기 위하여 조직구성원의 사고방식, 지식, 기능, 그리고 태도를 변화시켜서 적극적이고 책임감 있는 행동을 하는 사람으로 만드는 철학과 전략적 활동'을 의미하기 때문이다. 그러므로 조직에서 오리엔테이션이 중요한 이유가 바로 여기에 있는 것이다.

따라서 조직에서는 전략적인 개발관리의 차원에서 조직과 직무에 대한 오리엔테이션이 수시로 이루어져야 한다. 그 이유는 오리엔테이션 및 다양한 개발관리를 통해 학습조직을 구축함으로써 조직역량을 강화하고 전략적 목표를 달성하는 토대를 마련할 수 있기 때문이며, 시장 및 기술환경의 불확실성이 증가함에 따라서 지속적 학습은 경쟁력을 강화하고 유지시키는데 있어서 필수적인 요건이 되고 있기 때문이다.

조직에서 오리엔테이션을 하는 기본적인 목적은 개인이 조직에 쉽게 적응하도록 하는데 있으며, 즉 개인과 조직이 서로 부합되도록 만드는 것이다. 오리엔테이션의 궁극적인 목적을 다음의 〈표 9-1〉과 같이 크게 세 가지로 정리할 수 있다(이진규, 2001).

〈표 9-1〉 오리엔테이션을 하는 목적

1. 조직의 역사를 소개함으로서 조직내부에 내재된 조직의 문화적 양식이나 관행(cultural practice)과 조직의 목적과 핵심가치를 신입사원에게 심어줄 수 있다.
2. 조직에 관한 현실적이고 객관적인 정보를 전달하여 신입사원의 진입충격을 완화시키고 조직이직을 예방할 수 있다.

3. 신입사원과 재배치된 구성원이 수행하게 될 직무에 대한 기대리스트 내용을 명확하게 소개하여, 이를 위한 자격요건(KSA)과 역량배양의 필요성을 주지시키기 위함이다.

여기서 오리엔테이션과 훈련의 차이를 살펴볼 필요가 있다. 얼핏 보기에는 개념적으로 큰 차이가 없어 보인다. 그러나 훈련은 구성원에게 직무를 수행하는데 필요한 스킬을 가르치는 것으로서 행동을 변화시키는데 목표를 두고 있으며 '어떻게(how)' 할 것인지를 설명하는데 초점을 둔다. 이에 반해 오리엔테이션은 조직의 목표를 수용하도록 개인의 태도변화에 목표를 두고 있다. 따라서 구성원들에게 직무의 '왜(why)'적인 측면을 이해시키는데 초점을 둔다(Mishra & strait, 1993).

신입사원이 접하게 되는 모든 상황에 대해 훈련시키는 일은 어려운 일이다. 구성원 누구도 모든 상황에 적용되는 모든 규칙을 다 알지는 못한다. 그러나 규칙의 기본 이유를 설명해주게 되면 구성원이 경험하지 않은 새로운 상황에 직면하게 될 때, 회사의 목표에 기여하는 일련의 행동을 취하는 것이 가능해진다. 그렇기 때문에 오리엔테이션과 훈련을 구분할 필요가 있는 이유는 바로 여기에 있는 것이다(Wehrenberg, 1989).

1.2. 오리엔테이션의 유형

오리엔테이션의 유형은 크게 두 가지로 나누어볼 수 있다. 하나는 신입사원들이 조직에 안착하여 성공적인 조직생활을 할 수 있도록 조직에 대한 오리엔테이션을 꼽을 수 있고, 다른 하나는 신입사원 및 재배치된 인력이 직무를 성공적으로 수행할 수 있도록 직무에 대한 오리엔테이션을 들 수 있다. 이 두 유형의 오리엔테이션에 대하여 구체적으로 알아본다.

1.2.1. 조직에 대한 오리엔테이션

인력을 선발했다고 선발인력이 모두가 우리조직의 사람이 되는 것은 아니다.

한 조직에 들어온 사람이 심리적으로 그 조직의 구성원이 되었다고 인식하기까지는 상당한 시간이 소요된다. 그 적응기간에 집중적인 관리를 하지 않으면 애써 뽑은 우수인재를 경쟁기업에 빼앗길 수도 있다. 조직에 대한 오리엔테이션은 일반적으로 신입사원들을 대상으로 이루어진다.

1.2.1.1. 신입사원대상 오리엔테이션

이는 조직사회화의 대표적인 프로그램으로, 신입사원이 조직생활을 하면서 알아야할 기본적인 규칙, 정책, 그리고 절차에 친숙하도록 하는 프로그램을 말한다(Feldman, 1988). '조직사회화'란 새로 채용된 구성원들이 입사 초기에 조직에 대해 안정감을 느끼고, '이 회사가 내 회사'라고 인식하도록 하는 모든 노력을 의미한다. 즉 조직사회화는 구성원들이 조직문화라는 추상적인 개념의 실천규범을 배우는 실천과정이다.

신입사원이 조직에 적응해 가는 조직사회화 발전단계는 다음의 〈표 9-2〉와 같이 개인과 조직의 활동영역으로 구분되며, 3단계로 진화과정을 겪는다(Feldman, 1988; 이진규, 2001).

〈표 9-2〉 조직사회화 발전단계

	1 단계: 조직진입 전 사회화	2 단계: 조직과의 대면	3 단계: 조직에 정착
개인적 활 동	• 조직/직무에 기대 • 자신의 KSA/ 역량/ 관심/가치에 적합한 직무의 발견	• 새로운 과업의 학습 • 조직규칙/관습 습득 • 새 대인관계의 형성	• 업무사항의 숙달 • 안정/신뢰적 업무관계형성 • 직업생활과 가정생활 그리고 업무과중사이 갈등해결
조직의 활 동	• 모집에 대한 조직의 기대와 정보를 지원자들에게 전달 • 새로운 인력의 평가와 선발, 고용	• 새로운 인력에 대한 오리엔테이션/ 훈련 • 새로운 상사/동료들에 대한 사회적 적응 촉진	• 종업원 발전정도를 평가 • 종업원들에게 조직의 미래계획을 알려줌 • 종업원의 강점과 약점을 고려해 업무를 재구성

자료: 이진규(2001), 전략적 · 윤리적 인사관리, 박영사.

1) 조직진입 전 사회화 단계:

신입사원의 조직사회화는 조직에 진입하기 전부터 시작된다. 즉 입사하기 전부터 사회화를 한다는 것이다. 이 과정을 통해 개인자신이 선택하려는 조직과 직무에 대한 정보를 찾고, 이에 맞게 자신의 행동, 가치관, 태도를 변화시킨다. 따라서 조직에서는 개인들이 조직의 진입 전 건전한 사회화를 유도할 수 있는 대표적인 방법이 현실적인 직무소개(realistic job preview)이다. 이는 조직에서 원하는 인재상 및 모집에 대한 조직의 기대와 정보를 지원자들에게 적극적으로 알려줌으로서 개인들이 사전에 조직과 자신의 기대치와 역할 그리고 조직에 진입시 맡게 될 직무에 관한 일반적인 정보를 습득하는 방법이다.

2) 조직진입 후 대면단계:

조직진입 후 대면단계는 사전에 간접적으로 사회화를 경험한 지원자가 선택결정 되고나면, 신입사원으로서 조직생활에 대한 요령을 공식적 및 비공식적 방법을 통해 배우는 과정이다. 이 단계에서 신입사원이 해당조직의 구성원으로서 조직의 관습, 규칙, 행동양식 등을 습득할 수 있도록 조직에서의 오리엔테이션이 이루어진다.

이 단계에서는 신입사원이 조직에 대한 현실을 직접 경험하기 때문에 진입충격이 발생된다. 신입사원들의 현실충격(reality shock)이 클수록 조직에 대한 불만족이 커져 이직 의도는 커지고 성과는 하락할 수밖에 없기 때문에, 이를 감소시키기 위해서 사용되는 대표적인 방법이 오리엔테이션이다. 예로, 오리엔테이션을 통해 조직의 일반적 정보를 소개하고, 기존 내부구성원들과 인간적인 유대관계를 쌓게 해주어 조직적응을 빨리할 수 있도록 해야 한다.

3) 정착단계:

정착단계는 신입사원들이 해당직무를 잘 파악하고 조직생활에 잘 동화되는 단계이다. 즉 직무 및 조직에 대한 불안감과 새로운 대인관계에 대한 어색함 등이 사라진 시기를 의미한다. 일반적으로 조직에 진입한 후 6~7개월 정도면 끝나기 때문에 이 기간을 수습기간으로 본다.

이 단계는 개인과 조직간에 심리적 계약이 재평가되는 시기이다. 그 이유는 신입사원은 조직에 적응하면서 조직에 새로운 기대를 갖게 되고, 조직에서는 신입사원이 수행해야 할 업무이상의 역할을 요구하기 때문이다. 이 단계에서 조직은 신입사원을 객관적으로 다시 평가하여, 평가결과를 기초로 개인의 자기계발기회와 보상을 제공한다. 예로 조직의 미래방향에 대한 계획과 비전을 알려주어 희망을 갖도록 하고, 개인의 강·약점을 파악해 개인과 직무의 적합성분석을 실시한다. 이는 바람직한 태도를 재동결하는 강화요소로 작용한다.

이상과 같이 조직의 사회화단계에 대하여 살펴보았다. 조직사회화의 세 단계 중에서 우리가 관심을 갖는 단계는 2단계로, 그 이유는 신입사원들이 조직에 조기에 정착할 수 있도록 오리엔테이션이 이루어져야 하기 때문이다. 따라서 신입사원 오리엔테이션을 실제 수행하는 프로그램들은 오리엔테이션 목적을 비롯해 조직에 대한 전반적 지식습득, 새로운 환경인 조직생활 및 직무수행에 대한 불안감 제거와 심리적 안정성 도모, 그리고 신입사원이 생각하고 있는 조직과 실제 조직과의 현실적 괴리를 줄일 수 있어야만 한다. 또한 조직의 신념과 비전에서부터 조직이 추구하는 핵심가치, 조직의 업무규정, 근무시간에 대한 규정, 성과평가 방법 등의 문서화된 규정 등 세부적인 규정사항까지 포괄하여 소개한다. 규정집은 조직에서 수행하고 있는 과업과 사업영역에 관한 정보를 제공하여 신입사원에게 필요한 업무가 무엇인지를 알도록 한다. 이처럼 신입사원을 위한 다양한 오리엔테이션 프로그램 중 조직의 가치 특히 핵심가치를 공유하는 것이 무엇보다도 중요함으로, 이에 대한 방안에 대해 간단히 살펴보도록 한다.

1.2.1.2. 조직의 핵심가치를 공유하기 위한 오리엔테이션

우리기업의 경우 단지 몇 시간부터 몇 주일간의 교육과정을 통해 시행되는데, 방법으로는 조직의 신념과 조직문화의 배양을 위해 합숙훈련을 하기도 한다. 그러나 가장 중요한 기업의 비전과 사명 그리고 조직의 핵심가치를 공유하기 위한 오리엔테이션이 엄격하게 이루어지지 않는 것이 우리의 현실이다.

기업의 가치관인 조직의 가치는 세 가지 질문 1) 우리 회사가 왜 존재하는가? 기업이 존재하는 이유(사명), 2) 어떤 방식으로 사업할 것인가? 가치 기준(핵심가치), 그리고 3) 앞으로 어떤 회사가 될 것인가? 미래의 꿈(비전) 등에 대한 대답이다(IGM세계경제연구원, 2012).

조직의 가치를 공유하기 위한 오리엔테이션이 필요한 이유는 기업이 지속성장을 하고, 모든 구성원들이 한 방향으로 가기 위해서는 기업의 가치관 공유가 가장 중요하기 때문이다. 만일 조직구성원들이 기업과 관련하여 이 세 가지 가치관을 다르게 생각한다면 어떤 일이 벌어질까? 개인이 조직에 들어오게 되면 개인의 가치와 조직의 가치가 서로 마주치게 되고 이때 서로 조화와 적합성을 이루게 되면 조직에 잘 적응하고 성공을 거둘 것이다. 그러나 존재하는 이유, 가치 기준, 미래의 꿈에 대한 생각이 다르면 갈등을 일으킬 수밖에 없다. 갈등이 심하게 있는 경우에는 구성원의 사기저하는 물론 직무불만족, 성과하락, 이직률 증가 등을 경험하게 될 것이다. 특히 회사가 엉망일수록 이 세 가지에 대한 구성원들의 생각은 모두 다르다는 것이다.

따라서 조직구성원들이 기업의 사명, 비전, 핵심가치에 대하여 같은 생각을 하는 가치관을 갖도록 하고, 그 가치관을 활용해 경영을 해야 한다. 특히 이 세 가지 요소 중 가장 중요한 요소가 핵심가치이다. 기업이 한 방향으로 움직일 수 있는 비결은 명확한 기준, 즉 우리 회사만의 일하는 기준이 필요한데, 이것이 바로 핵심가치이다. 조직의 핵심가치와 기능에 대하여 살펴볼 필요가 있다.

핵심가치란 무엇인가? '조직구성원이 함께 공유하는 우선순위와 행동의 기준'이다. 즉 수많은 가치 중에서 업무를 처리할 때 무엇을 가장 먼저 고려할 것인지 정의하는 것이다. 예컨대 '도전'과 '혁신'이 중요한 조직이 있는 반면에 '공동체 의식'이 우선인 조직도 있다. 이처럼 회사에 따라서 핵심가치가 다르다. 우리는 가치를 좋다거나 나쁘다고 따질 수는 없다. 단 중요한 것은 '회사의 핵심가치가 얼마나 명확한가?, 구성원이 이를 잘 알고 동의하여 실천하는가?' 하는 점이다. 즉 좋은 핵심가치는 그 기준과 근거가 명확해야 한다. 명확한 핵심가치 그리고 이를 전 구성원들이 확실히 알고 업무속에서 실천할 수 있도록 공유와 공감이 충분히 이루어질 때, 서로 다른 생각을 하는 구성원들을 한 방향으로 나아가게 할 수 있다. 그 이유는 핵심가치의 힘이 구성원들의 마음을 하나로 모아서 조직의 에너지를 높여주기 때문이다.

경영이란 망망대해에서 파도를 가르며 배를 운항하는 일과 같다. 거센 파도를 헤치고 나가야 하는 상황에서 서로 힘을 모아야 할 선원들이 제각각 흩어져 딴 일만 하고 있다면 항해를 할 수 없다. 회사가 강력한 엔진을 달고 하나의 방향으로 힘차게 나아가게 해주는 것이 핵심가치이다. 혹시 직원들이 하나로 뭉치지 않는다고, 각자가 딴 생각만 한다고 속상해한다면, 무엇보다도 회사의 핵심가치부터 점검해보아야 할 것이다.

조직관리자의 숙제는 '다양성으로부터의 하나'를 이끌어내는 것이다. 즉 이는 다양한 가치관을 지닌 조직구성원을 한 방향으로 이끌어 나가야 하는 것이 관리자나 경영자의 영원한 숙제임을 우리는 명확히 인식할 필요가 있다(나기현, 2013). '동종번식(inbreeding)'이 나쁘다는 것은 경영조직에도 예외는 아니다. 조직구성원 개개인들이 서로 다른 가치를 선호하고 같은 가치에 대해 우선순위가 다르더라도, 조직관리자는 구성원들이 최소한 조직의 가치(미션, 비전, 핵심가치 등)에 대해서 같은 생각을 갖도록 입사 초기의 조직 오리엔테이션은 물론 구성원들이 조직생활을 하는 동안에도 지속적으로 공유노력이 이루어져야 한다.

조직의 가치에 대해 구성원들이 같은 생각을 갖게 될 때의 중요성은 다음의 〈표 9-3〉과 같이 정리할 수 있다.

〈표 9-3〉 조직가치에 대해 구성원들이 같은 생각을 갖게 될 때의 중요성

• 첫째, 무엇보다도 서로 다른 생각을 하는 구성원들을 한 방향으로 나아가게 한다는 것이다. 이는 구성원들의 마음을 하나로 모아서 조직의 에너지를 높여주는 힘으로 작용한다는 것이다.

• 둘째, 회사가 강력한 엔진을 달고 하나의 방향으로 힘차게 나아가도록 구성원들이 하나로 뭉치기 때문에 어떠한 어려운 난관도 극복할 수 있는 위기대응능력 커지고, 구성원들 간의 공유와 공감을 통한 변화와 혁신을 주도적으로 이끌어낼 수 있다.
• 셋째, 구성원들이 가치를 중심으로 똘똘 뭉쳐 결속하게 됨으로 단순히 함께 일하는 동료가 아니라 뜻과 꿈을 함께하는 동지로 발전하게 된다.
• 넷째, 조직에서 권한위임이 제대로 이루어지지 않은 이유는 경영자의 의사결정과 권한위임을 통해 이루어진 의사결정 사이에 차이가 발생하기 때문이다. 그러나 조직구성원 모두가 핵심가치아래 같은 기준을 가지고 의사결정을 내리게 되면 모든 결정에 갈등이 적어짐은 물론 구성원들에게 임파워먼트 즉 권한위임이 적극적으로 이루어질 수 있다.
• 다섯째, 구성원들의 다양성을 존중하면서 하나의 방향으로 가도록 유도하기 때문에 비슷한 가치관을 가진 동질적(homogeneous)인력으로 구성된 집단보다도 훨씬 도전적이고 창의적인 아이디어를 이끌어 낼 수 있기 때문에 구성원들의 만족도 증진은 물론 성과향상과 적극적 참여를 유도하는 조직분위기를 구축할 할 수 있다.

자료: IGM세계경제연구원(2012), 세상 모든 CEO가 묻고 싶은 질문들, 위즈덤하우스.

1.2.1.3. 오리엔테이션의 선진기업 사례

오리엔테이션의 선진기업 사례(삼성과 미국지사 도요타자동차)를 살펴본다. 삼성의 경우, 선발된 신입사원들은 3주씩 신입사원 교육을 받게 된다. 교육은 전국 8개 연수원에서 200명 안팎 단위로 19박21일(하루는 밤샘)씩 진행된다. 특히 신입사원 25명당 과장 및 차장급 직원들이 '지도선배'로 배치돼 함께 생활하면서 일거수일투족을 평가하고 이 평가결과에 따라 적합한 직무에 배치된다. 반면에 미국의 코닝사의 경우, 1년 6개월간의 오리엔테이션 기간을 두어 장기적으로 종업원들의 조직사회화를 돕기도 한다. 또한 미국지사 도요타자동차는 '동화'프로그램을 통해 신입사원과 조직의 일체감을 강조한다. 오리엔테이션에는 종업원 근무와 복지에 대한 일반적인 내용뿐만 아니라, 조직의 품질이상주의, 팀워크의 중요성, 개방된 의사소통의 중요성 등을 담고 있다고 한다. 도요타자동차의 오리엔테이션 프로그램(Dessier, 1998; 이진규, 2001)을 살펴보면 다음의 〈표 9-4〉와 같다.

〈표 9-4〉 도요타자동차의 오리엔테이션 프로그램

	내 용
1일째	• 오전 6시 반 인사관리 부서장으로부터 회사에 대한 전반적인 소개로 시작. • 도요타 역사와 조직문화에 대한 1시간 반 정도 소개, 종업원 복지에 대해 2시간 정도 인사관리 부서장 소개. • 직업생활 질의 중요성과 팀워크에 대한 회사정책에 관해 2시간 정도 인사관리 부서장과 함께 토론.
2일째	• 커뮤니케이션 훈련 'Way of Listening'을 하는데 약 2시간 사용. • 여기서 동료들간의 상호존중, 팀워크, 개방적인 의사소통이 강조된다. • 나머지 시간은 종업원 안전, 작업환경 문제, 도요타생산시스템 등의 소개에 사용.
3일째	• 이틀째처럼 커뮤니케이션 훈련에 2시간 반에서 3시간 사용. • 나머지 시간은 도요타의 문제해결방법, 품질보증, 피해야 할 의사소통과 종업원 안전 등의 일반적 소개에 사용.
4일째	• 오전에는 팀워크 강조훈련: 훈련과제는 팀워크훈련, 도요타 제안시스템과 도요타 팀 회원 활동협회에 관한 것. • 팀으로서 무엇을 책임져야하고, 어떻게 팀워크를 이룰 것인가를 집중토의. • 오후에는 화재예방과 화재진압훈련을 한다.

자료: Dessler, G.(1998), Human Resources Management, 6th ed.(N. J.: Prentice-Hall).

선진기업의 사례를 살펴보았지만 오리엔테이션의 중요성에도 불구하고 국내 많은 조직의 경우 프로그램 효과에 대한 충분한 검증 없이 남들이 다하기 때문에 비슷한 프로그램을 도입해서 실시하는 사례가 많이 있는 것 같다.

1.2.1.4. 비효율적 그리고 효율적 오리엔테이션의 특성/내용

많은 조직에서 나타나는 오리엔테이션 프로그램의 비효율적 특성은 짧은 시간에 형식적으로 이루어지고 있다는 점이다. 또한 규정집의 지나친 강조, 정보과잉, 정보의 비관련성, 공식적 · 일방적 의사소통, 프로그램진단의 부재 등을 들 수 있다. 특히 일방적인 조직에 대한 소개는 관료적 조직이라는 인상을 심어주어 향후 그들의 업무활동에 경직성을 유발시킬 수 있다. 또한 프로그램 내용, 형식, 그리고 방법 등을 정기적으로 진단하지 않는다는 점이다. 이럴 경우, 신입사원들이 오리엔테이션을 통해 얻고자 하는 정보욕구의 변화를 감지하지 못하기 때문에 타당도검증이 주기적으로 이루어져야 한다.

효율적 오리엔테이션 프로그램의 특성으로는 먼저 신입사원들이 오리엔테이션을 통해 직무, 조직문화, 규칙 및 절차에 대해 파악하게 되는 지속적인 과정의 일부로 생각하는 것이 중요함을 강조한다(Mishra & Strait, 1993). 또한 최고경영진의 인식이 중요하며, 최고경영진이 오리엔테이션의 중요함을 모든 구성원들에게 지속적으로 인식시킬 필요가 있다. 특히 조직의 문화와 관련하여 조직의 미션, 목표, 고객, 그리고 기대되는 행동 및 태도를 분명하게 신입사원에게 전달할 필요가 있다. 그리고 오리엔테이션을 한 번에 다하는 것보다 여러 번에 걸쳐 나누어서 하는 것이 더 좋을 수 있다.

효율적인 오리엔테이션 프로그램 개발을 위해 다음의 〈표 9-5〉와 같은 제안을 하고 있다(Kennedy & Berger, 1994; 이순묵외 3인, 2007).

〈표 9-5〉 효율적인 오리엔테이션 프로그램 개발을 위한 제안

1. 프로그램의 목표와 평가준거를 분명히 한다. - 목표는 단순 정보제공뿐만 아니라 새로운 스킬 학습, 불안감소 등이 포함되어야.
2. 전체, 부서, 직위 오리엔테이션을 하나의 포괄적 프로그램으로 통합하는 것이 바람직하다.
3. 모든 오리엔테이션 강사는 자신의 역할이 분명히 무엇인지 파악해야 한다. - 사전 강사에 대한 훈련을 통해 목적, 중요성, 자신의 역할을 분명히 하여야.
4. 신입사원이 정서적으로 경험하게 될 내용을 직접경험토록 프로그램에 포함해 설계한다.
5. 미래에 필요한 대처 스킬에 대해 논의하는 것이 바람직하다.
6. 지나치게 많은 정보를 주는 것은 피하는 것이 좋다.
7. 오리엔테이션을 한 번에 다하지 말고 여러 과정으로 구분하여 시간간격을 두고 실시하는 것도 고려할 필요가 있다.
8. 신입사원이 필요로 하기 전까지는 정보를 전달하지 않는 것이 좋다.

9. 특별한 경우가 아니면 모두 오리엔테이션을 거치도록 하는 것이 좋다. - 모두 오리엔테이션에 참가하도록 독려해라.
10. 신입사원이 일하게 될 부서의 관리자는 물론 고위직 관리자도 오리엔테이션에 참석시킬 필요가 있다.
11. 프로그램을 평가할 필요성이 있다. - 신입사원들의 프로그램평가를 통해 무엇이 문제점과 향후 개선할 점인지 파악한다.

오리엔테이션의 성공여부가 신입사원의 사회화 과정에 미치는 영향이 크기 때문에 조직에서는 효과적인 오리엔테이션 프로그램이 개발되고, 그 효과성에 대한 평가가 이루어져 평가결과를 공유하는 분위기가 조성되기를 기대한다.

1.2.2. 직무에 대한 오리엔테이션

조직에 새로 들어온 신입사원과 적격심사 후 다른 직무로 재배치(수평적 이동, 수직적 이동, 다른 부문으로의 배치 등)된 기존구성원의 경우, 새로 배정받는 직무에 대해서는 직무와 관련된 정보나 직무성과 기대리스트 내용에 대하여 잘 알지 못한다. 따라서 이들을 대상으로 한 전반적인 직무성과 기대리스트 내용들을 이해시키려는 직무에 대한 오리엔테이션이 필요하다. 그 이유는 직무오리엔테이션이 인재육성시스템의 일환으로 이루어져야 하기 때문이다. 직무오리엔테이션의 방안으로 두 가지(상담을 통한 의사소통하기, 교육 및 훈련기회부여)를 고려할 수 있다. 이에 대해 살펴보면 다음과 같다.

1.2.2.1. 상담(면담)을 통한 의사소통하기

상담(면담)을 통한 의사소통하기는 라인관리자가 신규로 조직에 입성한 신입사원과 재배치된 내부구성원과의 면담을 통하여 직무와 관련된 내용 및 직무성과 기대리스트에 대하여 명확한 의사소통을 하는 것을 의미한다. 조직에서 라인관리자가 신입사원과 재배치된 내부인력을 대상으로 직무에 대한 상담(면담)을 통한 의사소통하기를 해야 하는 이유는 무엇인가? 그 이유는 직무담당자가 직무수행을 통해 충족해야만할 성과기대 등에 대한 이해가 클수록 직무수용과 몰입 및 만족을 더 잘 이끌어내고, 직무를 성공적으로 수행하여 높은 성과를 지속적으로 창출할 수 있는 유일한 방안이 되기 때문이다.

직무성과 기대리스트 관련하여 구성원인 직무담당자와 의사소통할 내용은 이미 전장(제6장 3절 3.2. 부분)에서 다루었듯이 핵심성과 영역, 성과목표, 성과기준 등을 들 수 있다.

직무담당자가 구체적으로 이들을 이해할 경우, 해야 할 일과 그 일을 어떻게 해야 하는가 그리고 달성해야 할 성과표준인 기대성과와 향후 무엇에 의해 평가되는지 즉 평가기준을 먼저 알고 과업행동들을 하기 때문에 성과몰입을 더 유도할 수 있다. 또한 성과관리와 성과관리시스템에 대한 직무담당자의 이해를 이끌어낼 수 있다.

1.2.2.2. 교육 및 훈련기회부여

오리엔테이션을 통해 신입사원의 진입충격을 초기에 완화시켜 조직에 대해 긍정적인 태도를 갖게 되면, 직무에 적응하고 성공적으로 직무수행을 할 수 있도록 직무성과 기대리스트상의 자격요건 즉 실제 수행해야할 업무기술들과 관련하여 훈련과 개발을 실시해야 한다. 또한 재배치된 내부구성원에 대해서도 마찬가지로 재배치된 직무의 직무성과 기대리스트상의 자격요건을 중심으로 훈련과 개발을 실시해야 한다. 그 이유는 적격자라 판단되어 신규배치나 재배치가 되었다 할지라도 직무에서 요구하는 자격요건과는 개인이 보유한 자격요건이 완전히 일치하지는 않기 때문이다. 이와 같은 편차를 제거하는 훈련과 개발이 실시될 경우, 직무담당자들이 업무기술의 구체적인 이해와 요령을 습득하지 못한 결과로 나타나는 역할 모호성과 역할갈등 등을 감소시켜 줄 수 있다.

따라서 신규 배치된 신입사원이든 재배치된 내부구성원이든 새로운 직무에 배치되어 직무를 수행하기 이전에 이러한 편차부분을 제거할 수 있도록 지식, 기술, 능력(KSA)이나 역량 등의 요소별로 교육 및 훈련기회가 다양하게 주어져야 한다.

이는 어떻게 업무를 수행하는지를 알게 함으로서 빠른 조직적응을 도와주는 것은 물론이고 직무성과를 제고할 수 있는 방안이 된다. 또한 구성원들의 경력욕구를 충족시켜주는 차원에서도 구성원이 원하는 직무로의 재배치를 위하여 필요한 교육 및 훈련 기회를 조직의 내 · 외부에서 다양하게 제공해야 한다.

적격심사하기 후 심사결과에 따른 개인별 편차제거를 위한 교육 및 훈련프로그램은 지금까지 조직편의 및 수월성을 고려한 일반화되고 일방적으로 행해지는 교육 및 훈련에서 보다 개별구성원을 고려한 개별화된 프로그램으로 전환할 수 있고, 이로 인해 교육 및 훈련의 효과성을 높일 수 있는 유효한 방안이 될 수 있다.

최근에는 조직에서 팀의 중요성이 더욱 부각되고 있기 때문에 신입사원과 재배치된 구성원을 대상으로 팀워크 강화를 위한 교육과 훈련이 많이 이루어지고 있다. 그 이유는 조직의 가치와 규범이 발현되어 있는 집단의 행동양식을 배울 수 있고, 조직에서 이루어지는 일의 대부분이 팀워크를 통해 이루어지기 때문이다. 팀워크 훈련은 '개인이 팀의 활동에 참여하여 팀의 목표를 공동으로 추구하며, 팀의 규범에 동의하여 팀 구성원으로서 유대를 강화해 나가는 과정'이다. 팀을 구성할 때는 반드시 1/4 가량을 기존 내부인으로 구성해서, 내부인을 통해 조직의 팀 운영과 행동양식을 습득할 수 있도록 하는 점이 특징이다. 조직사회화 강화수단으로서 팀워크 훈련이 중요한 이유는 다음의 〈표 9-6〉과 같이 요약할 수 있다(이진규, 2001).

〈표 9-6〉 팀워크 훈련이 조직사회화 강화수단으로 중요한 이유

• 조직의 팀 협동문화를 직접 느낄 수 있다: 서로 이해하는 자세 요구 됨. • 신입사원과 내부인과의 팀활동을 통해서 팀과 조직의 가치를 습득하고 가꾸어갈 수 있다: 상호작용을 통해 의견공유와 토론이 늘어나고 팀의 가치공유가 가능해진다. • 팀중시의 태도변화를 통해 전체 조직을 유연하게 할 수 있다.

특히 효과적인 팀워크 훈련을 위해서 습득해야 할 8가지 요소와 내용은 다음의

〈표 9-7〉과 같다. 특히 팀워크훈련을 통해 얻을 수 있는 기술과 목표달성 가능성에 대한 팀원들 간의 믿음과 신뢰, 그리고 공유하는 비전과 가치를 공통으로 인식하여야만 한다.

〈표 9-7〉 팀워크 훈련을 위해서 습득해야 할 8가지 요소와 내용

공통의 태도	학습 및 기술요소	훈련내용
팀워크기술의 중요성과 팀목표의 달성가능성에 대한 팀구성원들 간의 믿음, 신뢰, 비전공유	1. 팀 활동의 적응성	팀 활동에 대한 개인적인 자질교육
	2. 팀원들간 인식의 공유	팀워크 필요성에 대한 가치공유
	3. 팀원들간 성과모니터링	자발적인 팀 성과의 지속적 평가와 강화
	4. 팀원들의 리더십	팀 목표달성을 위한 명확한 방향설정
	5. 팀원들간 대인간 기술	팀원들간의 건전한 대인관계
	6. 팀원들간 갈등의 조정	목표달성을 위한 갈등 조정훈련
	7. 팀원들간 소통 기술	목표달성을 위한 지속적인 소통
	8. 팀의 의사결정 기술	팀 목표달성을 위해 가장 합리적이고 효율적인 작업절차가 무엇인가?

자료: 이진규(2001), 전략적 · 윤리적 인사관리, 박영사.

제2절. 타당한 훈련하기를 위한 교육훈련 프로세스

많은 성과관리시스템에서 훈련/개발을 중요한 단계로 포함하지 않았다. 그 이유는 훈련은 조직에서 성과를 향상하기 위한 많은 도구들 중의 하나이며, 이는 조직의 효과성 증대를 위해 제공되는 다른 도구들과 통합되어져야 한다고 보았기 때문이다(Fierstein, 1988). 그러나 우리는 훈련의 유효성을 높이기 위해서는 평가과정에서 얻어진 정보를 훈련결정에 사용하여야 한다. 또한 훈련필요성 결정, 성과향상을 위한 구성원의 개발, 평가과정에서 얻어진 정보를 인적자원개발 스텝들이 공유하여 사용하도록 적극적으로 격려하여야 한다(Schneier, Beatty, & Baird, 1986a). 만약 조직의 훈련기능과 평가기능이 함께 연결된다면 두 기능의 효과성은

향상되어질 수 있다. 그러나 많은 조직에서 이 두 기능의 연결이 이루어지지 않는 이유는 각각의 인적자원기능이 그들만의 특별한 프로그램에 초점을 두고, 조직의 전체를 제대로 이해하지 못하고 일부만 인식하고 있는 전문가들이 독자적으로 훈련을 하고 있기 때문이다.

교육훈련이란 "구성원들이 직무를 수행하는데 필요한 지식, 기술, 능력(KSA) 그리고 역량을 배양 및 개발시켜 조직목표를 달성하도록 돕는 프로세스"라고 정의할 수 있다(Mathis & Jackson, 2003; 김영재외 2인, 2005). 이러한 교육훈련이 기업의 경쟁력을 높이는데 기여한다고 믿기 때문에 오늘날 기업은 구성원들의 교육훈련에 많은 비용을 투자하고 교육의 기회를 확대하려고 노력한다. 하지만 비용이 아닌 미래수익이 될 수 있는 교육훈련의 확대노력은 좋은 현상이지만 문제는 개인과 조직의 현재 및 미래의 역량을 키우는 타당한 교육훈련이냐에 달려있다. 따라서 본 포괄적인 성과관리시스템에서는 훈련과 평가의 연결 그리고 다른 인적자원기능들을 촉진하고, 구성원들에 대한 능력변화를 통한 성과향상을 꾀할 수 있도록 다음의 [그림 9-1]과 같이 타당성 있는 교육훈련 프로세스 4 단계에 대하여 알아보도록 한다. 단계별로 살펴보도록 한다.

[그림 9-1] 교육훈련 프로세스

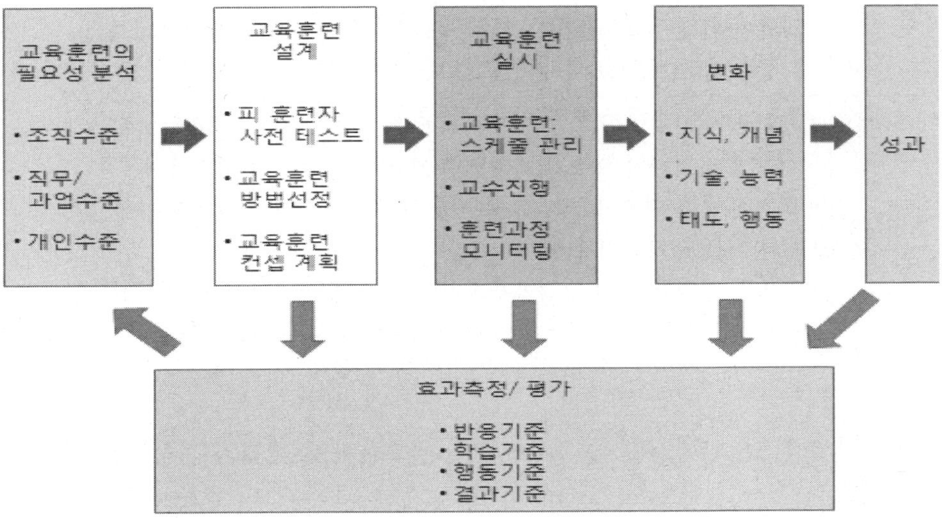

2.1. 교육훈련 필요성분석(수요조사)

교육훈련의 목적은 조직목표달성에 있기 때문에, 이를 위해 어떤 교육훈련을 필요로 하고 있는지 필요(수요)조사를 하여야 한다. 일반적으로 교육훈련의 필요성은 조직체의 실제적인 성과평가 결과, 각종 통계와 지표, 적격심사와 모니터링 결과, 조직구성원으로부터의 피드백 등에 의해 감지된다. 교육훈련의 필요성(수요)분석 단계에서 흔히 사용되는 방법은 다음의 〈표 9-8〉과 같이 세 차원에서 분석이 이루어진다.

〈표 9-8〉 교육훈련 필요성 분석

구 분	내 용
조직체 수준	• 조직체의 전략목표를 실행하는데 요구되는 구성원들이 공통적으로 가져야 할 지식, 기능, 능력(KSA)과 역량을 의미한다. • 예로 서비스 회사의 경우, 고객의 만족과 감동을 창출하는 고객서비스 정신, 고객의 욕구를 신속하게 파악하는 고객이해능력 등을 말한다.
기능 및 직무수준	• 조직의 비즈니스 기능(생산, 재무, 마케팅, 인사 등)별로 그리고 특정 직무에서 탁월한 성과를 창출하기 위해 요구되는 직무성과 기대리스트상의 자격요건과 관련된 지식, 기능, 능력(KSA)과 역량을 의미한다. • 예로 마케팅 기능의 경우, 시장조사능력과 역량, 소비자 감수성, 신제품 개발 능력 등이 요구되며, 영업직무의 경우 시장 및 유통정보의 수집, 시장 및 영업성과 분석, 대인교섭 및 설들 능력, 도전정신 등이 요구된다.
개인수준	• 개인별 인사평가의 결과 직무성과가 저조할 경우 그 원인을 파악하여 직무수행에 부적합한 요소가 지적되면 그 부분을 보충하기 위하여. • 적격심사 후 자격요건의 각 요소별 편차가 적정의 범위를 넘어설 경우, 이 편차를 제거하기 위하여. • 개인의 경력욕구 및 경력목표를 반영하여 개인이 받기를 희망하는 교육훈련이 이루어질 수 있도록 수요분석에서 파악되어야 한다.

이처럼 조직 내 인력개발 즉 교육훈련의 필요성은 조직체의 전략목표, 기능과 직무, 그리고 성과표준 등을 중심으로 구체적으로 분석되어 조직체의 교육훈련

목적과 계획으로 연결되어야 한다.

2.2. 교육훈련설계

교육훈련을 유효하도록 설계하기 위해서는 먼저 교육훈련 필요성분석에 따른 교육훈련목표가 구체화되어야 한다. 교육훈련의 목표는 훈련의 평가기준으로 작동되기 때문에 피훈련자가 정확히 무엇을 학습해야 하고, 훈련을 이수한 후 학습내용을 어떻게 측정할 것인가를 구체적으로 명시하는 행위목표이어야 한다. 그리고 교육훈련의 목표가 구체화 되면 이를 달성할 계획이 수립되어야 한다. 계획수립은 교육훈련설계를 의미하는데, 설계에는 구성원에 대한 실제 교육훈련프로그램뿐만 아니라 교육훈련을 담당할 연수요원에 대한 계획, 교육훈련의 자료개발, 훈련에 필요한 설비시설과 기자제에 대한 계획 등도 포함된다. 또한 교육훈련설계에는 학습자의 준비정도, 학습자의 학습유형, 학습의 전이 등이 고려되어야 한다.

교육훈련 설계에서의 핵심은 개별구성원에 대한 맞춤식 훈련프로그램의 설계이다. 실제 구성원에 대한 개별적인 교육훈련프로그램의 설계는 각 직무에 대한 명확한 직무성과 기대들이 만들어지고, 이에 따라 직무담당자에 대한 적격심사 후 자격요건의 각 요소별 편차를 제거하기 위한 방향으로 이루어져야 한다. 또한 구성원의 경력욕구와 경력관리에 대한 정보를 수집하여 경력진로에 따라 경험하여야 할 직무에서 요구하는 기대리스트의 자격요건을 중심으로 선행적으로 편차를 제거할 수 있도록 훈련프로그램의 설계가 구체화되어야 한다.

구성원에 대한 맞춤식으로 설계되어진 훈련프로그램에 대한 평가는 훈련 후 구성원이 직무기대를 얼마나 잘 충족시켰는지, 그리고 이를 측정할 수 있는 도구가 얼마나 적절한지 여부를 측정하면 되기 때문에 아주 단순화된다. 이처럼 구성원에 대한 개발은 교육훈련 뿐만 아니라 인사이동과 실무경험을 통한 경력개발과도 밀접한 관계가 있으므로 실무부서와 경영층과의 밀접한 관계하에서 수립되어야 한다.

2.3. 교육훈련 실시

각종 교육훈련이 실제로 실시하는데 사내 · 외, 계층별, 전문기능별, 집단, 개인 등 그리고 강의, 토의, 사례연구 등 여러 형태 및 방법이 사용된다. 교육훈련이 실시되는 단계에서는 교육훈련방법이 중요하다. 그 이유는 훈련방법에 문제가 발생하면 아무리 잘 설계된 교육훈련 프로그램도 효과가 저하되기 때문이다. 따라서 교육훈련의 대상과 교육훈련목적에 따라 교육훈련방법을 적절히 선택하여야 한다. 교육훈련 방법에는 크게 내부교육과 외부교육, 이-러닝으로 구분된다. 이를 다음 〈표 9-9〉와 같이 정리할 수 있다.

〈표 9-9〉 교육훈련의 방법

<table>
<tr><th>구 분</th><th colspan="2">내 용</th></tr>
<tr><td rowspan="3">내부
교육</td><td colspan="2">• 현장직무훈련(OJT: on the job training): 도제식 훈련, 직무 오리엔테이션, 인턴십, 멘토링</td></tr>
<tr><td>장
점</td><td>• 일을 수행하면서 학습할 수 있다.
• 훈련자와 피훈련자간 의사소통이 원활해진다.
• 훈련내용을 즉시 활용하여 성과에 반영할 수 있다. 훈련비용의 절감</td></tr>
<tr><td>단
점</td><td>• 현재관행을 반복적으로 전수: 잘못된 내용을 그대로 답습.
• 훈련자의 역량에 따라 훈련효과가 달라진다.
• 업무우수자가 전문가가 아님으로 훈련효과를 믿기 어려움</td></tr>
<tr><td rowspan="2">외부
교육</td><td colspan="2">• 외부훈련(Off JT: Off the job training): 기업연수원교육, 외부위탁교육: 컴퓨터 기반교육, 감수성 훈련, 비디오 교육, 가상현실, 학회, 세미나 등</td></tr>
<tr><td colspan="2">• 현장교육의 단점보완: 전문성을 갖춘 훈련자에 의해 체계적/심층적 실시</td></tr>
<tr><td rowspan="3">이-러
닝</td><td colspan="2">• 인터넷이나 사내 인트라넷을 사용하여 실시하는 온라인 교육을 의미</td></tr>
<tr><td>장
점</td><td>• 시간/장소에 구애받지 않고 피훈련자가 학습속도 조절해 교육훈련을 실시
• 훈련자주도의 교육훈련이 이루어짐.
• 교육내용이 표준화되 훈련의 일관성 유지가능하고, 훈련내용 업데이트 가능</td></tr>
<tr><td>단
점</td><td>• 주제(실무나 실기 많이 요구시)에 따라 이-러닝이 적합하지 않을 수 있다.
• 초기 도입비용이 많이 들고, CEO의 적극적후원이 없으면 성공하기 어렵다.</td></tr>
</table>

2.4. 교육훈련의 평가

교육훈련을 실시하고 난 후, 개인과 조직에 효과가 있는지를 검증하기 위해서는 교육훈련결과를 철저하게 평가해야 한다. 평가시에는 당초 교육훈련의 목표를 달성하였는지, 전이가 일어났는지를 살펴야한다. 이러한 평가결과는 반드시 인력개발계획에 반영하여야한다. 교육훈련의 평가는 다음의 〈표 9-10〉과 같이 4가지 기준으로 평가하는 것이 필요하다고 한다(Kirkpatrick, 1994; 김영재 외 2인, 2005).

〈표 9-10〉 교육훈련 평가기준

기 준	내 용
반응기준	• 피훈련자가 교육훈련을 통해 받은 인상을 기준으로 교육훈련을 평가하는 것. • 훈련직후 참가자를 대상으로 훈련이 유익했는지, 내용이 양적 · 질적으로 적절했는지, 흥미가 있었는지를 측정한다.
학습기준	• 훈련내용을 도중이나 직후에 테스트해서 학습이 일어났는지를 측정하는 것.
행동기준	• 피훈련자가 직무로 돌아온 후 행동변화를 통해 실제성과에 영향을 미치는지를 측정하는 것. • 전이는 주로 행동기준으로 측정한다.
결과기준	• 교육훈련이 조직목표와 관련된 중요한 결과를 달성하는데 어떤 효과가 있는지를 측정하는 것을 말한다. • 결과지표를 교육훈련전과 교육훈련 후 특정시점을 비교하여 측정한다. • 결과지표: 불량률, 매출액, 업무수행 시간, 비용, 직원 이직율 등.

2.4.1. ROI 측정의 확산

최근에는 구성원 개발과 관련된 교육훈련프로그램의 성과에 대한 ROI(return of investment)의 측정과 활용의 중요성이 증대되고 있다. 교육훈련도 투자이므로 투자한 만큼 어떤 결과가 나왔는지를 계산해서 밝혀야 한다는 것이다(김영재외 2인, 2005).

ROI 측정을 위해서는 투자(I)에 해당하는 교육훈련비용을 분석하고, 결과(R)에 해당하는 변화정도 또는 변화로 인한 성과향상 기여정도를 분석하여야 한다. I 와 R에 대한 정확한 정보가 수집될수록 결과는 정확해지며, 이를 측정하고 분석에는 전문지식이 동원되므로 외부 전문가가 동원되기도 한다.

- **회계학에서의 ROI 정의**: 자산(투자액)을 얼마나 수익성 있게 운영했는가 여부를 측정하는 지표
- ROI = 세후 영업이익 ÷ 자산
- 인사관리의 성과를 측정하기에는 미흡

  일반적 ROI 산출 공식: $\text{ROI}(\%) = \dfrac{\text{순효익(효익 - 비용)}}{\text{비용}} \times 100$

자료: 김영재, 김성국, 김강식(2005), 인적자원관리, 삼영사.

ROI는 퍼센트(%)로 표시되는 것이 대부분이며, ROI 값이 크면 클수록 그만큼 프로그램의 성과가 매우 높고 효율적이라는 의미로 받아드려진다.

투자대비 성과를 측정하는 이러한 경향은 인적자원기능관련 모든 프로그램들로 확산되어야한다. 물론 인사기능관련 프로그램에 따라 평가해야할 차원은 조직구성원의 행동에 초점을 두어 분석을 하는 것인지, 아니면 프로그램의 시행 후 결과적으로 도출된 산출(output)에 초점을 두어야 할지는 프로그램속성에 따라 각각 다를 수 있다. 그러나 ROI는 인사기능관련 프로그램실행을 통해 효익으로 얻게 된 화폐적 가치를 소요된 비용으로 나누는 화폐적 부가가치를 측정하는 계량적 평가라고 설명한다(필립스; 김영재외 2인, 2005). 즉 인사프로그램의 효율성을 측정하는 계량적 지표이다. 이처럼 분석된 효율성 및 성과를 토대로 인적자원기능들이 실행되고 관리가 이루어질 경우 지금과는 다른 한 차원 발전하는 계기가 될 수 있다.

2.4.2. 교육훈련의 타당성 검증

교육훈련의 내용, 구성, 그리고 방법의 선택은 다음의 [그림 9-2]와 같이 교육훈련 타당도와 성과타당도는 물론 성과를 목적으로 한 내용타당도, 구성타당도에

의해 평가되어진다. 교육훈련프로그램의 효과를 높이려면 여러 타당도를 높여야 하고, 이러한 타당도 분석은 교육훈련효과를 정확히 분석하고 보다 높은 효과를 모색하는데 이론적 도움을 줄 수 있다.

교육훈련 타당도	교육훈련과 구성원의 실제 변화와의 관계에 의해 측정
성과 타당도	교육훈련과 실제 성과와의 관계에 의해 측정
내용/구성타당도	실제 성과를 반영하는 교육훈련 내용과 구성이 되어졌는가를 평가

[그림 9-2] 교육훈련의 효과분석

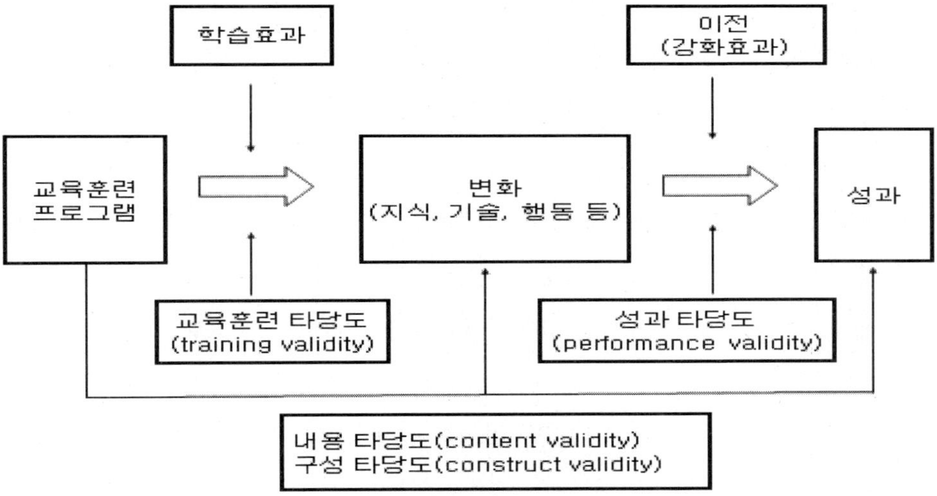

조직 내 인력의 수준이 높아짐에 따라 교육훈련에도 타당성 있는 프로그램이 요구된다. 이를 충족하기 위한 교육훈련 타당도를 높일 수 있는 방안은 다음의 〈표 9-11〉과 같이 몇 가지로 정리할 수 있다.

〈표 9-11〉 교육훈련타당도 제고방안

1. 교육훈련필요성의 정확한 파악	• 구성원 각자 필요성분석에 따른 구체적 목표와 타당한 내용 설계 • 각자 대상 개별훈련프로그램 적용, 체계적인 평가방법 적용
2. 창의적 방법과 자료개발	• 체험, 참여, 피드백 중심의 새로운 교육훈련 방법적용 • 사례연구, 시뮬레이션, 연습/실습(in-basket exercise)자료 개발
3. 효과분석과 조사연구	• 효과분석결과를 토대로 훈련내용, 방법, 자료 수정보완 노력 • 신뢰적인 효과측정 방법과 도구개발 노력
4. 경력연수요원을 활용하라	• 훈련프로그램의 고급화에 따른 전문적으로 계획, 관리, 자료개발, 효과분석, 훈련담당 등을 할 수 있는 경력연수요원 활용 노력 • 임시요원, 인사담당자보다 훈련전문요원 양성 또는 전문가 영입
5. 실무에서 인력개발 초점	• OJT는 교육훈련을 실제 직무수행과 성과로 이전시키는데 중요역할 • 훈련과 실무(지도, 상담, 직무순환 등)의 종합노력 요구
6. 자기계발의 중요성 인식	• 전체대상에서 개인중심개발로 전환됨에 따라 자기계발 중요성인식 • 경력목표 명확히 하고 사내외 훈련프로그램 최대 활용/참여 필요

이상의 교육훈련프로세스에 대한 내용들을 정리하면, 우리가 관심을 가져야할 핵심적인 부분은 다음의 세 가지로 정리할 수 있다. 먼저 1) 구성원 각자의 필요성을 반영한 즉 편차를 제거하기 위한 개별화된 교육훈련 프로그램이었는가? 2) 이러한 개별화된 교육훈련프로그램이 훈련목적에 맞게 구성원의 변화를 제대로 이끌어 내고 있는가?, 그리고 3) 이러한 변화가 실제 성과향상에 얼마나 영향을 미치고 있는가? 등과 연계된 타당한 교육훈련 이었는가 여부이다.

따라서 교육훈련에 대한 평가과정은 구성원들이 직무기대에 부합하기 위해 얼마나 적절한 훈련을 받았는가에 관련한 데이터들을 얻기 위해서 설계되어져야한다. 또한 교육훈련에 대한 평가과정으로부터 얻어진 정보들은 피드백을 통해 평가관리팀에서 분석되어져야 한다. 그 이유는 성과관리팀에서 빈약한 성과가 불충분한 훈련, 부정확한 또는 불명확한 직무기대, 결함 있는 적격심사, 부정확한 예측과 선택에 관련되어 있는지 여부를 판단하여야 하기 때문이다.

훈련부문의 중요한 역할중의 하나는 관리자를 모니터로, 평가자로, 강화자로, 코치로의 역할을 효과적으로 수행할 수 있도록 훈련시키는 일이다. 또한 훈련시스템의 성공은 궁극적으로 관리자들이 얼마나 이런 기능들을 잘 이행할 수 있느냐의 여하에 달려있다.

제3절. 경력개발

평생직장보다 평생직업 개념이 떠오르면서 이제 직장인들에게는 자신의 경력관리가 무엇보다 중요한 시기가 되었기 때문에, 최근 경력관리문제는 기업 인적자원관리의 핵심과제로 부상하고 있다. 또한 기업들은 경쟁업체에 핵심인력을 빼앗기지 않기 위해 핵심인력에 대한 경력관리를 대폭 강화하고 있다.

앞서 기존 성과관리시스템의 공통내용을 검토한 결과(제5장 3절. 3.1.부분), 경력개발기능을 소수의 연구(Geis,1987; Johnson & Bell, 1987)에서만이 성과관리시스템들의 단계로 개발하기 위해 노력하였다. 특히 일부는 구성원개발의 일부분으로서 언급되었고, 또 다른 일부는 성과평가 결과들을 이용하기 위한 방법들 중의 하나로 이를 거론하였다. 이처럼 구성원개발과 경력개발의 단계는 발전이 이루어지지 않은 부분으로 남아있지만, 구성원들은 성과관리과정이 구성원들의 경력속에서 성장과 발전을 도와주기 위해 설계되어져야 한다고 인식하는 것으로 보인다. 그러므로 경력개발은 세밀하게 구성되어진 성과관리시스템의 자연스런 결과로 보는 것이 논리적일 것이다. 따라서 본 절에서는 경력개발에 대한 전반적인 이해를 돕고자 먼저 경력개발과정에서 상생을 위해 개인과 조직이 무엇을 해야만 하는가에 대해 살펴보도록 한다. 또한 최근에 기업에서 많은 관심을 갖고 있는 고성과자를 위한 경력개발 방안에 대하여 알아보도록 한다.

3.1. 경력개발에 대한 이해

경력(career)이란 '한 개인이 일생을 거쳐 일과 관련해 얻게 되는 경험'이다. 즉 과거 경험한 업무와 그 일을 통해 얻은 능력(KSA)들. 그리고 미래 직업상의 꿈인 어떤 성격의 일을, 어떤 조직에서 경험하고 이를 위한 능력(KSA) 등을 키우고 싶다는 내용 들을 의미한다. 따라서 경력관리(career management)는 '구성원이 현재와 미래에 필요한 업무능력을 개발하며, 조직이 구성원 경력개발을 적극적으로 후원 · 관리하는 것'이다. 경력관리에서 관심을 가져야 할 부분은 경력개발의 주체(구성원과 조직)의 서로 다른 경력개발욕구를 조화 및 융합한다는 것이다. 개인관점에서 구성원은 현재와 미래에 필요한 경력을 계획하고 개발하려는 반면에 조직관점에서 조직은 조직목표달성을 용이하게 하기 위해 구성원 경력개발을 조직전략에 맞게 관리하고자 한다. 이처럼 서로가 경력개발에 대한 상이한 욕구를 갖고 있음을 알아야 한다.

경력개발(career development)이란 '경력을 개발하는 과정 즉 한 개인이 조직에 입사하여 퇴직까지의 경력경로(career path)를 개인과 조직이 함께 계획하고 관리하여 궁극적으로 개인욕구와 조직목표를 달성해 가는 과정'이다. 이를 시스템 관점으로 보면 다음의 [그림 9-3]과 같다.

[그림 9-3] 경력개발과정의 시스템적 관점

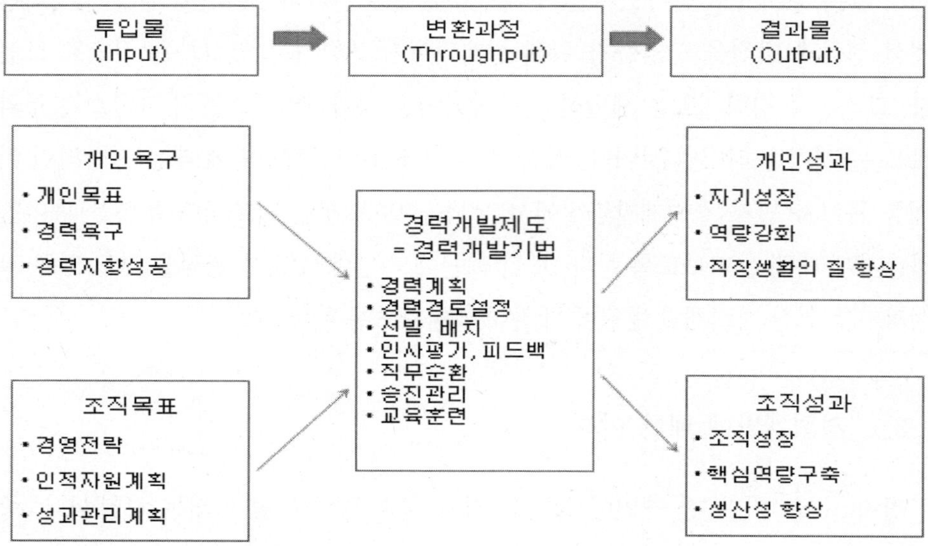

이와 같은 경력관리가 효과적이기 위해서는 개인의 노력뿐만 아니라 조직의 노력이 필수적이다. 개인과 조직이 상생하는 경력관리는 어떠해야 하는가에 대해 알아본다.

3.1.1. 개인은 무엇을 해야 하는가?

개인입장에서 진로와 경력에 대해 사춘기시절 고민해야 하지만 20대 대학생이 되면서 자기전공의 선택과 진로에 대해 고민을 한다. 펠드만(Feldman, 1988; 차종석 외 2인, 2004)은 개인의 경력개발단계를 다음의 〈표 9-12〉와 같이 4단계로 구분하였다.

〈표 9-12〉 개인의 경력개발 4단계와 논어 위정편

경력 단계	연 령	단계별 주요이슈	비 고
정체성 확립 (establishment)	21~26	• 어떤 직업, 기업, 업무를 선택할 것인가? • 나의 가치관, 흥미, 적성, 강점은 무엇인가 • 내가 원하는 바를 어떻게 시작할 것인가?	15세(지학)
성장/성숙 (advancement)	26~40	• 내가 기대한 바대로 성장하고 있는가? • 장기적인 선택안은 무엇인가? • 어떻게 더 효과적이고 효율적이 될 것인가?	30세(이립) 40세(불혹)
유지/관리 (maintenance)	40~60	• 다른 사람의 정체성 확립 및 성장 · 성숙과정을 어떻게 도와줄 것인가? • 지금까지 내 인생과 경력을 어떻게 효과적으로 유지할 것인가?	50세(지천명) 60세(이순)
퇴임/노후 (withdrawal)	60~	• 직장 이외의 내관심사는 무엇인가? • 경제적으로 안정되었는가? • 퇴직 이후 가능한 생활은 무엇인가?	60세(이순)

1) 정체성 확립단계: 앞으로 무엇을 할지를 진지하게 탐색하고 이를 위한 준비를 시작하는 단계이다. 자신의 적성에 맞고 관심 있는 분야를 찾아 열심히 공부한

다. 이때 취업준비차원에서 적성에 맞는 업무 및 기업을 찾을 수 있도록 성격유형검사(MBTI)와 같은 도구를 사용하는 것도 방법이다.

2) 성장 · 성숙 단계: 자신이 설정한 목표대로 성장하고 있는지, 그것이 인생의 궁극적인 목표인지에 대해 점검하면서 자신의 경쟁력을 확보하기 위해 실력을 쌓아가는 시기이다. 30대는 인생의 기둥, 경력의 기둥을 세우기 위한 기초공사를 든든히 하는 시기이다. 그러므로 30대에 여러 지장을 돌아다니고 여러 업무를 경험해 볼 수 있지만 40세가 되기 전에 자신이 평생 종사할 분야에서 어느 정도 자리를 잡아야 한다.

3) 유지 · 관리단계: 이 시기는 자신의 업무만을 독자적으로 잘하는 것이 아니라 다른 사람들이 잘할 수 있도록 긍정적인 영향력을 행사하는 시기이다. 관리자 또는 멘토가 되어 후배들이 성장하는 것을 도와줌으로서 조직에 영향력을 행사함은 물론 부하직원들이 높은 성과를 창출하도록 동기부여하고 조직의 관리를 하여야 한다.

4) 퇴임 · 노후단계: 이 시기는 퇴임이후 자신의 노후생활을 건강하게 설계하고 살아가는 단계이다. 이 단계를 성공적으로 생활하기 위해서는 자신의 취미나 흥미로운 일이 필요하며, 현실적으로는 노후생활이 가능한 경제적인 자금마련도 중요하다. 또한 기업의 리더와 같은 경우는 자신의 후계자를 선발하여 키우는 일에 우선순위를 둬야 한다.

이상과 같이 일반적인 개인의 경력개발 4단계에 대해서 알아보았다. 경력개발과 관련하여 개인들이 인식전환을 하여야 할 점은 조직에서 구성원들의 경력개발 모두를 책임져 주는 것이 아니기 때문에 개인 스스로 자신의 경력관리를 위해 노력해야 한다는 것이다. 조직이 구성원 경력개발을 후원하는 것과 상관없이 자기 스스로 경력개발을 어떻게 해야 되는지와 조직에서 승진기회에 초점을 두고 자기 발전을 위해 고려하여야 할 요소들을 다음과 같이 정리할 수 있다(Gpmez-Mejia et al., 1998; 이진기, 2001).

3.1.1.1. 자기개발을 위한 고려요소

1) 자신의 개인적 사명을 만들어라: 개인의 역량과 환경적인 요소를 고려하여 사명을 만들어야 한다. 이는 자신이 무엇을 준비하고 실행해야 될지를 명확히 알 수 있기 때문에 자신의 행동방향과 우선순위를 가진 행동에 시간과 에너지를 집중할 수 있다.

2) 자신의 방향과 성장에 책임져라: 자신이 원하는 사명에 도달하기 위해서는 모든 것에 자신이 책임져야 한다. 조직의 경력관리 프로그램은 변동적일 수 있기 때문에 너무 의존해서는 안 되고, 자신이 원하는 경력은 자신이 책임져야 한다.

3) 자신의 발전보다는 우선순위의 일을 강화하라: 조직에서 경력진로는 불확실한 경우가 많기 때문에 승진 같은 발전기대보다는 자신의 업무기술을 강화하는 편이 적절하다. 단기간의 업무기술 향상은 장기적인 발전을 가져다준다.

4) 합리적인 목표를 세워라: 합리적이고 달성 가능한 목표는 성취욕구를 고취시키고, 달성을 위한 하위목표를 구체적으로 설정할 수 있다.

5) 자신이 갈망하는 직위의 사람들과 대화하고 어떻게 발전할 것인지에 대한 제안을 얻어라: 원하는 직위에 있는 사람과 대화를 통해 구체적인 자격요건에 대한 정보를 얻을 수 있고, 친분관계를 통해 더 효과적인 발전경로를 구축할 수 있다.

3.1.1.2. 자기발전을 위한 고려요소

자기개발과 달리 자기발전은 조직에서 승진의 기회를 효과적으로 달성할 수 있는 요소들에 초점을 둔다.

1) 올바른 가치와 우선순위를 설정하라: 조직에서 자신의 가치를 높이려면 조직의 우선순위가 무엇인지를 알고 그에 따라 행동을 하여야 한다. 예로 팀워크를 통한 협력이라면 자신이 팀플레이어로서 협동심에 초점을 두고 행동해야 발전의 기회가 생긴다.

2) 자신이 한 일이 중요한 것처럼 행동하라: 조직에서 요구하는 일이 자신의 가치와 욕구와는 상반되더라도 긍정적인 태도로 일을 처리하라. 그럴 경우 조직에

서 자신을 가치 있는 구성원으로 생각하게 된다. 부정적인 태도로의 일처리는 설령 결과가 좋더라도 부정적으로 평가받을 수 있기 때문이다.

3) 팀플레이를 하라: 팀의 노력에 자신의 역할이 기여했음을 팀동료들에 의해서 인정받도록 적극적으로 참여하여야 한다.

4) 소비자지향성을 가져라: 자신과 관계하는 내 · 외부의 사람들의 가치와 요구가 최고의 우선순위임을 인식하고 이를 충족시켜주어야 한다. 조직에서는 이런 사람을 조직을 위해 공헌할 수 있는 것으로 간주한다.

5) 자신의 성과도 중요하지만 원만한 대인관계는 자신의 발전에 결정적인 역할을 한다. 의사소통과 협동심은 자신의 성과에 직접작용하기 때문에 조직에서는 원만한 대인관계를 조직협동의 원천으로 여긴다.

3.1.2. 조직은 무엇을 해야 하는가?

조직에서 구성원들의 경력개발을 적극적으로 지원하기 위해서는 성공적인 경력개발계획을 수립해야 한다. 그 이유는 경력개발계획(CDP: career development plan)을 수립하는 목적이 1) 조직체의 인력수요를 적시에 충족시키고, 2) 구성원에게 앞으로의 경력진로를 알려주고, 3) 현행 인력계획과 인력개발 프로그램을 활용하여 조직체의 인적자원개발과 구성원의 경력희망요구를 동시에 만족시켜주는데 있기 때문이다.

성공적인 경력개발계획을 수립하기 위해서는 조직체, 관리자, 그리고 개별구성원 각자가 공동노력을 하여야 한다. 그 이유는 경력계획이 인력계획과 교육훈련, 직무분석과 인사고과 등 여러 인적자원 관리과정과 밀접한 관계를 맺고 있기 때문이다. 성공적인 경력계획을 위한 각자의 책임을 정리해 보면 다음 〈표 9-13〉과 같다.

〈표 9-13〉 성공적인 경력계획을 위한 조직체, 관리자, 구성원의 책임

구 분	책 임
조직체	**장단기 인력계획을 통해 구성원에게 경력진로를 명백히 하고, 그들에게 경력기회를 알려줄 책임이 있다.** • 직무명확화하기를 통한 모든 직무의 자격요건을 명세해야 함. • 직무별 연결 관계와 승진패턴, 승진진로를 명백히 해야 함. • 조직체 계획과 인력계획을 통해 조직체의 장단기 인력수요를 분석해야 함. • 개별구성원 모든 인사자료(재고파악 내용 등)를 체계적으로 정리해야 함. • 종합평가제도가 인적자원기능들과 체계적으로 연계되고, 모든 자료들이 체계적 구축/활용토록 인사정보시스템을 운영해야 함. • 경력계획이 잘 실시될 수 있는 조직분위기 조성해야 함.
라인 관리자	**라인관리자의 적극적인 도움/관심이 없이는 성공할 수 없음을 자각해야** • 자기 부하직원의 경력발전에 관심을 가져야 함. • 경력계획에 모든 자원을 제공해야 함. 상담기술과 코칭능력을 키워야 함, • 직무에서 요구되는 능력수준과 개인이 보유한 능력을 비교해 앞으로 필요한 능력개발을 능력요소별로 평가하여 현실적 경력목표설정토록 도와줘야 함. • 경력진로 설정에 도우미 역할 해야: 앞으로 거쳐 나가야 할 직무, 교육훈련 프로그램을 설정, 실무경험을 주기위한 특별임무 등 구체적인 경력계획 작성토록 함. 주기적인 실행결과분석을 토대로 계획의 조정 · 수정되어야 함. • 인사고과면담 등을 통해 조직체 인력수요를 중심으로 경력기회와 옵션들을 구성원들에게 알려주고, 구성원들이 경력기회를 항상 의식해야 한다.
구성원 각자	**경력개발과 계획이 자신의 책임임을 인식해야** • 자신의 능력/취미/적성/적합한 경력 등에 대한 자기평가를 통해 자신의 강 · 약점에 대한 인식의 정도를 높인다. 이를 토대로 자기중심적, 비현실적인 경력발전이 아닌 조직과 함께 가는 목표이여야 한다. • 전문가와 관리자의 지도하에 조직체와 자신에게 가장 적합한 경력목표를 설정하고, 경력진로를 밟아 나가도록 꾸준한 노력해야 함. • 경력개발은 자신의 경력과 능력개발이 목적이며 승진은 그 과정에서 얻는 부산물로 인식해야 함. • 경력개발의 최종책임은 자신임으로 인사부서나 전문가 등 스텝에 전적으로 과다 의지하는 것은 피해야 함. • 경력발전단계를 거치는 과정에서 항상 발전만을 할 수 없고 경력상의 침체를 겪는 경력 플라토우 현상이 나타난다는 것을 인식해야 함.

경력개발계획이 성공하려면 조직, 개인, 관리자에 의한 공동노력이 물론 중요하지만 무엇보다도 조직차원에서의 노력이나 지원이 더 중요할 수밖에 없다. 그 이유는 개인과 관리자의 의지나 관심 및 능력만으로는 경력계획수립 및 실행이 불가능하기 때문이다. 따라서 조직차원에서의 성공조건을 중심으로 살펴보면 다음과 같이 정리할 수 있다(이순묵외 3인, 2007).

1) 개인목표와 조직목표의 조화

경력개발계획의 핵심목표는 개인의 성장욕구를 충족시키는 동시에 조직의 인적자원개발을 극대화시켜 개인욕구와 조직욕구의 균형 및 조화를 도모하여야 한다. 그 이유는 현대적 인적자원관리의 목표가 개인목표와 조직목표의 통합을 추구하고 있기 때문이며, 또한 경력개발은 개인과 조직비전의 상호실현과정으로 볼 수 있기 때문이다.

2) 인사정보시스템의 구축

많은 경력개발계획에서의 문제점은 다양한 정보들(직무관리, 인사평가, 승진 및 직무이동, 교육훈련, 경력 상담 등)을 체계적으로 수집하고 활용할 수 있는 인사정보시스템 구축이 제대로 되어 있지 않다는데 있다. 이러한 문제를 해결하기 위해서는 조직구성원들이 각종 정보를 탐색하고 스스로를 평가해 볼 수 있도록 지원하는 인사정보시스템을 비롯한 다양한 지원프로그램이 뒷받침되어야 한다. 인사정보시스템의 지원은 편리함은 물론 익명성이라는 측면에서 경력개발프로그램의 정착에 크게 도움이 될 수 있다.

3) 제반 인사제도와의 연계성 확보

경력개발계획이 제반 인사시스템과 정합성 있게 연계, 운영될 때 그 효과는 더욱 증가될 수 있다. 그러므로 구성원이 조직에 입사하여 퇴직하는 순간까지 최적의 경력을 확보할 수 있도록 여러 제도들이 유기적으로 연결될 필요가 있다. 또한 경력지원시스템을 지원하는 각종 하위시스템들이 상호 시너지 효과를 내면서 운영되도록 다양한 역할을 보완해 나가는 노력이 필요하다.

4) 최고경영자의 관심과 지원

경력개발 프로그램이 성공하기 위해서는 최고경영자의 지속적 관심과 지원이 요구된다. 그 이유는 최고경영자이 관심과 지원은 구성원들로 하여금 지속적인 경력개발의 노력 없이는 앞으로의 경쟁에서 살아남을 수 없다는 믿음을 심어주기 때문이다. 또한 최고경영자가 관심을 가질 때 기업의 전략과도 관련을 갖게 되고 각종 인적자원제도와도 연계될 수 있다.

이처럼 조직차원에서 성공조건을 살펴보았는데, 우리의 기업에서 구성원들의 경력개발에 도움이 되는 어떠한 제도들을 시행하고 있는가에 대한 인쿠르트 경력개발연구소 조사결과를 보면, 다음 [그림 9-4]와 같다.

[그림 9-4] 기업에서 실행되는 경력개발제도

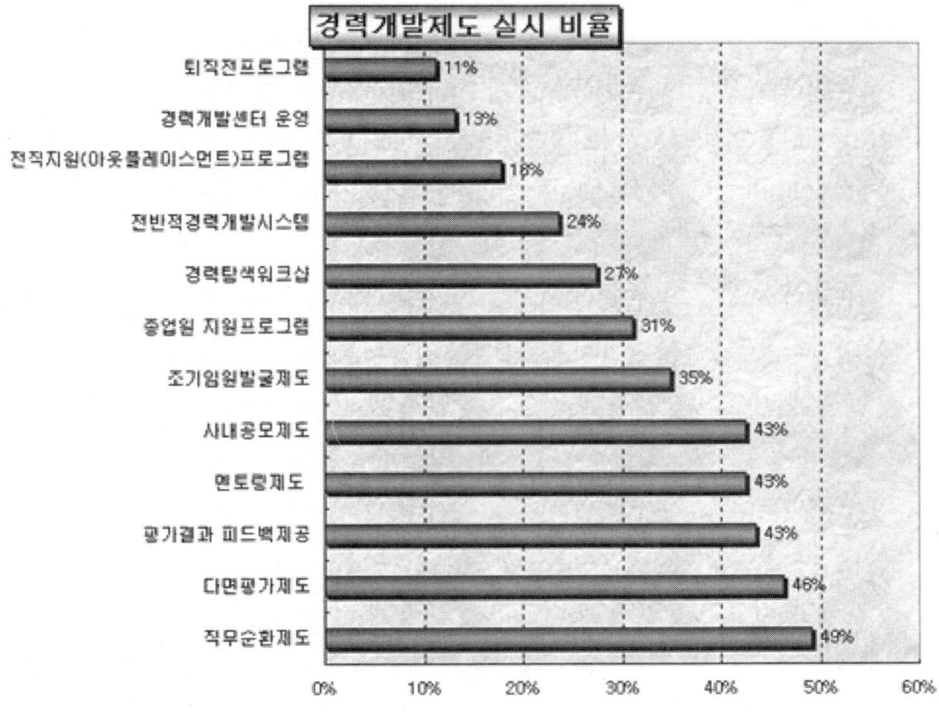

자료: 인쿠르트 경력개발연구소 조사결과.

기업에서는 직무순환제도를 구성원 경력개발제도로 가장 많이 사용하고 있는 것으로 나타났다. 그 이유는 여러 영역을 두루 거친 관리자급인재를 양성할 수 있어 우리기업에서 가장 일반화되었기 때문으로 풀이된다. 또한 서구기업에서 많이 사용되고 있는 멘토링 제도, 경력개발센터 운영, 전반적 경력개발 시스템구축, 전직지원 및 퇴직 전 프로그램운영, 경력탐색 워크샵 등을 실시하는 기업들은 소수에 불과하기 때문에 구성원이 회사 내에서 자신에게 적합한 직무나 경력을 찾기 위한 전문적인 도움을 얻기 힘든 상황이다. 따라서 향후 국내기업도 구성원의 경력개발제도를 강화에 힘쓸 필요가 있다. 그 이유는 경력개발제도가 단지 구성원만을 위한 것이 아니기 때문이다.

3.2. 고성과자를 위한 경력개발방안

고성과자일수록 자신들의 경력개발이 이루어질 수 있는 기업들을 선호한다. 그 이유는 경력개발을 함으로서 구성원 자신의 비전설계 및 달성에 유용하기 때문이다. 따라서 조직에서는 저성과자들의 경력개발과는 구별되는 고성과자를 위한 경력개발을 우수한 인재를 채용하고 유지하기 위해 활용하는 방안들 중의 하나로 부각되고 있다.

고성과자를 위한 차별화된 경력개발방안을 모색하기 위해서는 먼저 고성과자들이 공통적으로 보유하고 있는 능력과 속성을 이해하고, 그 바탕위에서 경력개발 프로그램들이 개발되어져야 한다. 고성과자들이 공통적으로 보유한 능력과 속성을 이를 다음의 〈표 9-14〉와 같이 정리할 수 있다(Burke, 1999).

〈표 9-14〉 고성과자들의 능력과 속성

능력 및 속성	내 용
1. 고객헌신 (Cusotmer Dedication)	고객의 기대사항 이상을 충족시키고, 고객과 긴밀한 관계를 유지하는 능력.
2. 결과지향 (Results Oriented)	설정한 목표를 끝까지 완결시키고, 필요한 결과를 달성할 때까지 자신과 다른 사람을 독려하는 능력.

3. 뛰어난 기술능력 (Technically Competency)	일 수행위한 기술적 노하우를 보유, 복잡한 문제를 쉽게 분석하고 해결, 바람직한 결과를 창출할 수 있는 통찰력/지식제공, 새로운 지식/이이디어를 끊임없이 추출하고 통합하는 능력
4. 학습지향 (Aptitude for Learning)	새로운 기술과 필요능력을 빠르게 습득하고, 학습된 사항을 조직과 고객니즈와 결합시키고, 학습을 즐거워하고 경험을 통한 학습을 추구함으로서 변화에 능동적
5. 기타	회사와 개인에 대한 열정, 자신의 업무에 대한 애착과 몰입, 조직에 대한 강한 애착 및 충성심 등을 보유

자료: Burke(1999), Manage the Careers of High Performing Employees in SHRM.

이러한 능력과 속성을 보유하고 있는 고성과자에 대한 경력개발계획의 개발은 인적자원전문가들이 직면한 중요과제로 대두되고 있다. 그 이유는 고성과자들은 조직의 미래성장을 위해 핵심적인 기술과 능력을 보유하고 있어 그들의 경력을 어떻게 개발할 것인가가 중요하기 때문이다.

그렇다면 고성과자의 속성을 보유하고 사람들을 발굴하고, 그들의 욕구(Needs)를 충족시키기 위한 효과적인 경력관리프로그램의 개발방안은 무엇인가? 방안을 학습 커리큘럼측면과 업무 환경측면에서 알아보도록 한다(Burke, 1999).

3.2.1. 학습 커리큘럼측면

개인이 성장할 수 있는 기회를 제공하기 위해 학습커리큘럼의 핵심요소는 무엇으로 구성되어야 하는가? 이들 구성요소를 다음의 〈표 9-15〉와 같이 정리해 볼 수 있다.

이처럼 고성과자들을 겨냥한 차별화된 학습프로그램은 기존 경력개발프로그램(CDP)과는 달리 외부와의 네트워크 형성, 프로젝트중심의 능력개발에 초점을 두어야 한다. 그 이유는 지속적인 학습기회를 제공하는 동시에 자신의 기여에 대한 인정과 보상, 전문가집단과의 관계형성을 촉진하는 업무환경을 선호하기 때문이다.

〈표 9-15〉 학습 커리큘럼의 핵심 구성요소

구 분	목 적 및 내용	
1. 경영현황과 개인의 역할간 연계성 강조	목 적	회사 중 · 단기계획에 대한 개인기여와 관련하여 원활히 소통하고, 개인기여와 회사성과간의 연계성을 이해하도록 촉진시킴.
	내 용	회사재무구조, 정책, 미래목표, 새로운 기술, 경쟁력, 운영시스템에 대한 이해 등
2. 평가와 피드백 제공	목 적	성과플랜의 수립, 자기평가, 주요 관계자들(리더, 고객, 동료 등)로부터 코칭과 성과피드백 받을 수 있는 기회제공.
	내 용	계획수립과 코칭/피드백을 받을 수 있는 지표설정, 경력개발계획, 개발 Needs, 성과목표달성에 필요한 지원체제구축
3. 네트워크형성과 멘토링 기회제공	목 적	구성원들이 다른 조직의 사람들과 교류하고, 학습할 수 있는 기회와 정보제공.
	내 용	대규모 회의참여 등으로 확보된 공식네트워크공유, 소규모 비공식 네트워킹기회 창출, 전문가 네트워크 참여고취.
4. 프로젝트 중심의 능력개발	목 적	작업현장으로서의 학습이전 극대화, 업무상의 목표달성과 전문가로서의 성장기회를 동시에 제공
	내 용	프로젝트 선택과 학습목표의 지표설정, 프로젝트 관리스킬에 대한 학습과 실행방법 제시
5. 기술훈련	목 적	고객과 성과의 기대수준을 충족시킬 수 있도록 정보획득과 개인의 기술적 스킬 증진을 위한 기회제공
	내 용	새로운 기술조류에 관한 정보제공, 최고의 연습(best practice)을 동료와 공유, 공급자/고객과의 커뮤니케이션

자료: Burke(1999), Manage the Careers of High Performing Employees in SHRM.

3.2.2. 업무환경측면

고성과자들은 도전을 장려하고, 자신의 기여에 대한 인정과 보상, 전문가집단과의 관계형성을 촉진하는 업무환경에서 성장가능하며, 다음의 〈표 9-16〉과 같은 HR목표와 전략을 추진하는 회사를 선호한다.

〈표 9-16〉 고성과자들이 선호하는 업무환경측면

구 분	내 용
1. 고숙련과 지적능력을 가진 인재채용/유지	• 회사의 니즈(Needs)와 연계한 명확한 역량을 설정하고, • 이에 기초하여 지원자를 평가하고 채용, 그리고 • 학습 커리큘럼을 활용한 인재유지계획을 실행하여야.
2. 지속적 자기평가, 성과 피드백/코칭 기회부여	• 효과적 성과수행위해선 지속적인 교육훈련/코칭이 요구, • 학습/문화적 욕구충족 시키려면 자기평가/성과피드백 필수.
3. 보상을 성과와 연계하는 프로그램설계	• 급여, 보너스 및 기타 인센티브를 개인과 회사의 목표달성과 연계시키는 성과급여플랜(pay for performance plan). • 회사의 핵심적인 역량의 습득과 숙련을 보상과 연계시키는 기술급 플랜(pay for skill plan). 창의성/혁신을 장려하는 인정프로그램 등을 다양하게 설계하여 운영할 필요가 있다.
4. 성과달성기준 충족 못하는 부진인력을 재훈련/해고하는 조직분위기 조성	• 성과미달자에 대한 조치방법과 성과개선계획 실행방법을 제시하는 성과관리 프로그램운영. • 경기상황을 고려하여 최악의 경우 성과부진자를 해고(수용하기 곤란한 정도의 성과부진인력을 계속 고용하는 것은 고성과자들의 유지에 부정적으로 영향을 미침).

자료: Burke(1999), Manage the Careers of High Performing Employees in SHRM.

고성과자들을 채용하고 유지할 수 있는 업무환경 형성을 위해서는 조직내 모든 구성원의 참여와 헌신적 활동이 필요하다. 또한 고성과자들이 성장할 수 있는 환경형성에 적합한 경영 및 인사시스템을 구축하고, 이에 조직구성원들이 익숙해져야 한다.

3.3. 경력개발시스템의 성공적 운영방안

경력개발시스템이란 "한 개인의 입사로부터 퇴직에 이르기까지의 경력경로를 개인과 조직이 함께 계획하고 관리하여 개인욕구와 조직욕구를 장기적인 관점에서 조화시켜 나가는 종합적 인적자원개발 시스템"이다(김흥국, 2000). 이를 효과적으로 운영할 경우 개인의 자아실현의 길을 열어주고, 전문 인력육성을 통한 조직경쟁력 강화에 이바지 한다(Hall, 1976; Schein, 1978).

최근 대기업을 중심으로 전사적 자원관리(ERP: enterprise resource planning)와 지식경영의 활성화의 일환으로 인적자원 부문에 대해 경력개발 시스템이 도입되고 있다. 그러나 이 제도가 우리기업의 현실에 제대로 뿌리를 내리지 못하는 이유는 무엇일까? 그 이유들은 다음과 같이 지적할 수 있다. 1) 이 시스템에 대한 과도하고 성급한 기대로 중도에 포기하거나 일관성 있게 추진하지 못하는 경우가 많다. 2) 기본적인 준비도 없이 의욕만 앞선 거창한 프로그램으로 시작하는 경우 실패할 확률이 높다. 3) 개인의 적성과 희망을 반영하지 못하는 배치, 직무순환과 교육훈련의 비연계성, 그리고 개인경력에 대한 인사정보시스템의 미정비 등 인적자원관리시스템의 취약점으로 경력개발시스템의 효율적 운영이 어렵다. 4) 인사관리스텝들의 역량미흡이 시스템의 지속적 운영에 걸림돌이 될 수 있다. 이러한 이유들을 해소하는 방향에서 경력개발시스템을 어떻게 설계하고 운영할 것인가에 대한 방안을 다음과 같이 제시할 수 있다(김흥국, 2007).

첫째, 시스템의 도입 및 설계과정에서 면밀한 검토가 필요하다. 먼저 시스템의 도입대상이 전체사원인가 아니면 특정집단인가를 명확히 해야 한다. 또 조직의 인적자원관리시스템의 현황을 면밀히 분석해 도입할 경우 어느 정도의 보완과 재설계가 필요한지를 판단해 기반시스템의 조성작업이 선행되어야 한다.

경력개발시스템의 효과적 운영을 위한 기본시스템이 체계화 되어야 한다. 이를 구체적으로 기술하면 다음의 〈표 9-17〉과 같다.

〈표 9-17〉 기본시스템의 체계화 내용

1. 직무 전반의 역량요건과 직무간의 관계가 체계적으로 정리되어야 한다.
2. 각 개인의 직무이동경력을 체계적으로 망라한 경력 기술서를 포함해 인사정보시스템이 보완되어야 한다.
3. 각 개인의 경력설계와 관리를 위해 경력개발 계획서 및 경력평가표를 중심으로 몇 가지 서식이 개발되어야 한다.

4. 경력설명회 및 경력개발 워크숍을 포함한 직급별 경력교육프로그램이 운영되어야 한다.
5. 상사와의 경력/고과 면담 및 경력 상담시스템이 마련되어야 한다.
6. 직무순환 기준과 직무 간 이동체계가 합리적으로 정립되어야 한다.
7. 인재육성의 목표가 되는 인재상을 명확히 설정하여야한다.

둘째, 실효성 있는 인센티브시스템이 운영되어야 한다. 경력개발시스템의 참여자는 개인, 상사, 조직이다. 개인의 경우 적극적인 사람은 약 30%정도이고, 상사는 구조조정의 와중에 부하의 경력개발 즉 육성에 적극적이지 못하다. 이런 점을 고려할 때 시스템 운영에서 실효성 있는 모티베이션 방안이 제시되어야 한다. 예로 자기개발을 위한 시간 및 비용지원, 준비된 개인들에게 희망직무나 프로젝트에 배치시키는 '직무 도전제' 또는 '프로젝트 공시제', 그리고 '전문가 제도'를 통한 전문가호칭과 파격적인 인센티브제공은 구성원의 개발의욕을 불러일으키는데 효과가 있을 것이다. 여기서 강조점은 '구성원의 자기개발노력을 조직이 지속적으로 파악하여 보상하고 지원한다'는 기본방향을 구성원들이 인식할 수 있도록 시스템을 운영하는 것이다.

셋째, 성과관리와 연계시켜 시스템을 운영해야 한다. 경력개발시스템의 도입취지가 아무리 좋더라도 이 제도를 운영하여 조직성과에 연결되지 않으면 지속추진에 제동이 걸리게 된다. 조직성과로 연결하기 위해 개인별 역량평가결과를 직급별, 직군별로 집계하여 '역량 보유표'를 통해 관리하는 방안이 있다. 또한 매년 연초에 작성되는 업무계획서와 개인의 경력계획서, 경력개발 계획서를 연계되도록 상사 면담과정에서 체크 · 지도하는 것도 방법이다. 연말 업적 및 역량고과의 결과와 경력개발평가표를 연계시켜 고과면담과정에서 피드백 시켜야 한다.

넷째, 인적자원관리 조직의 혁신이 병행되어야 한다. 경력개발시스템을 성공적으로 운영하기 위해서는 인사관리스텝의 역량강화가 요구된다. 관리중심에서 인사기획전문가 즉 경력관리자의 시스템 설계능력과 관련 전문역량을 지닌 전문가 영입 및 내부육성이 필요하다. 또한 경력관리를 전담하는 부서가 신설되어야 한다. 그 이유는 경력개발은 조직 인사관리전반의 시스템 혁신을 요구하는 방대한 작업이기 때문이다.

학습목표(과제)

1. 조직의 핵심가치공유와 팀워크를 증진하기 위한 오리엔테이션의 중요성은 무엇인가?
2. 조직에 대한 오리엔테이션과 직무에 대한 오리엔테이션의 차이는 무엇인가?
3. 타당한 훈련하기를 위한 교육훈련 프로세스는 무엇인가?
4. 경력개발을 위해 조직과 개인은 무엇을 해야 하는가?

참고문헌

김영재, 김성국, 김강식(2005), 인적자원관리, 삼영사.

김흥국(2000), 경력개발의 이론과 실제, 서울: 다산출판사.

______(2007), 경력개발 시스템의 성공적 운영방안, In 이순묵, 탁진국, 한인수, 황규대, 인적자원관리 프론티어, 박영사. 그리고 인크루트 경력개발연구소(2005), 경력개발 시스템의 성공적 운영방안, 인재경영, 11월호, pp. 42-47에서 전제함.

나기현(2013), 성과예술: 인간존중경영, 부산외국어대학교출판부.

이덕로(2007), 핵심인재의 육성전략: 경력개발계획, in 이순묵, 탁진국, 한인수, 황규대(2007), 인적자원관리 프론티어, 박영사. 그리고 인쿠르트 경력개발연구소(2005), 핵심인재의 육성전략: 경력개발계획, 인재경영, 7월호 pp. 38-43에서 전제함.

이순묵, 탁진국, 한인수, 황규대(2007), 인적자원관리 프론티어, 박영사.

이진규(2001), 전략적 · 윤리적 인사관리, 박영사.

차종석, 박형근, 정현택(2004), 성공기업으로 가는 한국형 인재경영, 넥서스BIZ.

IGM세계경제연구원(2012), 세상 모든 CEO가 묻고 싶은 질문들, 위즈덤하우스.

Burke, R. A.(1999), Manage the Careers of High Performing Employees in SHRM.

Dessler, G.(1998), Human Resources Management, 6th ed.(N. J.: Prentice-Hall).

Feldman, D.(1988), Managing Careers in Organizations(Glenview, Illinois: Scott, Foresman and Co.).

Fierstein, J. (1988). Let's Get Rid of the Training Department, 25(6), 63-66.

Geis, A. A. (1987). Making Merit Pay Work. *Personnel*, 64(1), 52-60.

Gpmez-Mejia, L. R., Balkin, D. B. & Cardy, R. L.(1998), Managing Human Resources, 2nd ed.(N.J.: Prentice-Hall, Inc.).

Hall, D. T.(1976), Carees in Organizations, Glenview, IL: Scott, Foresman.

Johnson, P., & Bell, C. (1987). Focused Vision for Focused Performance. *Training and Development Journal,* 41(12), 56-59.

Kennedy, D. J. & Berger, F.(1994), Newcomer Socialization Oriented to Facts to Feelings?, *Cornell hotel and restaurant Administration Quarterly,* 35, 58-71.

Kirkpatrick, D. L.(1994), Evaluating training programs: The four levels, San Francisco, CA: Berrett-Koehler.

Mathis, R. L. & Jackson, J. H.(2003), Human Resource Management, 10th ed., Cincinnati: Thompson-South Western.

Mishra, J. M. & strait, P.(1993), Employee Orientation: The Key to lasting and productive results, *The Health Supervisor,* 11, 19-29.

Schein, E. H.1978), Career Dynamics: matching individual and organizational needs, Reading, MA: Addison-Wesley.

Schneier, C. E., Beatty, R. W., & Baird, L. S.(1986a), Creating a Performance Management System, *Training and Development Journal,* 40(5), 74-79.

Wehrenberg, S.(1989), Skill and motivation divide training and orientation, *Personnel Journal,* 68, 111-113.

제10장. 모니터링하기

기존의 모든 성과관리시스템(제5장 3절. 3.1.부분)에서 성과모니터링을 아주 중요한 단계로 보거나 아니면 최소한 그들의 시스템속에서 거론하고 있다. 그 이유는 모니터링과정에서 공정한 성과평가를 위한 성과관련 데이터(자료)들을 수집해야 하기 때문이다. 또한 성과관리시스템에서 모니터링과정의 존재로 인해 성과관리가 기존의 전통적인 성과평가와는 확연히 구분된다. 그 이유는 모니터링과정에서 수집된 성과관련 자료들을 토대로 구성원들의 성과목표를 성취하기 위한 평가, 코칭, 피드백제공을 용이하게 할 수 있기 때문이다.

따라서 본장 제1절에서는 모니터링하기에 대한 이해를 돕기 위해 모니터링의 개념과 목적, 그리고 모니터링할 내용 등에 대하여 알아보고, 제2절에서는 모니터링 방법/과정에 대해 알아보도록 한다.

제1절. 모니터링하기에 대한 이해

성과관리를 성공적으로 수행하기 위해서는 관리자의 역할이 변해야 한다. 조직의 전략이 구축되고 실행방안이 수립되었다 하더라도 진행과정에 여러 가지 생각지 않던 변수가 개입되기도 하고 계획대로 이루어지지 않을 수 있다. 이러한 개연성을 충분히 인지하고 추진과정에서 중간 목표대비 성과를 점검해야한다. 만약 진행되고 있는 일이 목표를 벗어나 있다면 교정을 하고 수정해야한다. 이처럼 과거 통제역할에서 벗어나 직무담당자가 직무실행(do)과정에서 계획된 목표를 효율적/효과적으로 달성할 수 있도록 직무수행과정과 성과상태 등 중간과정을 점검하고, 이에 대한 적절한 조치를 취하는 것은 관리자의 중요한 역할이다(Baker, et. al., 1990; Heide, 1993; 나기현, 2004; 류량도, 2007).

따라서 관리자가 감독/코치로서 이러한 역할을 효과적으로 수행하기 위해서는 무엇보다도 업무수행과정상에서 구성원들이 어떻게 일을 처리하고 있는지, 어떤 부분에서 성과를 내고 있으며 성과가 부진하다면 이유가 무엇인지, 상황을 정확하게 실시간으로 파악하는 것이 매우 중요하다. 이를 위한 과제가 바로 모니터링하기이다.

1.1. 모니터링의 개념과 중요성

모니터링(monitoring)이란 라인관리자에게 새롭게 부여된 역할로서, '부하인 구성원들이 각자 자기직무를 수행하는 과정에서 성과관리팀에 의해서 개발되어진 직무기대들을 얼마나 잘 부응하고 있는지에 대한 정보를 수집하는 과정'을 의미한다. 즉 직무담당자가 각자의 직무에서 직무성과 기대리스트를 충족시키기 위한 달성계획을 제대로 수행하고 있는지, 기대리스트상의 과업행동들을 그대로 행하고 있는지, 만약 아니라면 왜 못하고 있는지 즉 문제가 무엇인지, 그리고 성과상태를 잘 관찰하여 데이터를 수집하는 과정을 말한다(Heide, 1993; 나기현, 2004).

모니터링의 주된 목적은 개개인 구성원의 성과를 평가하는데 사용되어지는 성과데이터를 모으는데 있기 때문에, 이 과정은 통합적인 성과관리모델의 다른 과정들과 매우 의존적인 관계로 볼 수 있다. 그 근거는 다음과 같이 제시할 수 있다. 먼저 1) 조직의 계획과정으로부터 도출된 직무에 대하여 성과관리팀에서 직무명확화하기를 하고, 2) 이를 토대로 작성된 직무성과기대를 충족하기 위해 라인관리자와 직무담당자가 합의하여 만든 달성계획을 바탕으로 모니터링을 하고, 3) 이를 통해 수집된 정보들을 평가하고, 그리고 보상이 이루어지기 때문이다. 또한 4) 모니터링과정을 통해 수집된 정보를 바탕으로 직무성과 기대리스트의 비현실적인 내용과 타당하지 못한 훈련프로그램들을 수정 · 보완할 수 있기 때문이다.

따라서 라인관리자와 직무담당자가 합의/협의하여 작성한 달성계획상의 성과목표를 직무담당자가 효과적으로 달성할 수 있도록 실행과정을 라인관리자는 주기적으로 관리해야 한다. 이처럼 달성계획상의 성과목표실행을 관리하는 도구로서, 성과목표의 실행과정을 관리하는 체계화된 프로그램인 성과모니터링 프로그램이 필요하다.

성과모니터링 프로그램의 목적은 다음의 〈표 10-1〉과 같이 정리할 수 있다.

〈표 10-1〉 성과모니터링 프로그램의 목적

효과적 성과경영	• 연초의 성과목표를 분기별 또는 월별로 적절하게 배분하고, 이를 달성하기 위한 전략을 일상적인 업무와 연계하여 수립함으로서, - 누적실적에 대한 확인이 용이하고 - 업무선택과 집중으로 우선순위에 따른 성과목표달성전략 수립 가능
효율적 의사소통	• 성과목표에 대한 실적분석을 통해 실행과정 중 예상되는 문제점 및 장애요인을 확인하여, - 성과목표를 부여한 관리자와 직무담당자간의 성과목표실행에 대한 의사소통 구체화 가능
성과목표 중심의 사고 생활화	• 직무담당자가 연간 성과목표 달성을 위해 분기별, 월별 목표수준과 달성전략에 대해 생각함으로서, - 목표달성에 초점을 맞춘 선택과 집중의 전략적인 일처리
평가 근거자료 제공	• 직무담당자의 성과목표 수행과정에 대한 수시점검을 통해(월별, 분기별, 반기별 실적의 정기적 분석), - 평가의 근거가 되는 객관적인 자료를 확보하고 평가의 수용성 증대

자료: 류량도(2007), 하이퍼포머 팀장메뉴얼, 283페이지, 쌤엔파커스.

1.2. 모니터링 내용

운동경기가 시작되면 감독/코치들은 원래의 작전대로 선수들이 잘 움직이고 있는지, 상대팀의 전략/전술의 변화에 따라 선수들이 잘 적응을 하는지, 경기장 사정이나 경기에 영향을 미치는 다른 요인들은 없는지 끊임없이 지켜보면서 메모한다. 그리고 코치진들이 대응방안을 놓고 새로운 작전을 구상하고, 적절한 때 작전타임을 불러 선수들에게 새로운 작전내용을 알려주고 경기상황에 좀 더 잘 대응할 수 있도록 주문한다. 이러한 상황은 기업조직에서도 마찬가지다. 관리자는 주기적인 모니터링을 통해 조직의 성과목표에 보다 가까이 도달할 수 있도록 업무추진과정을 꾸준하고 세밀하게 관찰하고, 관찰내용을 성과관리팀에 보내 성과가 부진하다면 그 원인을 분석하고 대책을 수립해야 한다. 즉 여기서 분석된 결과들을 토대로 직무성과기대가 수정 · 보완되어져야 한다. 그 이유는 모니터링을 하는 관리자는 판단자가 아닌 코치의 역할을 수행하여야 하기 때문이다(Heide, 1993; 나기현, 2004).

그렇다면 평가를 위해 수집되는 성과데이터에는 어떤 내용들이 포함되어야 하는가? 모니터링 과정에서 관리자들이 수집해야 할 내용들을 다음의 〈표 10-2〉와 같이 정리할 수 있다.

〈표 10-2〉 모니터링 과정에서 관리자들이 수집할 내용들

1. 성과관리팀에서 작성한 직무성과 기대들에 대한 달성정도 판단.
2. 성과관리팀에서 작성한 직무성과 기대들이 비현실적인지 부적절한지에 대한 여부판단.
3. 구성원들이 자기직무에 관련된 직무기대들을 명확히 이해하고 있는지, 그리고 직무수행 과정에서 어떤 과업행동들을 주로하고 있는지 여부판단.
4. 만약에 직무수행과정에서 과업행동을 제대로 못하고 있다면 그 원인이 무엇인지 또한 장애물이 있다면 무엇인지 파악 및 제거방안여부.
5. 직무기대의 불명확성 즉 애매성의 정도가 어느 정도인지 여부를 찾아내 훈련과 적응 프로그램을 체크하는 것도 그들의 역할 중의 하나이다. 그러나 이 과정에서 관리자들은 훈련프로그램의 데이터들이 긍정적 혹은 부정적으로 반영되는지에 관한 증거를 발견할 수는 없다.
6. 모니터링을 위해 사용되는 도구들이 평가를 위해 찾고자하는 행동들을 정확하게 측정할 수 있는지를 파악하게 된다.

제2절. 모니터링하기 방법/방안

성과모니터링의 충실한 실행이 성공을 좌우한다. 그 이유는 성과관리에 책임이 있는 관리자가 중간점검 없이 최종결과가 나오는 시점까지 기다렸다가 성과를 확인한다는 것은 위험천만한 일이기 때문이다. 당연히 중간과정의 점검을 해야 한

다. 조직의 성과가 계획대로 순조롭게 진행되는 경우는 거의 없다. 그러므로 기업에서는 성과관리를 위하여 구성원들이 직무수행을 제대로 하고 있는가를 수시로 점검하고, 구성원들에 대한 공정한 성과평가를 위한 객관적인 정보를 수집할 수 있도록 인적자원부서나 성과관리팀에서는 성과모니터링 방법/방안을 강구하여야 한다.

조직에서 관리자가 직무담당자의 직무수행과정을 효과적으로 모니터링하기 위해서는 먼저 성과목표관리와 모니터링을 위한 구체적인 지침들이 제시되어야 한다. 즉 모니터링을 할 때에는 직무성과 기대리스트를 충족시키기 위한 달성계획 속의 기간별로 설정된 성과목표를 어느 정도 달성했는지 확인하고, 성과목표에 도달하지 못했을 경우에는 일차적으로 무엇 때문에 이러한 결과를 초래하게 되었는지 확인하고, 그리고 이를 보완할 수 있는 조직적인 노력이 무엇인지를 확인하는 것이다.

따라서 본 절에서는 모니터링 방법/방안으로 핵심성과지표에 의한 모니터링 방법과 팀 BSC 대시보드를 모니터링 하는 방법에 대하여 알아보도록 한다(류량도, 2007).

2.1. 핵심성과지표(KPI)에 의한 모니터링

핵심성과지표(KPI)에 의한 모니터링은 '개인측면에서 직무성과기대를 충족시키기 위해 작성된 달성계획상에서 해야 할 일들에 대한 진행상태를 파악하기 위한 과정'이다. 핵심성과지표란 '실행과제업무가 추구하는 의도대로 성과를 창출하고 있는지를 판단하고 측정하고자 할 때 전략적인 연계성과 타당성이 가장 높은 지표'이다. 또한 '성과를 향상시키되 그 성과를 어떻게 측정할 것인가'에 대한 답이 되어줄 숫자들이라고 할 수 있다(류량도, 2004, 2007). 즉 핵심성과지표(KPI)는 목표달성여부를 구체적인 금액, 수량, 건수, 비율과 같이 평가기준을 객관적으로 측정 가능한 값으로 전환한 것으로, 철저히 데이터 중심으로 설정되기 때문에 투입(input) 중심이 아니라 결과(output) 중심의 지표이다. 예로 달성계획상의 해야

할 과업(일)을 '고가형 신제품 매출증가'로 잡았다면 이에 해당하는 KPI는 고가형 신제품의 매출액이 되는 것이고, '고객서비스 강화'로 설정했다면 KPI는 고객만족도(클레임 건수 혹은 고객만족도 점수)가 되는 것이다.

따라서 관리자가 핵심성과지표(KPI)에 의한 모니터링을 효과적으로 하기 위해서는 구체적인 지침을 다음의 〈표 10-3〉과 같이 제시할 수 있다.

〈표 10-3〉 핵심성과지표(KPI)에 의한 모니터링을 위한 구체적인 지침

지 침	내 용
달성계획의 해야 할 일들 도출	• 직무명확화하기를 통해 작성된 직무성과 기대리스트를 충족하기 위해 직무담당자와 함께 달성계획을 작성한다.
핵심성과지표 (KPI) 도출	• 합의된 달성계획속의 해야 할 일들에 대한 핵심성과지표(KPI)를 함께 도출한다.
성과목표 협의/합의 도출	• 핵심성과지표(KPI) 수준은 상사와 협의/합의하에 당해 연도에 도달하고자 하는 정도를 도출한다.
실행상태 측정	• 성과목표를 달성하기 위한 실행과정을 관찰하면서 현재의 실행상태를 월별, 분기별, 반기별, 혹은 연간단위로 측정해야 한다.
단계별 진도관리	• 단계별로 성과목표에 대한 진도관리를 하는 것이 바람직하다.

이와 같이 제시된 구체적인 지침이 제대로 활용되면서 진도관리프로그램이 효과적으로 가동될 경우 이점은 다음과 같다. 1) 효과적으로 성과경영을 할 수 있다. 그 이유는 성과목표를 분기나 월별로 배분하고, 업무추진의 선택과 집중이 가능해져 우선순위에 따라 성과목표 달성전략과 방법을 수립할 수 있기 때문이다. 2) 효율적인 커뮤니케이션을 가능하게 해준다. 그 이유는 성과목표에 대한 실적분석을 통해 실행과정 중에 발생할 수 있는 문제점/장애요인을 적절순간에 확인이 가능해져, 이를 토대로 명확한 방향/공감대를 갖고 소통할 수 있게 되기 때문이다. 3) 역량기준이 잘 실천되는지를 확인할 수 있다. 그 이유는 회사의 중장기 목표에 따른 당해 연도목표와 일상적인 업무활동을 서로 연계시켜 개인 스스로가 성과목

표실행을 위해 행동하도록 만들어 주기 때문이다. 4) 자기계발계획이 잘 진행되는지 관리할 수 있다. 그 이유는 자신의 경력개발계획이 잘 실행/지켜지는지, 진행과정에서 어려운 점은 무엇인지, 수정해야 할 부분이 무엇인지 체크해 나감으로서 관리할 수 있기 때문이다.

핵심성과지표에 의한 모니터링 지표는 다음의 〈표 10-4〉와 같이 제시할 수 있다.

〈표 10-4〉 핵심성과지표(KPI)에 의한 모니터링 지표

해야 할 일들 (과업)	핵심 성과지표 (KPI)	목 표		월별 성과추이				성 과		
		당해	당월	1월	2월	....	12월	현재성과		전년
								당월	과부족	
고가형 신제품 매출증가	고가형 신제품 매출액	120억	10억	10억 ⇔	19억 ▽			8억	-2억	80억
변동비 절감	공헌이익률	63%	58%	50% ▽	58% ▽			61%	+3%	60%
대리점 미수금 관리강화	대리점 미수금 비율	1.4%	1.2%	1.0% ⬇	1.6% ⬆			1.2%	0%	1.2%
고객서비스 강화	고객만족도	80점	82점	불만건수 10%감소 ▽	불만요인 개선완료 ⇔			85점	+3점	75점
신규고객 발굴	신규고객 수	800명	78명	95명 ⬆	165명 ⬇			80명	+2명	680명
신제품 특판기획	특판 매출액	60억	6억	7억 ⇔	12억 ⬇			6억	0명	50억
신제품 상품설계	신제품 상품 설계건수	5회	1회	1회 ⇔	-			1회	0회	3회
시장 및 고객 정보수집	정보보고 횟수	12회	1회	1회 ⇔	2회 ⇔			1회	0회	8회
기존 제품 판매망 확대	기존제품판매망 확대비율	45%	40%	40% ▽	40% ▽			38%	-2%	40%

※ 상태표시: ⬆Green(상향): 목표 대비 5%(예시) 이상 초과 달성, ▽Yellow(하향): 목표 대비 90% 이상 ~100%미만 달성 ●Black(추락): 목표 대비 70% 미만 달성, ⇔White(유지): 목표 대비 ~ 목표 대비 5% 미만 초과 달성 ⬇Red(악화): 목표 대비 70% 이상 ~90% 미만 달성

자료: 류량도(2007), 하이포퍼머, 쌤앤파커스.

성과목표를 모니터링 할 때는 1) 해당 월의 목표를 세분화하여 기재해야 한다. 해당 월의 목표란 지난해의 실적이나 지난달, 지난분기의 실적을 참고해서 올해의 목표를 달성하기 위해 조정된 수치를 작성하거나, 올해의 목표를 12등분하되 시장상황이나 과거 수치상의 경향 등을 반영해서 이번 달에 달성해야 하는 목표를 계산해서 기입하면 된다. 2) 월별 성과추이를 기재해야 한다. 윗줄에는 지표별로 이번 달의 누계실적을 기제하고, 아랫줄에는 성과지표상의 이번 달 목표와 비교했을 때 실적이 어느 정도 달성되었는지 가능하다면 컬러기호를 사용해서 한눈에 현재 상태를 조망할 수 있도록 표시하는 것이 좋다. 예로 녹색(green)이나 적색(red) 기호를 사용하면 현재실적이 좋은지 나쁜지 아니면 보합세인지 누가 봐도 바로 알 수 있다. 그리고 3) 현재성과를 표시한다. 이번 달의 실적수치와 과부족 여부를 역시 숫자로 표현하는 것이다. 4) 전년도의 실적을 수치로 기입해보면 전체적으로 어떤 양상으로 성과목표가 진행되고 있는지 알 수 있다.

2.1.1. 모니터링지표 작성방안

모니터링지표를 세분화해 '월간 성과목표 달성지표(전략)'를 작성하는 방법은 추후에 일목요연하게 평가가 가능하도록 도표화하는 방법이다. 이는 관리자의 역할인 자기 구성원에 대한 모니터링을 구체적으로 할 수 있도록 도와주는 것뿐만 아니라 구성원 개인 스스로도 자신의 성과 진척도를 반성하고 계획할 수 있는 좋은 자료가 될 것이다.

'월간 성과목표 달성지표'는 지난달 실적리뷰와 이번 달 성과목표 달성지표로 이루어진다(류량도, 2007).

2.1.1.1. 지난달 실적리뷰 작성방법

1) 성과목표란에는 성과목표에 대한 해야 할 일(과제), 핵심성과지표(KPI), 올해의 목표와 지난달의 목표를 기재한다.

2) 추적 실적란에는 계획대비 수행실적을 수치로 기재하고,

3) 성과분석 및 만회대책의 미달성란에는 목표대비 달성하지 못한 수치를 기재하고, 원인 분석란에는 목표를 달성하지 못한 원인을 분석해 간단히 적어 넣으면 된다. 그리고 만회대책 및 지원 요청란에는 원인분석에 대한 만회대책, 즉 해결방안을 찾아서 기록하고, 해결방안을 실행하는데 지원이 필요하다면 그것에 대해서도 구체적으로 기재하면 된다.

<table>
<tr><th colspan="3">성과목표</th><th>추진 실적</th><th colspan="2">성과 분석 및 만회대책</th></tr>
<tr><td colspan="2">해야 할 일 (과제)</td><td>고가형 신제품 매출 증가</td><td rowspan="4">. 신제품 A 매출액 6억
. 신제품 B 매출액 2억
. 고객 재구매율 78%
. 판촉비 절감률 19%</td><td>미달성 목표</td><td>고가형 신제품 매출액 2억원</td></tr>
<tr><td colspan="2">KPI</td><td>고가형 신제품 매출액</td><td rowspan="2">원인 분석</td><td rowspan="2">신제품 B의 경우 타사에서 고가임에도 불구하고 비슷한 기능의 제품을 이벤트로 15% 정도 저가에 공급</td></tr>
<tr><td rowspan="2">성과목표</td><td>당해</td><td>120억</td></tr>
<tr><td>당월</td><td>10억</td><td>만회대책 및 지원 요청사항</td><td>강북지역의 대리점을 통해 앞으로 2개월에 걸쳐 만회 예정</td></tr>
</table>

자료: 류량도(2007), 하이포퍼머, 쌤앤파커스.

이렇게 작성한 자료는 이번 달의 성과목표 달성전략에 반영하면 되는 것이다.

2.1.1.2. 이번 달 성과목표 달성지표 작성방법

1) 성과 목표란에는 연간 성과설정상의 성과목표에 해당하는 해야 할 일(과제), 핵심성과지표(KPI)를 기재하고, 당해란에는 올해 목표액수를, 당월란에는 이번 달의 목표액수를 적으면 된다.

2) 성과목표 달성전략란의 장애요인이나 핵심성공 요인란에는 지난달 실적리뷰를 통해 이번 달 목표달성 하는데 예상되는 장애요인이나 핵심성공요인을 기재한다.

3) 성과목표 달성을 위한 핵심 과제란에는 예상 장애요인에 대한 대책성격의 실행과제와 실행할 핵심요인을 토대로 이번 달의 성과목표달성을 위한 핵심과제를 기재한다.

4) 과제 목표란에는 도출된 핵심과제별 이번 달 목표수준을 기재한다.

<table>
<tr><th colspan="3" rowspan="2">성과목표</th><th colspan="3">(6)월 성과목표 달성전략</th></tr>
<tr><th>예상 장애요인 &
핵심 성공요인</th><th>성과목표 달성을 위한
핵심과제</th><th>과제
목표</th></tr>
<tr><td colspan="2">해야
할 일
(과제)</td><td>고가형 신제품
매출 증가</td><td rowspan="4">. 신제품 B의 매출액을
높임
. 판촉비를 낮추어 비용을
절감함
. 브랜드 파워를 활용한
전략적 마케팅
. VIP 고객의 재구매율을
높임</td><td>. 신제품 B 매출액 증가
(강북지역과 충청지역을
집중공략)</td><td>5억</td></tr>
<tr><td colspan="2">KPI</td><td>고가형 신제품
매출액</td><td rowspan="2">. 고객 재구매율 강화</td><td rowspan="2">85%</td></tr>
<tr><td rowspan="2">성
과
목
표</td><td>당
해</td><td>120억</td></tr>
<tr><td>당
월</td><td>10억</td><td>. 판촉비 절감률 증가</td><td>15%</td></tr>
</table>

자료: 류랑도(2007), 하이포퍼머, 쌤앤파커스.

2.2. 팀 BSC 대시보드를 모니터링하는 방법

이 방법은 팀의 성과분석(연초)을 통하여 새롭게 보완되고, 성과목표설정의 내용을 반영한 팀 BSC 대시보드를 통해 진행한다.

BSC(Balanced Score Card)란 '팀의 미션을 근거로 하여 미래의 일정시점에 달성하고자 하는 모습에 도달하기 위한 방법에서 도출된 성과지표'이며, 그 기준은 앞의 [그림 10-1]과 같이 '재무, 고객, 내부프로세스, 학습과 성장'의 4가지 관점으로 구성된다.

따라서 팀 BSC 대시보드는 팀의 비전인 팀 중기목표를 근거로 BSC관점에서 반드시 수행하고 관리해야 할 일(과제)들과 각 일(과제)별 핵심성과지표 및 목표수준과 실적을 한눈에 알 수 있도록 정리한 것이다.

[그림 10-1] BSC의 관점(4가지)

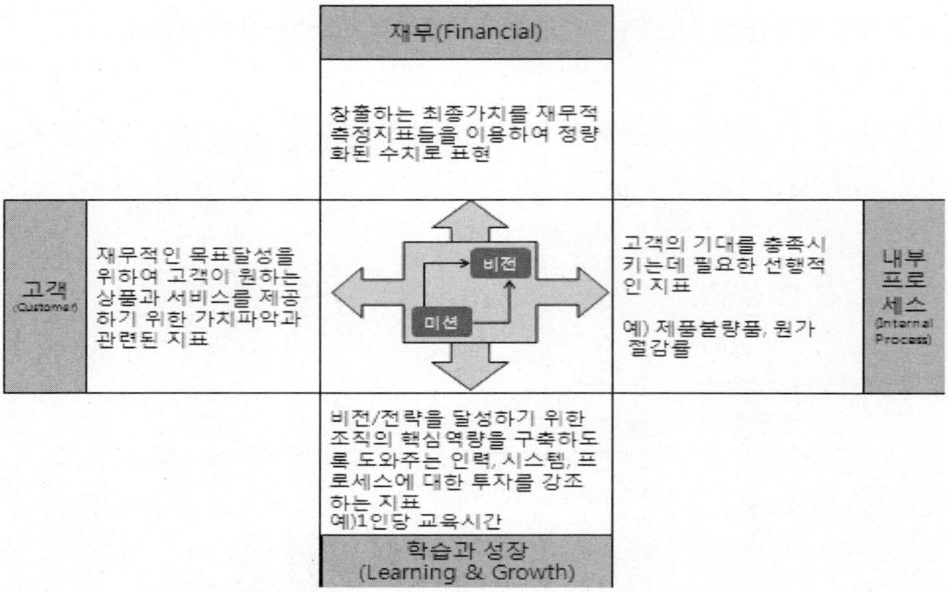

2.2.1. 팀 BSC 대시보드 설계방법

팀은 미션을 반영한 성과책임업무를 도출하고, 이를 달성하기 위한 실행과제업무를 구체화한 후 팀원들에게 배분해서 팀원별로 업무를 진행한다. 그러나 업무를 진행할 때 성과에 대한 기준이 없이 업무를 수행할 경우, 일이 어느 정도 진행되고 있는지, 또는 현재 일을 잘 수행하고 있는지 등에 대한 수행상태를 모니터링하는데 어려움이 따른다. 따라서 이러한 어려움을 해결하기 위해 필요한 것이 바로 BSC 관점에서의 핵심성과지표를 개발해야한다.

BSC 관점의 팀 핵심성과지표는 '재무, 고객, 내부프로세스, 학습과 성장'의 4가지 관점에서 1) 본질적으로 실행과제(일)가 의도하는 성과를 가장 잘 나타내줄 수 있는 지표여야 하며, 2) 과제(일)를 잘 파악한 상태에서 도출해야 하고, 3) 측정가능하고 팀원들이 잘 이해할 수 있어야 한다.

따라서 팀 BSC 대시보드 설계방법은 미션이 반영된 팀의 목표를 달성하기 위해 해야 할 일(과제)들을 도출하고, 핵심성과지표 개발, 핵심성과지표 목표수준결정, 팀 BSC 대시보드 작성 등의 4단계로 설명하기로 한다(류량도, 2007).

2.2.1.1. 해야 할 일(과제) 도출

이를 도출하기 위한 기준으로는 먼저 상위조직과 연계되어 팀의 비전으로 설정된 중기목표를 기준으로 내부역량이 고려되어 도출해야 하고, BSC의 4가지 균형적 관점에서 해야 할 일(과제)들을 도출하되 이들 사이의 연계성을 확보해야 한다. 이러한 기준들을 토대로 다음과 같이 도출할 수 있다.

사업부나 팀 차원의 해야 할 일(과제)들 도출을 위한 분석활동으로는 'SWOT' 분석 즉 외부환경의 기회와 위협요인, 팀 내부역량의 강점과 약점을 고려하여야 한다. 특히 외부환경을 분석할 때 가장 중요하게 다루어야 할 것은 '고객 요구사항'과 '경쟁상황'이다. 이 외에도 타사나 타조직의 핵심성과지표들에 대한 벤치마킹을 통해서도 도출할 수 있다.

[그림 10-2] 팀 비전(중기목표)

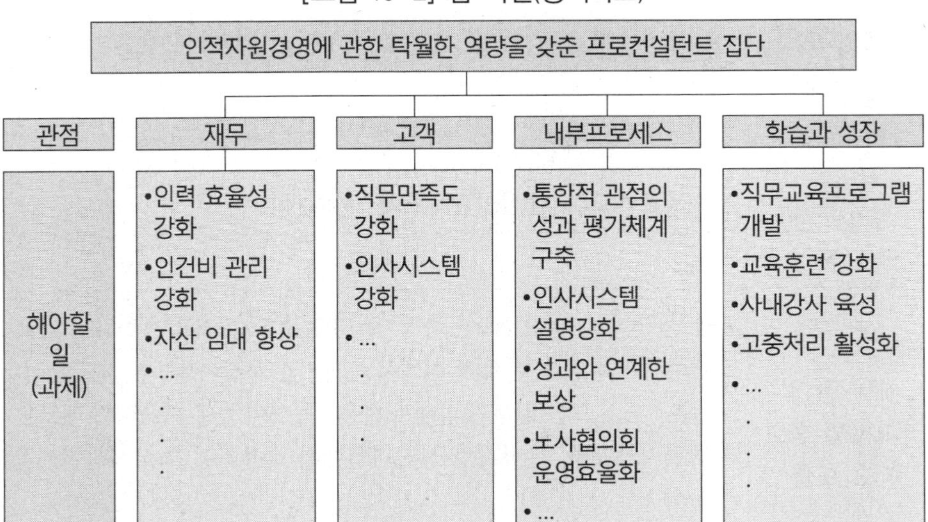

자료: 류량도(2007), 하이퍼포머 팀장매뉴얼, 쌤앤파커스.

이들의 도출방식은 팀원들의 동의가 전제되어야 하기 때문에, 팀원들이 모두 모여 워크숍 등을 통해 도출하는 것이 효과적이다. 이와 같이 도출된 일(과제)들 중 어떤 일(과제)에 우선순위를 두고 수행할지를 결정해야 한다. 그 이유는 팀의 역량이나 예산 등을 바탕으로 긴급성과 중요성을 고려하여 과제수행의 우선순위를 정해야 하기 때문이다.

위의 [그림 10-2]는 'HRM에 관한 탁월한 역량을 갖춘 프로컨설턴트 집단'이라는 총무 팀 비전을 근거로 BSC관점에서 도출한 해야 할 일(과제)의 사례이다.

2.2.1.2. 핵심성과지표의 개발

팀의 비전과 전략을 달성하기 위해 해야 할 일(과제)을 도출한 후에는, 이의 달성여부를 측정하고 관리할 수 있는 핵심성과지표를 개발해야 한다. BSC 대시보드를 구축하는 과정에서 핵심성과지표를 개발하는 것은 팀원들의 행동에 대한 이정표를 제시하는 역할을 하므로 팀의 성과경영에 성공핵심요인이다. 그렇기 때문에 핵심성과지표(KPI)는 조직적 역량에 맞추어 설정하되 전략과 연계되고, 측정이 용이하고, 이해하기 쉽고, 타 지표들과 균형을 유지할 수 있도록 개발되어야 한다.

핵심성과지표의 개발과정은 다음의 〈표 10-5〉와 같이 1) 해야 할 일(과제)별 후보지표의 도출, 2) 핵심성과지표의 결정, 그리고 3) 핵심성과지표기술서 작성의 순으로 진행된다.

〈표 10-5〉 핵심성과지표의 개발과정

과 정	내 용
1. 해야 할 일 (과제)별 후보 지표 도출	• 각 일(과제)의 달성정도를 측정 · 관리할 수 있는 지표 추출과정 의미. 1) 기존지표의 수집: 현재 각 팀에서 측정 · 관리되는 지표들 수집/분석 이유?: 즉시 또는 일부 수정해서 사용가능성이 높은 지표이기 때문. 2) 보완지표개발: 경쟁기업/선진기업에서 사용하는 핵심성과지표를 분석 이유?: 해당 조직에 맞게 수정하여 사용가능하기 때문.

2. 핵심성과 지표의 결정	1) 일(과제)에 따라 성과지표가 다수 존재의 경우, 이를 가장 정확하게 측정할 수 있는 하나의 지표를 선정한다. 2) 만약 복수의 지표를 선정해야 할 경우, KPI를 각각 관리한다. 3) KPI 결정할 땐 전략연계성, 측정가능성 등 여러 상황을 고려해야 함.
3. 핵심성과지표 기술서 작성	• 각 일(과제)별 핵심성과지표가 결정되면, 각 KPI 별로 핵심성과지표 기술서를 작성해야 한다. 이에 포함될 내용은 다음과 같다. 1) 지표 명 및 측정단위, 지표관점, 지표의 특징이 나타날 수 있는 개념. 2) 지표를 측정하는 방법과 관리하는 주기 3) 지표에 대한 관리주체로서의 책임주체와 데이터 취합주체 및 원천 4) 해당지표를 선정하게 된 전략과 근거. 5) 지표를 측정하기 위한 접근방법 및 자료수집방법

자료: 류량도(2007), 하이퍼포머 팀장매뉴얼, 쌤앤파커스.

2.2.1.3. 핵심성과지표 목표수준 결정

핵심성과지표가 결정되었으면 핵심성과지표별로 팀이 달성하고자 하는 구체적인 목표인 중기목표를 상위조직과 연계하여 설정해야 한다. 지표별 목표수준은 연도별로 수립하여 목표의 진척도를 측정하고, 목표달성에 대하여 적절한 피드백을 제공할 수 있도록 하여야 한다. 또한 목표수준은 현실을 고려하되 도전적으로 설정함으로서 팀원들의 동기를 유발할 수 있어야 한다.

2.2.1.4. 팀 BSC 대시보드의 작성

팀 BSC 대시보드는 앞에서 도출한 해야할 일(과제)별 핵심성과지표, 목표수준, 그리고 성과를 한눈에 알 수 있도록 정리한 것이다. 팀 BSC 대시보드 사례는 다음 〈표 10-6〉과 같다.

<〈표 10-6〉 팀 BSC 대시보드(총무 팀)

관점 구분	해야 할 일(과제)	핵심성과지표(KPI)	관리 주기	목표		전년도 실적	지표 상태
				3년후	1년후		
재무	인력효율성 강화	인당 매출액	년	300	250	215	
	직무관리를 통한 정원관리 강화	총 인건비	년	520	420	380	
	자산임대율 향상	자산임대수익금	년	240	180	150	
고객	직무만족도 강화	직무만족도	년	75점	65점	62점	
	사원의견 반영 인사시스템 보안	인사시스템 활용 만족도	년	75점	65점	60점	
내부 프로 세스	통합적 관점의 성과평가체계 구축	성과평가시스템 이해도	년	83점	72점	63점	
	인사시스템 설명강화	인사시스템 이해도	년	85점	72점	68점	
	성과와 연계한 보상	성과평가 절차 준수도	년	75점	65점	62점	
	노사협의회 운영 효율화	노사협의회 안건 처리율	분기	65%	50%	38%	
학습 과 성장	직무교육프로그램 개발	직무교육프로그램개발 건수	년	4건	4건	3건	
	교육훈련 강화	인당 교육훈련시간	월	75시간	45시간	40시간	
	사내강사의 육성	1급 이상 사내강사 수	년	25명	15명	12명	
	고충처리 활성화	면담 횟수	년	5회	4회	3.3회	
	채용시스템 보완	우수인력 확보율	년	70%	50%	42%	

자료: 류랑도(2007), 하이퍼포머 팀장매뉴얼, 쌤앤파커스.

2.2.2. 팀 BSC 대시보드의 효과적 관리방법

팀 BSC 대시보드는 '현재의 성과상태가 어떠한가를 파악하게 해주는 역할'을 하기 때문에, 이를 효과적으로 관리하기 위해서는 팀 핵심성과지표의 관리상태에 대한 현황을 분석하여야 한다.

현황분석은 팀의 과거 데이터, 산업평균자료나 벤치마킹자료 등을 활용하여 진행하게 되는데, 분석을 통하여 해당 핵심성과지표가 지속적으로 하향상태에 있는지, 또는 악화나 추락 상태에 있는지, 반대로 유지 또는 상향되고 있는지를 파악한다. 현황은 다음의 〈표 10-7〉과 같이 5단계로 구분하여 관리한다.

〈표 10-7〉 대시보드의 현황분석

구분	색상표시	의미	표시
상향	Green	. 목표대비 5%(예시)이상 초과달성	⬆
유지	White	. 목표~목표 대비 5% 미만 초과 달성	⇔
하향	Yellow	. 목표 대비 90%이상~100%미만 달성	▽
악화	Red	. 목표 대비 70% 이상~90% 미만 달성	⬇
추락	Black	. 목표 대비 70% 미만 달성	●

자료: 류랑도(2007), 하이퍼포머 팀장매뉴얼, 쌤앤파커스.

핵심성과지표 관리를 통하여 현재 하향이나 악화, 또는 추락을 나타내는 지표가 있다면 이를 중점적으로 관리하여 빠른 시일 내에 개선해야 한다. 따라서 효과적으로 핵심성과지표를 관리하기 위해서는 다음의 〈표 10-8〉과 같이 '성과책임지표'와 '성과관리지표'로 구분하여 관리하는 것이 좋다. 이들 지표의 관계는 핵심성과지표의 현재 상태에 따라 구분된 개념으로 팀 BSC 대시보드를 점검하여 상태가 문제가 있는 경우에는 성과책임지표가 되고, 그 외의 지표는 성과관리지표로 유지된다.

〈표 10-8〉 성과책임지표와 성과관리지표

구 분	내 용
성과 책임지표	• **성과가 저조한 성과목표 중점 관리대상:** • 성과지표수준을 개선시키기 위하여 목표달성정도에 대하여 권한 내에서 관리주체별로 책임을 지는 지표. • 모든 재무지표와 상태가 하향, 악화, 추락 상태의 비재무지표를 포함한다.

성과 관리지표	• **현 성과의 유지상태 중점 관리대상:** • 팀의 중장기목표의 달성정도와 팀의 현재 경영상황을 관리하는 지표이다. • 수시로 혹은 정기적(일일, 주간, 월산, 분기, 반기, 년간)으로 모니터링 해, 지표상태가 기대치를 벗어나면 신속한 주의를 기울여야 하는 지표이다. • 이는 주로 지표상태가 현상유지이거나 기대목표보다 상향되는 성과를 나타내는 지표로 구성된다.

자료: 류량도(2007), 하이퍼포머 팀장매뉴얼, 쌤앤파커스.

이처럼 팀 BSC 대시보드를 관리할 경우, 이를 통해 얻는 효과는 다음의 〈표 10-9〉와 같이 정리할 수 있다.

〈표 10-9〉 팀 BSC 대시보드 관리의 효과

업무추진의 조기 경보 기능수행	• 팀 과제의 수행성과를 한눈에 알아볼 수 있게 하기 때문에 팀은 각 핵심성과지표에 대한 상태를 파악하고, 이를 분석하여 조기에 문제를 해결할 수 있게 된다.
팀 성과목표 이해	• 팀이 무엇을 추구하고 있는지를 팀원들이 파악할 수 있게 됨으로 팀 경영에 대한 전반적인 공감대를 형성할 수 있다.
팀 성과목표에 집중	• 팀원들은 팀의 핵심성과지표를 달성하기 위하여 팀원차원에서 추진해야 할 사항을 알 수 있게 된다.

자료: 류량도(2007), 하이퍼포머 팀장매뉴얼, 쌤앤파커스.

따라서 팀 BSC 대시보드를 모니터링하는 방법은 성과상태가 하향곡선을 나타내고 있거나 악화된 지표들은 그 원인을 분석하여 대책을 수립함으로서 문제를 조기에 파악하여 대응할 수 있게 된다.

학습목표(과제)

1. 모니터링하기가 왜 성과관리에서 중요한가?
2. 핵심성과지표(KPI)에 의한 모니터링의 과정은?
3. 팀 BSC 대시보드 모니터링의 과정은?

참고문헌

나기현(2004), 포괄적인 성과관리모델에 관한 연구, 외대논총, 제28집, 부산외국어대학교.

류량도(2004), 통합 성과관리시스템, 한언.

______(2007), 하이퍼포머: 성과로 말하는 핵심인재, 쌤엔파커스.

______(2007), 하이퍼포머 팀장메뉴얼, 쌤엔파커스.

Baker, H. G., Spier, M. S., & Dhammanungune, S.(1990, April). Trust, Credibility, and Empowerment, paper presented at the Bay Area Organizational Development Network Conference, Palo Alto, CA.

Fahnestock, C. M. (1984). One Utility's System in Management Planning and Performance Review. *Public Utilities Fortnightly,* 114(2), 33-36.

Heide, D. P.(1993), A Comprehensive Performance Management Model, A Dissertation in School of Human Behavior, United States International University, San diego, CA.

제11장. 평가하기

평가하기는 성과관리시스템에서 핵심적인 기능을 수행하는 과정이다. 그 이유는 평가가 개인의 행동에 영향을 미침으로써 개인성과는 물론 조직성과와 직접적인 관련을 갖기 때문이다. 성과평가는 단순히 과거의 성과만을 평가하던 것과 달리 개인의 개발과 육성을 강조하는 평가로 변모하고 있다. 특히 측정에 바탕을 둔 평가는 성과의 관리 및 향상에 있어서 중요한 출발점으로 간주된다.

평가하기의 가장 중요한 목적은 경영전략과의 통합을 통하여 전략적 인적자원관리와 성과관리의 실행 그리고 궁극적으로는 조직체 목표달성에 기여하는 것이다. 따라서 본장 제1절에서는 평가하기에 대한 이해를 돕기 위해 평가하기의 개념과 주요목적, 글로벌기업의 평가체제, 그리고 평가요소와 그에 따른 평가방법에 대하여 살펴본다. 그리고 제2절에서는 비재무적 성과평가에 대하여 알아본다.

제1절. 평가하기에 대한 이해

1.1. 평가하기 개념과 주요목적

현대조직에서 평가는 인적자원관리의 매우 중요한 기능으로 강조되고 있다. 특히 조직을 활성화시키는데 중요기능으로 인식되고 있기 때문에, 조직은 구성원들의 성과를 정확히 그리고 공정하게 평가할 수 있는 평가시스템의 설계와 평가자에 대한 교육훈련에 많은 노력을 기울여야 한다.

평가란 '어떤 대상이 얼마나 가치가 있는지를 따지는 활동'이다. 좀 더 엄밀히 말하면, "어떤 사람(평가주체)이 다른 사람이나 사물 또는 사건(평가대상)으로부터 얻는 정보를 기초로 특정한 기준에 따라 평가대상이 어떠한지를 결정해 주는 과정"을 지칭한다(Wagner & Hollenbeck, 1995).

조직에서 사람에 대한 평가의 개념과 유사하거나 혼용되고 있는 용어로는 다음의 〈표 11-1〉과 같은 것들이 있다.

〈표 11-1〉 평가의 개념과 유사/혼용되고 있는 용어

용어	내용
판단 (Judgement)	• 평가주체가 주로 개인일 경우에 사용하는 용어. • 한 개인이 특정의 판단기준에 입각하여 타인에 대한 정보를 해석하고 이해하는 정신적/인지적 과정을 의미한다.
고과 (Rating/Appraisal)	• 경영실무/인사관리 분야에서 주로 조직이 평가주체가 되어 종업원을 평가하는 의미로 사용된다. • 쓰임새는 조금씩 다르지만 이들을 포괄하는 일반적 용어가 평가라 할 수 있다. 경우에 따라서는 평가를 고과와 혼용할 수 있다.
평정 (Assessment)	

통합적 성과관리모델에서의 평가하기(assessment)란 '구성원이 실제실행을 통해 창출해낸 성과자료와 모니터링과정을 통해서 모아진 데이터들을 중심으로 명확하게 규정된 직무성과 기대와의 상호비교'를 하는 것이다(Baker, et. al., 1990; Heide, 1993; 나기현, 2004). 이처럼 상호비교가 가능한 것은 직무명확화하기를 통해 작성된 명확한 직무성과 기대리스트가 존재하기 때문이다.

따라서 평가하기 기능의 목표는 가능한 정확하게 구성원의 효과성을 결정하는 것이다. 즉 조직구성원이 조직체 목표달성에 얼마나 기여하고 있는가 여부를 평가하는 중요한 인적자원관리 기능이기 때문에 구성원의 보상과 동기부여 그리고 능력개발에 결정적인 역할을 한다. 조직에서 평가를 행하는 주요 목적들을 다음의 〈표 11-2〉와 같이 정리할 수 있다.

우리조직에서 평가결과는 주로 상벌결정에 사용되었으나, 인적자원관리개념이 확대됨에 따라 향후에는 평가결과를 성과향상, 성과피드백과 목표설정, 인력개발과 경력계획, 인적자원정보의 데이터베이스화 등의 목적으로 사용되어야 할 것이다(Peck, 1984).

〈표 11-2〉 평가의 주요 목적

구 분	내 용
1. 경영전략과의 연계	• 조직체의 전략적 목표를 구성원들의 과업활동과 연계시켜, 그들로부터 성공적인 경영전략수행을 위해 요구되는 행동, 활동, 그리고 성과를 이끌어내는 것이다. • 경영전략과의 연계는 전략적 평가의 가장 중요한 측면이다.
2. 보상 및 상벌결정	• 구성원들을 정당하게 대우하기 위해서는 그들의 성과를 주기적으로 측정하고, 그 결과를 기준으로 승진, 승급, 강등, 징계 등 적절한 결정을 해야 한다. • 평가결과는 상벌결정에 가장 중요한 자료로 사용된다.
3. 성과 향상	• 평가자는 구성원의 성과평가를 중심으로 앞으로 구성원의 성과향상에 많은 도움을 줄 수 있다. • 구성원의 업무성과를 향상시키는 평가결과를 중심으로 활용한다.
4. 성과피드백과 인력개발	• 구성원이 얼마나 성과를 거두고 있고, 조직체의 기대수준에 얼마나 접근하고 있는지에 대한 피드백을 통해 구성원의 동기부여, 성과향상, 인력개발, 경력개발에 중요역할을 한다.
5. 적재적소배치	• 평가결과는 경력계획은 물론 구성원(성격, 능력 등)과 직무를 적합화 시키는데 유효한 자료를 제공한다.
6. 기타 목적	• 평가결과는 데이터베이스화 되어 구성원들에 대한 종합인사마스터파일을 구축할 수 있도록 한다. • 평가결과는 주요 인적자원관리 프로그램들(모집 및 선발프로그램, 능력개발 프로그램 등)의 타당도 분석을 위한 준거(criterion)로 활용되며, 기타 연구조사의 입력 자료로도 활용된다.

자료: 이학종 & 양혁승(2005), 전략적 인적자원관리, 박영사.

우리는 조직에서 평가를 왜 하는지, 평가주요목적에 대해 살펴보았다. 그렇다면 최근 글로벌 기업들의 평가 트랜드와 평가체제는 어떠한지를 간략하게 살펴보도록 한다.

1.2. 글로벌 기업의 평가 트랜드와 평가체계

글로벌 기업들의 평가경향과 평가체제를 살펴보면, 다음의 〈표 11-3〉과 같이 정리할 수 있다. 평가경향(Trends)을 살펴보면, 평가의 접근방법과 목표설정에서 과거에는 기업 내부가치 중심의 내부 공정성제고의 측면에서 기업의 시장가치 중심의 경영투명성 제고방향으로 진행되고 있다. 또한 평가목적도 과거에는 승진 및 보상결정 위주에서 이는 물론 전략적 목표달성을 위한 선도기능 방향으로 변화되고 있다. 특히 평가기준에서는 과거 단기적 성과와 재무적 성과지표를 중시하였지만 현재/미래는 장 · 단기의 성과조화, 기업가치 지표(BSC)중시, 그리고 역량을 중시하는 방향으로 변화를 이루고 있다.

〈표 11-3〉 평가 트렌드와 평가체제

구 분	과 거	현재 및 미래
접근방법	· 내부 공정성제고	· 경영 투명성 제고
평가목적	· 승진 및 보상결정 위주	· 전략적 목표달성을 위한 선도 기능 · 승진 및 보상결정
목표설정	· 기업 내부가치 중심 · Top-Down 방식	· 기업의 시장가치 중심 · Cascading 방식
평가기준	· 단기적 성과 · 재무적 성과지표 중시	· 업적: 장단기 성과조화 · 기업 가치지표(BSC) 중시 · 능력: 역량(Competency)
평가항목 수	· 복잡, 다양	· 단순
평가대상	· 집단, 개인분리	· 집단과 개인 통합
평가주기	· 년, 반기	· 수시 피드백시스템 강화
평가주체	· 직속상사	· 직속상사, 위원회, 다면평가

구 분	성과(performance)평가	역량(competency)평가
평가 목적	· Base Salary 및 Bonus 결정에 활용 · 단기적 성과평가	· 승진 및 Succession Plan에 활용 · 장기적 관점의 평가
평가 항목	· 회사의 전체성과에 기초한 사업부, 팀, 개인의 재무적 성과(3~6개) · 당해 연도의 전략적 행동 · 회사전체의 성과와 전략적 항목	· 회사의 가치(shared Value)와 연계한 리더십 및 역량항목(10~16개) · 장기적 재무성과(통상 3년 정도)
평가 방식	· Cascading(Top-Down)식으로 연초 설정된 목표에 대해 3-5 단계로 평가	· 다면평가방식으로 미리 설정된 역량항목에 대해 3~5단계로 평가
주기	· 회계연도 말에 년 1회 평가	· 업적평가와 분리하여 년 1회 평가
평가자	· 직속상사가 평가	· 직속상사 또는 위원회에서 평가

특히 글로벌 기업들의 평가체계는 급격한 경영환경 변화에 대한 대응력을 높이기 위해서 성과평가뿐만 아니라 역량평가의 중요성이 강화되고 있다. 아직까지 평가요소는 목표대비 성과평가가 중심이 되지만, 글로벌 기업들은 역량과 스킬, 태도와 속성을 중시하려는 경향이 증가하고 있는 추세이다. 이들을 간략하게 살펴보면 다음과 같다.

1.2.1. 성과평가와 관련하여

경영전략/변화계획의 성공적 수행을 지원, 관리하는 BSC(Balanced Score Card) 방식의 성과평가가 확산되고 있다. 그 이유는 재무적 성과만을 중심으로 한 단기적 성과평가에 대한 반성에서 출발하기 때문이다. 다음의 [그림 11-1]과 같이 BSC 방식은 재무적 업적과 비재무적 성과에 대한 최고경영자의 비전(목표)을 달성하기 위해 조직의 각 수준에서 어떻게 공헌해야 하는가? 하는 행동지표(Action Plan)를 중심으로 한 평가제도이다. 즉 비전과 전략을 구체적인 행동지표로 제시함으로써 구성원의 목표설정, 성과관리 및 동기부여를 위한 종합적인 도구(Tool)이다.

평가항목은 재무적 성과, 고객만족, 업무프로세스 및 학습의 4대 영역으로 설정된다.

[그림 11-1] BSC 방식의 평가항목영역 및 평가양식

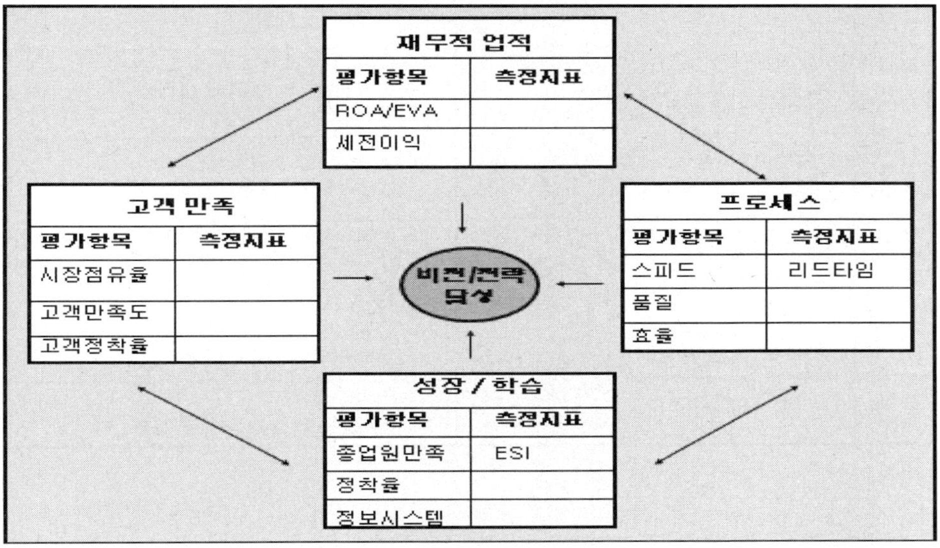

1.2.2. 역량평가와 관련하여

최근에는 회사의 핵심역량과 연계된 역량(competency)중심의 평가를 중시하고 있다. 역량이란 '고성과자들이 가진 공동의 행동특성'으로 측정과 개발이 가능하다. 조직의 관리자들은 성과를 올리기 위한 근원인 사람의 역량을 중시해야 한다. 그 이유는 성과는 지식 · 정보화 시대, 경쟁기업의 수시출현, 시장과 고객의 요구변화 가속 등의 기업 환경의 변화에 따라 영향을 많이 받기 때문이다.

평가항목은 먼저 역량모형분석을 통해 회사가치, 핵심역량, 인재상으로 부터 요구되고 필요로 하는 역량과 성공적으로 기능 및 직무수행에 요구되는 필요역량을 도출하며, 평가항목별 구체적 행동특성을 평가기준으로 설정하여 평가객관성을 강화하여야 한다. 직무수행능력과 Competency의 비교는 다음의 [그림 11-2]와 같다.

[그림 11-2] 직무수행능력과 Competency의 비교

구분	직무수행능력	Competency
기원	일본	미국
대상	사람	사람
개념	- 일반적이고 개념적인 능력으로 특정한 행동을 유발하는 개인차원의 동기, 성향, 태도를 의미	- 업무와 과업과 연관된 지식, 기능 기술 및 조직의 성과에 중대한 영향을 미치는 행동을 의미
성격	- 기본자질, 인성, 성품, 잠재능력 등 업무성과에 영향을 미칠 수 있으나	- 발휘능력, 행동양식 등 관찰, 개발, 측정할 수 있는 요소
항목	측정/육성할 수 없는(하기 어려운)요소 - 인간미, 도덕성 - 판단, 결단력 - 지식, 기능 - 절충, 섭외력 - 지도, 통솔력 등	(육성시스템에 활용할 수 있는 요소) - 전략의 입안, 전략실행, 행동력 - Teamwork - 리더십 - Communication - 고객, Market 지향성 등
문장 표현	~ 할 수 있다	~ 하고 있다 (관찰불능의 잠재능력은 배제)

이상과 같이 선진기업들도 평가의 공정성/객관성을 제고하기 위하여 개인과 팀 성과 조합, 다면평가(동료/부하/고객) 도입, 그리고 Skill/Competency 개발지원 등의 지속적인 개선 노력을 하고 있다.

1.3. 평가하기의 요소와 평가방법

평가에 있어서, 가장 근본적인 문제는 무엇을 누가 어떻게 평가하느냐에 관한 것이다. 특히 실질적인 중요문제는 무엇을 평가할 것인가에 관한 것이다. 또한 평가하기에서 고려되어야 하는 또 하나의 중요한 문제는 피평가자를 어떻게 평가하느냐에 관한 것이다. 이 문제는 평가를 언제, 얼마나 자주 어떤 주기로, 어떠한 평가방법을 적용하느냐 등 여러 가지를 포함한다.

평가요소와 관련하여 조직체마다 여러 가지의 다양한 평가요소가 사용되지만 일반적인 측면에서 공통적인 평가요소로는 업무수행성과, 업무수행능력, 그리고 업무수행태도 등이 있다. 그러나 통합적인 성과관리를 위해서는 평가하기가 조직

체의 전략목적달성에 기여하여야 한다. 이를 위해서는 평가요소가 근본적으로 경영전략과 연계되어야 하고, 직무성과와 높은 관련성을 가져야 하며, 측정이 가능해야 한다. 이러한 조건들을 갖춘 것이 바로 직무성과 기대리스트이다. 그 이유는 비즈니스 계획을 달성하기 위해 계획으로부터 세분화된 직무에 대한 명확화하기를 통해 구체적으로 작성되었기 때문이다. 특히 직무성과 기대를 충족하기 위해 라인관리자와 직무담당자가 협의/합의하여 작성한 달성계획상의 해야 할 일들, 그와 관련된 각 핵심성과지표에 대한 성과목표, 이를 달성하기 위해 해야 하는 과업행동들, 성공적 직무수행을 위한 스킬/능력/역량 등이 바로 평가기준 및 요소가 된다.

평가빈도와 관련하여 기업에서 가장 널리 적용되는 방법은 1년을 주기로 실시하고 있다. 평가의 중요성에 비추어 반기 · 분기 · 월별 단위로 주기적인 성과목표를 부여하고 확인하는 등 수시로 평가가 이루어져야함에도 불구하고 조직에서의 평가는 연말과제 정도로 인식하고 있다는 점이다. 이는 동기부여 관점에서 효과적이지 못하다. 그 이유는 강화이론에 따르면 성과피드백을 자주하고 성과와 보상간의 관계를 명확히 할수록 피평가자의 욕구 동기는 강해지고 성과도 높아질 수 있기 때문이다.

따라서 공정하고 타당한 평가를 위하여 평가하기 요소인 성과, 과업행동, 그리고 역량에 대한 평가방법에 대하여 좀 더 구체적으로 살펴보도록 한다.

1.3.1. 성과평가와 평가도구

평가하기의 가치가 전략적 통합에 달려있기 때문에 성공적으로 비즈니스계획을 달성하기 위해서는 평가하기에 전략목표가 반영된 실제 수행성과에 대한 평가지표가 중요하다. 그 이유는 측정이 용이하고 계량화된 성과측정이 가능해 평가요소로서의 타당도가 높기 때문이다.

1.3.1.1. 성과평가의 의의

성과평가(performance assessment)란 '실행기간이 지난 후, 각 직무마다 작성된 직무성과 기대리스트상의 성과표준과 대비하여 직무담당자가 만들어낸 결과와의 비교'를 의미한다. 즉 성과평가는 "성과목표의 실행기간이 끝난 시점에 미리 합의한 성과측정지표를 통해 연초에 설정했던 성과목표를 달성한 정도를 측정하는 과정"이다(Heide, 1993; 나기현, 2004; 류량도, 2007). 그러므로 성과평가의 성공여부는 1) 성과관리팀에서 작성한 직무성과 기대와 이를 달성할 과업행동들이 얼마나 명확하고 구체적이냐, 2) 직무성과 기대들을 충족시키기 위하여 관리자와 직무담당자간의 협의/합의된 달성계획을 실행하는 과정에서 모니터링을 통해 평가를 위한 데이터들을 얼마나 구체적/객관적으로 확보하느냐에 달려있다. 그 이유는 평가행위는 직무성과 기대리스트상의 성과표준인 평가기준에 대한 자료를 객관적으로 확인하는 절차에 불과하기 때문이다. 따라서 성과관리팀에서 직무성과 기대리스트를 작성할 때 이미 평가의 성공여부가 결정되어진다고 해도 과언이 아니다. 또한 성과평가는 조직구성원들이 자신의 역할, 목표, 기대성과, 성과달성 등을 이해하는데 도움을 주기 위해 설계된 하나의 프로세스로서, 조직에서 다양한 용도로 활용할 수 있는 중요한 관리 툴(tool)이다.

1.3.1.2. 성공적인 성과평가의 전제조건

성과평가는 업무수행을 통해 성과목표의 달성정도를 측정하는 것이기 때문에, 성공적인 성과평가의 전제조건은 성과목표기준의 사전협의, 그리고 지속적인 모니터링과 지원 등 두 가지로 볼 수 있다.

1) 성과목표 기준의 사전협의: 직무성과 기대를 충족하기 위한 달성계획상의 성과목표를 라인관리자와 직무담당자가 합의/협의에 의해 설정하는 단계에서 이미 평가는 시작된 것이다. 즉 성과목표를 수립할 때 서로간의 합의가 이루어졌다면 수행직무에 대한 구체적인 성과기준에 대한 합의를 한 것으로 보아 평가는 이미 절반이상 성공한 것이나 다름없다. 따라서 성과평가의 성공여부는 이미 성과목표

를 설정하는 연초에 결정되어진다고 해도 과언이 아닐 만큼 사전에 신뢰성, 타당성, 납득성을 갖춘 성과기준을 설정하는 것이 중요하다(류량도, 2007).

2) 지속적인 모니터링과 지원: 성과평가는 성과모니터링의 과정을 종합하는 것이므로, 객관적이고 공정한 평가를 위해서는 지속적이고 정기적인 성과모니터링 활동이 최소 월간/분기 단위로 진행될 수 있도록 조직체의 적극적인 지원이 있어야 한다. 그 이유는 라인관리자(팀장)는 성과모니터링(진도관리)를 통해 모아진 데이터들을 중심으로 직무담당자의 평가, 성과개선, 그리고 직무성과기대 달성계획 및 전략수립 등에 관한 현실적인 내용의 면담과 코치가 구체적으로 이루어져야 하기 때문이다.

1.3.1.3. 성과평가의 중요성

성과평가는 구성원들에게 동기부여 하는데 효과적인 수단이다. 그 이유는 구성원들이 라인관리자(팀장)로부터 권한을 위임받아 성과를 달성하는 수단이나 실행방법을 스스로 결정하고, 그 결과에 대해 제대로 평가받았다고 생각될 때 가장 효과적으로 동기부여 될 수 있기 때문이다. 성과평가가 왜 중요한지를 정리하면 다음의 〈표 11-4〉와 같다.

〈표 11-4〉 성과평가의 중요성

• 성과목표 달성에 평가대상자가 어떤 기여를 하였는지를 알려준다. • 성과에 대한 칭찬은 구성원의 동기를 고취시킨다. • 새로운 성과목표와 기대행동(기대치)을 설정하는 계기가 된다. • 평가자와 평가대상자간의 관계를 향상시켜 준다. • 임금수준을 결정할 때 합리적인 근거로 활용된다. • 개인적 성장이 필요한 영역을 확인하고, 구성원역량을 개발시킬 계획을 세울 수 있다. • 평가대상자의 승진, 보상, 이동, 경력개발, 교육훈련 등에 객관적 근거자료로 활용된다.

따라서 평가자인 관리자(팀장)는 결과에 대한 자의적/주관적인 평가가 아닌 사전에 분명히 합의된 객관적인 성과기준을 바탕으로 평가를 하여야함은 물론 성과평가가 왜 중요한지를 명확하게 인식하고 평가에 임해야 한다.

1.3.1.4. 성과평가를 어떻게 할 것인가?

공정한 평가하기를 위하여 조직체에서는 평가목적에 따라 다양한 평가자들이 고려될 수 있다. 그러나 통합적 성과관리모델에서의 평가하기 주체는 성과관리팀이다. 인적자원전문가와 라인관리자로 구성된 성과관리팀은 비즈니스계획과 통합된 직무명확화하기를 통한 현실적인 직무성과 기대리스트를 작성하고, 이를 토대로 성과관리모델의 적격심사과정, 예측/선택하기과정, 그리고 오리엔테이션/훈련하기과정, 모니터링하기과정을 통해 집적된 모든 정보자료들을 개별 직무담당자별로 데이터베이스화하여 비교할 수 있기 때문이다. 특히 성과관리팀의 라인관리자는 성과관리팀에서 작성한 직무성과 기대를 충족하기 위하여 직무담당자가 수행해야 할 과제들과 그에 따른 성과목표, 그리고 과업행동들을 직무담당자와 합의하에 설정하므로 자기 부하 및 부하가 수행하고 있는 직무를 가장 잘 이해할 수 있고, 부하의 행동과 업무실적을 항상 관찰하여 그 결과를 승진이나 보상 등의 인적자원관리 결정에 공정하게 연결시킬 수 있는 위치에 있기 때문이다.

라인관리자가 포함되는 성과관리팀의 평가타당도를 높이기 위해서는 평가자의 관리 및 평가능력을 향상시키는 것은 물론이고, 직무명확화하기를 통해 구체적으로 작성된 직무성과 기대와 과업행동들을 평가기준 및 요소로 활용하여야 한다. 특히 평가대상자가 평가기간 중에 달성한 실적을 확인함은 물론 월별/분기별로 진도관리 하였던 내용을 종합적으로 검토하여 최종적으로 확인하여야 한다.

평가절차는 연초에 수립한 성과목표와 대비한 실적을 미리 정해놓은 다음의 〈표 11-5〉와 같은 평가척도에 따라 등급매긴 후에 가중치를 반영하여 최종점수를 산정하는 절차로 진행한다.

〈표 11-5〉 평가척도 구분 및 의미

평가척도	탁월 (Excellent)	우수 (Good)	보통 (Average)	기본 (Basic)	미흡 (poor)
의 미	목표 초과달성	올해 목표수준	목표 약간미달	현상유지	현상악화
예(구간치: 목표치의 10%)	목표수준의 110% 초과	목표수준의 100~110%	목표수준의 90~100%	목표수준의 80~90%	목표수준의 80% 미만
• Excellent: 목표수준이 약화된 경우에는 전년도 실적수준 • Basic: 목표수준이 향상된 경우에는 전년도 실적수준					

자료: 류량도(2007), 하이퍼포머 팀장매뉴얼, 쌤앤파커스

평가의 진행은 연초에 설정한 성과목표 설정서를 기반으로, 이에 기록한 해야 할 일들(전략과제), 핵심성과지표, 올해목표, 평가척도, 가중치를 확인하고 평가를 진행한다.

다음의 [그림 11-3]은 연초에 설정한 팀원의 성과목표와 평가사례를 제시한 것이다.

[그림 11-3] 연초에 설정한 팀원의 성과목표와 평가 사례

소속		생산 팀		직위				팀장			성명		000			
구분	해야 할 일 (과제)	핵심성과지표 (KPI)		목표수준		해야 할 일 (과제)	핵심성과지표 (KPI)	평가척도					가중치	성과	해당 척도	취득 점수
		지표명	측정 방법	기준치	목표		지표명	Excellent	Good	Average	Basic	Poor				
전략목표	제조 원가 절감	제조 원가 절감액	연간 제조 원가 절감액	220 백만	250 백만	제조 원가 절감	제조 원가 절감액	265 백만 이상	250 백만 이상 ~265 백만 미만	235 백만 이상 ~250 백만 미만	220 백만 이상 ~235 백만 미만	220 백만 미만	30%	248 백만	Average (보통)	23.5
	제품 수율 향상	생산성	연간 제품 생산성		##	제품 수율 향상	생산성	84.5% 이상	54% 이상 ~84.5% 미만	83.5% 이상 84% 미만	83% 이상 83.5% 미만	83% 미만	20%	84.2%	Good (우수)	20

<table>
<tr><td rowspan="3">본연목표</td><td>안전의식강화</td><td>재해손실시간</td><td>연간재해로인한손실시간</td><td>250시간</td><td>200시간</td><td>안전의식강화</td><td>재해손실시간</td><td>175시간 이하</td><td>175시간 초과~200시간 미만</td><td>200시간 초과~225시간 미만</td><td>225시간 초과~250시간 미만</td><td>250시간 초과</td><td>15%</td><td>190시간</td><td>Good(우수)</td><td>15</td></tr>
<tr><td>불량제품감소</td><td>제품불량률</td><td>연간제품불량률</td><td></td><td>##</td><td>불량제품감소</td><td>제품불량률</td><td>3% 이하</td><td>3% 초과 ~4% 미만</td><td>4% 초과 ~5% 미만</td><td>5% 초과 ~6% 미만</td><td>6% 초과</td><td>15%</td><td>4.1%</td><td>Average(보통)</td><td>12.8</td></tr>
<tr><td>제안활동강화</td><td>인당제안건수</td><td>연간인당평균제안건수</td><td>2.2건</td><td>2.5건</td><td>제안활동강화</td><td>인당제안건수</td><td>2.65건 이상</td><td>2.5건 이상 ~2.65건 미만</td><td>2.35건 이상 ~2.5건 미만</td><td>2.2건 이상 ~2.35건 미만</td><td>2.2건 이하</td><td>10%</td><td>2.55건</td><td>Good(우수)</td><td>10</td></tr>
<tr><td>공헌목표</td><td>신제품생산</td><td>신제품생산소요일수</td><td>신제품개발~생산소요일</td><td>5일</td><td>4일</td><td>신제품생산</td><td>신제품생산소요일수</td><td>3일 미만</td><td>3일 이상 ~4일 미만</td><td>4일 이상 ~5일 미만</td><td>5일 이상 ~6일 미만</td><td>6일 이상</td><td>10%</td><td>3.5일</td><td>Good(우수)</td><td>10</td></tr>
<tr><td colspan="8">점수 산출 절차</td><td colspan="6">① 성과기재→
② 성과에 해당되는 평가척도 기재→
③ 평가척도별 해당점수 기재→
④ 취득점수산출(가중치 X 점수)→
⑤ 평가점수=Σ(평가항목의가중치 X 척도별 점수)
※ 평가척도별 점수:
E→115, G→100, A→85, B→70, P→55</td><td colspan="2">평가 점수 계</td><td>91.3</td></tr>
</table>

자료: 류랑도(2007), 하이퍼포머 팀장매뉴얼, 쌤앤파커스.

1) 성과기재: 성과목표별로 달성실적을 기록하고, 이때는 진도관리과정에서 매월 누적하여 관리한 실적을 기재한다.

2) 성과에 해당하는 평가척도 기재: 기재한 성과가 어느 정도의 실적에 해당하는지를 기록한다. 즉 성과목표를 설정할 때 구분했던 평가척도 등급구분기준(〈표 11-5〉 참조)과 비교하여 달성한 성과가 어느 정도에 해당하는지를 기록한다.

3) 평가척도별 해당점수 기재: 평가척도별로 사전에 설정한 점수를 기재한다.

4) 평가항목별 취득점수 산출: 전략과제별 가중치와 평가점수를 곱하여 점수 산정함.

5) 평가점수 계 산출: 각 전략과제별 취득점수를 더하여 평가점수의 계를 산출한다.

1.3.1.5. 기타 성과평가도구

성과평가에서 일반적으로 많이 사용되는 방법들을 소개하면 다음과 같다.

1) 체크리스트(checklist)법과 강제분포법(forced distribution method)

체크리스트 방법은 수행성과에 대한 질문을 나열하고 평가자로 하여금 가부 또는 리커트 스케일에 표시하게 함으로서 피평가자를 평가하는 방법이다. 질문마다 가중치를 배정하여 평가결과를 수치로 계산할 수 있다. 직무마다 질문이 다르므로 전체적인 평가가 어렵고, 직무마다 별도의 질문을 설계해야하므로 많은 시간의 투입이 요구된다.

강제분포법은 성과등급을 보통 5개의 범주로 나누고 각 범주에 일정한 비율의 피고과자를 할당하도록 강제하는 방법이다. 우리나라 대기업들이 많이 채택하여 사용하고 있는데, 등급별 할당비율 예는 S-5%, A-25%, B-55%, C-10%, D-5% 등을 들 수 있다. 이 방법은 평가자의 관대화경향이나 중심화경향을 극복할 수는 있지만, 팀원들 간의 지나친 경쟁을 유발한다든지, 평가자의 재량권을 제약하여 일정 비율의 팀원들에게는 반드시 낮은 등급을 부여하게 함으로서 팀원들의 사기를 떨어뜨릴 수 있다.

2) 목표관리제(MBO: management by objective)

드러커(Drucker, 1954)가 처음 창안한 이래, 여러 학자들과 실무자들에 의해 수정.보완됨으로써 평가뿐만 아니라 조직의 전체적인 성과를 높이기 위한 경영기법으로 발전해 왔다. 목표관리제는 성과목표와 평가기준을 명백히 하고, 평가과정에서 평가자와 피평가자의 참여를 최대화함으로써 평가의 효과를 높일 수 있는 방법이다. 평가와 관련하여 목표관리제의 중요 단계적 과정과 특징은 다음의 〈표 11-6〉과 같다.

목표관리에서 유의해야 할 점은 목표관리 자체가 바로 인사평가가 아니라는 점이다. 즉 목표관리는 상사와 부하가 공동으로 목표를 설정하고, 달성된 성과를 공동으로 토의함으로서 개인과 조직체 사이의 목표를 통합하고 개인의 동기부여와 능력개발을 증진시키려는 경영기법이다. 그러므로 목표관리를 사용하는 조직체는 목표관리 이외에 별도의 인사평가제도를 적용할 수도 있고, 목표관리자체를 인사평가제도로 겸용할 수도 있다.

〈표 11-6〉 목표관리제의 중요 단계적 과정과 특징

구 분	내 용
1. 공동 목표설정	• 평가자와 피평가자가 공동으로 평가기간에 달성할 목표를 설정한다. 목표는 일상 업무성과를 위한 일상목표, 창의적 업무성과를 위한 창의적 목표, 피평가자 능력개발을 위한 개인개발목표 등으로 구성된다.
2. 중간 피드백	• 피드백시기를 정하여 그 때까지의 업무성과와 목표달성정도를 서로가 공동으로 토의하고, 필요에 따라 목표달성방안을 세워서 경과상황에 적절히 대처해 나간다.
3. 기말평가	• 기말에 가서 실제로 달성한 성과를 목표와 비교하여 차이와 원인을 공동분석 · 평가하여 앞으로의 목표와 계획에 토의하고, 이를 차기 목표설정에 연계시킨다.

목표관리제 효과는 공동참여를 통한 성과목표와 평가방법을 분명히해 평가결과의 타당도를 높일 수 있다. 또한 공동토의를 통해 평가자의 성과향상과 능력개발, 조직체 목표와 피평가자 개인목표도 통합시킬 수 있다. 반면에 문제점은 조직체 목표만을 강조하는 일방적 목표설정 되기가 쉽고, 이에 따라 목표관리에 대한 구성원의 관심이 감소될 위험성이 많이 있다. 또한 개인 참여는 많이 이루어질 수 있지만 집단참여는 등한시될 수 있어, 직무간의 상호의존도가 높을 경우 개인별 목표관리가 팀 전체의 성과달성에 장애요소가 될 수 있다.

다음의 〈표 11-7〉은 모 기업 마케팅 팀장의 목표설정과 성과측정, 그리고 최종 업적평가의 예를 보여주고 있다. 여기서 핵심성과지표(KPI)는 목표달성 여부를 구체적으로 측정할 수 있는 성과지표를 말한다.

〈표 11-7〉 MBO 평가의 예시: 평가대상- 마케팅 팀장

MBO 목표	달성 방안	KPI	목표 수준	평가 가중치	달성 수준	달성도 (%)	평가 등급	가중치 적용점수
경상이익 향상	· 판매촉진방안 확대 · 판매비용의 절감	경상이익률	20%	0.4	18%	90%	A:4	1.6
신규브랜드 매출신장	· 차별화 집중 · Target 고객확대	신규브랜드 매출액	10억	0.3	12억	120%	S:5	1.5
리더십 강화	· 리더십 교육 참여 · 팀원들과 지속적 면담	팀원의 리더십평가	정성 평가	0.1	정성 평가	-	A:4	0.4
우수인재 확보	· 적극적인 행동 · 현 우수인재의 이직예방	· 신규채용 인원수 · 연평균 팀인원수	4명 10명	0.1 0.1	4명 11명	100% 110	A:4 A:4	0.4 0.4
			합 계	총점(5점 만점)			4.3	
				100점 만점 환산점수			86	
				최종 업적평가등급			A	

자료: 김영재외 2인(2005), 인적자원관리, 삼영사

1.3.2. 과업행동 평가와 평가도구

평가하기에 있어서 이상적인 평가요소는 업적과 성과이다. 그러나 개인단위에서 업적을 측정하기가 곤란하거나 업적표준이 모호한 경우에는 성과와 관련이 있다고 믿는 과정변수인 행위들을 평가한다(김식현, 1999). 그러나 과업행동 평가하기의 문제점은 반드시 하나의 행위만이 유효한 직무성과를 낳는 것은 아니라는데 있다. 또한 과업행동을 관찰할 기회가 부족하거나 또는 행위와 결과의 관련성이 부족할 경우에는 측정상의 타당성문제를 야기할 수 있기 때문에 구성원들의 반발이 예상된다.

이러한 문제들을 해결하기 위해서는 과업행동평가가 직무상의 표준적인 행위 즉 직무명확화하기를 통해 작성된 직무성과 기대리스트상의 우선순위화한 과업행동들을 피평가자인 직무담당자가 실제직무상에서 얼마나 부합되게 행동하였는가에 초점을 맞추어야 한다(Heide, 1993; 나기현, 2004). 평가기준이 되는 직무성

과 기대리스트상의 우선순위화한 과업행동들은 직무분석을 통해 작성된 직무기술서를 토대로 도출된 행위들이다.

과업행동들을 도출할 수 있는 도구로는 플라나간(Flannagan)이 개발한 중요사건법과 행동기준고과법을 들 수 있다. 이들을 구체적으로 살펴보면 다음과 같다.

1.3.2.1. 중요 사건법(Critical Incident Method)

이는 직무명확화하기의 전문적인 직무정보 수집방법(120~121 참조)에서 살펴보았듯이 평가기간 동안에 일어난 중요사건, 즉 효과적인 직무수행사례나 비효과적인 직무수행사례를 피평가자별로 기록해 두었다가 이를 중심으로 피평가자를 평가하는 방법이다. 이 방법은 측정가능하고 관찰 가능한 직무행동에 초점을 맞추기 때문에 피평가자에게 구체적으로 어떻게 직무를 수행했는지, 조직체의 목표달성에 어떻게 기여했는지에 대한 구체적인 피드백을 해줄 수 있다. 그러나 평가자가 중요사건에 대한 기록유지를 위해 많은 시간이 소요되고 어떤 사건을 기록할지에 대한 판단이 평가자마다 다를 수 있어, 이것만으로 보통의 직무행동이나 직무 전체의 모습이 기술되지 않는다는 점에서 다른 방법과 병용이 바람직하다.

1.3.2.2. 행동기준고과(BARS: behaviorally anchored rating scale)

행위기준 평가접근법은 업무수행과정에서 실제행동을 평가해 평가의 객관성과 공정성을 높이고 피평가자의 바람직한 행위를 유도하는 평가접근방법이다. 행위기준 평가접근법을 취하는 대표적인 인사평가 방법으로는 행위기준 평가법(BARS)과 행위관찰 평가법(BOS)이 있다(황규대(2002)). 이 두 방법의 공통점은 피평가자의 구체적 실제행동을 측정하여 평가한다는 공통점이 있지만 차이점은 다음과 같다.

BARS는 평가범주마다 제시된 대표적 행동패턴 가운데 하나를 선택하여 등급을 매기는 방식이며, 선진국 기업에서 빈번하게 사용되고 있는 인사평가방법이다.

그러나 BOS는 피평가자의 해당 행동의 빈도를 관찰하여 빈도를 측정하는 방식으로 평가한다는 점이다.

많은 조직체에서 평가방법을 개선하는데 노력을 투입한 결과, 개발된 행동기준고과법은 중요사건방법과 그래픽 평정척도법을 결합하여 두 방법의 장점을 강화하고 단점을 보완함으로서 평가결과의 정확성과 신뢰성을 높이려 하고 있다. 이 방법은 경영층과 구성원들 사이에 협조적 관계가 형성되지 않고서는 이 방법의 적용이 매우 어렵다. 그러나 평가의 중요성이 커짐에 따라서 우리조직에서도 성과관리를 위해서는 신뢰도와 타당도가 높은 행위기준고과법의 적용이 점차 증가하여야 한다.

행동기준고과법의 기본설계와 적용과정을 다음의 〈표 11-8〉과 같이 요약할 수 있다.

〈표 11-8〉 행동기준고과법의 기본설계와 적용과정

과 정	내 용
1. 중요과업의 선정	• 직무를 구성하고 있는 중요과업과 책임분야를 선정한다. • 직무분석을 통한 직무기술서가 중요한 자료원천이다.
2. 척도설정과 기준행동기술	• 과업별로 수행수준을 5~7개로 구분, 각 수행수준마다 과업행동 기술. • 각 수행수준별 과업행동은 중요사건법을 통해 도출해 활용, 설정한다.
3. 과업행동의 평가	• 척도와 기준행동을 설계한 후, 피고과자의 과업성과와 행동에 해당하는 기준행동과 척도로 피고과자를 평가한다. • 평가절차는 과업별로 반복되어 평가된 척도의 계량적 수치를 합산하여 평가점수를 산출한다.
4. 고과표의 설계	• 관리자와 직무수행자가 공동으로 중요과업을 선정하고 과업마다 기준행동 기술하며, 척도의 계량수치도 배정하도록 공동설계방식을 취한다. • 공동설계과정서 상호합의된 기준행동과 계량척도만 고과양식에 포함.

이상과 같이 행동기준고과법의 기본설계와 적용과정을 살펴보았다. 행위기준

고과법을 활용할 경우의 장 · 단점은 다음과 같이 설명할 수 있다. 장점은 1) 직무수행자가 참여를 통한 공동설계로 평가에 대한 믿음, 관심, 수용 등을 얻을 수 있다. 2) 행동을 정확히 기술하여 평가자의 주관적 판단, 평가표준의 차이를 줄일 수 있어 평가결과의 신뢰도와 타당도를 높인다. 반면에 단점은 1) 직무수행자와 공동설계에 많은 시간이 소요된다. 또한 2) 과업마다 별도의 기준행동과 평가척도를 설계해야 하고, 직무마다 개별적 고과양식의 설계로 많은 시간/비용이 투입된다.

행위기준고과법의 예시를 다음의 [그림 11-4]와 같이 제시할 수 있다.

[그림 11-4] 행위기준고과법의 예시

피 평가자 : 사무직 간부

고과요소 : 업무지식-업무수행에 필요한 기본지식과 전문지식의 보유정도		
행동기준 및 척도수치	9	부서 전체의 과업을 훌륭히 이끌고, 혼자서 부서원을 잘 교육시킬 수 있는 기초지식은 물론 고도의 지식까지 모두 갖추고 있다.
	8	
	7	업무에 필요한 지식을 모두 갖추고 있고, 부서원들을 교육시키는 데에도 충분하다.
	6	
	5	맡은 업무를 원만히 수행할 수 있는 지식을 갖추고 있고, 부하직원을 교육시키는 데에도 별 지장이 없다.
	4	
	3	업무지식이 다소 부족하여 만족한 수준의 업무를 리드하려면 어느 정도의 교육훈련이 필요하다.
	2	
	1	담당 업무지식이 다소 부족하여 업무를 제대로 리드할 수 없고, 따라서 즉각적인 교육훈련이 필요시 된다.

자료: 이학종 & 양혁승(2005), 전략적 인적자원관리, 박영사

1.3.3. 역량평가와 평가도구

최근 기업에서는 측정하기 어려운 직무수행능력평가(태도, 성격, 협조성, 자질 등 잠재능력)보다는 회사의 핵심역량과 연계된 역량평가를 중시하고 있다. 업적이 결과에 대한 평가라고 한다면 역량은 행동에 관한 것이 된다. 역량은 측정이 가능한 지식, 기술, 능력(KSAOs) 등의 묶음으로서 성과를 내는 방식을 정하는데

있어서 매우 중요하다(Aguinis, 2007; 강대석, 2009).

1.3.3.1. 역량의 활용

한 개인이 보유한 핵심역량은 해당직무에서 효과적인 성과를 불러온다(Bartram, 2004; Schippmann, Ash, Battista, Eyde & Hesketh, 2000). 특히 핵심역량의 식별은 주로 우수한 업적을 창출한 고성과자로부터 일관되게 관찰되는 행동특성을 추출하는 방식으로 이루어지며, 이처럼 규명된 역량이 제공하는 이익은 다음과 같다(Enos, 2007).

1) 핵심역량은 선발절차를 정당화하는 기초가 됨으로서 각 직무마다 핵심역량을 가진 사람들이 규명될 수 있다.
2) 핵심역량 규명은 훈련 및 개발에 관한 플랜을 유도함으로서 역량개발을 통한 성과향상을 추구하는데 도움이 된다.
3) 핵심역량은 성과관리 싸이클의 초기에 성과목표를 수립하는데 기초를 제공할 뿐 아니라 추후 평가에 있어서도 기본이 된다.

이러한 이점 때문에 조직에서는 직무를 성공적으로 수행하는데 필요한 KSAOs 등의 역량을 규명하고 정의하여 측정하려고 노력하고 있다. 이를 역량모델링(competency modeling)이라고 한다. 이렇게 규명된 역량들은 일반적으로 조직의 목표와 비전, 전략 등과 연계된 개인들의 개발플랜(plan)으로 다시 녹아들게 된다. 즉 직무상의 요건들과 개인의 성과역량 프로파일간의 차이(gap)를 규명함으로써 역량에 기초한 개발플랜(competency based development plan)을 수립하는데 도움을 줄 수 있다. 그러므로 조직에서 개인에 대한 역량평가를 실시해야 하는 이유가 바로 여기에 있다.

1.3.3.2. 역량평가 실시이유와 평가방법

역량평가를 실시하는 이유(why competency assessment do it?)를 다음의 〈표

11-9〉와 같이 사용자와 구성원의 입장에서 구분해볼 수 있다.

〈표 11-9〉 역량평가를 실시하는 중요이유

구 분	중요 이유
사용자 입장	조직의 목표달성을 위하여 인적자본(human software)이 더욱 중요시되고 있기 때문이다.
구성원 입장	조직에게 가치를 제공할 수 있는 지식, 기술, 능력(KSA)의 포트폴리오를 의미하기 때문이다.

역량 그 자체가 바람직한 활동이나 효과적인 팀 성과를 보장하는 것은 아니지만, 효과적인 팀 활동의 토대가 될 뿐만 아니라 개인에 대한 보상과 평가의 기본이 되기 때문에 중요하다.

역량의 실제 보유여부를 확인하기 위해서는 관찰 가능한 행동, 즉 지표(indicator)로서 이를 측정한다. 지표는 어떤 행동을 보이면 곧 역량이 발휘되는 것으로 생각되는 그러한 행동을 의미하는 것이다. 따라서 역량평가방법에는 크게 상대적인 방식(단순 서열법, 상호비교법, 강제할당법 등)과 절대적인 방식(에세이법, 행동체크리스트법, 중요사건법, 도식평정법, 행위기준척도법 BARS 등)이 있다(강대석, 2009). 이외에도 동료평가, 상사평가, 외부평가, 내부 평가위원회 등을 통해 점수법, 구조화된 평가절차, 객관적 직무지식 테스트, 교육 종료시험 등이 있다. 역량평가방법과 관련하여 상대적인 방식과 절대적인 방식 중에서 기업에서 많이 활용하고 있는 하나의 방법씩만 간단하게 살펴보고, 역량평가센터에 대해 알아보기로 한다.

1.3.3.2.1 강제 할당법

상대적인 방식들 중 강제 할당법을 살펴보면, 영업부서의 팀장들이 그들의 커뮤니케이션 역량과 기타 리더십 역량 등에 따라 20%는 S급, 70%는 A 또는 B급, 그리고 나머지 10%는 C급에 할당되는 방식이다. 실제로 GE를 비롯한 여러 기업들에서는 이와 같은 강제적인 서열법을 사용하여 C급에 해당하는 관리자들이 주어진 기간에 성과를 내지 못하면 회사를 떠나도록 하고 있다(강대석, 2009).

1.3.3.2.2. 행위기준 척도법(BARS)

절대적인 방식 중 행위기준 척도법을 설명하면, 영업부서 팀장들의 직무에 관련되는 중요한 역량이나 사건을 나열하고, 각 역량들을 '자주' 발휘하는지, 혹은 '전혀' 안하는지의 척도를 매기게 하여 총점을 계산하는 방식이다. 이는 중요사건을 이용한 도식평정법이라 할 수 있으며, 각 척도는 중요한 성과차원으로서 중요사건 직무분석을 통해 확인된 행동들로 설정된다. 행위기준 척도법의 적용 예는 다음의 〈표 11-10〉과 같다.

〈표 11-10〉 행위기준 척도법의 적용 예

영업팀 팀장: OOO						
역 량	기준 행동	전혀 아니다	가끔	중간	자주	항상 그렇다
커뮤니케이션	영업사원들과 대화시간을 갖고 있다.					
	영업사원들의 질문에 응하고, 그 답은 실질적인 것일 때가 많다.					
리더십	영업사원들이 설정한 목표를 달성하도록 지원한다.					
	영업사원들의 일과 가정생활을 존중한다.					

자료: 강대석(2009), 성과향상 Skill Up, 경문사

1.3.3.2.3. 역량평가센터

평가센터는 사람들의 역량을 측정하기 위한 다양한 방식 중의 하나이다. '평가센터'라는 용어 때문에 각종 평가가 이루어지는 장소를 의미하는 것으로 오해하기 쉬우나, 실제로는 특정장소가 아닌 역량을 평가하는 하나의 방식을 뜻한다.

평가센터의 가장 큰 특징은 '피평가자들의 실제 업무 역량을 살펴볼 수 있는 다양한 과제'들을 통해 '피평가자의 관찰된 행동'을 '훈련받은 다수의 평가자'들이 평가한다는 것이다. 평가센터에서 사용하는 대표적인 과제로는 역할연기, 서류함기법, 집단토의, 프레젠테이션, 상황면접, 사례분석과제 등이 있다. 각 평가주체들은 자신의 상황과 목표에 맞게 다양한 평가기법을 활용할 수 있다. 다만 이 과정에서 최소 1개 이상의 모의 상황(simulation) 과제가 필수적으로 포함되어야 한다. 평가센터에서 사용하는 과제들은 실제 업무활동과 유사하게 조직되어 해당직무에 대한 피평가자의 업무능력을 실제적으로 평가할 수 있다. 또한 평가센터에서는 다양한 과제를 통해 피평가자의 행동을 직접 관찰한다. 이는 평가센터가 지필 검사, 인지능력 검사, 성격검사, 면접 등과 구분되는 점이다. 피평가자의 행동을 직접 평가하기 때문에 평가센터는 여타의 역량측정 방법보다 실제 업무관련 행동을 잘 예측할 수 있다. 이렇듯 평가센터는 피평가자의 역량을 행동으로 도출하여 관찰하기 때문에 그 평가과정에 평가자의 개입이 필수적이다. 따라서 각 평가자는 가이드라인에 따라 사전에 훈련되어야 하며 편견에 의한 오류를 방지할 수 있어야 한다.

평가센터의 기본 구성요소는 다음과 같다.

1	Job analysis/ competency modeling	평가센터의 평정기준을 마련하기 위해 직무분석과 역량모델링을 해야 함.
2	Behavioral classification	참가자의 행동을 분석하기 위한 행동범주(특성, 기술, 지식 등)를 분류해야 함.
3	Assessment techniques	직무분석의 결과에 따라 평가방식을 확립함.
4	Multiple assessment	다양한 평가기법(지필 검사, 면접, 설문, 모의상황 등)을 사용.
5	Simulations	직무와 관련된 모의상황 평가가 반드시 포함되어야 함.
6	Assessors	다수의 평가자가 각 피평가자를 관찰/평가해야 함.
7	Assessor training	평가자는 가이드라인에 입각하여 훈련을 받아야 함.
8	Recording behavior and scoring	평가자에 의해 피평가자의 행동이 체계적으로 기록되어야 함.
9	Data integration	피평가자의 행동정보가 통합되어야 함.

평가센터에서는 다양한 과제를 활용하거나, 조직이나 직종, 평가하고자 하는 역량에 따라 탄력적으로 적합과제를 선별하거나 개발할 수 있다. 평가센터에서 활용되는 과제는 동시에 두 가지에서 다섯 가지 역량을 측정할 수 있도록 구성된다. 가장 활발하게 사용되는 평가과제는 역할연기, 프레젠테이션, 서류함기법 등이다. 예를 들어 어떤 조직에서 새로운 조직원 선발을 위한 기준을 세우고 각 역량을 평가하기 위한 과제로 다음의 〈표 11-11〉과 같은 매트릭스를 작성할 수 있다. 조직은 해당 역량이 잘 발현될 수 있도록 과제를 설계하고 기준에 맞추어 피평가자를 평가한다.

〈표 11-11〉 과제-역량 매트릭스 예시

	역할연기	서류함 기법	집단토의	프레젠테이션	상황면접	사례분석
문제 분석	○	○	○	○	○	○
전략적 사고		○		○		
의사 결정 능력	○	○			○	○
팀워크			○			
친화력	○		○			
리더십			○			
계획 및 조직		○				○
구두 의사소통	○		○	○	○	
서면 의사소통		○				○

* 각 과제별 평가 역량은 조직의 특성과 목표에 따라 다르게 구성될 수 있다.

평가센터는 여타 측정방식에 비해 많은 장점을 가지고 있다. 이를 정리하면 다음과 같다. 1) 평가센터는 지필검사나 면접 등 단편적인 평가방식이 측정하지 못하는 폭넓고 복잡한 역량을 측정할 수 있다. 2) 평가센터는 실제행동을 평가하기 때문에 승진이나 급료인상, 잠재력개발, 경력 발전, 훈련성공, 수행과 같은 요인을 성공적으로 예측한다. 3) 평가센터 기법은 각 조직의 목표와 필요에 맞게 탄력적으로 과제를 구성하고 개발하여 사용할 수 있다. 4) 기존 연구결과 평가센터는 피평가자들에 의해서도 공정하다고 인식된다. 5) 여러 평가자의 평가를 합산하기 때문에 편파효과가 적다. 6) 피평가자의 행동을 평가하기 때문에 면접 등에 비해 거짓응답을 줄일 수 있다. 7) 평가자와 피평가자 모두에게 교육의 효과가 있다. 8) 피평가자들은 자신의 행동스타일에 대한 통찰을 얻고, 같은 상황에서 다른 사람들의 행동양식을 확인하며, 자신의 행동패턴에 대한 피드백을 받을 수 있다. 반면 피평가자는 다른 평가자와의 상호작용을 통해 행동에 대한 인식을 키우고 다양한 행동 패턴을 경험할 수 있다. 9) 평가센터는 조직원이 함께 필요한 역량을 정의하고 피평가자를 그에 맞추어 평가 · 교육할 수 있어 조직의 발전에 도움이 된다.

그러나 이러한 장점에도 불구하고 평가센터는 몇 가지 한계를 갖고 있다. 1) 비용이 많이 든다. 2) 직무분석, 행동분류, 과제선정, 평가자훈련 등 시행과정이 복잡하다. 3) 시행과정에서 많은 인력과 시간이 필요하다. 4) 평가과정에서 평가자, 평가 과제 특성, 평가시기, 평가절차 등이 영향을 미칠 수 있다. 5) 평가자를 훈련시켜야 하며 평가자가 다양한 역할을 담당해야 한다(행동 분류자, 평가자, 역할연기자 등). 6) 피평가자의 능력 때문이 아니라 과제자체의 특성 때문에 수행의 차이를 보이는 평가과제효과(exercise effect)가 나타날 수 있다.

따라서 평가센터는 다양한 목적으로 활용할 수 있다. 일반적으로는 조직구성원의 선발과 승진을 위한 평가도구로 많이 사용하지만, 조직원들의 개발요구파악 및 부서배치, 교육 및 훈련을 위해 평가센터기법을 사용할 수도 있다.

1.3.3.3. 역량평가프로그램 개발시 고려해야할 사항

역량평가프로그램을 개발하기 위해서는 다음의 〈표 11-12〉와 같이 4가지 영역을 고려하여야 한다.

〈표 11-12〉 역량평가프로그램을 개발하기 위해 고려해야할 4가지 영역

구 분	내 용
명확한 정의	• 조직목표달성을 위하여 조직의 전략적 목표와 팀의 목표에 대한 고려에서부터 출발하여 효율적으로 조직목표를 달성할 수 있는 팀구성원의 역량 즉 행동을 정의할 것. • 평가프로그램을 수용하고, 더욱 지속적인 학습몰입을 유도하기 위해서는 팀 구성원이 이 과정에 참여해야 한다.
관련성	• 중요한 과업 또는 행동과의 관련성이 있을 것. • 정의한 역량과 관련된 행동을 구체적으로 구성원들이 수행하는 주요직무와 연결시키고, 그 내용이 문서화 될 것.
공정성	• 정확하고 신뢰할 수 있는 평가기준을 만들고, 이 기준을 객관적이고 공정하게 적용해서 측정할 것. • 개방적인 의사소통을 통해 구성원들이 역량을 개발하도록 동기부여하고, 평가내용에 대하여 정확히 피드백 할 것.
의사소통	• 역량평가의 목적/과정/결과에 따른 평가 등이 명확히 팀구성원에게 전달 될 것. • 역량평가 결과는 임금, 성과급, 부서배치 등과 밀접하게 연결되어야 함.

역량평가 구성요소의 중요성은 구성요소를 아주 잘 구성한다고 반드시 바람직한 행위가 나오는 것은 아니지만, 효과적인 업무수행과 각 개인에 대한 가치측정 및 보상의 기반을 제공할 수 있다. 팀제 조직에서 바람직한 역량평가 프로그램개발 관련하여 4가지 영역에 따른 권장사항을 다음의 〈표 11-13〉과 같이 제시할 수 있다.

〈표 11-13〉 바람직한 역량평가 프로그램개발 관련 권장사항

단 계	권장 사항
역량의 정의	• 폭 넓은 전략적 역량에서부터 시작. SME(Subject Matter Expert 해당분야 전문가)와 팀원을 통해 구체적으로 정의
관련성 구축	• SMEs가 역량을 주요과업과 연계시키고, 이 연결 관계를 문서화 할 것.

역량 측정	• 바람직한 행위에 대한 명확한 의사소통 • SMEs가 평가기준을 수립. 그리고 평가자에게 표준화된 조건과 교육실시 • 신뢰성 있는 측정. 역량의 재평가 기회에 대한 명확한 피드백 • 역량과 팀의 속성에 따른 동료평가, 상급자 평가, 내 · 외부 평가프로그램
의사소통	• 절차/준비방법/재평가 절차를 명확히 기술. 평가의 이점에 대하여 전달.

1.3.3.4. 역량평가 및 피드백을 하는 방법

역량을 효과적으로 평가(진단)하기 위해서는 개인별 역량프로파일의 작성→ 개인별 역량평가→ 역량평가결과 피드백의 순으로 이루어져야 한다(류량도, 2007).

1) 개인별 역량프로파일의 작성:

개인별 역량프로파일은 개인의 역할 및 직무에 따라 팀단위에서 설정한 역량항목을 기준으로 기록하여 관리해야 한다. 구체적으로 다음의 〈표 11-14〉와 같은 내용들이 기록되어야 한다.

〈표 11-14〉 개인별 역량프로파일의 기록내용

1. 개인의 소속, 성명, 수행하고 있는 직무명, 프로파일 작성 일을 기록
2. 전사 및 부문단위에서의 공통역량, 해당 팀이 설정한 역할역량, 팀원의 직무수행역량으로 구분
3. 각 역량구분별로 도출된 역량항목의 명칭 및 역량항목별 주요내용을 기록
4. 해당 개인의 직급, 직무수행기간 등을 고려하여 역량요구수준을 설정.
5. 요구수준의 결정에 영향을 미친 요인들을 기록

자료: 류량도(2007), 하이퍼포머 팀장메뉴얼, 쌤엔파커스.

2) 개인별 역량평가

개인별 역량평가란 '개인별 역량프로파일을 근거로 일정기간이 경과한 후에 역량수준을 평가하는 것'을 의미한다. 역량평가는 역량개발에 요구되는 시간을 감안하여 연 1회 실시하는 것이 효과적이다.

역량평가는 다음의 〈표 11-15〉와 같이 본인평가와 팀장평가로 구분할 수 있으며, 요구수준과 비교하여 차이가 있는 경우에는 진단사유를 별도로 기록해야 한다. 또한 평가자와 피평가자의 합의로 최종 결정된 결과를 기록한다. 즉 요구수준에 미달할 경우에는 '문제'로 기록하고, 요구수준을 상회할 경우에는 '초과'로 기록한다.

〈표 11-15〉 팀원의 개인별 역량프로파일과 역량진단 사례

소 속		기술개발팀			성 명			0 0 0			
수행 직무명			기술지원 직무		작성 년 월			2013년 12월 10일			
구 분			역량명	주요 내용	요구 수준	본인 평가		팀장 평가		결정 수준	차 이
						수준	평가 사유	수준	평가 사유		
공통 역량	전사	1	고객지향	고객 니즈파악, 응대, 피드백	보통	보통		보통		보통	
		2	열린 의사소통	호감형성, 경청, 개방적 의사소통	보통	보통		보통		보통	
		3	창의성	새로움 추구, 창의적사고, 개선	보통	보통		보통		보통	
	부문	4	팀워크	협조성, 갈등해소, 타인존중	보통	보통		기본	개인적 행동경향	보통	
		5	성실성	책임감, 규범준수, 일관성	보통	보통		기본	회사규범 이해부족	보통	문제
역할 역량		1	직무열정	목적의식, 도전성	보통	보통		보통		보통	
		2	시간관리	계획수립, 일정준수	보통	보통		기본	일정 미준수 사례 다수	보통	문제
		3	조직행동	자제력, 조직이해	보통	보통		보통		보통	
		4	커뮤니케이션	구두표현력, 문서표현력	보통	보통		보통		보통	
		5	업무주도	자발적 주도, 목표달성의지	보통	보통		보통		보통	
직무 역량		1	과제추진 스킬	과제세부계획 작성 및 추진	기본	기본		기본		기본	
		2	과제 효과분석 스킬	원가구조이해, 경제성 분석	기본	기본		기본		기본	
		3	Lab Simulation 설계지식	정확한 효과검증, Trial Error 최소화	기본	기본		기본		기본	

	4	공장지표 관리/분석지식	주요공정지표 채책분석	기본	우수	직무 연관	우수	직무수행기간 대비우수	우수	초과
	5	선진기술 도입적용 스킬	선진기술 최적화 도입	기본	기본		기본		기본	

자료: 류량도(2007), 하이퍼포머 팀장메뉴얼, 쌤앤파커스.

3) 역량평가결과 피드백

역량평가가 완료된 후, 평가자는 평가대상자의 요구역량수준과 역량합의수준을 표시한 내용을 전달해야 한다.

역량평가결과에 대한 피드백을 할 때는, 1) 평가결과 요구역량항목에 대해서는 역량개발에 도움이 될만한 교육과정이나 학습방법을 추천하고, 2) 요구역량수준을 초과한 역량항목에 대해서는 지속적인 역량개발이 이루어질 수 있도록 격려를 한다.

제2절. 비재무적 성과평가에 대한 이해

기업의 경영성과를 좌우하는 핵심요소는 성과측정시스템으로 성과지표를 어떻게 설정하고 평가하느냐가 관건이다. 성과지표는 재무적 성과지표와 비재무적 성과지표로 구분할 수 있는데, 재무적 성과지표에 대해서는 공통된 논의가 존재한다. 그러나 비재무적 성과지표에 대해서는 아직 공통된 논의가 존재하지 않기 때문에, 현실적으로 재무적 성과지표에 비해 비재무적 성과지표가 제대로 활용되지 못하고 있다. 따라서 본 절에서는 비재무적 성과측정시스템의 중요성에 대한 인식필요, 비재무적 성과지표의 장 · 단점, 그리고 비재무적 성과지표의 도출프로세스에 대하여 살펴보도록 한다.

2.1. 비재무적 성과측정시스템의 중요성에 대한 인식필요

비재무적 성과지표는 조직의 미래가치를 반영한다는 차원에서 매우 강조되지만, 현실적인 적용에는 상당한 시행착오가 불가피한 실정이다. 그 이유는 1) 조직의 특성(전략, 경쟁 환경 등)을 감안하여 설정된 가치동인(Value Drivers)에 기초한 비재무적 성과지표의 도출이 필요하기 때문이다. 또한 2) 재무지표와 비재무지표의 통합적 활용과 아울러 지속적인 개선노력이 필요하기 때문이다.

가치동인이란 '기업 가치를 창출하는 동인'을 의미한다. 기업가치는 기업관점에서 본 기업이 소중히 여기는 가치로, 무엇을 가장 소중히 여기는 걸까? 가치동인에 대한 경영자의 우선순위는 실제 경영활동에 적용되는 중요도와 일치하지 않는 것이 현실이다. 그러나 이에 대한 이해를 기반으로 기업의 장기성장에 기여하는 지표를 도출하고 관리자의 행동방향을 제시하는 방향설정이 가능하다.

비재무적 성과측정시스템의 중요성에 대한 인식의 필요성은 두 가지 관점에서 설명할 수 있다.

1) 성과측정시스템은 한 기업의 전략개발과 실행을 촉진하고, 조직목표달성에 대한 평가와 보상측면에서 근간이 되는 중요한 역할을 담당해야 한다.

그러한 이유에서 많은 관리자들은 기존의 전통적인 재무지표중심의 성과측정시스템이 이를 위한 더 이상의 적절한 수단이 아니라고 인식하고 있다. 미국 금융서비스기업대상 조사결과에 의하면, 대부분의 기업들이 기존의 성과측정시스템에 대해 만족스럽지 못하다고 평가하고 있다. 그 이유는 기업의 측정지표들이 지나치게 재무적인 지표에 치중하고 있어 고객과 종업원 만족도, 혁신, 품질과 같은 비재무적 지표를 소홀히 하고 있다고 평가하고 있기 때문이다. 따라서 대부분의 기업들은 새로운 성과측정시스템을 모색하고 있다. 예로 지난 2년간 1/3 이상의 기업들이 성과측정시스템을 개선하였고, 약 39%가 향후 2년 안에 개선할 예정이라고 조사되었다. 개선방향으로는 재무적 성과지표의 한계를 극복하기 위해서 무형자산 또는 지식자산에 대한 비재무적 성과지표개발 또는 BSC와 같이 재무적 지표와 비재무적 지표를 통합하는 방식 등이 등장하고 있다.

2) 비재무적 성과지표의 중요성에 대한 인식이 높아지면서 각 기업에 맞는 독특한 비재무적 성과지표의 설정과 지속적인 개선노력이 증가되어야 한다.

단순히 타 기업의 비재무적 성과지표를 베껴 활용한다면 큰 실수를 초래할 수 있다. 그 이유는 개별기업에 적합한 지표는 곧 기업의 전략, 가치동인, 조직목표, 경쟁 환경이 고려되어 결정되어야 하기 때문이다.

따라서 기업은 성과지표의 결정과정이 매우 동적(dynamic)과정임을 명심하여 전략과 경쟁환 경에 부합되는 성과지표를 만들기 위한 지속적인 노력을 경주해야 한다.

2.2. 비재무적 성과지표의 장 · 단점

비재무적 성과지표의 장 · 단점은 다음의 〈표 11-16〉과 같이 정리할 수 있다.

〈표 11-16〉 비재무적 성과지표의 장 · 단점

장 점	단 점
1. 장기 조직전략과 밀접한 연관성 제공 2. 무형자산에 대한 측정이 가능 3. 미래의 재무적 성과를 가늠 4. 경영활동에 필요한 정보제공	1. 많은 시간과 비용이 소요 2. 모든 기업에 통용되는 공통가이드라인의 부재 3. 인과관계에 대한 검증부족 4. 통계적 신뢰부족 5. 성과 지표간 통합의 어려움

2.2.1. 비재무적 성과지표의 장점

1) 비재무적 성과지표는 조직의 장기적인 전략적 목표와의 밀접한 연관관계를 조성하는데 기여한다.

연간 또는 단기적인 성과에 초점을 맞추고 있는 재무적 평가시스템의 문제점은 고객의 요구사항이나 경쟁사의 상태는 물론 수익성이나 경쟁적 강점, 장기적 전략목표달성에 중요한 비재무적 목표를 고려하지 않는다는 점이다. 예로 신제품 개발이나 조직역량 개발과 같은 사안들은 전략적 목표달성에 중요한데, 단기적인 성과와의 관련성이 낮아 성과측정에 포함되지 않고 있다.

따라서 기업들은 전략적 성과와 계획실행에 관련된 비재무적 데이터를 측정하는 시스템을 보완함으로서 장기적 전략목표달성을 위한 커뮤니케이션을 실시하고 관리자들에게 동기부여를 시켜야 한다.

2) 비재무적 성과지표의 활용은 새로운 경쟁요소인 무형자산을 측정할 수 있는 여건을 마련해 준다.

전통적인 성과지표가 유형자산을 중심으로 구성되어 있는데, 지식자본, 고객, 로얄티 등과 같은 무형자산이 더 중요해지고 있음을 지각해야 한다. 주식시장에서 기업가치의 차이를 유발하는 요인들은 무엇인가? 그리고 왜 발생하는가? 바로 재무성과도 중요하지만 혁신, 경영능력, 노사관계, 품질, 브랜드 가치 등의 변수가 기업의 시장가치를 설명하기 때문이다. 재무적용어로 무형자산의 크기를 정량적으로 측정하기는 어렵지만, 간접적으로 정성적 측정을 통해 비재무적 데이터의 수집이 가능하다.

따라서 만약 경영자가 이상의 비재무적 성과지표를 무시하고 재무적 성과지표에 치중하여 의사결정을 한다면 매우 위험한 상황에 처할 수 있다고 경고하고 있다.

3) 비재무적 성과지표는 미래에 구현될 재무적 경영성과를 예측할 수 있는 대리지표로 활용가능하다.

재무적 성과를 극대화 하는 것이 기업 활동의 궁극적인 목표이나, 현재의 재무적 성과지표는 현재의 의사결정에 따라 야기되는 장기적인 효과를 가늠하기 어렵다. 예로 연구개발비 지출, 고객만족도 향상을 위한 프로그램기획 등의 마케팅 비용은 해당기간 중에 비용으로 산정되어 단기적인 수익이 낮아지지만 성공적인 연구개발은 미래의 수익을 높이는데 기여하고, 고객만족향상에 대한 지출도 매출증가, 기존 고객의 로열티 향상, 신규고객 유치, 거래비용의 절감 등의 효과를 창출한다.

따라서 비재무적인 성과지표는 현재 경영활동과 향후 재무적 경영성과간의 연계성을 제시한다. 즉 연구개발의 중간결과나 고객만족도 지표는 다른 어떤 요소로도 파악하기 어려운 미래의 현금흐름을 가늠하게 하는 역할을 담당한다.

4) 재무적 성과지표로는 파악하기 어려운 경영활동에 대한 정보를 제공하여 실질적인 성과를 이끌어낸 성공요인을 명확히 하는데 기여한다.

성과측정시 관리자나 조직의 관리범위를 넘는 성과창출요인들이 있음에도 불구하고 과거에는 이에 대한 정보를 제공하지 못했었다. 그러나 비재무적 지표를 활용함으로서 단순히 운이 좋아서 성과가 좋은지, 아니면 그에 합당한 노력을 기울였기 때문에 가능했던 것인지에 대한 경영활동의 구체적인 정보를 제공받는다.

2.2.2. 비재무적 성과지표의 단점

1) 재무지표와 비재무적 지표에 관련된 데이터 수집과 처리에 많은 시간이 소요되어 많은 비용이 초래될 수 있다.

명확하게 측정하기 어려운 비재무적 지표의 경우, 기존의 다양한 데이터베이스에서 정보를 도출해야 하기 때문에 정보시스템에 대한 추가적인 투자가 필요하다. 특히 단기적으로 상호모순적인 지표들을 활용하여 성과를 측정하는 것은 그 자체로 상당한 시간이 소요된다. 예로 미국의 한 은행에서 비재무적 지표를 포함한 새로운 성과측정시스템을 운영한 결과, 소요시간이 분기별로 하루에서 6일로 증가했다.

2) 비재무적 지표의 경우, 기업마다의 특성에 따라 측정지표의 내용이나 측정방법이 천차만별하여 모든 기업에서 통용되는 공통된 가이드라인이 부재하다.

비재무적 지표를 객관화하여 수치화하기 어렵기 때문에 주로 쓰이는 방법은 다음과 같다. 첫째, 그 중요성을 척도화(중요하지 않다 또는 매우 중요하다 등)하여 활용하는 방법. 둘째, 가중평균 또는 비중 배분방식(임원보너스 결정할 때, 40%는 판매차량 100대당 보장 수리율, 20%는 고객만족도 조사결과, 20%는 시장점유율, 나머지 20%는 재무적 성과로 결정 등)이 활용되기도 한다.

3) 비재무적 지표를 활용할 때, 과연 이 지표가 기업의 가치를 결정하는데 기여

하는지에 대한 인과관계에 대한 사전 검증없이 대다수 기업이 도입하고 있다.

인과관계에 대한 검증부족으로 인해 성과평가시 적절하지 못한 지표설정으로 조직구성원의 행동에 혼란을 초래할 수 있다. 따라서 인과관계 검증부족은 각 개별지표의 상대적 중요성을 판단하기 어려우며, 그 결과 의사결정상의 혼란을 초래하고, 과연 이 조직 내에서 성공의 기준이 무엇인지가 모호해진다.

4) 비재무적 성과지표 대부분이 정성적인 특성을 가지고 있기 때문에 통계적 신뢰성 검증이 어렵다.

고객만족도 조사의 경우, 현실적으로 조사내용이나 조사대상의 범위가 제한적일 수밖에 없다. 또한 그 결과 탁월한 성과를 일반적인 성과와 구분하기 어렵게 되고, 미래의 성과를 예측하는데 확실한 정보로서 작용하기 어렵다.

5) 비재무적 지표까지 포괄하는 새로운 성과시스템은 매우 다양한 정보를 모두 포함하기 때문에 지표간의 통합성을 유지하기에 어려움이 있다.

이런 문제로 인해 측정프로세스상의 기대되는 효과에 대한 불신을 낳기도 하는데, 현장에서 동시에 처리할 수 있는 능력에 한계가 있기 때문이다.

2.3. 비재무적 성과지표 도출프로세스

비재무적 성과지표 도출프로세스는 가치동인에 대한 이해와 결정, 성과지표의 일관성 유지, 그리고 지속적인 지표관리 등의 세 단계로 설명할 수 있다.

2.3.1. 가치동인(value drivers)에 대한 이해와 결정

기업의 가치를 창출하는 가치동인이 무엇인지에 대한 이해가 선행되어야 비재무적 성과지표 도출이 가능하다. 그 이유는 가치동인에 대한 이해를 기반으로 기업의 장기성장에 기여하는 지표를 도출하고, 관리자의 행동방향을 제시하는 방향설정이 가능하기 때문이다.

가치동인은 주로 경영자의 직감에 의존하여 결정되는 경우가 많다. 그러나 BSC 관점(재무적 요소, 내부업무 프로세스, 고객요소, 학습 및 성장요소 등)의 구분을 통해 조직의 전략과 경쟁력 요소들과의 연계정도에 따라 가치동인을 결정하고 비재무적 지표를 도출하기도 한다. 단 각 지표간의 상대적 중요성에 대해서는 사전적으로 정의하기가 어렵다. 또한 인과적 경영모델(Causal Business Model)이라는 가장 정교한 통계방법으로 상관관계의 정도에 따라 가치동인을 도출하고 우선순위를 결정할 수 있다. 즉 각 비재무적 지표간의 상대적 비중결정에 활용이 가능하다.

이처럼 경영자의 가치동인에 대한 우선순위는 실제 경영활동에 적용되는 중요도와 일치하지 않는 것이 현실이다. 예로 환경요소와 품질이 상대적으로 장기적인 재무적 성과창출에 중요하지 않다고 생각하지만 연구결과는 이런 요소들이 기업의 시장가치와 매우 밀접한 관계를 갖고 있다.

2.3.2. 성과지표의 일관성 유지

선택된 가치동인에 따라 연계성이 높은 비재무적 성과지표를 선별하는 작업이 필요하다. 이를 위해서는 개별지표의 유용성에 대한 평가가 이루어져야 한다. 대다수 기업들이 다양한 비재무적 지표를 활용하고 있는데, 각 지표의 유용성을 파악하고 조직의 전략달성과 가치동인이 얼마만큼 연계되어 있는지를 판단하여야 한다. 예로 'Gap분석'을 통해 관리자들이 중요하다고 인식하는 전략적 목표와 실제로 중시되고 있는 목표를 비교하여 성과측정시스템의 문제점 도출이 가능하다.

미국의 금융서비스기업 148개사 조사에 의하면 상당한 Gap이 존재하고, 이는 72%의 기업이 고객과 관련된 성과와 장기적인 기업성장에 중요하다고 인식하고 있지만 실제로 성과지표에 활용하고 있는 기업은 불과 31% 수준 정도로 나타났다.

2.3.3. 지속적인 지표관리

채택된 지표는 성과보고 및 평가체계상에 통합되어 관리되어야 하며, 이를 위해서는 지속적인 관리유지의 노력이 필요하다. 특히 비재무적 성과지표가 제대로 정착, 활용되기 위해서는 종업원의 행동과 결부되어야 하며, 조직성과의 기준으로 작용되어야 한다.

이런 통합과정이 쉬운 것은 아니지만, 성과지표를 선택한 이후에는 일관된 형태로 비재무적 성과지표의 활용의지를 명확히 하고 추진하는 것이 바람직하다.

학습목표(과제)

1. 평가하기의 개념과 주요목적은 무엇인가?
2. 성과평가, 과업행동평가, 역량평가를 해야 하는 이유는 무엇인가?
3. 비재무적 성과측정시스템의 중요한 이유는 무엇인가?
4. 비재무적 성과지표의 장·단점은 무엇인가?

참고문헌

강대석(2009), 성과향상(Performance Improvement) Skill Up, 경문사.

김식현(1999), 인사관리론, 무역경영사.

김영재, 김성국, 김강식(2005), 인적자원관리, 삼영사.

나기현(2004), 포괄적인 성과관리모델에 관한 연구, 외대논총, 제28집, 부산외국어대학교.

류량도(2004), 통합 성과관리시스템, 한언.

______(2007), 하이퍼포머: 성과로 말하는 핵심인재, 쌤엔파커스.

______(2007), 하이퍼포머 팀장메뉴얼, 쌤엔파커스.

이학종 & 양혁승(2005), 전략적 인적자원관리, 박영사.

황규대(2002), 인적자원관리, 박영사.

Aguinis, G.(2007), Performance management, New Jersey, NJ: Prentice Hall.

Baker, H. G., Spier, M. S., & Dhammanungune, S.(1990, April). Trust, Credibility, and Empowerment, paper presented at the Bay Area Organizational Development Network Conference, Palo Alto, CA.

Bartram, D.(2004), Assessment in organizations, Applied Psychology: An Internatinal Review, 53, 237-259.

Drucker, P. F.(1954), The Practice of Management, Harper & Brother.

Enos, D. D.(2007), Performance Improvement: Making it happen(2nd ed), Boca Raton, FL: Auerbach publications.

Heide, D. P.(1993), A Comprehensive Performance Management Model, A Dissertation in School of Human Behavior, United States International University, San diego, CA.

Peck, C. A.(1984), Pay and Performance: The Interaction of Compensation and Performance appraisal, Research Bulletin, no. 155, NY: Conference Board.

Schippmann, J. S., Ash, R. A., Battista, M., Eyde, C. L. & Hesketh, B.(2000), The practice of competency modeling, *Personnel Psychology,* 53, pp.703-740.

Wagner, III, J. A. & Hollenbeck, J. R.(1995), Organizational Behavior, 2nd ed.(Englewood Cliffs, NJ: Prentice-Hall).

제12장. 피드백하기

성과관리시스템에서의 평가하기는 개인이 성과를 향상시킬 수 있는 효과적인 방안들 중 하나이다. 그 이유는 평가결과가 개발용도로서도 가치가 매우 크기 때문이다. 즉 조직구성원들의 지식, 기술, 능력(KSAOs) 개발을 위한 토대가 된다는 것이다. 특히 조직구성원들을 위한 정보의 원천으로서 피드백은 개인의 강 · 약점과 더불어 보다 개발해야할 부분을 인식시키게 된다. 따라서 피드백은 평가하기의 중요한 목적 중의 하나이다. 구성원은 자신의 성과에 대한 피드백을 근거해서 학습을 할 수 있기 때문에 피드백이 없다면 학습도 일어나지 않을 것이다. 따라서 본장 제1절에서는 피드백의 개념 및 중요성, 그리고 피드백제공을 위한 선행조건 등을 살펴봄으로써 피드백하기에 대한 이해도를 높이고자 한다. 제2절에서는 피드백의 모델과 방법, 그리고 360도 평가 피드백시스템에 대하여 살펴본다. 제3절에서는 바람직한 피드백 방향에 대하여 알아보도록 한다.

제1절. 피드백하기에 대한 이해

피드백하기에 대한 이해를 돕기 위해 본 절에서는 피드백의 개념과 목적(중요성), 피드백 제공을 위한 선행조건과 구성요소, 그리고 피드백 시기와 조직차원과 개인차원의 피드백 구분 등을 살펴보고자 한다.

1.1. 피드백의 개념과 목적(중요성)

피드백(feedback)이란 '직무가 요구하고 있는 활동들의 수행결과에 관하여 직무담당자가 그 효과성 여부에 대하여 직접적이고 명확한 정보를 얻을 수 있도록 정보를 제공해 주는 과정'을 의미한다. 그러므로 피드백은 평가의 주요목적들 중의 하나로 학습 즉 중요성과를 낳는 행위를 지속하도록 또는 나쁜 성과를 낳는 행위를 수정할 기회를 갖도록 하는 것이다(김식현, 1999).

라인관리자에 의한 근원적인 피드백은 모니터링과정에서 모아진 모든 성과데이터(정보)들과 평가결과(성과목표와 실행결과간의 편차)에 대하여 성과관리팀에서 분석한 내용을 토대로, 특별히 구성원들이 직무를 처음 받아드렸을 때 세밀하게 계획된 직무기대를 구성원의 성과가 얼마나 잘 부응했는지에 관한 내용을 구성원에게 주어지는 것이다(Heide, 1993; 나기현, 2004).

이러한 피드백의 목적(중요성)은 1) 평가결과를 토대로 이미 드러난 성과를 확인시켜주고, 모니터링과정에서 수집한 성과데이터를 토대로 성과목표를 달성하는 과정에서 발생했던 문제점을 개선하기 위해 실시한다. 또한 2) 목표수행기간 동안 발휘된 구성원의 역량을 정확하게 분석할 수 있으며, 그것을 통해 직무성과기대리스트상의 자격요건(KSAOs)과 비교하여 개발이 필요한 구성원의 역량을 구체적으로 도출하여 구체적인 타당한 훈련프로그램을 설계할 수 있도록 도와주고, 차기 성과목표 및 과제를 설정할 때 정확하게 분석된 구성원의 역량을 반영하도록 한다.

따라서 올바른 피드백은 기업에서 정기적으로 실시되는 이벤트성 교육훈련 프로그램보다도 더 구성원들의 성장에 실질적인 도움을 줄 수 있기 때문에, 그 어떤 값비싼 교육훈련 프로그램보다도 더 효과적일 수 있음을 경영자나 관리자는 인식할 필요가 있다(류량도, 2006).

1.2. 피드백 제공을 위한 4가지 선행조건

지속적인 학습을 기반으로 하는 기준대비 성과 및 역량에 대한 피드백을 제공하기 위해서는 다음의 〈표 12-1〉과 같이 4가지 선행조건이 요구된다.

〈표 12-1〉 피드백을 제공하기 위한 선행조건

구 분	내 용
직무 산출물 및 역량에 초점 (focus on job output & Competency)	• 피드백은 직무/역할로부터 요구되는 기대성과 및 역량대비 결과물/산출물을 거론해야 한다. • 피드백은 '내가 지금 잘 수행하고 있습니까?'라는 물음에 답을 제공하는 것이므로 행동하는 방식보다는 Output과 역량에 관련된 내용이 주가 되어야 한다.
바람직한 성과 및 역량의 기준 (standard of expected performance& Competency)	• 탁월함의 기준이나 목표가 없을 때 '나는 얼마나 잘하고 있습니까?'라는 물음에 답하기가 매우 어렵다. 성과기준은 직무성과 기대리스트상의 성과표준 또는 성과목표가 되고, 역량기준은 역량모델분석을 통해 도출된 직무성과 기대리스트상의 자격요건인 역량들이 된다.
객관적인 측정 (objective measurement)	• 개인들이 수행하여 산출한 것과 역량을 객관적으로 측정할 수 있는 도구가 있어야 한다. • 최선의 측정은 성과와 과업행동 및 역량을 대상으로 개인 직무/역할에 까지 순차적으로 연계된 조직차원의 측정이 되어야.
중요한 소통도구 (meaningful communication vehicle)	• 직무산출물과 역량들이 양적으로 측정될 수 있어 시간에 따른 성과 및 역량이 도식화/시각화될 수 있다. • 이런 시간에 따른 성과 및 역량의 변화는 경영환경에 중요해 피드백 과정에서 의미 있는 소통도구가 될 수 있다.

자료: 강대석(2009), 성과향상 Skill Up, 경문사.

넓은 의미의 평가하기는 조직에서 개별구성원이 수행한 직무에 대해 검토하고 서로 의견을 교환해서 발전을 위한 플랜을 수립하는 프로세스이다(Byars & Rue, 2006). 그렇기 때문에 평가하기를 통해 나타난 결과에 관한 정보를 제공해주는 피드백은 지금까지 잘한 점이나 효과적으로 업무를 처리하는 방법 등에 관한 커뮤니케이션을 통해 자신감 형성에 도움을 줄 뿐 아니라 실제로도 성과는 물론 역량을 향상시켜 줌으로써 역량개발을 위해 큰 역할을 하게 된다. 특히 이러한 피드백 프로세스는 조직의 훈련 및 개발프로그램을 더욱 진작시키기 위한 정보제공의 목적에서 고안되기도 한다(〈표 12-2〉 참조). 즉 성과수준이나 KSAOs상의 결점을 평가함으로써 조직은 구체적인 훈련 및 개발을 구상할 수 있다. 이와 같은 개발적인 피드백의 목적은 관리적인 목적에서처럼 개인들 간의 비교에 있기보다는 개인행동을 변화시키거나 강화시킨다는 차이점이 있다.

〈표 12-2〉 성과관리시스템과 훈련 및 개발관계

	피드백 정보	
성과관리시스템	——————————〉 〈——————————	훈련 및 개발
	성 과	

1.3. 피드백의 시기와 구분

구성원들의 훈련 및 개발에 실질적인 도움을 주는 평가결과에 관한 피드백은 다음의 〈표 12-3〉과 같이 조직차원과 개인차원으로 구분할 수도 있다(류량도, 2007).

〈표 12-3〉 조직과 개인차원의 피드백 구분

<table>
<tr><th></th><th colspan="3">내 용</th></tr>
<tr><td rowspan="4">조
직
차
원</td><td colspan="3">• 팀 단위에 대한 피드백을 말한다. 팀별로 설정한 성과목표에 대한 피드백을 상위조직과 주관부서에서 실시한다.</td></tr>
<tr><td rowspan="3">측
면</td><td>성과목표</td><td>팀 성과목표를 얼마나 달성했는지를 확인하여 팀장에게 피드백을 한다.</td></tr>
<tr><td>성과경영
프로세스
운영</td><td>성과경영프로세스를 제대로 수행하고 있는지에 대한 피드백으로서, 프로세스상에서 잘 실행되지 않고 있는 부분이 어떤 부분인지를 파악하여 다음연도에 그 부분을 집중적으로 개선하도록 하는 피드백이 필요하다.</td></tr>
<tr><td>역량</td><td>팀장이 업무수행 중에 발휘한 리더십역량에 대하여 피드백을 실시한다.</td></tr>
</table>

<table>
<tr><td rowspan="4">개
인
차
원</td><td colspan="3">• 팀장이 팀원들을 대상으로한 피드백을 말한다.</td></tr>
<tr><td rowspan="3">측
면</td><td>성과</td><td>팀원이 평가기간 중에 수행한 결과들을 대상으로 탁월한 성과와 보완이 필요한 성과로 구분하여 피드백을 실시한다.</td></tr>
<tr><td>역량</td><td>팀원 개인의 역량에 대해 탁월한 역량과 개발이 요구되는 역량으로 구분하여 피드백을 실시한다.</td></tr>
<tr><td>능력개발</td><td>팀원별로 개발이 필요한 능력과 그 목표수준, 필요한 개발기간, 코칭 가이드를 분류하여 피드백을 실시한다.</td></tr>
</table>

자료: 류량도(2007), 하이퍼포머 팀장매뉴얼, 쌤엔파커스.

또한 피드백의 시기와 관련하여 성과피드백은 다음의 〈표 12-4〉와 같이 계획을 수립하여 실행하고 평가하는 전체단계에서 이루어져야 한다(류량도, 2007).

〈표 12-4〉 피드백 시기에 따라

구 분	내 용
성과목표 수립단계 피드백	• 전년도의 실적결과를 피드백하여, 필요할 경우 성과목표와 전략을 수정하도록 한다.
성과목표 실행단계 피드백	• 실행단계에서의 실적분석을 피드백하여, 월간 성과목표 달성 전략을 수정하도록 한다.
성과목표 평가단계 피드백	• 평가결과를 확인하고, 이에 대한 분석을 실시한 후에 이루어지며, 평가기간 중 보여준 평가대상자의 성과, 역량, 능력차원에 대한 피드백을 통해 잘한 점과 부족한 점을 분명히 알 수 있도록 함으로써 차기 성과목표를 수립할 때 반영할 수 있도록 한다.

제2절. 피드백의 모델과 방법

본 절에서는 피드백 모델 SOFA와 3가지 종류의 피드백의 방법을 살펴보고, 최근 유행처럼 번지고 있는 360도 평가피드백 시스템에 대하여 알아보도록 한다.

2.1. 피드백 모델: SOFA

평가와 피드백은 분명 다르다. 평가가 개인의 기여도를 판단하는 것이라면, 피드백은 개인의 기여도에 관한 정보를 제공하는 것이다. 따라서 피드백 프로세스는 판단적인 언어공격이 아닌 구성원들이 이용할 수 있는 정보를 제공함으로써 성과를 향상시키는데 중점을 두어야 한다. 다음의 〈표 12-5〉와 같이 SOFA 피드백 모델은 이와 같은 입장을 설명하고 행동의 결과를 묘사하게 해주며 문제와 관련된 감정을 표현하게 해준다. 이 모델을 적용함으로써 상황을 수정/개선하기 위해 요구되는 것들을 규명할 수 있다(Jones, 2007; 강대석, 2009).

〈표 12-5〉 피드백 모델: SOFA

S	상황 (Situation)	• 전후관계를 들어서 상황을 설명하고, 이슈를 유발하는 행동에 대해 구체적으로 이야기 한다.
O	결과 (Output)	• 특정행동으로 인한 결과를 설명한다. 특정행동이 당신과 다른 사람들에게 어떠한 영향력을 미쳤는지를 생각해 본다.
F	감정 (Feelings)	• 당신의 감정이 어떠하였는지를 설명한다. 이것은 당신이 침착해지는 방법을 알려주고 특정한 행동이 당신에게 미치는 영향력을 보여준다.
A	조치 (Action)	• 발전적인 조치와 방법에 동의하는 것은 중요하다. 이것은 코칭, 개선된 목표의 설정, 후속 조치(follow up) 수행, 변화에 대한 검토의 형태로 나타날 수 있다.

자료: Jones, P.(2007), Managing for Performance: Delivering results through others, London, UK: Prentice Hall Business. p.78.

2.2. 피드백 방법

피드백 방법에는 다음의 〈표 12-6〉과 같이 일방적 피드백, 청취형 피드백, 쌍방형 피드백 등 3가지의 종류가 있다(Fisher, Schoenfelt, Shaw, 1996; 김식현, 1999).

〈표 12-6〉 피드백 방법

구 분	내 용
일방적 피드백 (Tell & Sell)	• 상사가 평가결과를 부하에게 들려주고, 부하가 평가결과를 수락하도록 설득하는 방식으로 이루어진다. • 부하들이 참여욕구를 전혀 갖고 있지 않을 경우에 적합하다. • 부하들로 하여금 방어적인 태도를 갖게 만들고 분노나 좌절감을 유도할 수도. • 상사가 모르는 부하의 평가와 관련된 유용한 정보를 이끌어내지 못한다.
청취형 피드백 (Tell & Listen)	• 상사가 부하들에게 평가결과를 들려주고 부하들에게 소명을 할 수 있는 기회를 제공한다. • 소명의 기회는 단순한 반응에서부터 상사의 평가에 대한 반박에 이르기까지 다양한 방식으로 주어질 수 있다.
쌍방형 피드백 (Problem Solving)	• 부하들이 최대한 통제권을 갖는다. • 부하들은 자신의 성과를 스스로 평가하고 미래의 계획을 수립한다. • 상사는 심판관이 아닌 조언자의 역할을 수행한다. • 양자간에는 개방적이고 적극적인 대화가 이루어진다. • 이 방법은 구성원의 목표에 대한 수용성과 몰입을 증진시킨다. • 문제점은 모든 구성원들이 다 쌍방형 피드백을 선호하지 않고, 경우에 따라 구성원들이 나쁜 성과에 대해서 상사와 토론하는 것을 기피하는 경향이 있다.

개별 피드백방식에는 장 · 단점이 있기 때문에 이를 보완하는 차원에서라도 여러 가지 피드백 방식을 혼합해서 사용하는 것도 바람직하다. 예로 관리목적의 경우 일방적 피드백을 사용하고, 개발목적의 경우에는 쌍방향 피드백을 사용할 수 있다.

2.3. 360도 평가피드백 시스템

최근 정부 및 공기업을 중심으로 360도 피드백 시스템(three-sixty feedback)이 유행처럼 번지고 있다. 우리나라에서는 이를 다면평가기법으로 이해되면서 즉 인사 의사결정용(선발, 배치, 임금결정, 다운사이징 목적 등)으로 사용하는 경우가 더 많다. 그러나 이는 엄밀히 말해서 평가라기보다는 피드백시스템이다. 그 이유는 본질적으로 피평가자에게 피드백을 제공함으로써 사람을 개발시키는데 목적이 있기 때문이다. 360도 평가피드백(다면평가)의 핵심적 특성은 두 가지로 요약될 수 있다. 하나는 피평가자와 관계하는 주변의 많은 사람이 평가를 한다는 점이며, 다른 하나는 이들이 평가한 결과는 직접적 또는 간접적이든지 당사자에게 피드백을 해줌으로써 스스로를 판단하면서 개발해 나갈 수 있도록 지원을 한다는 점이다(임창희, 2008; 김영재외 2인, 2005).

360도 평가피드백(다면평가) 시스템은 피평가자를 관찰 할 수 있는 위치에 있는 다양한 사람들(상사, 동료, 부하, 고객, 자신 등)을 평가자로 활용하는 방법이기 때문에, 상사평가에 비해 훨씬 공정하다고 인식되고, 특정개인의 편견으로부터 영향을 적게 받아 타당도가 더 높은 평가결과를 산출한다(Edwards & Ewen, 1996; Jackson & Schuler, 2003). 그러나 제대로 된 효과를 얻기 위해 개선해야할 점들은 다음과 같다(이학종 & 양혁승, 2005).

1) 평가자 개개인의 익명성 보장이 되어야 한다. 그 이유는 동료 혹은 부하 평가자의 경우 익명성이 보장되지 않는 상황에서는 피평가자를 있는 그대로 평가하기가 쉽지 않기 때문이다.

2) 평가를 주관하는 부서에서 평가내용을 종합적으로 분석하고, 이를 요약・정리하여 피평가자에게 피드백을 제공하여야 한다. 그 이유는 평가자의 익명성을 보장하고, 평가결과에 대한 피평가자의 이해도/활용도를 높이는 효과를 가져다 줄 것이기 때문이다.

3) 평가결과의 활용측면에서 보상이나 상벌보다는 개인의 역량개발을 위한 피드백제공 목적으로 활용하는 것이 적합하다. 그 이유는 평가결과가 보상이나 상벌 등에 중대한 영향을 미치게 설계될 경우 부하입장에서는 상사에 대한 정확한 정보제공에 부담스럽기 때문이다.

조직에서 360도 평가피드백 시스템의 성공적 도입방안으로 Carey Peter는 TVA(Tennessee Valley Authority) 회사의 사례를 통해 다음의 [그림 12-1]와 같이 5

개의 프레임웍을 제시하였다.

[그림 12-1] 360도 평가피드백시스템의 성공적 도입을 위한 5개의 프레임웍

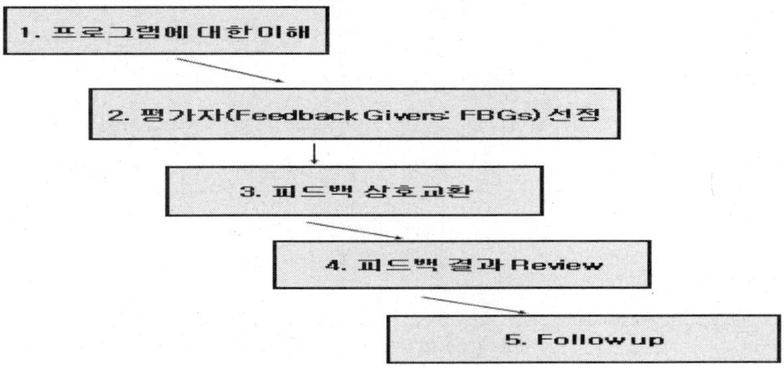

1) 프로그램에 대한 이해를 얻기 위한 방안

방 안	내 용
1. 프로그램의 목적을 분명히 설정하라	• '왜 360도 인가?'에 대한 질문에 대해 이 프로그램의 역할이 무엇이며, 구성원에게 어떤 의미가 있는지를 분명히 밝혀야 함.
2. 미션 Statement를 개발하라	• 프로그램에 대한 미션 Statement를 간결/명료하게, • 유익하다는 것에 대한 논리적인 근거를 명확하게 해야 한다.
3. 프로세스를 정립하라	• '그것이 어떻게 작동되는지'에 대해 업무처리지침 구체적 제시, • 프로그램이 언제/어디서/어떻게 이루어지는지 명확히 제시해야.
4. 의사소통의 도구(질의서)를 개발하라	• 이 프로그램이 매우 중요하다는 것을 구성원들에게 인식시키기 위해서 새롭고 흥미로운 그래픽한 도구(질의서)를 만들어야.
5. 지속적인 의사소통을 하라	• 모든 사람들에게 매일 e-mail을 통해 프로세스를 알리고, • 당신이 생각할 수 있는 모든 것에 대해 모든 사람과 공유하라.

2) 평가자(FBGs: feed back givers) 선정

TVA 구성원들은 Web-based 양식을 통하여 자신의 평가자를 선정한다.

1. 평가자 선정의 규칙을 정립하라	• 예로 TVA 구성원들은 직접 5~10명의 동료를 평가자로 선정한다.
2. 선정된 평가자에게 선정목적을 상기시켜라	• 평가자 선정은 익명성을 보장해야하고, 선정목적을 분명히 상기시켜야 한다. • TVA: 구성원 개발과 육성을 위한 것임(급여/승진에 영향을 주는 것이 아님)이 명확했다. • 자신을 높게 평가해줄 사람만을 선정한다면, 이는 본인에게 전혀 도움이 되지 않음을 명심해라.

3) 피드백 상호교환

1. 질의 내용을 결정하라	• 질의서는 평가자를 피곤하게 만드는 것으로 인식되기도 함으로 주의해야(어떤 관리자는 10명 이상으로부터 평가자로 선정되기도 함) • TVA: 조직에서의 '성공적인 행동(태도)'에 초점: 2개 항목의 질의 내용
2. 질의서에 평가자를 위한 메시지를 제시하라.	• 질의 양식에 구성원 피드백의 목적을 설명하고, 데드라인을 명시하며, 이것이 왜 중요한지 상기시켜라.
3. 피드백은 당사자에게 직접 보내라. (FBRs: feedback receivers)	• 질의서를 받은 후 7일 이내 보낸이에게 다시 보내야. • TVA: 당사자가 평가자에게 연락해 질의서에 충실하게 답해줄 것을 요구하기를 권장함(회수율이 80%)

4) 피드백 결과 review

1. 피드백 결과를 누가 받아 보는가?	• 피드백이 개발/육성이 목적이라면 그 결과를 받는 사람은 당연히 당사자가 되어야 한다. 만약 상사(관리자)에게 주면 경고가 주어진다. • 피드백이 인사관리 목적이라면 피드백 결과의 수신인은 HR부서 또는 해당자의 관리자(상사)가 되어야 한다.
2. 그것에는 무엇이 담겨있는가?	• TVA 피드백: '성공적인 행동(태도)'를 포함하고 있고, '구성원들이 그것을 얼마나 자주 발휘하고 있는가?'에 대한 평가내용이 있다.

	• TVA: 이것이 동료들간의 순위를 결정하는 상대평가보다 더 효과적이라는 것을 알게 됨.
3. 실질적으로 육성과 개발에 도움이 되는가?	• 단지 숫자가 아닌 서술된 피드백을 통해서 당사자는 평가자들의 피드백이 의미하는 것이 무엇인지 확실히 이해해야 한다.

5) Follow Up(후속조치)

대부분의 기업들이 이 부분에 대해서는 인색하지만, 매우 중요하다.

1. 명확하게 깨닫게 하라	• 당사자는 인터넷을 통해 요약된 내용과 워크숍 참석을 통해서 제본된 그룹 보고서를 받는다. • TVA: 더 많은 정보를 얻기 위하여 그들의 평가자와 접촉하기를 요구하는데, 이는 중요한 결과를 낳는다.
2. 행동의 변화를 촉진시켜라	• 구성원들이 그들의 행동/태도를 향상시킬 수 있는 기회와 아이디어를 주어라
3. 그룹별 보고서를 만들어라	• 피드백을 다 마친 후에 함께 참여했던 동료그룹(10~11명)별로 그룹 보고서를 만든다. • 이는 당사자(FRRs)가 참여그룹 동료 중에서 자신이 어느 곳에 위치해 있는지를 알게 하는데 도움을 준다.
4. 당신의 프로그램을 평가하라	• 시간낭비의 과정이 되지 않기 위해서는 결과들에 대해 반드시 기록하고, 성공적인 사례는 즉시 널리 알린다.

제3절. 바람직한 피드백 방향

본 절에서는 피드백시 고려사항과 바람직한 피드백의 방향에 대하여 알아본다.

3.1. 피드백 할 때 고려사항

평가결과 피드백을 하기 전에 [그림 12-2]와 같이 '누구에게 피드백 하는가?' '무엇을 피드백 하는가?' '언제 피드백 하여야하는가?' '어떻게 피드백 해야 하는가?'를 항상 고려해야 한다.

[그림 12-2] 피드백 고려사항

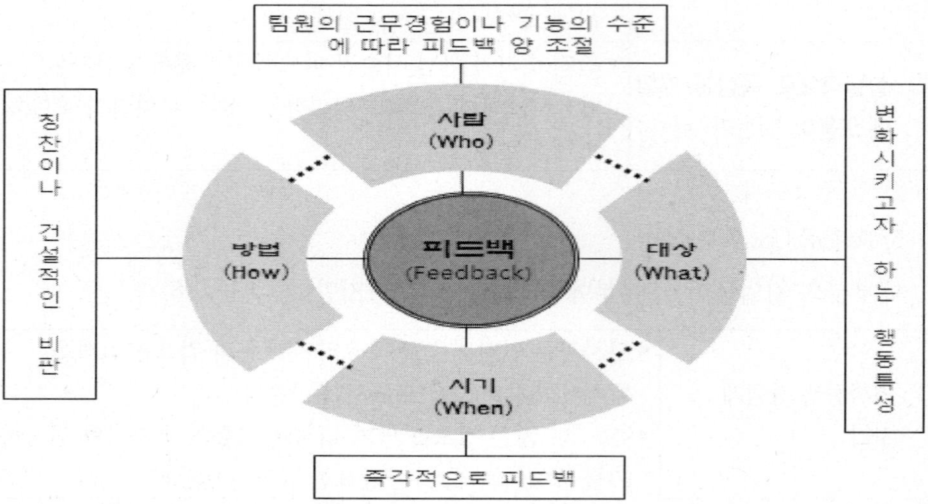

자료: 류량도(2007), 하이퍼포머 팀장매뉴얼, 쌤엔파커스.

또한 평가결과의 피드백이 항상 순조롭게만 진행되는 것은 아니기 때문에, 피드백 할 때 고려하여야 할 점은 다음과 같이 정리할 수 있다(김식현, 1999).

1) 평가결과에 관한 의견 불일치는 항시 발생할 수 있다는 점이다. 설사 평가점수에 대해서는 의견이 일치하더라도 행위나 결과의 원인귀인에 있어서 의견이 일치하지 않을 수 있다. 나쁜 성과에 대해서 상사는 부하 개인의 책임으로 귀인하는 경향이 있는 반면 부하의 경우 이를 상황요인으로 귀인시키는 경향이 있다.

2) 이처럼 상사와 부하의 의견불일치는 부하의 방어적 태도를 낳게 만든다는 점이다. 즉 부하는 자신의 성과에 대해서 변명하려고 애쓰고 상사의 평가에 대해서 불복하게 된다. 이렇게 되면 성과에 대한 피드백을 통해서 향후 부하의 성과행위를 개선시킨다는 목적은 달성되기 어렵다. 이러한 문제를 해결하기 위해서는 평가결과의 피드백을 참여적인 방식으로 진행하는 것이 바람직하다.

3) 한 번의 피드백을 통해서 관리적 의사결정, 향후 목표설정, 부하의 경력목표 및 훈련필요성 토의 등 여러 가지 목적을 동시에 달성하려고 하기 때문에 문제가 발생한다는 점이다. 예로 상사가 관리적 의사결정을 위해서는 심판관 자격으로

부하의 과거행위에 대하여 비판하지만 동시에 개발목적을 위해서는 코치의 자격으로 미래 목표설정과 성과개선을 위해 조언을 하는 역할을 수행한다. 이러한 상충되는 두 역할을 동시에 수행하기는 곤란함으로 별도의 회합을 통해 각각의 목적에 맞는 피드백을 제공하는 것이 효과적이다.

4) 피드백 과정에서 부하의 인상관리행위가 촉발될 수 있다는 점이다. 인상관리행위는 부하가 상사에게 비치는 모습을 통제하기 위해서 자신의 행위를 조작하는 것을 말한다. 이는 성과가 낮은 사람들에게서 많이 볼 수 있다. 예로 자신의 장점만 부각시키거나, 일찍 출근해 늦게 퇴근하는 모습을 보여 열심히 한다는 인상을 심거나 상사에 대한 아부 등이 있다.

이상과 같은 문제점들을 관리자(팀장)는 분명히 이해하고, 피드백을 통하여 구성원(팀원)과의 관계형성과 아울러 이들의 성과목표달성에 중요한 영향을 미친다는 것을 정확하게 인식할 필요가 있다.

3.2. 바람직한 피드백의 방향

모든 일을 실행하고 처리하는데 완벽한 사람은 없다. 그럴 때마다 자신이 어떤 점이 미숙했는지를 반성하고 향후 성장발전에 실질적인 도움을 줄 수 있도록 바람직한 피드백이 이루어져야 한다. 바람직한 피드백의 방향은 다음과 같이 정리할 수 있다.

1) 피드백은 좋든/나쁘든 성과에 대한 구체적 증거에 근거해서 이루어져야.

2) 구체적인 피드백을 제공하기 위해서는 중요사건을 기록해 두는 것이 좋다.

3) 피드백에 대한 구성원의 수용성을 높이기 위해서는 평가의 신뢰성이 중요하고, 신뢰를 높이기 위해서는 평가자가 피평가자의 업무에 정통해야 하고, 피고자의 행위를 관찰할 기회를 지녀야 한다.

4) 구성원들의 평가에 대한 참여는 평가결과에 대한 수용성을 높인다.

5) 피드백은 미래의 구체적인 목표설정에 도움이 되어야 한다. 즉 피드백의 목표는 미래 목표설정과 이를 달성하기 위해 구성원들이 개선해야할 행위를 확인하

고 이를 상호 합의하는데 있다.

6) 피드백을 할 때는 반드시 면담이나 서면으로 하는 것이 좋다. 서면으로 할 경우, 되도록이면 구어체의 친필편지 형식을 빌려 팀원들이 팀장의 애정과 관심을 느낄 수 있도록 하는 것이 좋다.

7) 피드백은 일 년에 최소 2회 정도를 하는 것이 좋다. 이유는 팀장의 피드백은 팀원들을 동기부여시키는 결정적인 수단일 뿐 아니라 가장 훌륭한 인재육성 방법이기 때문이다. 피드백을 상반기와 하반기에 각 한 번씩 하되, 특히 하반기에는 연간피드백의 성격을 겸해서 하는 것이 바람직하다.

따라서 성의 없는 이메일의 형태로 피드백을 한다든가 파일의 형태로 피드백을 한다든지 하는 행위는 가급적 지양해야한다. 팀원들에게 팀장의 정성과 열정이 느껴지도록 피드백 해야 한다. 그래야 팀원들이 더 나은 성과창출을 위해 열심히 뛸 마음을 갖게 될 것이다.

이상과 같이 바람직한 피드백의 방향을 관리자들은 인지하고, 평가결과를 피드백을 할 때는 다음의 〈표 12-7〉과 같이 피드백내용이 적절하게 구성되어 있는지를 점검해야 한다.

〈표 12-7〉 평가결과 피드백시 점검사항

점검 사항	Yes	No
• 사전에 합의된 목표와 지표에 따라 평가하였는가?		
• 실적자료(Reference Data)를 기준으로 평가하였는가?		
• 평가자 본인의 평가내용과 이유를 충분히 설명하였는가?		
• 목표를 달성할 수 있었던 이유를 구성원(팀원) 스스로가 어떻게 인식하고 있는지 확인하였는가?(본인의 노력, 동료지원, 환경요인 등)		
• 목표를 달성하지 못했을 경우, 그 이유에 대한 원인분석을 구성원(팀원) 스스로 하였다고 생각하는가?		
• 회사나 관리자(팀장)에 대한 팀원의 요청사항을 들었는가?		
• 우수한 성과에 대해서는 칭찬을 아끼지 않았는가?		
• 비판은 사실/상황에 대해서만 하고 사람에 대해서는 하지 않았는가?		

• 과거잘못을 들추지 않으며 남과 비교하여 평가하는 말을 하진 않았는가?		
• 목표수행과정과 자기평가결과를 중요시하였는가?		
• 차기목표에 대한 내용과 일정에 대해 설명해주었는가?		
• 구성원별로 성과/역량/능력 부분에 대한 구체적인 피드백을 하였는가?		

자료: 류량도(2007), 하이퍼포머 팀장매뉴얼, 쌤엔파커스.

학습목표(과제)

1. 피드백이 중요한 이유는 무엇인가?
2. 효과적인 피드백제공을 위한 선행조건은 무엇인가?
3. 360도 평가피드백 시스템의 성공적 도입방안은 무엇인가?
4. 피드백 할 때 고려사항과 바람직한 피드백의 방향은?

참고문헌

강대석(2009), 성과향상(Performance Improvement) Skill Up, 경문사.

김식현(1999), 인사관리론, 무역경영사.

김영재, 김성국, 김강식(2005), 인적자원관리, 심영사.

나기현(2004), 포괄적인 성과관리모델에 관한 연구, 외대논총, 제28집, 부산외국어대학교.

류량도(2006), 1 Mission 3 Role; 성과중심의 리더십, 웅진윙스.

______(2007), 하이퍼포머 팀장메뉴얼, 쌤엔파커스.

이학종 & 양혁승(2005), 전략적 인적자원관리, 박영사.

임창희(2008), 인적자원관리 2판, 비앤엠북스.

Byars,, L. L. & Rue, , L. W.(2006), Human Resource Management(8th e), New York, NY: McGraw-Hill/Irwin.

Edwards, M. & Ewen, A. J.(1996), Providing 360-Degree Feedback: An Approach to Enhancing Individual and organizational Performance, Scottsdale, AZ: American Compensation Association.

Fisher, C.D., Schoenfelt, L. F. & Shaw, J. B.(1996), Human Resource Management(Boston:

Houghton Mifflin Company), pp.490~493.

Heide, D. P.(1993), A Comprehensive Performance Management Model, A Dissertation in School of Human Behavior, United States International University, San diego, CA.

Jackson, S. E. & Schuler, R. S.(2003), Managing Human Resources Through Strategic Partnerships, 8th ed., Mason, OH: Southwestern.

Jones, P.(2007), Managing for Performance: Delivering results through others, London, UK: Prentice Hall Business.

Snell, S. & Bohalander, G.(2007), Human Resources Management, Mason, OH: Thomson.

제13장. 강화하기

강화하기를 실행하는 것은 성과관리 과정중에서 아마도 가장 어려운 부문일 것이다. 그 이유는 조직에 있는 모든 사람들에게 전체적으로 공평하게 보이는 보상시스템을 개발하고, 사고 및 행동방식에 있어 차이를 보이는 구성원들을 대상으로 조직목표달성을 위한 바람직한 행위를 유도한다는 것은 굉장히 어려운 일이기 때문이다.

만약에 강화하기단계를 적절하게 취급하지 못한다면 성과관리모델의 나머지 과정에서 구성원의 관여에 대한 의욕을 잃게 하고, 전체적으로 성과관리를 해치게 된다. 따라서 본장 제1절에서는 강화하기에 대한 이해도를 높이고자 강화하기의 개념과 강화하기의 방안과 일정계획에 대하여 알아본다. 제2절에서는 강화하기 방안의 일환으로 성과와 임금의 연결에 대하여 살펴본다. 그리고 제3절에서는 복리후생에 대하여 알아본다.

제1절. 강화하기에 대한 이해

1.1. 강화의 개념

보상은 동기부여의 발생에 있어서 중요한 역할을 한다. 특히 보상관련 중요한 동기부여에 관한 관점은 기대이론과 강화이론을 들 수 있다.

강화이론은 '특정행동의 결과로 인해 그 행동이 작용한다'는 가정에 근간을 둔다. 즉 만일 어떤 구성원이 특정행동의 직접적인 결과로 원하던 것(임금인상, 상사로부터의 칭찬 등)을 얻게 되면, 그는 향후에도 동일한 행동을 지속하게 될 것이다. 하지만 만일 구성원이 특정행동에 대하여 덜 유쾌한 결과(피로, 스트레스 등)를 얻는다면, 그 같은 행동을 하지 않게 될 것이다. 이러한 내용은 기대이론과도 크게 다르지 않다. 일을 더 열심히 하고자 하는 의사결정에 잠재된 메커니즘은 두 이론이 서로 다르지만, 실질적으로 열심히 일을 한 것에 대하여 원하던 결과가 뒤따르는 연계성이 있는 경우에는 구성원들이 더 열심히 일을 한다는 동일한 결론을 내릴 수 있게 해준다(Denisi & Griffin, 2007; 강대석, 2009).

조직에서 대부분의 행위는 바람직하지 못한 결과는 피하고 바람직한 결과를 얻으려는 작동적 행위라는 것이다(신유근, 1987). 이는 행위의 결과에 의해 통제될 수 있기 때문에 경영자는 작동적 조건화과정의 개념을 이용해서 구성원들의 행위를 통제하거나 행위에 영향을 줄 수 있다는 것이다. 작동적 조건화는 '결과에 의한 행위학습과정'을 의미한다. 예로 개에게 발을 드는 훈련과정을 살펴보자. 개에게 '발 들어'라는 명령을 해서 그렇게 하면 고기를 주거나 쓰다듬어 주는 보상을 할 때, 개는 어떤 강요된 자극때문에 발을 드는 것이 아니라 요구되는 행위를 했을 때 얻을 수 있는 보상때문에 그런 행동을 한다는 것이다.

이처럼 강화(reinforcement)란 '어떤 요인에 의해서 자극과 반응사이의 특정관계가 강력해지는 현상'을 의미한다. 즉 조직에서 관리자는 바람직한 행위를 유도하기 위하여 구성원들이 바람직하지 못한 행위를 보일 때는 이러한 행위를 하지 않도록 여러 형태의 벌을 주는 반면에 바람직한 행위를 보일 때는 이를 유지 · 강화하기 위해 여러 가지 상을 주게 된다. 여기서 여러 형태의 보상(상과 벌)이 강화요인이 된다.

통합적인 성과관리에서의 강화하기는 "조직에서 제공되는 여러 형태의 보상을 구성원 각자가 자기직무에서 직무성과 기대를 충족할 수 있는 방향 즉 표준성과와 성공적 과업행동으로 적극적 연계/결속"시키는 과정이다(Baker, et al., 1990; Heide, 1993; 나기현, 2004). 강화효과를 높이기위해서 보상으로서 임금의 증가는 성과 그리고 바람직한 과업행동과 연계되도록 명확하게 설계되어야 하고, 이는 직무기대들이 개발되어질 때 같이 개발되어져야 한다. 만약에 성과와 보상사이의 연계가 분명하지 않거나 명확하지 못하다면 구성원들의 의욕을 상실하게 만들고, 성과관리시스템이 비효과적으로 만들어지고 운영될 수 있다. 다시 말해, 성과목표대비 높은 성과를 창출하거나 이를 위해 효과적인 과업행동을 할 경우는 이를 유지 · 강화하기 위해서 여러 가지 긍정적 보상(상 등)이 구성원에게 주어져야한다. 반면에 효과적인 과업행동을 수행하지 못해 성과목표대비 낮은 성과를 창출하는 경우에는 그러한 비효과적인 과업행동을 하지 않도록 여러 형태의 부정적 보상(벌 등)이 주어져야 한다.

따라서 조직에서 경영자나 관리자가 높은 조직의 성과를 창출하기 위해 구성원들의 바람직한 행위를 증대/유도하고 바람직하지 못한 행위를 감소시킬 수 있는 강화하기방안에 대하여 알아보도록 한다.

1.2. 강화하기방안

조직에서 구성원들의 높은 성과창출을 위해 사용할 수 있는 강화하기의 방안으로는 1) 바람직한 행위를 증대시키기 위해 적극적 강화와 부정적 강화의 방안을 들 수 있고, 2) 바람직하지 못한 행위를 감소시키기 위해 소거와 벌 등의 방안을 활용할 수 있다. 이처럼 강화하기의 방안은 적극적 강화와 부정적 강화, 그리고 소거와 벌로 구분할 수 있는데, 이들 4가지 방안에 대하여 구체적으로 살펴보도록 한다(신유근, 1987).

1.2.1. 적극적 강화(positive reinforcement)

적극적 강화는 '어떤 자극을 주어 작동적 반응의 확률을 강력하게 하거나 증가시키는 것'을 말한다. 이러한 자극을 적극적 강화요인이라 한다. 이는 보상(rewards)이라고도 불리는 것으로서 개인에게 만족을 주는 것이며, 그가 바람직하다고 생각하는 것이다.

모든 보상이 적극적 강화요인은 아니다. 보상이 강화요인으로서 소기목적을 달성하기 위해서는 다음의 〈표 13-1〉과 같이 3가지 조건이 충족되어야 한다(Steers, 1984).

〈표 13-1〉 강화요인으로서 보상의 조건

1. 보상 그 자체가 구성원에게 매력이 있어야 한다. - 이유: 무관심한 보상은 행위변화에 아무 효과가 없기 때문이다.
2. 보상은 바람직한 행위와 긴밀한 연결 관계가 이루어져야 한다. - 이유: 보상은 훌륭한 성과의 결과로 주어져야 하기 때문이다.
3. 바람직한 행위가 어느 정도 가능한 것이어야 한다. - 이유: 지나치게 높은 성과에만 보상이 주어진다면 비록 보상이 매력적이어도 그것을 얻을 수 있는 행위에 대한 의욕이 별로 생기지 않을 것이기 때문이다.

적극적 강화요인으로 보상에는 두 가지 종류가 있다. 하나는 외재적 보상(extrinsic rewards)이고 다른 하나는 내재적 보상((intrinsic rewards)이다.

적극적 강화요인	외재적 보상	• 행위 그 자체와는 직접적인 관련이 없는 보상이며, 외부적이며 인위적일 때가 많다. • 허쯔버그의 위생요인이 여기에 해당한다.
	내재적 보상	• 행위 그 자체와 심리적으로 관련되는 보상이다. • 허쯔버그의 동기요인이 해당 됨. 특히 어려운 프로젝트 완수시, 새로운 기술 습득시, 능력발휘해서 높은 성과를 달성시 얻을 수 있는 만족감, 성취감 등이 포함된다.

실제 조직의 강화체계에 있어서는 금전적 보상을 중심으로 하는 외재적 보상이 우위를 점하나 향후에는 내재적 보상을 많이 사용하여야 할 것이다. 그 이유는 인본주의적/인지적 입장에서는 외재적 보상보다 내재적 보상이 보다 효과적임을 주장하기 때문이다. 내재적 보상이 보다 효과적이라는 이유들을 정리하면 다음의 〈표 13-2〉와 같다.

〈표 13-2〉 내재적 보상이 효과적인 이유

1. 외재적 보상보다 내재적 보상이 보상으로서의 힘이 크기 때문이다. - 내재적 보상이 동기를 유발시키는데 보다 효과적이라는 것이다.
2. 내재적 보상은 성질상 직무의 내용과 관련된 것이기 때문이다. - 직무내용에 내재적 보상이 담기면 경영자편에서는 계속적인 비용이 들지 않게 된다.
3. 외재적 보상은 그 자체로 한계가 있기 때문이다. - 이는 재정상 한계가 있어 일부 소수를 위해서만 사용될 수 있다.

1.2.2. 부정적 강화(negative reinforcement)

적극적 강화와 마찬가지로 요구되는 행위를 강력하게 해주는 방법이긴 하지만 '보상을 주는 것이 아니라 불쾌한 자극을 제거해줌으로써 행위를 강화시켜 주는 것'이다. 이 경우 제거된 자극을 부정적 강화요인이라 한다.

행위의 강화에 있어서 적극적 강화기법과 부정적 강화기법에 차이가 있다. 적극적 강화기법은 훌륭한 성과에 따르는 환경으로부터의 긍정적 결과를 얻기 위해서 열심히 일하는 반면 부정적 강화기법은 환경으로부터의 불편을 피하기 위해서 열심히 일한다.

따라서 조직의 경영자나 관리자는 강화요인인 여러 형태의 보상(상과 벌 등)을 관리함에 있어 경험과 직관에 의존하지 않고 보다 과학적인 근거를 마련함으로써 구성원들의 바람직한 행위변화를 효과적으로 유도해야 하는 책임을 가지고 있다.

1.2.3. 소거

바람직한 행위를 강력하게 증대하는 방식이 적극적 강화와 부정적 강화전략이라면 바람직하지 않은 행위를 감소시킬 수 있는 방식은 소거와 벌을 들 수 있다.

소거(extinction)란 '학습되었거나 사전에 조건화된 반응에 제공되던 적극적 강화가 억제되어서 보상되지 않는 상황이 반복되면 그 결과로 반응률이 하락하는 것'을 의미한다. 예로 예전엔 성과와는 관계없이 모든 구성원에게 적용되던 일률적 봉급인상이 이제는 저성과자는 제외하고 평균이상의 성과자에 한해 적용될 경우, 소거를 경험한 저성과자는 감봉은 아니지만 그만큼 고통스러울 수 있다. 따라서 소거는 바람직하지 못한 행위는 감소시킬 수 있을지라도 바람직한 행위를 촉진시키지는 못한다.

1.2.4. 벌

벌(punishment)은 '어떤 반응에 대해 싫거나 불편한 결과를 주거나 혹은 적극적 결과를 제거하는 것'을 의미한다. 보상이 행위를 강력하게 해준다면 벌은 행위를 약하게 만든다. 소거와 벌의 과정에서 사용되는 보상의 철회는 의미의 차이가 있다. 소거과정에서는 전에는 바람직해서 보상을 주었던 행위에 대하여 이제는 보상을 철회하는 것이라면 벌에서는 보상과는 관련이 없는 요구되지 않은 행위로부터 보상을 철회하는 것이다. 예로 예전에는 TV를 즐겨보며 어른행동을 흉내 내는 아이에 대해 그런 행동을 하는 것이 예쁘다고 칭찬 또는 돈(보상)을 주던 것을 이제는 그런 행위를 해도 돈을 주지 않거나 무시하는 것 즉 보상철회를 소거라 한다. 반면 그런 행위를 하는 아이 엉덩이를 때려주는 것은 불편한 결과에 의한 벌이고, 아이에게 TV를 못 보게 하는 것은 적극적 결과의 철회에 의한 벌이다.

1.3. 강화의 일정계획

조직에서 높은 성과창출을 위한 바람직한 행위를 증대하기 위해서 적극적 강화나 부정적 강화를 사용할 경우에는 강화의 시기선정(timing)이 중요하다. 그 이유는 이 강화의 시기선정이 강화의 유효성을 결정하기 때문이다(신유근, 1987).

강화의 일정계획(reinforcement schedule)이란 '조건화될 행위의 연속과 관련하여 강화요인의 발생을 공식적으로 구체화 하는 것'을 의미한다. 따라서 경영자들이 강화, 그 중에서도 보상을 구성원들의 성과에 최대효과를 미치도록 관리하기 위해서는 여러 가지 강화의 일정계획을 분명히 알고 있어야 한다.

강화의 대표적인 일정계획으로는 크게 연속강화법과 부분강화법을 들 수 있다.

1.3.1. 연속강화법

이는 '구성원들이 정확한 반응을 낼 때마다 강화요인이 뒤따르는 방법'이다. 이 방법을 적용하면 요구되는 행위가 매우 급격하게 증가되지만, 강화요인이 없어지게 되면 성과가 급속히 떨어진다. 이 방법의 문제점은 조직에는 시간과 자원의 양에 한계가 있기에 현실적으로 어려운 일이다.

1.3.2. 부분강화법

이는 '정확히 반응이 있을 때마다 강화가 주어지는 것이 아니라, 정확한 행위에 대하여 드문드문 강화요인이 뒤따르는 방법'이다. 이 방법은 연속강화법과 비교하여 볼 때 학습 즉 행위의 획득은 느리지만 반응의 유지보존은 강하다는 것이다.

이 부분강화법으로는 시간과 성과를 중심으로 다음의 〈표 13-3〉과 같이 4가지 유형으로 구분할 수 있다.

〈표 13-3〉 부분강화법의 4가지 유형

<table>
<tr><th colspan="2">구 분</th><th>내 용</th></tr>
<tr><td rowspan="2">시 간</td><td>고정 간격법</td><td>• 요구되는 행위가 발생하였더라도 앞의 강화로부터 일정한 시간이 경과된 후에만 강화요인을 주는 방법이다.
• 주급, 월급, 보너스 등 어느 수준까지만 했으면 일정시간이 지나 보상이 주어지기에 높은 성과수준이 보장되지 않는다. 또한 보상이 끝나면 바람직한 행위는 급격히 소멸되는 특징도 보인다.</td></tr>
<tr><td>변동 간격법</td><td>• 평균을 기준으로 해서 구성원이 예측하지 못하는 변동적인 시간 간격으로 강화요인이 주어지는 방법이다.
• 이 방법은 급여제도로는 부적합. 칭찬, 승진, 감독시간을 시행하는데 있어 가장 이상적이며, 고정간격법보다 더 높은 반응율과 더 안정/지속적인 성과를 낸다.</td></tr>
</table>

<table>
<tr><td rowspan="2">성 과</td><td>고정
비율법</td><td>• 요구되는 반응의 일정한 수(number)가 나오게 되면 보상을 해주는 방법이다.
• 이 방법의 예는 성과급제로, 구성원들이 아주 열심히 그리고 꾸준하게 요구되는 행위를 보여준다. 이유는 빨리 채워서 보상을 얻기 위해. 그러나 보상 후 바람직한 행위가 급격히 하락한다.</td></tr>
<tr><td>변동
비율법</td><td>• 요구되는 반응수가 나와야 강화가 주어지는 방법인데, 요구되는 반응 수는 일정한 평균을 기준으로 변화한다.
• 바람직한 행위의 소멸이 느리고 구성원의 행위를 유지하는데, 높고 안정된 성과를 창출하는데 있어 가장 강력한 방법이다</td></tr>
</table>

자료: 신유근(1987), 조직행위론, 다산출판사.

이상의 여러 가지 일정계획을 통해서 효과적인 강화하기를 위한 지침을 다음과 같이 마련할 수 있다.

지침:

1) 보상의 시기선정은 가능하면 요구되는 행위가 나타난 바로 직후가 효과적이다.
2) 비율법이 간격법보다 꾸준하고 강력한 반응을 보이고 있어 일반적으로 효과적이다.
3) 조직의 강화체계를 어떤 일정계획이 좋다고 해서 그 한 가지 방법에만 의존한다는 것은 현실적으로 불가능하다. 예로 고정간격법에 의한 기본급 지급제도와 변동비율법에 의한 보너스 지급제도를 병용할 수 있다.

제2절. 성과와 임금 연결

개인 및 팀 단위에서의 성과목표를 달성하고 사업부 내지 전사차원의 성과목표 달성에 기여하기 위해서는, 개인 및 팀에게 부여된 성과목표를 구성원들이 달성하고자 하는 강한 의욕과 열망 즉 동기부여가 필요하다. 그러나 자발적 또는 비자발적으로 형성된 구성원의 성과목표달성 동기는 실행과정에서 지속적 유지에는 아무래도 한계가 있다. 그러므로 실행과정에서 지속적으로 달성 동기를 만들어내고 더 나아가 동기를 강화시킬 수 있는 유인으로서 성과보상이 필요하다. 따라서 여기에서는 조직에서 경영자/관리자가 강화하기방안의 일환으로 동기부여와 연계된 성과와 보상의 연결에 대하여 알아보도록 한다.

2.1. 성과보상의 설계와 운영

조직에서 구성원들의 성과를 관리하는데 있어 누구나 강화요인인 보상과 성과간의 연계가 가장 효과적이라고 생각할 수 있다. 그러나 성과와 보상간의 만족스런 연결은 결코 단순한 일이 아니다. 그 이유는 동기부여와 연계되어야 하기 때문이다. 이러한 측면에서 많은 조직들이 기본급 인상만으로는 성과를 높이는데 한계가 있기 때문에 인센티브 플랜을 도입하고 실행하는 이유가 바로 여기에 있는 것 같다.

최근 선진기업들은 구성원들의 동기부여 효과를 극대화하기 위해 금전적 보상과 비금전적 보상을 극대화하고 있다. 특히 연봉, 인센티브뿐만 아니라 교육 및 경력개발을 포함한 총 보상(total compensation) 관점에서 운영하고 있다(정권택, 2002). 총 보상의 구성은 [그림 13-1]과 같다.

[그림 13-1] 총 보상의 구성

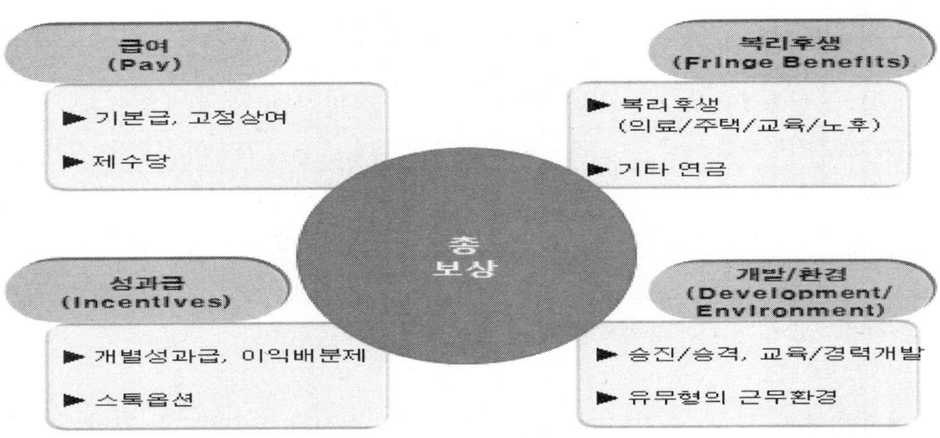

자료: 정권택(2002), 성과주의 인사의 명암과 제언, CEO Information, 제357호, 삼성경제연구소.

다양한 성과보상이 동기부여와 연계되겠지만 더 중요한 것은 조직구성원들은 보상시스템이 공정하다고 지각할수록 더 높은 성과를 내기위해 동기화될 수 있다는 점이다. 따라서 구성원들의 노력이 조직의 목표와 철학, 문화와 연계되도록 하는 동시에 그들의 모티베이션과 성장을 강화시키는 방식으로 보상전략을 계획 · 실행시키기 위해서는 오늘날의 조직은 어떻게 하여야할까?

2.1.1. 성과보상의 개념과 형태

성과보상이란 '구성원 또는 일정 조직단위에서 달성한 성과와 역량에 대한 평가를 통해 승진과 같은 신분적 보상, 연봉조정, 성과급, 인센티브 등과 같은 금전적 · 비금전적 보상이 시스템적으로 이루어지는 것'을 의미한다(류량도, 2006). 이처럼 성과보상은 구성원이 조직에 제공한 노동의 대가를 금전적 혹은 비금전적으로 보상받는 것이기 때문에, 이를 통해 구성원들의 근로의식을 고취, 긍정적인 직무태도로 개인 업무성과와 조직성과를 향상시킬 수 있다.

일반적으로 조직에서 제공되는 성과보상은 다음의 〈표 13-4〉와 같이 금전적 보상, 비금전적 보상, 그리고 인센티브로 구성된다.

〈표 13-4〉 성과보상의 형태

구 분	내 용	
금전적 보상	직접적인 보상	주급, 월급, 연봉, 보너스 등 화폐적 임금
	간접적인 보상	사회보험, 교육 · 건강 및 문화시설 등의 복리후생
비금전적 보상	직무관련 보상	직무자율 및 권한확대, 훈련과 개발의 기회, 승진기회
	직무환경 보상	쾌적한 직무환경, 변동적 근로시간제
인센티브	금전적 + 비금전적 보상	금전적인 보너스와 복리후생, 그리고 비금전적 보상 포함

자료: 이진규(2001), 전략적 · 윤리적 인사관리, 박영사.

'어떠한 평가결과를 승진이나 승격, 연봉조정이나 성과급에 반영할 것인가?' '반영되는 평가결과의 비율은 어떻게 정할 것인가' 등에 대해서는 각 기업의 특성에 맞추어 전개되어야 한다. 특히 성과보상내용에 대해서는 전문가의 도움이나 타사의 사례 등을 벤치마킹하고 경영진의 의견과 구성원들의 요구사항을 반영하여 설계하고 운영해야 할 것이다. 그러나 효과적인 성과관리의 실행을 위한 임금차별화가 조직의 성과를 방해하는 문제점을 개선하기 위해서는 조직의 계획과정에 대하여 다음과 같이 좀 더 세심한 관심을 가질 필요가 있다.

1) 무엇보다도 효과적인 개인의 성과목표들은 전략적으로 조직목표들과 제휴되어야 한다.
2) 효과적인 계획은 중간 수정과 조정을 포함해야한다.
3) 성과계획이 부정적인 개인주의로 유도할 수 있기 때문에 계획과정에 세심한 주의가 요구 됨.

How to:

- 협동과 팀워크가 중요한 상황이라면 이러한 가치들은 계획과정에 반영되어, 전략단계에서 시작하여 부문의 목표, 개인의 성과계획에 이르러야 한다. 그리고 팀의 구성원으로서 개인의 성과는 팀워크와 기여도 등과 보상이 구체적으로 연계되어야 한다.

2.1.2. 성과보상 관리

보상을 통한 효과성을 극대화시키기 위해서는 성과보상의 관리원칙과 전략적 선택문제들을 충분히 고려해야 하기 때문에, 이들에 대하여 살펴보도록 한다.

2.1.2.1. 성과보상의 관리원칙

구성원의 동기부여를 증진시키고 업무성과를 향상시킬 수 있도록 효과적인 성과보상을 위해 고려해야 될 몇 가지 원칙들은 다음의 〈표 13-5〉와 같다(Patton, 1977).

〈표 13-5〉 성과보상의 관리원칙

구 분	내 용
적절성	보상이 정부의 관련법규, 노사관계, 그리고 사회 · 경제적 상황, 경영계층, 보상철학 등에 맞도록 설계되어야 함을 의미한다.
공정성	보상이 공정하게 배분되어야 함을 의미한다.
균형성	각종 보상체계(금전적 비금전적)의 균형적인 사용을 말한다.
경제성	보상은 조직이 지불할 수 있는 경제적 능력을 초과해서는 안 된다.
안정성	보상을 통해 구성원들의 심리적 · 경제적 안정을 추구할 수 있어야 한다.
자극성	보상을 통해 구성원들의 근로의식을 고취시키며 생산적 업무활동을 할 수 있도록 자극해야 한다.
수용성	보상체계를 전체 구성원이 납득하고 타당하다고 여길 수 있어야 한다.

2.1.2.2. 전략적 선택문제

전략적 선택문제는 성과보상의 관리원칙들과 더불어 성과보상시 직면할 수 있는 다음의 〈표 13-6〉과 같은 판단요소의 딜레마를 고려해야 한다(Gomez-Mejia et. al, 1998).

〈표 13-6〉 성과보상의 전략적 선택문제들

판단요소	판단기준	판단내용
보상 철학	내부 공정성	조직내부에서 보상수준을 어떻게 공정하게 할 것인가?
	외부 공정성	외부노동시장과 보상수준 비교해 어떻게 공정하게 할 건가?
보상 주기	고정적 보상	보상을 고정된 기간에 지급할 것인가?
	변동적 보상	보상을 간헐적으로 지급할 것인가?
보상 효과성	성과 보상	업무성과를 보상하여 성과지향형 조직으로 만들 것인가?
	멤버십 보상	구성원간 유대관계를 통해 협력적 조직으로 만들 것인가?
보상 평가기준	직무급 보상	직무특성을 평가하여 보상할 것인가?
	직능 · 성과급	직무수행자의 능력/성과를 평가하여 보상할 것인가?

보상 지급형태	금전적 보상	금전적 형태로 지급하여 외재적 만족감을 제공할 것인가?
	비금전적 보상	비금전적 형태로 지급해 내재적 동기부여 강조할 것인가?
보상 지급과정	개방적 보상	보상을 공개적으로 결정해 절차적 공정성을 강조할 것인가?
	폐쇄적 보상	비공개로 보상해 구성원들간 경쟁자극을 감소시킬 것인가?

자료: 이진규(2001), 전략적 · 윤리적 인사관리, 박영사.

2.1.3. 성과보상 유형

보상을 통한 효과성을 극대화시키기 위해서는 성과보상의 관리원칙과 전략적 선택문제들을 충분히 고려한 다음, 조직상황에 맞는 보상체계를 설계할 수 있어야 한다. 조직에서 사용할 수 있는 성과보상 유형에 대하여 알아본다.

2.1.3.1. 성과급(performance based pay)

성과급이란 '구성원이 달성한 업무성과를 기초로 임금수준을 결정하는 방식'으로, 조직에서는 업무성과향상에 직접적으로 영향을 미칠 수 있어 성과측정이 용이한 성과급을 선호한다. 성과급의 증가는 기본급 인상이나 각종 인센티브의 형태로 이루어지게 된다. 조직에서 성과급 도입은 적어도 3가지 측면에서 긍정적 기여를 하게 된다. 1) 고성과자들을 모집하고 유지하는데 좋은 수단이 될 수 있으며, 기업이미지를 제고시킬 수 있다. 그 이유는 고성과자들은 성과급을 선호하고 고성과를 보상하는 조직에 이끌리게 되기 때문이며, 성과급을 도입함으로써 조직은 공정하고 서로 공유된 기대나 기준에 근거한다고 여겨질 수 있기 때문이다. 2) 성과관리시스템은 더욱 효과적이 된다. 그 이유는 성과급은 조직으로 하여금 성과에 대하여 명확히 정의하게 만들고, 또한 어떤 요소들이 효과적인 성과가 될 가능성이 있는지를 결정하도록 만들기 때문이다. 그러므로 성과급이 도입되면 조직은 구성원들에게 기대하는 것이 무엇인지, 보상될 행동이나 결과는 구체적으로 무엇인지, 그리고 이것을 어떻게 달성될 수 있는지 등에 관해서 투명하게 할 필요가 있다. 3) 이로 인해 상사와 구성원들간에 커뮤니케이션을 명확하게 구체적으로 할 수 있다. 그 이유는 이러한 것들을 투명/명확하게 함으로써 상사나 개별구성원들은 진정으로 중요한 것이 무엇인지를 더 잘 이해할 수 있게 되고, 이는 커뮤니케이션의 중요한 목표가 된다.

따라서 조직에서 구성원들로 하여금 성과급을 통한 업무성과에 대한 부정적인 강박관념을 최소화시키기 위해서는 개인뿐만 아니라, 집단과 조직성과를 동시에 보상하여 조직전체의 성과를 향상시킬 수 있는 설계와 운영이 필요하다.

2.1.3.1.1. 개인별 성과급

개인별 성과급은 개인의 업무성과를 기초로 금전적 · 비금전적 보상을 제공한다. 미국의 경우 집단이나 조직에서 제공하는 성과급에 비해 개인별 성과급을 압도적으로 선호한다. 개인별 성과급의 유형과 장 · 단점, 사용기법에 대하여 살펴본다(이진규, 2001).

1) 개인별 성과급 형태

개인이 달성한 업무성과를 기준으로 임금수준을 결정하는 개인별 성과급의 유형은 다음의 〈표 13-7〉과 같이 4가지 형태가 있다.

〈표 13-7〉 개인별 성과급 형태

형 태	내 용
업적급 (merit pay)	• 개인성과급 중 가장 많이 사용되는 방법으로, 개인의 기본임금이 평가받은 업무성과에 의해 규칙적으로 증가된다. • 개인성과에 대한 평가는 전형적으로 직속상사에 의해 결정되고, 평가점수를 바탕으로 개인의 기본임금에서 0%, 3%, 6%, 9% 등의 임금 증가율이 결정된다.
보너스	• 개별구성원의 특별업무성과를 추가적인 임금으로 보상하는 방법. • 기본임금은 그대로 있어 안정성을 추구하고, 개인의 업무결과에 따라 변동적 · 일시적으로 지급되는 부가적인 임금이기에 구성원들이 도전적 업무수행의 열의를 갖게 할 수 있다.

상	• 보너스와 같이 일시적 보상으로, 직접적인 임금이 아니라 비금전적이며 무형의 상으로 지급된다.
성과 비율제 (piece-rate plan)	• 달성된 업무성과의 단위나 시간당 임금비율에 따라서 초과 달성된 성과에 초과 임금률을 적용하는 방법이다.

2) 개인별 성과급 기법들

개인별 성과급은 구성원의 업무성과에 따라서 임금수준이 달라지는 것이므로 업무성과에 따른 임금비율 또한 달리 산정할 필요가 있다. 성과급 비율제(piece-rate plan)는 '업무성과에 따라 임금률을 달리하는 것'을 의미한다.

성과비율은 다음의 〈표 13-8〉과 같이 생산량을 기준으로 하는 생산량기준 성과급과 시간을 기준으로 하는 시간기준 성과급이 있다.

생산량기준 성과급제에는 단순성과급, 테일러식 복률성과급, 메릭식 복률성과급이 있다. 또한 시간을 기준으로 하는 시간기준 성과급제에는 표준시간급과 할증급이 있다. 표준 시간급제(standard-hour plan)는 '업무성과를 표준시간에 기초해서 임금수준이 결정되는 방식'이다. 반면에 할증급(the premium plan)은 '구성원의 표준작업시간에는 일정한 임금을 보장하지만, 동일한 시간에 업무성과가 높은 구성원에 대해 일정한 비율의 추가된 임금을 지급하는 방식'이다. 시간당 절약된 임금을 구성원에게 어떤 비율로 분배하는지에 따라 할증급의 유형을 다음과 같이 구별할 수 있다.

할증급	할시식	표준시간과 표준 업무성과를 규정한 후, 절약된 시간에 상응하는 임금의 1/2 혹 1/3에 해당하는 임금을 추가로 제공하는 방식이다.
	비도식	절약된 임금의 3/4를 구성원에게 환원하는 방법이다.
	로완식	절약된 임금의 규모에 따라 이익배분률을 다르게 하는 방법이다.
	간트식	시간당절약임금을 개인에게 모두 지급하고, 추가보너스를 지급하는 방식.

〈표 13-8〉 성과비율

<table>
<tr><th>구분</th><th colspan="2">유 형</th><th colspan="5">내 용</th></tr>
<tr><td rowspan="3">생산량 기준</td><td colspan="2">단순 성과급</td><td colspan="5">• 개별 구성원이 생산하는 제품의 단위당 생산량에 따라 고정된 임금비율을 곱하여 임금수준을 결정한다.
- 예: 60개 반도체생산에 6만원일 경우, 70개 생산하면 7만원</td></tr>
<tr><td colspan="2">테일러식 복률 성과급</td><td colspan="5">• 표준과업량을 기준으로 두 종류의 임률을 제시하여 표준과업량을 달성한 구성원이 유리한 임률을 선택하게 하는 방법
- 예: 시간당 60개 반도체 생산이 표준 과업량일 경우, 60개 이하 생산한 개인에게는 개당 8,000원이 낮은 임률(80%)을, 60개 이상 생산한 개인에게는 12,000원(120%)의 높은 임률을 적용.</td></tr>
<tr><td colspan="2">메릭식 복률 성과급</td><td colspan="5">• 테일러식이 임률을 2가지로 규정한 반면, 메릭식은 표준생산량을 3가지 83%, 83~100%, 그리고 100%로 구별하여 임금을 제공한다.</td></tr>
<tr><td rowspan="7">시간 기준</td><td colspan="2">방 식</td><td>생산 시간</td><td>생산 량</td><td>절약된 시간</td><td>절약된 임금</td><td>임금 산출방식: 시간당 3,000원</td></tr>
<tr><td colspan="2">표준 시간급제</td><td>8시간</td><td>8개</td><td>0시간</td><td>0원</td><td>8시간 × 3,000원 = 24,000원</td></tr>
<tr><td rowspan="4">할증급</td><td>할시식</td><td>6시간</td><td>8개</td><td>2시간</td><td>6,000원</td><td>24,000원 + 3,000원 = 27,000원(1/2인 경우)
24,000원 + 2,000원 = 26,000원(1/3인 경우)</td></tr>
<tr><td>비도식</td><td>6시간</td><td>8개</td><td>2시간</td><td>6,000원</td><td>24,000원 + 4,500원 = 28,500원(3/4인 경우)</td></tr>
<tr><td>로완식</td><td>5시간</td><td>8개</td><td>3시간</td><td>9,000원</td><td>24,000원 + 5/8 x 3,000(8-5) = 29,625원</td></tr>
<tr><td>간트식</td><td>6시간</td><td>8개</td><td>2시간</td><td>6,000원</td><td>24,000원 + 6,000 = 30,000 + 3,000
(10%인 경우)</td></tr>
</table>

자료: 이진규(2001), 전략적 · 윤리적 인사관리, 박영사.

이처럼 다양하게 제공되는 개인별 성과급의 장 · 단점을 살펴보면 장점으로는 긍정적 업무성과를 반복적으로 유도할 수 있고, 성과보상의 공정성을 확보할 수 있다. 반면에 단점은 과다경쟁으로 구성원간의 협동심을 저하시킬 수 있고, 상사와 부하간의 성과평가에 대한 갈등을 초래할 수 있다.

개별구성원의 업무성과에 대한 정확한 평가가 모든 직무에 적용되기는 사실상 어렵다. 그러나 조직에서는 직무를 고려하여 개인의 업적을 평가하여 보상을 할 것인지 아니면 팀의 공동업적을 평가하여 보상을 할 것인지를 결정하여야 한다.

2.1.3.1.2. **집단 성과급**

최근 팀 조직의 유용성이 강조되고 있는 시점에서 집단 성과급의 중요성은 가중되고 있다. 특히 조직에서 개인별 성과급이 용이하지 않거나 구성원간의 팀워크와 협조가 중요한 경우 집단 성과급을 활용할 수 있다. 집단 성과급의 특징과 장·단점 그리고 효과적인 관리방안에 대해 알아본다(이진규, 2001).

1) 집단 성과급의 특징

집단 혹은 팀 성과급(team-based pay)은 '집단 구성원들이 수행한 결과에 대한 동등한 보상을 해주는 것'이다. 이는 측정방법, 보상의 형태, 보상의 성질 측면에서 개인별 성과급과 다른 다음의 〈표 13-9〉와 같은 특징을 갖고 있다.

〈표 13-9〉 집단 성과급의 특징

특징 구분	내용
1. 집단과업 특성에 따라 객관적 혹은 주관적으로 측정된다.	• 집단성과의 기준은 집단과업특성에 따라 광범위/장기적부터 세부적/단기적일 수 있다. • 예: 연구개발팀의 과업성과 - 잠재적/장기적으로 나타남. 생산 팀의 과업성과 - 가시적/단시간에 파악
2. 보상은 개인별 성과급에 추가적으로 부여된다.	• 개인별로 기본적 임금이 책정된 다음 집단성과에 따라 성과가 부가되는 성과배분의 형태이다. • 예: 조직의 기본임금으로 연공급/직무급/직능급에 의한 개인별 임금이 규정되어 있고, 집단의 성과여부에 따라 금전적 보너스나 비금전적으로 추가 지급된다.
3. 분배 공정성에 기초한다.	• 개인성과급제는 개인의 업무성과에 따라 차등적 보상이 존재하나, 집단성과에 대한 보상은 공평한 보상에 있다. • 예: 신제품개발에 성공한 팀: 팀원 모두에게 균등한 금액 보상. 단 특별한 개인(팀 리더 등)에 대해서는 다음연도 업적급에 반영될 수 있음.

2) 집단 성과급의 장 · 단점

집단성과급의 장점은 조직문화가 집단주의일 경우 집단목표달성을 촉진하고, 집단응집력을 강화시키고 객관적 성과보상이 가능하다는 점이다. 반면에 단점은 조직문화가 개인주의일 경우 사용효과가 별로이고, 무임승차효과, 그리고 집단간의 경쟁을 유발해 오히려 부정적일 수 있다는 점이다. 이처럼 집단성과를 기초로 보상하고 집단구성원을 동기부여 시키기 위해서는 집단구성원간의 상호의존성과 집단위계를 고려하여야 한다. 먼저 상호의존성의 경우, 높을 때 적합하다. 이유는 상호의존성은 직무 상호간의 결합을 통해 달성된다는 점 때문이다. 또한 집단위계의 경우, 수평적일 경우에 유리하다. 이유는 위계는 명령과 권한의 책임을 규정함에 따라 발생하므로 팀원들 간의 상호위계가 크지 않고 자유롭게 의사소통할 수 있는 수평적 구조일수록 구성원들 간의 원활한 교류가 일어나기 때문이다. 따라서 빈번한 구성원들 간의 상호의존성은 집단목표달성에 용이하기 때문에 집단 성과급을 쉽게 적용할 수 있다.

2.1.3.1.3. 조직 성과급

조직 성과급(corporate wide pay-for-performance plan)은 '조직이 시장에서 획득한 성과를 기초로 개별구성원 및 집단을 보상하는 것'이다. 즉 조직성과가 향상될수록, 그 만큼 개인에게 돌아가는 보상수준도 증가된다는 원리이다. 조직이 달성한 성과에 의한 보상은 두 가지 성과를 기준으로 한다. 하나는 구성원의 생산성 향상과 품질개선을 강조하는 생산이윤분배제(gain-sharing)이고 다른 하나는 조직이 시장에서 달성한 매출이익에 의한 성과분배제(profit-sharing)이다.

1) 생산이윤분배제(Gain-Sharing)

이는 "구성원들이 조직의 과업성과를 향상시키기 위해 필요한 노력 즉 생산원가의 절감, 생산품질 및 생산성 향상 등에 의해 발생한 이익을 개별구성원들에게 금전적인 형태로 배분해 주는 것"을 말한다(Ross & Hatcher, 1992). 생산 공장(조직)에서 구성원들의 공헌의욕을 이끌어내고 생산성 향상을 도모할 수 있는 3가지 형태의 생산이윤분배제를 다음의 〈표 13-10〉과 같이 요약 · 설명할 수 있다.

〈표 13-10〉 생산이윤분배제의 형태

구 분	내 용
스캔론 플랜 (Scanlon-Plan)	• 구성원의 경영참가를 위한 일환으로 개발. • 개인 및 팀의 원가절감 아이디어 창출 · 운영을 목적으로 노사쌍방의 대표자로 구성되는 생산위원회와 심사위원회를 중심으로 운영한다. • 구성원들에 대한 보상은 제안시스템을 통해 달성한 생산성 및 품질향상으로 획득한 원가절감에 의해서 실시한다. • 예: 절약된 금액의 25%는 사내 적립금으로 유보하고, 나머지 75% 가운데 구성원이 75%를 그리고 조직이 25%를 갖는다. 이 비율은 조직에 따라 신축적으로 결정될 수 있다.
럭커 플랜 (Rucker-Plan)	• 조직이 창출한 부가가치생산액을 구성원인건비를 기준으로 배분하는 제도. • 조직에는 규정된 인건비에 따른 생산량이 있는데, 이보다 더 많은 부가가치를 창출할 경우 초과된 부가가치를 조직과 구성원이 나누어 갖는 것. • 생산과 품질관리 위원회를 두고 구성원들의 적극적인 참여와 제안시스템으로 운영한다. 또한 구성원들에 대한 보상은 금전적 보너스형태로 지급. • 구성원이 받게 될 임금액 = 총부가가치 × 부가가치분배율(총임금 ÷ 생산가치 x 100)
임프로 셰어 (Impro-Share)	• 참여적 경영과 구성원들의 업무생산성향상을 도모하기 위한 수단으로 개발. • 과거자료를 통해 일정기간의 표준생산기준을 설정하고, 생산기준시간에 의해서 표준생산시간과 실제생산시간과의 차이에서 발생되는 이득을 구성원과 조직이 50%씩 나누어 갖는다.

2) 성과이윤분배제(Profit-Sharing)

이는 "조직에서 획득한 영업이익의 일정비율을 금전적인 보너스나 보너스 누적의 형태로 구성원에게 분배"하는 것을 의미한다. 즉 전체조직체의 이윤이 목표기준치를 초과했을 때, 해당 이윤초과분을 구성원들에게 상여금형태로 지불하는 방법이다.

이 제도는 1988년 이후 조직체에서 도입되어 적용되고 있고, 향후 많은 기업체가 도입을 검토 또는 계획하고 있다(남성일, 1993; 노동부, 2003). 이 제도에서의 성과지표는 주로 경제적 부가가치(EVA: economic value added) 또는 이윤이 가장 많이 사용된다. 그리고 성과이윤 배분액은 다음과 같이 이윤목표치를 초과한 실제이윤에 배분율을 적용하여 산출된다. 즉 이윤분배액 = (실제이윤 - 목표이윤) × 배분율.

성과이윤분배제의 특징은 수익을 기준으로 배분되기에 연간/분기별 손익계산서가 나온 후, 보상이 이루어진다. 구성원뿐만 아니라 주주들에게 수익에 따른 배당금으로 지급된다. 보상기준은 수익률에 의해서 보상액이 결정된다. 예로 목표대비 수익률이 10% 상승했다면, 구성원 임금에서 10%에 해당되는 추가적 임금이 제공된다. 또한 보상형태는 즉시 현금으로 보상되거나, 누적 · 관리되어 구성원 필요에 의해 수혜를 받는다. 종업원우리사주와 같이 주식으로 제공되기도 한다.

성과이윤분배제의 장점은 구성원들의 적극적인 조직목표달성 유도, 집단응집력과 구성원들의 협동심 배양, 그리고 투자공헌을 유도할 수 있다. 반면에 단점은 조직성과가 다양한 외부시장 환경(경기순환, 물가지수, 사회적 환경 등)에 의해 영향을 받기 때문에 구성원들의 공헌노력을 정확히 반영하기 어렵고, 한 해 결산하고 배당금결정에는 시간이 필요하기 때문에 즉각적 동기부여 효과를 기대하기 힘들다. 또한 배당수익률은 영업이익에 대한 회계처리로 발생되기 때문에 조직의 자의적인 조정이 가능하다는 점이다.

2.2. 성과보상의 특별이슈

성과보상은 구성원들의 내적 동기부여향상은 물론 조직성과를 증진시킬 수 있는 강화하기 방안중의 하나이다. 최근 조직에서 성과보상의 핵심이슈로 부각되고 있는 연봉제, 직무급, 직능급, 역량급, 그리고 임금피크제에 대해 구체적으로 알아보도록 한다.

2.2.1. 연봉제

연봉제가 처음 실시된 미국의 기업들에서는 연봉제라는 말을 사용하지 않고 직무 성과급제라고 부르고 있다. 그 이유는 직무급을 기본으로 기본임금이 결정되고, 경영성과에 따라 성과급이 추가적으로 지급되기 때문이다. 즉 직무성과급제는 직무급 + 성과급의 임금구조형태를 띠고 있다.

글로벌 선진기업들의 영향을 받아 우리기업들의 성과보상도 기본 연공서열에 의한 임금구조에서 개인능력과 경력 그리고 성과 등을 반영하는 연봉제로 전환되고 있다. 이러한 연봉제 시대에 적극적으로 연봉제의 개념을 이해함으로써 성과향상과 개인의 몸값을 올리는 도구로 활용했으면 한다.

2.2.1.1. 연봉제에 대한 이해

연봉제는 동기부여시스템이다. 그 이유는 개인의 업무수행성과를 급여기준으로 삼기 때문에 개인들이 가진 창의성과 생산성을 끌어낼 수 있는 동기부여의 기회가 된다. 즉 자신이 제공한 노동에 대한 평가가 정당하게 이루어진다면, 능력개발을 위해 노력할 것이고 이는 결국 자신의 시장가치를 높이는 결과가 된다.

연봉제시대에 갖추어야할 기본지식을 다음의 〈표 13-11〉과 같이 정리할 수 있다.

〈표 13-11〉 연봉제시대 갖추어야 할 기본지식

구 분	내 용
기여도 증명요구	• 연봉제: 1년 동안의 성과 중에서 본인의 기여도가 얼마인가에 따라 결정. • 임금협상 키워드: 조직에서의 기여도가 얼마인지를 증명할 수 있어야 한다. • 이런 시스템에서는 철저한 자기개발과 경력관리 등을 통해 시장가치를 높임으로서 자신의 기여도를 증명하지 않으면 조직내에서 오래 견디기 어렵다.

실적과 능력 향상요구	• 연공요소(나이, 학력, 경력 등)가 아닌 실적/능력에 따라 좌우되는 시스템. • 무턱대고 경험/경륜을 무시하는 것이 아니라 생산성과 연계되는 경험 등은 연봉의 성과에 반영됨. • 효율과 무관하게 무임승차하려는 소수에게 경각심을 주고, 기득권을 가진 소수가 누려온 기존의 가치를 깬다는 마음가짐이 중요하다.
프로 요구	• 연봉제는 개개인의 능력을 최대한 발휘할 수 있는 여건에서 진가가 발휘. • 능력발휘 기본전제: 스스로가 맡은 분야에서 프로답게 일할 것이라는 연봉제의 믿음에서 시작한다. • 연봉제하 프로의 수는 한정된 것이 아니라 대다수의 구성원들이 성과/능력발휘라는 프로의식을 가진 프로군 양산하는데 있다.
평생직업 & 고용요구	• 연공서열, 종신고용 등의 과거개념은 사라지고 몸값, 시장가치, 능력개발 등의 단어들이 주변을 맴돈다. • 종전에는 자기가 다니는 회사에서 해고되느냐, 아니냐 하는 평생직장 개념이 앞으로는 내가 다니는 회사는 물론 다른 회사에 근무할 수 있는 능력을 보장해주는 고용보장 개념으로 바뀌게 된다. • 자기 기업에서만 통용될 수 있는 기술과 노하우에 머물 것이 아니라 전사회적으로 통용될 수 있는 다양한 경력개발은 물론 유망직종을 예언하여 그에 상응하는 시장가치를 높이는 경력준비를 해야 한다.
팀워크 요구	• 자신의 성과에 따라 보상받는다는 것을 전제로 지나친 개인플레이를 우려하나 조직이나 팀원의 뒷받침 없이 혼자 맡은 업무를 완수하기는 어렵다. • 연봉산정시 개인의 성과와 함께 팀워크를 중요시함으로 혼자만 능력껏 잘 먹고사는 개인주의와 동일시할 수 없다. • 연봉주의가 정착한 미국에서 유능한 인재란 '혼자 잘하는 사람보다 팀워크를 통해 함께 높은 실적을 올릴 수 있는 사람'을 의미한다.

2.2.1.2. 연봉제의 특징과 임금구조

연봉제는 구성원이 1년간 받을 수 있는 총임금제도로, 특징은 크게 업적중심과 통합적 임금제도로 설명할 수 있다. 1) 업적중심의 임금제도는 개인별 능력, 업무실적 및 공헌도 등에 대한 종합적 평가를 통해 연간 임금액이 결정되는 실적중시형 임금보상이다. 또한 2) 임금의 통합성은 임금을 구성하고 있는 항목들을 통합해 연봉액을 결정하기 때문에 기존임금체계에서 사용되는 기본급, 상여금, 수당 등의 구분이 없다. 즉 연봉제 임금구조는 [그림 1]과 같이 기본임금과 성과에 의한 업적급으로만 분류한다.

[그림 1] 재래식 보상제도와 연봉제 임금구조의 차이

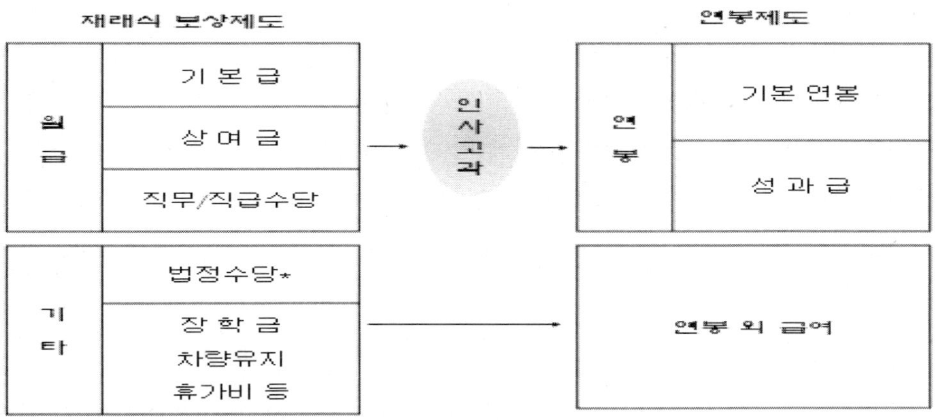

* 시간외 수당, 야간근로수당, 휴일근로수당, 연월차수당

우리 기업들도 연봉제를 많이 도입하고 있지만 직무분석이 뒷받침하지 못해 구성원들로부터 공감대형성이 어려운 실정이며, 구성원들은 어떤 직위에 있느냐하는 직위중심의 사고에서 아직도 벗어나지 못하고 있다. 그러나 향후 연봉제의 성공적 정착을 위해서는 반드시 직무분석과 직무평가를 통한 직무중심의 인사체계를 확립해 나가야 하며, 구성원들이 무슨 일을 하느냐하는 직무중심으로 사고가 전환되어야 한다.

우리기업들이 도입하는 연봉제 임금구조형태는 다음의 〈표 13-12〉와 같다.

〈표 13-12〉 연봉제 임금구조

구 분	내 용
기본급	• 기본임금으로 연공/직무/직능/직위에 따라 구성되는 임금에 의해서 산출. • 연봉총액에서 기본급이 차지하는 비중은 업적과 능력성과에 의해 지급되는 장려금과 조율을 통해 결정된다.

업적금	• 업무성과에 의해서 부여되는 업적성과급이다. • 성과달성정도에 따라서 결정된다.
연봉 외 급여	• 연봉에 상관없이 제공되는 것으로 연 · 월차 수당, 식사비용, 차량유지비, 하계휴가비 등 복리후생적 또는 실비 변상적 급여 등을 통합하여 결정된다.

2.2.1.3. 설계와 운영방안

우리기업의 보상제도는 연공을 기준으로 설계되어 적용되었기 때문에 능력과 성과중심의 보상제도로 개선하는 데에는 많은 어려움이 따른다. 또한 연봉제 도입을 통한 과도한 경쟁유발은 자칫 성과축적을 위한 단기업적위주의 근무태도를 정착시킬 수도 있다. 이러한 문제점들을 개선하며, 성공적으로 연봉제 정착을 위한 설계 및 운영방안은 무엇인가?

일반적 방안은 능력과 업무성과를 중시하는 가치관으로의 의식개혁을 하는 것이다. 그 이유는 학력과 연공서열을 중시하는 고정개념에 대한 의식개혁을 통한 조직문화의 근본적인 변화없이는 연봉제가 구성원간의 갈등과 위화감, 불안전한 경쟁을 유발할 위험성이 높고, 구성원들의 의욕과 동기까지도 저하시키는 결과를 가져올 수 있기 때문이다. 그렇다면 구체적인 방법은 무엇인가? 이에 대한 대안은 다음과 같이 제시할 수 있다(차종석 외 2인, 2004).

첫째, 자사의 문화와 연봉제의 적합성부터 검토하라.

연봉제를 비롯한 인사제도는 회사의 문화를 형성하고, 최고경영자의 경영철학과 리더십을 전달하는 도구이다. 즉 인사제도만 있어서는 안되고 회사의 문화적인 풍토와 긴밀한 연관성이 있어야 한다. 그런데 우리기업들은 풍토조성을 도외시 한 채 '묻지 마'식으로 제도만 이식하려고 하다보니 연봉제가 뿌리를 내리지 못한 것이라고 할 수 있다. 그러므로 이제는 산업특성과 기업의 전략, 최고경영자의 경영철학이 반영되어 연봉제의 틀을 재구성할 필요가 있다.

둘째, 업무특성에 따른 개인별 급여차등 폭이 적절한지를 검토하라.

연봉제 도입을 통해 과연 구성원들의 성과향상의식이 효과적으로 고취되고, 이것이 기업성과의 향상으로 이어졌는가가 더욱 중요하다. 이를 위해서는 두 가지

방법이 있다.

1) 우리 회사가 연봉제를 적용할 만한 대상에 연봉제를 적용하고 있는지 검토해 봐야 한다. 그 이유는 업무특성상 개인별 급여차등을 많이 두는 것이 효과적인 그룹이 있고 오히려 역효과를 내는 그룹이 있을 수 있기 때문이다.

미국기업의 경우 노동법상에 연봉제 적용대상 직종과 그렇지 않은 직종이 명확히 규정되어 있어 연봉제 적용대상에 대한 논란의 여지가 없다. 그러나 우리나라의 경우는 노동법에 이를 명시하지 않고 있기 때문에 기업마다 연봉제 적용대상이 다르다.

연봉제 적용대상을 판단할 때 중요기준은 개인이 수행하는 업무의 목표를 개인이 설정하고 통제할 수 있는지의 여부이다. 예로 생산기능직이나 단순사무직의 경우 업무목표가 사전에 규정되어 있거나 절차가 표준화되어 시간급으로 계산이 용이한 경우에는 적합하지 않다. 반면 영업직이나 연구직 등 자기능력에 따라 목표를 설정하고 업적을 평가받을 수 있는 직종에서는 적합하다.

2) 연봉제를 적용할 수 있는 직종이라도 직종의 업무특성에 따라 개인별 급여차등 폭을 차별화할 필요가 있다. 영업직의 경우, 개인역량에 의해 성과창출의 가능성이 크고, 개인 간의 경쟁이 조직성과에 유리할 때는 개인별 급여차등 폭을 크게 하는 것이 유리하다. 그러나 R&D처럼 성과창출 기간이 길고 실패의 가능성이 높은 부문에 대해서는 평가에 의한 개인별 급여차등 폭을 작게 하는 것이 효과적이다. 그 이유는 차등 폭이 클 경우 실패가 두려워 창의적으로 일하기를 꺼리게 되고, 상호 협력통한 성과향상이 이루어지지 않을 수 있기 때문이다.

셋째, 평가제도의 완성도를 높여라.

연봉제의 성패는 결국 합리적이고 투명한 평가에 달려 있다. 평가와 보상이 긴밀하게 연결되는 연봉제에 있어서는 구성원들이 평가의 공정성에 지대한 관심을 갖기 때문에 우선적으로 평가시스템의 완성도를 높여나가야 한다. 이를 위한 방안은 다음과 같다.

1) 내용적인 완성도를 높이는 것이다. 객관적이고 공정한 평가를 위해서는 고

과요소와 고과기준의 개선, 다원고과, 고과면접을 통한 고과결과의 공개 또는 피드백 등 인사고과의 획기적인 개선/개혁이 필요하다. 특히 내용적인 완성도를 높이는 것은 타당한 평가지표를 도출하고 지속적으로 갱신하는 것이다. 그 이유는 현장의 의견을 반영하여 업무성과를 잘 측정할 수 있는 지표가 무엇인지를 파악해 개선하여야 하기 때문이다.

2) 절차적인 완성도를 높여나가는 것이다. 이는 평가자 교육과 관련이 있다. 대부분의 평가자들은 '평가는 평가시즌에 잠깐 시간을 내서 하는 것'으로 인식한다면 평가시즌에 팀원을 평가하기가 막막할 수밖에 없다. 그 이유는 고작해야 평가자 머리에 남아있는 주관적인 인식에 의해 등수정도 매기고 끝나는 평가가 되어버리기 때문이다. 이러다 보니 피평가자에게 피드백해줄 내용도 없고, 육성 포인트로 제시할 만한 것도 없게 된다. 그러나 평가자들이 '평가가 내 업무 중에서 가장 중요한 일이다'라는 인식을 빨리 할수록 평가의 공정성은 높아질 것이고 당연히 연봉제 도입의 성공 가능성도 커질 것이다. 그 이유는 평상시에 모니터링을 통해 중요사건이나 팀원의 업적을 기록하고 관리할 수 있기 때문이다. 따라서 평가결과의 공정성에 문제가 생기는 가장 중요한 이유는 평가자들이 '평가'라는 중요한 과업을 태만히 하기 때문인 것이다.

넷째, 성과차이가 명확하다면 고성자와 저성과자의 급여차등 폭을 크게 하라.

연봉제 도입의 가장 큰 목적은 일 잘하는 사람에게 좀 더 많은 보상을 제공함으로써 핵심인력을 동기부여시키는 것이다. 그러므로 조직체 내부상황(구성원의 수용도 등)에 따라 연봉제의 적용범위와 성과급의 비중 및 성과급 배분의 차등을 조정하여 점진적으로 확대 · 적용하는 것이 바람직할 것이다(양혁승, 2003).

연봉제 도입초기에는 기업들의 정서상 무리하게 급여의 차등 폭(평균 20% 내외)을 두는 것은 어려웠다. 그러나 이제 연봉제가 성숙단계로 진입하기기 위해서는 연봉제를 통해 핵심인력의 유인 및 유지전략도 생각해야 하고, 유입 및 퇴출관리를 통한 인력구조의 조정도 고려해야 한다. 그러기 위해서는 성과가 명확하게 차이가 나면 개인보상 차별화의 폭을 크게 해서 확실한 성과관리 메커니즘을 정착시킬 필요가 있다.

다섯째, 기업성과와 연계된 변동성과급을 활용하라.

개인 업적에 따른 차등보상을 강조한 초기의 연봉제 개념을 한 단계 발전시켜, 기업성과와 연계된 비누적적 변동성과급 활용방안을 모색할 필요도 있다. 변동성과급은 보통기업의 경제적 부가가치(EVA)측면에서 또는 영업이익의 규모에 따라 구성원들에게 지급하는 보상금액이 달라진다.

연봉제를 도입하는 기업의 구성원들 중에는 기본연봉과 성과급을 혼동하는 사람들이 적지 않다. 기본연봉이 개인별 능력발휘 기대수준에 따라 미리 결정해서 지급되는 사전급여 항목이라면, 변동성과급은 연초에 설정된 조직 및 개인 성과 목표대비 실제 성과정도에 따라 변동 지급되는 사후 급여항목이다. 변동성과급은 매년 비 누적 성격으로 조직성과를 구성원들에게 환원해 주는 것이기 때문에 누적급인 기본연봉체계를 보완하고, 성과주의 급여체계에 대한 구성원들의 수용성을 높여주는 역할을 할 수 있다.

성과급 배분기준은 사업특성 및 기업전략과 긴밀한 관계를 가지고 수립되어야 한다. 예로 사업특성상 팀워크가 중시되는 기업에서는 주로 조직이나 팀성과 기준으로 성과급을 배분해야한다. 반면에 개인 업적을 주요시하는 기업에서는 주로 개인성과 기준으로 성과급을 배분해야 한다. 그러나 한 가지 기준만을 사용한다면 부작용이 생기기 쉽다. 그 이유는 성과급 배분기준으로 팀 성과만 사용하면 구성원들 사이에 무임승차의식이 발생하기 쉽고, 개인성과만 사용하면 개인주의가 심화되어 조직분위기를 해칠 우려가 있기 때문이다.

따라서 조직성과와 개인 업적기준을 연계하되 그 비중을 조절해서 성과급을 배분하는 방법을 설계할 수 있다.

2.2.2. 직무급

직무급(job based pay)이란 말 그대로 '직무에 따라 급여율을 결정하는 임금형태'로, 1930년대 미국에서 처음으로 실시되었으며 합리적인 방식을 통한 분석은 서구의 합리주의적 사고와도 일치하는 특징이 있다.

특히 직무급은 '직무평가를 기초로 직무의 중요성과 난이도 등 직무의 상대적 가치에 따라 개별임금을 결정하는 방식'이다. 직무분석을 통한 직무평가의 일차적인 목적은 임금의 결정기준을 제공하는데 있다. 즉 미국의 연봉제가 정착한 이유는 직무평가를 통해 직무에 등급이 정해져 있기 때문이다. 직무평가는 기업내 다양한 직무들의 임금을 결정하기 위해 직무의 상대적인 가치를 분석 · 비교하는 공식적이고 체계적인 평가과정이다. 연봉제가 정착된 미국 기업에서 공통적으로 사용하는 평가기준은 작업조건, 기능수준, 일의 난이도, 책임정도 등 4가지를 들 수 있는데, 이는 직무급설정에 가장 유용하게 사용된다.

직무급은 원칙적으로 동일노동에 대한 동일임금이라는 사고에 근거하고 있지만 적용상의 어려움으로 인하여 현실적으로는 수정 및 혼합된 방식이 사용되고 있다. 직무급은 크게 나누어, 각 직무마다 각기 다른 임금률을 결정하는 개별직무급과 각 직무를 몇 개의 직급으로 통합하여 임금률을 정하는 직급별 직무급이 있다. 또한 하나의 직무 · 직급에 단일한 임금률을 대응시키는 단일직무급과 임금률에 일정한 폭을 두는 범위직무급으로 구별할 수 있다.

이처럼 직무급은 각 직무의 가치를 중심으로 임금이 결정되기 때문에 내부의 일관성을 확보할 수 있는 근거가 되며, 연공급이나 직능급과는 임금결정방식이 상이하다. 따라서 직무급을 적용할 때는 차별적 임금격차에 대한 공정성을 구성원들이 이해하고 그 결과를 인정하는 것이 매우 중요하다. 직무급에 따른 임금결정을 위해서는 3가지의 구성요소인 임금의 조직 내부적 공정성의 확보, 외부노동시장과 외부적 공정성의 확보, 그리고 임금범위와 개인적 공정성의 확보를 고려해야 한다(이진규, 2001).

2.2.2.1. 내부 공정성: 직무평가

직무급은 직무를 수행하는 구성원이 아닌 직무들을 대상으로 객관적인 직무평가를 통해 상대적 가치를 규정해야 한다. 이를 위한 과정은 다음의 〈표 13-13〉과 같다.

〈표 13-13〉 직무평가 과정

단 계		내 용
1	직무분석을 수행하라.	• 직무분석을 통해 직무의 과업, 의무, 책임이 무엇인지 규명 • 직무분석은 직무자체에 대해 조직에서 평가하는 것과 직무수행자 개인과의 면담을 통해서 알 수 있다.
2	직무기술서를 작성하라.	• 해당직무의 해야 할 일들인 과업, 의무, 책임, 작업조건 등을 포함하는 직무기술서를 작성한다.
3	직무명세서를 결정해라	• 직무수행을 위해 필요한 작업자의 업무기술, 지식, 역량, 교육수준과 형태, 경험정도 등을 작성한다. • 어떤 자격요건을 가진 인력이 직무수행 할 수 있는지 파악가능.
4	모든 직무의 가치를 평가하라	• 직무가치평가는 라인관리자와 인사담당자포함 성과관리팀에서 실시. 조직에서 얼마나 중요/어려운 직무인지를 다른 직무들과 비교 • 조직에서 과업과 관련된 가장 우선순위로 여기는 공통적 기준인 보상할 만한 요소(지식, 업무노하우 축적정도, 문제해결 어려움 정도 등)를 고려해야 한다.
5	직무계층을 결정하라	• 4 단계까지로 직무순위를 매겨, 주요 직무부터 상대적으로 덜 중요한 직무까지 등급을 나누고 직무계층을 결정한다. • 직무평가결과를 단순화시키고 어떤 직무에 어느 정도 임금이 할당되어야 하는지를 알 수 있다.

2.2.2.2. 외부 공정성: 외부노동시장 조사

외부적 공정성은 동일한 직무에 대해 동종 산업내 다른 조직에서 제공하는 임금수준을 우리 것과 비교함에 따라 결정된다. 외부공정성을 유지하기 위해서는 외부노동시장의 임금체계에 대한 조사가 수반되어야 한다. 이를 위한 과정은 다음의 〈표 13-14〉와 같다.

〈표 13-14〉 외부노동시장 조사과정

단 계		내 용
1	외부노동시장서 직무에 대한 가치평가	• 외부노동시장에서 해당 직무에 등급과 임금수준을 파악한다. • 내부공정성을 위한 5단계에서 규명된 직무계층은 직무별로 임금범위를 잠정적으로 결정한 것이므로, 외부노동시장에서 동일직무의 임금수준을 고려해야 한다.
2	임금정책을 수립하라	• 조직내부에서 직무의 상대적 위치와 외부노동시장에서의 직무위치 및 임금수준을 고려해서 조직내 적정한 임금수준인 실제임금을 결정할 수 있다.

2.2.2.3. 임금범위와 개인별 공정성

개인별 급여결정은 직무평가와 외부노동시장의 임금수준을 고려해 임금정책을 수립한 다음 이루어진다. 특히 개인별 급여결정은 임금정책 수립시 정한 임금의 최저 및 최고수준의 범위내에서 개인별 고려요소(업무자질, 근속연수, 경험의 정도 등)가 추가적으로 고려되기 때문에 공정성을 유지할 수 있다.

2.2.2.4. 직무급의 장 · 단점

직무급은 해당 직무의 중요성과 난이도에 의해 규정된 임금수준과 개인별 요소를 고려해서 결정되는 임금체계이므로, 임금의 차별적 보상을 합리적이고 체계적으로 추구하여 개인들에게 공평하게 배분될 수 있다는 장점이 있다.

구체적으로 장점을 살펴보면, 1) 직무에 기초를 두는 임금의 결정이 가능하게 함으로서 동일노동 동일임금의 원칙을 명확하게 하여 임금배분의 공평성을 기할 수 있다. 2) 임금수준의 설정에 객관적인 근거를 부여함 직무분석, 직무평가의 과정에서 경영조직의 개선, 작업조직의 개선, 업무방식을 합리화할 수 있다. 3) 적재적소의 인사배치에 의해 노동력의 효율적인 이용이 가능하다. 4) 불합리한 노무비 상승을 방지할 수 있다.

이러한 점들로 인해 직무급 도입으로 기대되는 효과는 다음과 같이 생각해 볼 수 있다.

1. 개개인의 역할이 분명해짐
2. 체계적인 직무 및 조직 운영이 가능해짐
3. 전략적인 조직운영이 가능
4. 성과에 따른 합리적인 보상이 수월

이처럼 직무급도입은 능력과 성과에 근거한 차등임금지급으로 인해 기술혁신이 가속화되는 오늘날 전문기술 인력을 확보하는데 큰 요인으로 작용할 것이다. 또한 기업의 측면에서 볼 때 동일근로에 대해 연령이나 성별에 관계없이 동등하게 임금이 지불되어 비용절감효과와 생산성 증대효과를 가져온다. 또한 직무급제는 구성원에게 끊임없는 경력개발과 역량강화를 촉구하게 되어 인적자원의 경쟁력을 높이고, 이는 교육훈련이나 인사고과 등의 수동적인 관리에서 벗어나 종업원 스스로 적극적 자세를 견지하는 유인이 될 것이다. 따라서 직무급 도입은 기업에 있어 필수적인 과정이 될 것으로 보인다.

단점으로는 1) 경영특성에 따른 상이한 효과성 즉 행정조직과 같은 관료적 형태로 평가가 용이한 조직에서는 효과적이지만 자율적 직무추구나 소규모인 경우 명확히 규정된 직무를 파악하는 것이 어렵다. 2) 자신이 맡고 있는 직무의 상대적 가치를 높이기 위한 직무평가의 주관성의 문제와 외부전문가의 활용에 따른 높은 비용 및 임금파악을 위한 외부노동시장 조사비용 등의 높은 평가비용이 수반된다.

따라서 직무급은 직무평가 기술과 임률과의 결부가 객관적이라고 하지만 그것이 수동적인 구성원들에게 완전히 납득될 수 있는 명확한 것이 아닐 수 있다. 앞으로 많은 신기술과 다른 업종과 다국적 기업과의 제휴과정에서 직무내용의 조정이 필요할 전망이며 승진정체현상과 경력개발과 역량강화에 체력적, 지식적 한계를 가진 고령 근로자의 이직문제도 예상된다. 뿐만 아니라 직무내용의 정형화로 부서간 타 직무간 유기적인 협력이 요구되는 분야에서는 직무수행활동이 저하될 수 있다. 그렇다면, 한국기업구조와 미래의 환경에 적합한 직무급은 무엇일까?

대안으로 제시될 수 있는 것이 바로 직무성과급이다. 대표적으로 유한킴벌리에서 시행하고 있는 이 시스템은 직무급과 성과급이 결합됨으로써 기존의 직무급이 가지고 있던 한계점(직무가 어려운 일이라면 성과가 좋지 않더라도 높은 급여를 주는 등)을 보완할 수 있을 것으로 기대된다. 직무성과급은 기존의 임금체계인 연공급과 비교해보았을 때, 그 우수성이 부각된다. 직무급을 기본급으로, 업적평가로 성과급을 결정함으로써 기존의 연공급 체계에서 보다는 공평한 임금체계를 갖추고, 기업 측면에서는 고정급의 비율을 줄여주는 효과를 가져다주고 있다.

직무급을 적용하기 위해서는 직무단위로 차별화된 보상을 해야 한다. 그러나 실제적으로 직무를 분류하다 보면 2-30개에 이르는 단위로 세분화되어 이를 관리하는데 어려움이 따르는 것이 현실이다. 그리고 직무급의 원칙상 직급이 승진함에 따라 급여가 오르는 것이 아니라, 직무가 바뀔 경우에만 급여가 변동하게 된다. 때문에 직무가 바뀌지 않는한 성과평가에 대한 동기부여를 하는데 어려움이 있다.

따라서 이러한 문제점을 극복하기 위해서는 선진기업에서 이미 사용하고 있는 브로드벤딩을 고려하여야 한다. 브로드밴딩(Broad banding)이란 개념은 이러한 '직무들을 일정범주 내에서 통합하여 밴드(band)를 단위로 임금비율을 설정하는 것'을 말한다. 예를 들면 직무가 20개의 단위로 이루어진 기업의 경우 유사한 중요도나 가치에 따라 5-6개의 묶음(band)을 설정한다. 그리고 이러한 밴드 내에서 최대급여와 최소급여의 상·하한선을 결정하는 것이다. 때문에 직무가 변하지 않더라도 동일직무 내에서 동기부여의 효과를 얻을 수 있는 것이다. 또한 밴드내에서 변동급여의 폭을 넓힘으로써 직무성과향상에 대한 보상도 충분히 주어질 수 있도록 운영하는 것이다.

2.2.3. 직능급(skill-based pay)

직능급은 '직무를 수행하는 사람의 능력에 따라 차별적 임금을 지급하는 방식'이기 때문에 다음의 〈표 13-15〉와 같이 3가지 기준인 업무기술의 깊이, 업무기술의 수평적 범위, 그리고 업무기술의 수직적 범위를 고려해야 한다.

〈표 13-15〉 직능급 결정을 위한 고려기준

업무기술의 깊이	• 구성원이 특별한 기술을 심도 있게 습득하거나 그 분야의 전문가가 됨에 따라서 임금수준을 결정한다.
업무기술의 수평적 범위	• 구성원이 직무수행에 필요한 다양한 영역의 업무기술을 습득한 정도에 따라서 임금수준을 결정한다.
업무기술의 수직적 범위	• 구성원이 업무기술을 스스로 관리함에 따라 임금수준을 결정한다. • 구성원은 자신의 직무를 수행하기 위해 작업일정을 수립/조정하며, 훈련과 개발을 하고, 또한 리더십을 발휘하면서 특정과업을 수행한다.

직능급제도와 유사한 지식급(knowledge-based pay)은 지식의 수준에 따라 차등지급되는 방식이다. 모든 진행과정은 직능급과 동일하나, 최근 지식사회의 도래로 구분하는 경향이 있다. 지식급은 새로운 지식의 습득에 인센티브를 많이 부여하는 까닭에 개인들의 학습의욕을 불러일으킨다.

구성원 개인의 업무기술 습득정도와 능력에 따라 임금이 결정되는 직능급의 장 · 단점을 살펴보면, 장점은 1) 직무이동 통해 조직에서는 항상 배우고 개발하는 학습조직 분위기를 만들 수 있다. 2) 구성원들의 직무다양성을 실현시킬 수 있어 구성원들의 근로의욕을 고취시키고 결근과 이직률을 감소시킨다. 3) 구성원들의 다양한 업무기술습득에 대한 동기유발로 직무간 횡단적 훈련/개발을 가능케 해 직무수행 유연성으로 관리층을 감소시켜 유연한 조직을 만들 수 있다. 반면에 단점은 1) 구성원의 업무기술과 능력을 어떻게 평가할 것인가에 대한 구체적인 평가 공정성을 확보할 수 없다. 이유는 업무능력습득을 위한 훈련/개발기회가 공정하게 제공되어야 하기 때문이다. 2) 구성원들의 다양한 직무수행능력이나 전문적 업무기술 습득을 위한 높은 훈련과 개발비용이 소요된다.

이러한 단점을 극복하기 위해서는 직능급보다는 조직에서 객관적 평가가 가능하고, 성과관련 타당도가 높게 나타나는 역량급을 도입하여야 한다.

2.2.4. 역량급

역량급의 개념과 배경에 대하여 살펴보면, 역량급은 1980-1990년대에 들어서 관리직 및 전문기술직을 대상으로 설계된 새로운 임금제도인데, '구성원들이 현재 담당하고 있는 직무와는 상관없이 그들이 보유하고 있는 역량의 범위와 수준에 따라 임금이 결정되는 제도'이다. 일반적으로 역량은 성공적인 직무수행을 위해 요구되는 지식, 기술, 동기, 행동 등을 포함한 개인적인 특성을 말한다.

역량급제도가 개발된 배경은 높은 수준의 관리직이나 전문 · 기술직의 경우 이들이 수행하는 업무활동을 정확하게 파악하고 그 결과를 확인하기도 비교적 어렵다는 점에서 이를 해소하고자 탄생하였다. 또한 기술 환경변화에 따라 계속적으로 변화하는 직무에 대처하기 위해 노력하는 것보다는, 21세기에 요구되는 역할과 역량으로 직무개념을 대체해서 직무수행에 요구되는 기술과 역량을 가지고 있는 개별구성원의 특성에 기초를 둔 임금제도의 필요성이 제기되고 이에 따라 기술급과 같이 직무급의 대안으로 개발, 도입되었다.

역량은 아래의 5가지 요소가 결합하여 나타난 행동적 특성으로, 본질적으로는 치열한 경쟁 환경하에서 조직이 가치창출을 통해 경쟁우위를 달성하고 유지하기 위해 필요한 조직의 DNA라 할 수 있는 기본적인 특성들이다.

구 분	내 용
1. 스 킬	특정한 물리적 혹은 정신적 과업에 대한 숙련의 수준
2. 지 식	특정한 분야에 대한 개인이 가지고 있는 숙련의 수준
3. 자아개념	태도, 가치, 자아이미지 등으로 단기적으로 나타나며 행동에 직접적으로 영향을 주는 요소
4. 동 기	어떠한 대상이나 사물에 대해 일관되게 마음에 품고 있거나 원하는 것으로 행동의 근본원인이 된다.
5. 특 질	상황 또는 정보에 대해 일관되게 반응하는 개인의 기질

따라서 이러한 요소들을 평가하여 역량급을 결정하게 되기 때문에 역량평가에 있어서 브로드밴딩 시스템(Broadbanding system)을 고려하여야 한다. 이는 '구성원의 보유역량을 구성원의 가치를 결정하고 보상하는 기준으로 하여 등급의 수를 축소하고 등급내의 보상범위를 확대하는 것'을 말하는데 구체적으로, 직급수를 축소하면서 직급내 급여범위를 확대하여, 구성원의 역량정도에 따라 보상을 차별화하는 것이다.

역량급의 장 · 단점을 살펴보면 다음과 같다. 장점으로는 1) 기술급과 같이 구성원들이 다양한 역량을 습득해서 여러 직무를 수행할 수 있도록 함으로써 노동력의 유연성을 증대시킨다. 2) 개선된 역량에 상응한 임금을 지급함으로써 임금공정성을 제고하는 구성원들의 역량증대에 따라 조직의 성과가 증대된다. 3) 조직경쟁력을 강화하는 핵심역량에 초점을 두고 보상을 제공함으로써 핵심역량을 조직전략수행에 적합화시킬 수 있고 지속적인 학습과 개선을 통해 전략을 강화시킨다. 4) 역량의 습득과 개선을 경력개발과도 연계하여 설계할 수 있다. 또한 역량급은 조직이 가치를 두는 역량에 대해 구성원들의 의사소통과 협동적 작업을 위한 공통적인 기반을 제공하고 행동을 위한 지침을 제공하는 역할을 한다.

단점으로는 역량의 정의가 어려워 자칫 모호한 표현이 될 우려가 있고, 역량의 측정 및 타당성, 신뢰성 검증이 어렵고 자칫 역량이 진부화 될 수 있다. 역량급 역시 기술급처럼 21세기 지식기반 경제사회에서는 개인의 역량에 상응하는 보상을 제공하는 것이 개인과 조직의 발전에 핵심적인 과제가 될 것이기 때문에, 앞으로 그 도입이 부분적으로 점차 확산될 것으로 전망된다.

조직에서 역량급 도입시 유의해야할 사항으로는 1) 기업전략달성과 밀접한 관련이 있는 구성원의 역량을 분명히 정의하고, 2) 이의 측정방법을 마련해야 하고, 3) 역량을 중시하는 기업문화정립, 그리고 4) 역량을 발휘할 수 있는 유연한 조직구조의 설계 및 운영도 요구된다. 또한 5) 구성원 스스로가 자발적으로 역량을 개발하도록 구성원을 동기부여하고, 이를 위해서 구성원의 참여를 유도하는 인적자원관리가 요구된다.

2.2.5. 임금 피크제

2003년 신용보증기금이 노사합의를 통하여 임금 피크제에 해당하는 '보직 전환제 및 임금 커브제를 도입한 이래 최근 국내 조직체들은 임금 피크제에 관심을 갖고 이를 도입하거나 도입할 것을 고려하고 있다(이학종 & 양혁승, 2005).

임금 피크제란 '근속연수에 따라 임금이 상승하는 연공형 임금제도하에서 정년을 몇 년 앞둔 시점부터 임금을 삭감하는 제도'이다. 임금 피크제에 대한 관심은 사회의 노령화와 깊은 관계가 있다. 일본의 경우 인구고령화에 따른 연금제정의 악화가 예상되는 상황에서 연금지급개시연령(65세)을 늦춤에 따라 정년(60세)후 5년 동안 소득보전의 필요성이 제기되었고, 정부의 고령자 고용확대정책에 따른 기업의 추가적 인건비 부담을 경감하는 차원에서 임금 피크제가 도입되기 시작하였다. 임금 피크제를 도입하지 않은 상태에서 정년만을 연장하게 될 경우, 기업이 안게 될 추가부담을 정년 전 일정시점을 임금피크연령으로 설정하여 피크연령시의 임금을 기준으로 임금피크 연령이후 잔여기간동안의 임금액을 삭감함으로써 정년연장에 따른 인건비부담을 줄이려는 취지이다.

그러나 우리 일부기업의 경우는 일본의 정년 연장형 임금피크제와는 달리 정년보장형 임금 피크제인 것으로 파악되고 있다. 그 이유를 살펴보면, 연공형 임금제도에서 성과주의 임금제도로의 이행과 IMF 외환위기를 전후로 대대적인 구조조정을 겪으면서 전통적인 연공형 임금제도하에서 자신의 생산성을 웃도는 임금을 받던 고연령층은 조기퇴직의 압력을 받게 되었고, 그 과정에서 정년까지의 고용보장을 전제로 정년 전 일정기간 동안 임금삭감을 받아드리는 방식으로 임금피크제가 도입됐기 때문이다. 예로 신용보증기금의 경우 정년을 3년 앞둔 시점인 55세부터 보직을 일반직에서 업무지원직(채권추심, 소액소송, 경영지도, 신용조사서 감리 등)으로 전환하고, 연차적으로 54세 때 받은 임금(생애 피크임금)의 75%, 55%, 35%를 지급하는 것으로 하며, 정년연령 이후에는 일부 계약직으로 전환이 가능하도록 하고 있다.

따라서 임금 피크제는 조직의 입장에서 볼 때 연공형 임금제도를 유지하면서도 정년 후 근무기간 연장에 따른 기업의 추가적 인건비부담을 줄일 수 있는 방안이다. 또한 구성원의 입장에서 볼 때 정년 후 일정시점까지 고용보장과 함께 일정한 소득을 보존 받도록 해주는 방안으로 이해할 수 있다.

국내기업들은 약 78.6%가 연공형 임금제도를 유지하고 있다(한국노동연구원, 2001). 그러나 조직내 인력구성의 고령화 현상이 심화되고 있고, 사회 정책적으로 고령인구의 고용확대 정책과 맞물려있기 때문에 정년보장형에서 더 나아가 일본의 정년 연장형 임금 피크제로의 도입검토도 본격적으로 이루어질 것이다. 따라서 사회적 수준에서 임금피크제의 바람직한 활용방안에 대한 합의도출이 필요하다.

2.3. 인센티브제 도입사례와 성공을 위한 7가지 요인

성과주의 보상의 대표적인 형태로 '인센티브제'가 부상하고 있으나, 제대로 인센티브제를 활용하여 효과를 거두고 있는 기업은 많지 않은 상태이다. 동기부여 효과를 극대화하기 위한 보상과 전략의 연계방안은 무엇인가? 그리고 성공적인 인센티브 제도도입과 운영과정에서 반드시 지켜야 할 가이드라인은 무엇인가에 대하여 알아보도록 한다.

2.3.1. 성과주의 인센티브 도입사례: 'Big Foods'사

최근에는 시장경쟁력 확보뿐만 아니라 보상수준의 경쟁력 유지를 위한 수단으로 성과주의보상 제도를 도입하면서 보상정책이나 제도에 인센티브제를 포함시키는 기업들이 크게 증가하고 있다. 즉 기업들은 기존의 연봉 외에 성과인센티브제를 신설하여 개인이 투입한 노력과 달성한 성과의 총합을 보상에 반영하는 방향으로 보상전략을 변화시키고 있고, 특히 경영전략을 변화시키기 위한 수단으로서 인센티브프로그램을 적극 활용하고 있다. 성공적으로 인센티브제를 정착시킨 미국 식자재 생산업체 'Big Foods'사의 사례를 살펴보도록 한다(Hackett & McDermott, 1999).

1) 경영전략의 변화를 촉진하기 위해 인센티브제를 도입

'Big Foods'사는 경영전략을 오랜 기간 이익에 초점을 맞춰 온데서 시장점유율 확대로 변경하기 결정하였다. 그 이유는 생산라인의 다각화, 신 시장진출 등을 통해 지속적 성장이 가능하고, 실제로 생산량이 적정경제규모에 도달하기만 하면 이익의 극대화는 어렵지 않을 것으로 판단하였기 때문이었다. 새로운 경영전략을 효과적으로 추진하기 위해 모든 생산제품의 판매수익금 중 1%를 영업 인력에게 인센티브로 배분하는 '단기적 인센티브 플랜'을 도입하였다. 이에 따라 영업 인력들은 자신이 판매한 모든 상품의 수익금 중 1%에 해당하는 인센티브를 받게 되었다. 그러나 대부분의 영업 인력들이 가장 높은 마진을 남기는 성숙상품의 판매에만 초점을 맞춰 영업하는 결과를 초래하였다.

회사는 이러한 인센티브플랜이 회사의 이익극대화에는 도움이 되지만, 회사가 장기적 전략하에서 추진되는 신상품의 시장점유율 확대에는 별다른 기여를 하지 못하고 있음을 발견하고, 이와 같은 문제점을 극복하기 위해 새로운 인센티브제를 도입하게 되었다.

2) 회사의 전략과 연계된 새로운 인센티브제를 도입

회사의 변화된 경영전략을 구성원들에게 보다 효과적으로 전달하고자 하여 인센티브 플랜을 새롭게 다시 변경하였다. 인센티브 지급기준을 판매한 총 수입금이 아니라 '제품군별 판매량' 즉 개발종목(develop), 유지품목(maintain), 수확품목(harvest) 등으로 구분하여 차등적용 하였다. 예로 개발부분에 속하는 상품들에 대해서는 단위당 인센티브를 가장 높게 설정하였고, 유지품목은 그 다음수준으로, 그리고 수확부문은 가장 낮게 인센티브 금액을 설정하였다.

이처럼 'Big Foods'사는 새로운 인센티브플랜을 도입함으로써 CEO가 어떤 성과를 원하는지, 무엇에 대해 보상을 하고자 하는지를 명확히 전달하고자 하였다.

2.3.2. 인센티브제의 성공적 도입과 운영을 위한 7가지 요소

성과주의 보상은 조직변화와 변화촉진의 강력한 수단이다. 성과보상프로그램이 성공적 도입과 운영되려면 전반적인 경영전략과 연계되어야 하며, 조직구성원이 이에 대한 확신을 가지고 있어야 한다. 이럴 경우 변화를 더욱 강화하는 가장 강력한 틀이 된다. 따라서 인센티브제의 성공적 도입과 운영을 위한 방안을 'Big Foods'사의 사례를 통해 다음의 〈표 13-16〉과 같이 7가지 요소로 정리할 수 있다 (Hackett & McDermott, 1999).

〈표 13-16〉 인센티브제의 성공적 도입과 운영을 위한 7가지 요소

요 소	내 용
1. 분명한 회사의 기대를 표명하라 (Develop clear expectation)	• 성과주의 보상프로그램을 도입하기전 CEO는 구성원들에게 무엇을 기대(목표)하고 있는지를 분명히 정의하고, 목표달성 정도를 어떻게 측정/평가할 것인가를 명확히 해야 한다. • 'Big Foods'사: 개발제품 판매량에 대해 영업 인센티브 금액을 가장 높게 설정하여 경영전략상 우선순위를 명확히 함.
2. 성과와 보상간의 관계를 명확히 하라 (Create a clear line of Sight)	• 구성원들은 자신의 노력이 회사가 원하는 성과달성에 직접적으로 영향을 줄 수 있음을 알아야 한다. 이유는 노력해도 달성할 수 없다면 어떤 것에서도 책임지기를 원치 않기 때문이다. • 'Big Foods'사: 회사의 적절한 교육훈련/지침제공으로 더 많은 인센티브를 받으려면 회사가 중점을 두는 개발품목의 시장점유율 향상에 더 노력투입이 필요하다는 것을 모두에게 알게 함.
3. 성취 가능한 목표를 설정하라 (Set achievable goals)	• 성과주의 보상은 합리적인 성취기회를 가진 개인/집단의 목표와 직접적으로 연계되어야 한다. 만약 제시한 목표가 성취하기 너무 어렵다면 프로그램은 실패할 것이고, 일반적 노력으로 달성가능하다면 실질적인 동기부여효과를 가질 수 없다. • 'Big Foods'사: 신제품 잠재성/판매관한 교육훈련으로, 이를 구입할 고객특성을 먼저 이해토록 하고 성공가능성을 확신시킴.

4. 신뢰할 수 있는 성과평가시스템을 구축하라 (Establish a credible measurement system)	• 성과주의 보상프로그램이 성공적 운영을 위해서는 계량적 성과측정/평가방법을 반드시 제시해야 하고, 이의 공정성을 참여자들이 신뢰해야 한다. 이유는 덜 계량적일수록 주관적 판단, 분쟁의 소지, 참여자의 불만이 커질 수 있기 때문이다. • 'Big Foods'사: 영업 인력들의 성과를 계량적으로 측정 가능했기에 인센티브플랜이 성공 가능했음.
5. 구성원의 권한을 강화하라 (Empower employees)	• 구성원들의 성과달성에 대한 확신여부 판단기준: 최고성과 달성에 필요한 정보를 충분히 갖고 있는가? 스스로 의사결정토록 권한이 강화되어 있는가? 다른 부문들의 협력은 원만하게 이루어지는가? 인센티브시스템이 전사적으로 생산성/의사소통/협력을 극대화 하는데 기여하고 있는가? 등. • 이에 대한 응답이 No라면 인센티브시스템이 역기능을 낳고, 조직분위기 침체, 경영에 대한 분노/불신을 초래할 수 있음에 기업은 대비해야 한다. • 'Big Foods'사: 구성원들에게 각 제품 및 시장에 대한 최신 정보 제공. 또한 경험 많은 인력은 신제품 영업에, 경험적은 인력은 유지와 수확기 제품영업에 배치하고 교육훈련기회 제공을 함.
6. 도전할만한 의욕을 불러일으키게 보상수준을 결정하라 (Make rewards meaningful)	• 전문가들은 성과보상의 인센티브수준이 총 연봉의 20~25% 수준이 되어야 제도가 기능을 수행함. 기본연봉의 10% 미만일 경우는 행동변화를 위한 동기부여 효과를 얻기 어려움. • 'Big Foods'사: 성과에 연동된 인센티브 체계설계: 과거 연봉의 30%가 최고기준이었으나 신 기준에서는 연봉의 40%로 인상.
7. 즉각적인 보상을 실시하라 (Make payout immediately)	• 기업에서는 성과주의 보상프로그램을 '연간성과'에 기초해 운영하는 것이 보통이나, 성과연동 보상이 실질적 동기부여 효과를 갖기 위해서는 분기나 반기 등 성과와 보상지급 사이에 시간차가 없도록 하는 것이 좋다.

모든 성과주의 보상프로그램을 운영할 때 이러한 7가지 요소가 필수 가이드라인으로 활용되어야 하며, 보상프로그램이 당초 도입하고자한 목적을 달성하고 있

는지에 대하여 정기적으로 검토하는 것이 매우 중요하다.

2.4. 스톡옵션의 적정한 활용관리

우리나라에서도 능력위주의 보상제도가 확산됨에 따라 스톡옵션이 많은 최고경영자와 상위 경영자들에게 제공되고 있다. 최고경영자의 보상은 기본임금이나 성과배분보다는 주로 스톡옵션(stock option) 때문에 엄청난 액수에 달할 수 있다. 기업경영성과 평가업체 CEO스코어의 조사결과, 비 상장사를 포함한 국내 500대 기업 중 등기이사 평균 연봉이 5억 원을 넘는 곳은 176개사로 조사되었다(브레이크뉴스, 2014, 3, 24).

현재까지 최고 연봉은 바이오 벤처기업인 젬백스 & 카엘의 이익우 대표로 급여와 스톡옵션을 합쳐 무려 81억 원이다. 박찬구 금호석유 회장이 42억 원으로 그 뒤를 이었고, 바이오와 IT 기업에서 고액 연봉자가 줄줄이 나왔다. 국내 최대 기업인 삼성전자의 '연봉킹'은 67억7300만원을 받은 권오현 부품(DS)부문 부회장이었다. 관심을 모았던 신종균 IT · 모바일(IM)부문 사장은 62억원대 연봉으로 2위에 올랐다. 삼성전자는 지난해 등기이사 4명에게 263억5600만원의 보수를 지급했다고 공시했다(이데일리, 2014, 3,31). 권 부회장은 급여로 17억8800만원, 상여금으로 20억3400만원, 기타 근로소득으로 29억5100만원을 받아 총 67억7300만원의 보수를 지급받았다. 신 사장의 연봉은 62억1300만원이었다. 급여 11억7400만원, 상여금 15억9500만원, 기타 근로소득 34억4400만원 등 이었다. 삼성전자의 등기임원(사내이사) 4명의 평균 연봉(2013년)은 장기성과보수를 포함해 52억원, 애플은 스톡옵션이 포함된 경영진(5명)의 평균 연봉이 6천240만 달러(667억원)로 삼성전자 등기임원 평균의 12.8배에 달했다. 실리콘밸리 IT 기업 임원 연봉 순위에서 1위는 애플의 로버트 맨스필드 기술담당 수석부사장으로 지난해 8천550만 달러(914억원), 2위는 로런스 앨리슨 오라클 CEO로 7천840만 달러(838억원), 3위는 테슬라 CEO 엘런 머스크로 7천820만 달러(836억원)이다. 애플의 브루스 시웰 수석부사장, 피터 오펜하이머 최고재무책임자(CFO)도 6천만 달러(640억원) 넘게 받아 애플은 10

위 안에 4명이나 이름을 올렸다. 매출이 삼성전자의 3분의 1 수준인 구글도 경영진 평균 연봉이 3천390만 달러(363억원)로 삼성전자 사내이사 평균의 7.0배나 됐다. 2012년 기준으로 애플, 구글, GE, IBM, 마이크로소프트(MS), 인텔 등 6개 글로벌 IT · 전기전자 기업의 경영진 평균 보수는 2천640만 달러(282억원)로 2013년 삼성전자 등기임원 평균의 5.4배에 달했다(문화저널21, 2014, 3, 14).

스톡옵션(주식옵션 혹은 주식매입 선택권)이란 근본적으로 '조직체 임직원이 일정한 가격으로 자사 주식을 구입할 수 있는 권리'를 말한다. 임직원은 회사가 스톡옵션을 제공할 때 결정한 행사가격으로 원하는 시기에 주식을 취득한 후 일정 기간이 지난 다음 주식을 팔아 시세차익을 얻을 수 있다. 스톡옵션은 기업의 가치가 높이 올라갈수록 임직원에게 더 많은 금전적 보상이 돌아가기 때문에 임직원들의 의욕을 북돋우는데 유리한 보상제도로 인식되며, 유능한 인재를 스카우트해 오는데도 스톡옵션을 제공하는 사례가 증가하고 있다(Clark, 1997).

주식을 통한 성과보상제도는 인센티브효과와 지분 희석화/주가변동의 두 가지 상쇄적인 효과를 지니고 있다. 스톡옵션은 구성원들로 하여금 주가상승을 위해 탁월한 재무적 성과를 내도록 동기부여를 하는 인센티브 효과를 발휘하는 반면에 잠재적인 미래의 신주발행으로 지분 희석화 및 최적 점(sweet point)을 초과하여 스톡옵션 활용은 기업가치의 감소를 초래할 수 있다. 지분 희석화란 '신주발행 시 주주 지주비율 저하로 발언권 약화와 이익 배당률의 감소, 주가 하락현상'을 의미한다. 또한 구성원들과 주주들의 이익을 연계시킨 주식형 인센티브 보상의 증가가 지난 10년 동안 미국 주식시장의 괄목 할만한 성장의 중요요인이 되었다. 특히 스톡옵션 활용도를 나타내는 스톡옵션 분(overhang)이 지난 10년간 급증하였다.

스톡옵션 분(발행주식 총수 + 부여되었거나 부여될 수 있는 옵션주식 수)은 '잠재적인 지분희석 가능비율'을 의미하기 때문에, 이사회에 의한 스톡옵션의 최적 활용 및 분배는 시장에 의해 조절이 필요하다. 그 이유는 본질이 스톡옵션이 주주에게 혜택이냐 아니면 부담이냐의 문제이기 때문이다. 시장기준에 따르면 기업들은 스톡옵션 분을 단지 10%만 보유할 수 있도록 하고 있다. 그 이유는 기관투자자들이 회사가 구성원들과 이사들에게 부여할 수 있는 총 옵션수를 제한하는 시장 기준을 1999년 2월에 설정하였기 때문이다.

일정수준의 스톡옵션 분은 구성원들이 보다 주인의식을 갖게 함으로써 회사의 성과를 증대시킨다. 그러나 지나친 스톡옵션 부여량 증가 혹은 스톡옵션의 활용 증가는 배당수익률(평균주가 대비 주당 배당금액 비율)의 급격한 감소와 주식 재매입(연초 시장가치 대비 재매입 주식금액 비율)의 급증, 주가 변동성과 재무 레버리지(부채와 자본 총합 대비 부채금액 비율)의 증가를 가져온다. 따라서 최적점(sweet point)을 넘어서는 스톡옵션의 활용은 기업가치의 감소를 초래하기 때문에 가치 최적 점 수준으로 스톡옵션 분(overhang)을 관리할 필요가 있다.

제3절. 복리후생

국가 및 국민들의 소득수준이 높아지면서 구성원들의 근로의식에도 큰 변화가 일어나고 있다. 과거 경제적 이득을 추구하기 위해 조직에 입사하던 양적사고에서 직업생활을 통해 사회적 삶의 질을 향상시킬 수 있는 방향으로 옮겨가고 있기 때문에, 조직에서도 구성원의 직업생활과 삶의 질을 향상시킬 수 있는 복리후생에 대한 관심이 증가되고 있다.

따라서 본 절에서는 구성원들의 일과 삶을 조화시킬 수 있는 방안을 구축하는데 초점을 두고 복리후생에 대한 이해, 효과적인 복리후생 프로그램의 설계 및 운영방안, 그리고 최근 부각되고 있는 복리후생전략 등을 알아본다.

3.1. 복리후생에 대한 이해

복리후생(fringe benefits)이란 '기본임금과 수당 그리고 성과급과 인센티브 등의 직접적이고 금전적인 보상이외에 조직이 구성원들의 경제적인 안정과 그들 가족 생활의 질을 향상시키기 위해 제공하는 간접적인 보상'을 의미한다. 전통적으로 복리후생은 부가급부 또는 보완급부 개념하에 기본임금에 추가적인 혜택으로 취급되어 왔으나, 근래에는 복리후생이 전체보상에 차지하는 비중이 점차 커짐에 따라 보다 포괄적인 복리후생개념으로 변해가고 있다.(이학종 & 양혁승, 2005) 복리후생과 구성원이 직접 수령하는 임금과의 차이를 살펴보면 다음의 <표 13-17>과 같다.

〈표 13-17〉 임금과 복리후생의 차이점

임 금	요 소	복리후생
• 개인 업무성과/노력을 평가해 금전적으로 책정 · 지급되는 직접적 보상	보상형태	• 휴가일수 증가, 건강진단, 상담제공, 각종 보험료 공제 등 간접적 보상
• 개별 구성원마다 차등적으로 지급	보상체제	• 구성원 모두에게 집단적으로 지급
• 개별 구성원들이 필연적으로 요구	보상요구	• 구성원들의 필요성에 의해서 요구
• 구성원들이 조직과의 고용관계에서 얻게 되는 경제적인 이윤창출임 • 임금 통해 사회생활에 필요한 기본적인 경제소득을 제공받음.	보상효과	• 구성원에게 사회 · 문화적인 이윤을 제공하기 때문에 일을 통한 심리적 만족감과 사회공동체의식을 함양시킬 수 있다.

자료: 이진규(2001), 전략적 · 윤리적 인사관리, 박영사.

복리후생의 효과성을 살펴보면, 다음의 <표 13-18>과 같이 요약할 수 있다. 조직은 구성원 복리후생을 지원함으로써 조직과 구성원의 사회적 · 윤리적 고용관계의 실현은 물론 조직의 경제적 효율성을 동시에 실현할 수 있다. 특히 복리후생은 구성원에게는 직업생활 및 삶의 질 향상을, 조직에게는 생산성 향상을 도모하며 인력 충원/유지, 업무 생산성, 고용관계 등 구성원과 조직의 다양한 인사기능을 효과적으로 수행하도록 한다.

〈표 13-18〉 복리후생의 효과

효과요소	구성원 이익	조직의 이익
궁극결과	직업생활 및 삶의 질 향상	조직의 생산성 향상
인력 충원	동종 산업내 임금이 유사할 경우, 복리후생이 많은 조직에서 직업생활의 질을 향상시킬 수 있다.	동종 산업내 임금이 유사할 경우, 복리후생이 많은 조직은 능력 있는 인력을 유인할 수 있다.
인력 유지	새로운 조직으로 이직을 고려할 필요 없고, 조직을 사회공동체로, 자아실현 할 수 있는 곳으로 인식한다.	조직이 적극적으로 지원한다고 지각할 경우 이직률 감소시키고, 경험생산의 누적된 결과를 촉진시킨다.
업무 생산성	직접적 보상 + 복리후생으로 근로의식 고취와 목표달성으로 인한 개인의 성취욕구 실현하게 한다.	직접적 보상 + 복리후생으로 조직에 대한 소속감과 근로의식 고취로 생산성 향상에 기여토록 한다.
고용 관계	조직과 원만한 고용관계유지로 권익보호를 위한 단체행동을 할 필요 없다.	구성원과 원만한 관계유지로 노사관계갈등을 미연에 예방할 수 있다.

자료: 이진규(2001), 전략적 · 윤리적 인사관리, 박영사.

3.2. 복리후생 프로그램의 설계와 운영

효과적인 복리후생 프로그램은 활기찬 조직으로서 생산성향상을 도모하고 구성원에게는 직업생활과 삶의 질을 향상시킬 수 있어야 한다. 복리후생은 일종의 위생적인 요소들(쾌적한 작업환경, 여가제공, 인간적인 처우 등)을 조직에서 후원하는 것이기 때문에, 다음의 [그림 13-2]와 같이 법적인 구속력에 따라 법정 복리후생과 법정외 복리후생인 자발적 복리후생으로 구분할 수 있다.

[그림 13-2] 복리후생제도

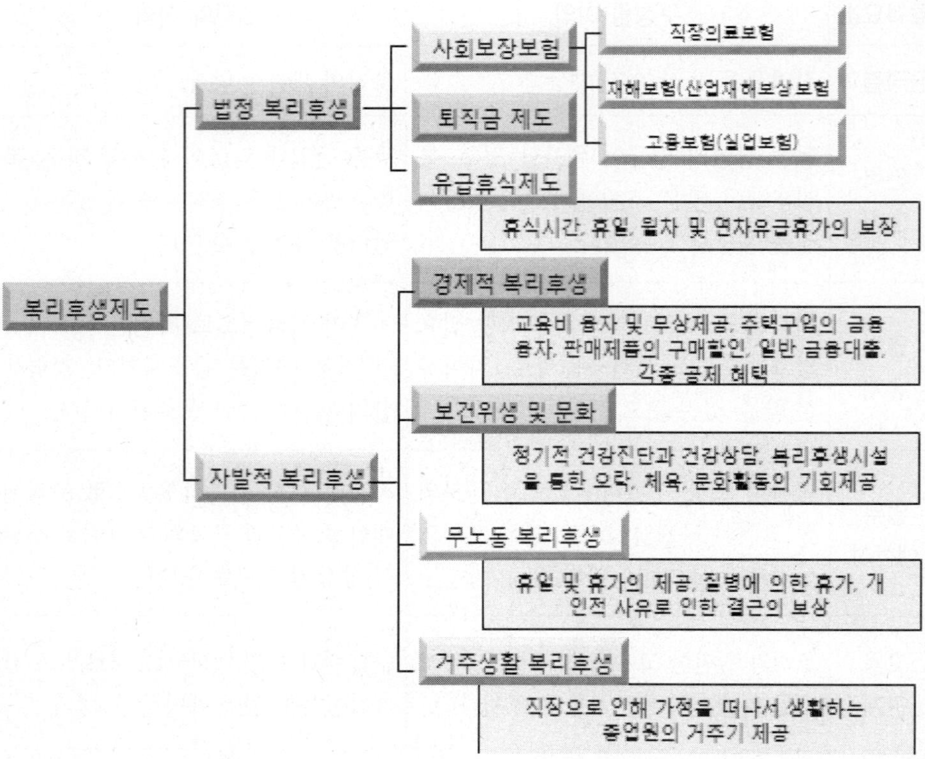

자료: 이진규(2001), 전략적 · 윤리적 인사관리, 박영사.

3.2.1. 법정 복리후생

법정 복리후생은 사회보장 차원에서 근로기준법에 명시되어 있다. 법정 복리후생의 범위와 종류는 국가의 사회정책에 따라 상이할 수 있으나, 근본목적은 구성원들의 사회 · 문화적 생활수준의 보장과 질적 향상을 추구하는데 있다. 우리나라에서는 다음의 〈표 13-19〉와 같이 사회보험으로 직장의료보험, 산업재해보상보험, 고용보험제도 등이 있으며, 퇴직금제도와 유급휴가제도가 법적으로 시행되고 있다.

〈표 13-19〉 법정 복리후생의 유형

구 분	내 용
직장 의료보험	• 구성원/가족의 질병으로 인한 치료비용을 조직에서 지원/예방하기 위한 것. • 1977년 의료보험법 제정: 500인 이상 보유기업: 직장의료보험조합 설치의무 • 1988년부터 상시고용인 5인 이상 사업장 반드시 직장의료보험에 가입, 의료보험의 50% 조직이 지원 • 2001년 7월 모든 사업장 직장의료보험 적용의무
산업재해 보상보험	• 구성원이 조직에서 재해(근로 중에 업무상의 이유로 부상/질병/사망한 경우)를 입을 경우 이에 대한 경제적/물질적 보상을 조직이 해주는 것. • 1963년 재정 · 공포: 상시고용 5인 이상 조직-구성원재해에 보험료전액 지원
고용보험	• 실업예방, 고용촉진, 구성원 능력개발과 향상을 도모하기 위한 것. • 고용보험: 실직자의 생활안정과 재취업 촉진을 위해 조직에서 부담. • 실업보험제도: 실직자의 생활안정목적으로 정부차원에서 실업급여가 지원됨. • 1996년 노동법 개정과 고용보험법 제정되어 시행. • 1998년 노동법 개정: 1일 최저구직급여를 최저임금의 50%에서 70%로 상향, 구직급여 최저지급일수를 30일에서 60일로 상향조정.
퇴직금 제도	• 구성원이 퇴직한 후 생활안정을 꾀할 수 있도록 일시적으로 지급되는 임금. • 1963년 근로기준법 개정: '계속근무 1년에 대해 30일분 이상의 평균임금을 퇴직연금으로 지급해야. 단, 1년 미만일 경우 그러지 아니하다'라고 규정. • 1996년 노동법 개정: 퇴직전이라도 요청에 의해 계속근무하기로 한 기간에 대해 미리 정산하여 지급받을 수 있다.
유급 휴식제도	• 목적: 구성원들의 근로에 대한 피로를 회복시켜 업무 생산성의 활기를 도모. • 휴식은 사용자의 지휘감독에서 벗어나는 것으로, 근로시간이 아니다. • 휴식제도 구분: 근로휴식, 휴일, 월차 및 연차 및 유급휴가 • 근로휴식: 4시간 근로에 30분 이상, 8시간에 1시간 이상 제공해줘야. • 휴일: 7일 근무기간 중 하루인 24시간의 휴식을 주어야. • 월차유급휴가: 1개월에 1일의 유급휴가를 줘야. 단 1일은 주/법정휴일서 제외. 1년간 누적 또는 분할사용가능. 단 1년이 지나면 청구권 상실. 사용하지 않고 근로할 경우 유급휴가일의 근로에 해당하는 임금을 지급해야. • 연차유급휴가: 1년 개근자는 10일, 9할 이상 출근자는 8일 유급휴가를 줘야. 1년 이상 근무자는 다음해 1년부터 1일의 휴가가산. 단 총 휴가일수 20일 초과할 경우는 그 초과일수에 통상임금으로 대신. 질병과 가족의 경조사로 인해 발생한 휴업은 출근한 것으로 간주한다.

3.2.2. 자발적 복리후생

자발적 복리후생은 법적인 구속력이 없이 조직에서 구성원의 근로의식 고취를 위해 간접적인 경제적 급여형태로 제공하는 것이다. 조직에 따라 자발적 복리후생의 종류 및 규모가 다르기 때문에 자발적 복리후생의 다양성 여부가 임금과 더불어, 개인이 조직을 선택하는 주요 요인이 된다. 자발적 복리후생은 다음의 〈표 13-20〉과 같이 경제적 복리후생, 보건위생과 문화, 무노동 복리후생, 거주생활 복리후생에 대한 보상 등이 있다.

〈표 13-20〉 자발적 복리후생의 유형

구 분	내 용
경제적 복리후생	• 구성원에게 금전적인 보조는 아니지만 간접적으로 경제적 보조를 해주는 것. • 주택구입 자금융자, 물품할인, 자녀 교육비 부담, 명절 및 휴가비용의 부담, 경조사비용의 지원, 출퇴근 교통수단 및 비용지원 등.
보건위생 및 문화	• 구성원들의 건강진료나 상담을 무료로 해주며, 각종 편의시설을 할인/무료로 이용할 수 있게 하는 것. • 정기적 건강진단/상담, 자체휴양시설 무료이용, 레저회사와 제휴로 자유롭게 시설이용, 동아리 양성/활동비 지원, 신년음악회초대, 주부문화센터 운영 등.
무노동 복리후생	• 노동에 대한 금전적 보상을 휴가와 같은 무노동 보상으로 환원시키는 것. • 고정된 휴가보다 더 많은 휴가일수 제공, 질병/가족 경조사로 인한 결근을 업무결근에 포함 않음. 고정휴가 아니지만 휴가철에 휴가를 주는 경우 등.
거주생활 복리후생	• 가족 떠나 조직생활을 하는 구성원들을 위해 일정 거주지를 마련해 주는 것. • 사원아파트 제공, 기숙사 제공 등의 편의시설 제공. 또는 주택대여수당 제공 등의 거주생활 복리후생을 보조할 수도.

복리후생 프로그램은 프로그램의 일관성, 보상분배의 공정성, 구성원과의 협력성, 보상능력의 적정성 등의 원칙에 의해 설계되어야 하고, 철저한 사전계획을 바

탕으로 실행하여야 한다. 특히 프로그램계획은 우선 구성원들의 복리후생에 대한 욕구조사에서 시작되어 비용통제, 수혜자 선정 등의 순서로 실시되어야 한다. 이처럼 복리후생 프로그램은 보상수준의 결정, 조직목표와 부합, 조직특성, 실행비용 등을 고려하여 유연하게 실행해야 한다. 또한 실행효과를 극대화시키기 위해서는 다양한 복리후생전략을 혼합하여 사용하는 것이 바람직하다.

3.3. 새로운 복리후생전략

최근에는 조직이 새로운 복리후생전략을 통해 구성원과 조직의 일체감을 높이고 있다. 새로운 이슈로 등장하고 있는 복리후생전략을 살펴보도록 한다.

3.3.1. 카페테리아식 복리후생

카페테리아식 복리후생은 구성원들이 자신이 원하는 욕구를 최대한 충족시킬 수 있도록 다양한 선택옵션을 제공하고 구성원 스스로가 선택할 수 있도록 하는 것이다. 그 이유는 구성원 개개인의 욕구를 고려해 프로그램의 유연성을 살려 획일적이 아닌 다양한 선택권을 부여하지 않으면 그 효과가 감소될 수 있기 때문이다.

카페테리아식 복리후생 프로그램은 구성원 개인에게 부여되는 선택의 폭과 관련해 다음의 〈표 13-21〉과 같이 3가지 유형으로 구분된다(박호환, 1996).

〈표 13-21〉 카페테리아식 복리후생 프로그램의 유형

유 형	내 용
선택항목 추가형	• 전체 구성원에게 필요하다고 판단되는 복리후생 항목을 우선 기본으로 제시한다. 다음 추가 제시한 여러 항목 중 가장 원하는 것을 선택토록 하는 것. • 구성원이 선택할 수 있는 항목은 선택한 항목의 수준에 따라 제약됨.

<table>
<tr><td colspan="2">모듈형</td><td>• 개별항목을 선택할 수 있는 것이 아니라 선택항목을 모듈화시켜 즉 몇 개의 복리후생 항목들을 집단화시켜서 구성원에게 선택권을 주는 것이다.
• 여러 개의 집단화된 프로그램 중 어느 한 집단의 모듈을 선택함으로 선택의 폭이 다소 제한된다.</td></tr>
<tr><td colspan="2">선택적 지출 계좌형</td><td>• 개인에게 주어진 복리후생의 예산범위 내에서 자유로운 항목선택을 할 수 있도록 권한을 대폭 부여한 것이다.
• 개인에게 주어진 예산은 조직이 모두 부담 혹은 동시에 분담할 수 있다.</td></tr>
<tr><td rowspan="2">카페테리아식 복리후생</td><td>장 점</td><td>• 선택권 부여로 구성원의 기대와 동기부여를 향상시킨다.
• 복리후생의 합리적인 비용과 혜택의 효과성을 달성한다.
• 조직의 배려를 느껴 구성원들의 조직애착심을 강화시킨다.</td></tr>
<tr><td>단 점</td><td>• 관리상 문제: 구성원들이 필요로 하는 것이 무엇인지를 확인/맞추기 위해 관리비용 증가.
• 기대수준 향상의 역기능: 기대/충족수준이 높아질수록 조직비용부담 가중</td></tr>
</table>

3.3.2. 홀리스틱 복리후생

홀리스틱(wholistic) 복리후생은 구성원을 전인적 인간으로서, 즉 육체적 · 심리적 · 정신적 측면에서 균형된 삶을 추구할 수 있도록 지원하는 복리후생이다. 홀리스틱 복리후생이 등장하게된 배경은 조직경쟁력으로써 인력의 중요성, 노동시장 유연성의 증가로 핵심인력의 확보와 유지의 어려움, 그리고 전체적인 삶의 균형을 중시하는 사회로의 발전 등의 3가지 이유에서 기인한다고 볼 수 있다(현대경제연구원, 2000). 또한 홀리스틱 복리후생의 가장 큰 특징은 조직을 하나의 사회공동체로 간주하고 구성원과 그 가족을 함께 공동체의 일원이 되어 삶의 질 향상을 강조하는 것이다. 따라서 일과 개인적 삶의 적절한 균형을 위해서는 다음의 〈표 13-22〉와 같이 3가지 요소들을 고려해야 한다.

〈표 13-22〉 일-삶 균형을 위해 고려해야 할 3가지 요소

요 소	내 용
인간의 육체적, 감정적, 정신적 후생요소의 균형	• 경제적인 만족과 구성원의 직업과 삶에 대한 의미와 목적을 인식시켜줄 정서적인 측면이 중요하다. • 일을 통해 구성원이 미래 삶을 설계할 수 있도록 해야 한다.
참여의 유도와 지속적 피드백 통해 구성원의 심리적 만족	• 구성원의 감정균형은 보이지 않는 조직의 핵심역량이다. • 조직은 정보공유, 참여유도 및 지원으로 구성원이 조직의 주요 자신임을 인식토록 해야 한다. • 업무에 대한 적절한 피드백 절차와 보상을 합리적으로 연계시켜 자신이 회사성과에 기여하고 있음을 일깨워 줘야 한다.
자기개발 기회의 제공으로 직업 안정감의 도모	• 구성원의 조직기여는 조직에 대한 성공을 가능케 하고 자신의 직장 안정성을 제고할 수 있다는 인식을 갖도록 해야. • 이를 위해 다양한 의사소통 채널과 다양한 기회(사내교육, 훈련과 개발 등)를 제공하여 업무에 전념토록 그리고 자신의 삶의 존재가치를 항상 인식토록 해야 한다.

홀리스틱 복리후생의 결과는 1) 구성원의 잠재역량을 개발하고 창의적 행동을 유도할 수 있다. 2) 직무자체뿐만 아니라, 직무이외의 위생요소들과의 결합을 통해 구성원들의 직무만족 유도, 이직률 감소, 생산성 향상 등 조직경쟁력을 강화시킨다.

3.3.3. 건강 복리후생

건강(wellness) 복리후생 프로그램은 조직내 구성원들의 신체 및 정신건강문제를 해결할 수 있는 프로그램이다. 다음의 [그림 13-3]과 〈표 13-23〉 같이 조직에서 건강프로그램을 실행하는 방법으로는 구성원 후원프로그램과 스트레스 관리가 있다(Cummings & Worley, 1997).

〈표 13-23〉 건강 복리후생 프로그램

유 형	내 용		
구성원 후원 프로그램 (EAP)	• 구성원들의 사적인 문제가 무엇인지 규명하여 긍정적 방향으로 개선시키는 광범위한 활동.		
	EAP 실행	1 단계: 규명과 위탁	• 문제가 있는 구성원을 공식적/비공식적으로 규명하여 EAP 치료를 의뢰하고 시작하는 단계
		2 단계: 실행	• 실제 EAP 실행을 위한 사무소를 설치하고, 문제 구성원과 상담을 하여 문제를 정확히 규명하는 단계
		3 단계: 치료	• 구성원이 실제로 직면한 문제를 치료하는 단계
	EAP 평가	• 조직의 노력이 개인의 정신적, 육체적, 재정적 도움에 그리고 업무시작에 긍정적/부정적인지를 평가하여야 한다. • 조직의 배려에도 성과회복이 어려운 경우, 해고를 신중히 고려해야한다. 이유는 동료들에게 부정적 영향을 미치지 않도록 방지해야 하기 때문.	
스트레스 관리 프로그램	1 단계: 스트레스 원인을 규명하라.		2 단계: 건강 프로파일을 작성하라
	3 단계: 스트레스 관리전략	역할의 명확화	구성원이 책임지는 역할을 명확히 규정해 주는 것.
		후원적인 관계	조직내 주체간의 유대관계를 긍정적 개선시키는 것
		스트레스 훈련	스트레스를 감수할 수 있는 훈련프로그램을 실시

[그림 13-3] 구성원 후원 프로그램(EAP)의 단계

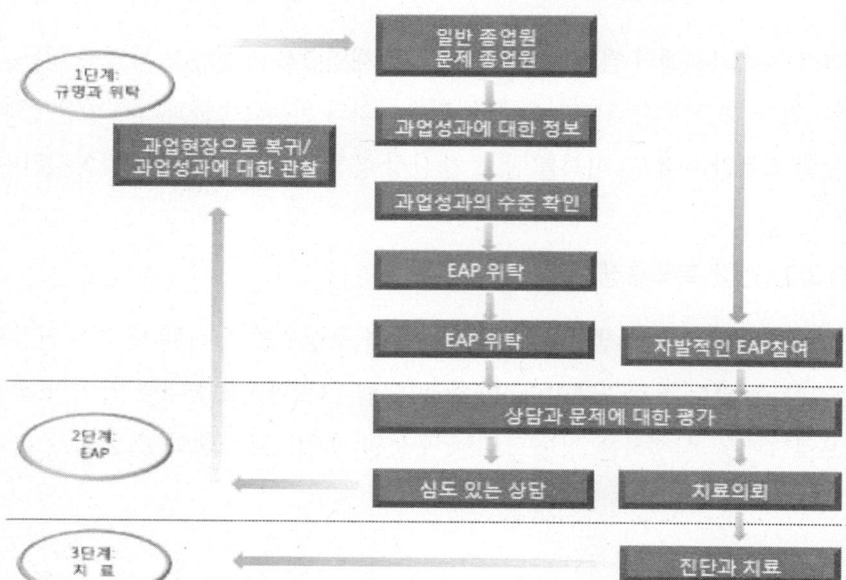

3.3.4. 라이프사이클 복리후생

라이프사이클 복리후생(Life-cycle benefits)은 구성원의 연령에 따라 변화하는 생활패턴과 의식변화를 고려하여 복리후생 프로그램을 달리 제공하는 것을 말한다(한국인사관리협회, 1997). 조직에 따라 다른 연령대별로 선호하는 복리후생을 종합해 다음의 [그림 13-4]와 같이 경제적, 정신적, 환경적 복지를 통합적으로 추진해 전인적 복리후생을 추구할 수 있다.

[그림 13-4] 라이프사이클에 따른 복리후생

구분	경제적 복지모델	정신적 복지모델	환경적 복지모델
목표	재산형성과 생활의 안정	건강하고 명랑한직장생활	노동조건 및 직장환경개선
추진주체	개인 + 회사	개인 + 회사	회사
추진방법	라이프 사이클에 따른 복지 추진		
추진원칙	사업장간 균형적 복지지향		
제도내용	· 근로자 복지기금융자 · 주택자금 융자 · 사우회 기금융자 · 새마을금고 융자 · 자녀교육 지원 · 우리사주제도 · 사택제도 · 노후생활지원 대책 · 여유자금투자대책	· 직업병 예방 · 성인병 예방 · 동호인 모임 활성화 · 휴가제도 확대 · 사장면담 및 서신 확대 · 퇴직자 관리 · 가족참여 행사 확대 · 통근편의 · 여가개발 · 체력증진 및 단련 · 자기개발 대책	· 근무환경 개선 · 근무제도 개선 · 감독방법 · 배치 및 업무분담 · 고충, 불만처리 · 작업량, 작업방법 · 지역사회관계 개선 · 작업안전 · 직장안정

이상과 같이 우리는 조직에서 새롭게 활용되고 있는 복리후생전략을 살펴보았다. 그러나 우리 조직의 복리후생은 구성원들에게 근로의 대가로써, 미래지향 프로그램보다는 현실적인 프로그램 중심, 그리고 구성원들의 욕구수준을 충분히 반영하지 못하는 등의 문제점이 대두되고 있다. 따라서 우리조직이 복리후생을 통해 초우량 조직을 지향하는 건강한 미래조직으로 거듭나기 위해서는 다음의 〈표 13-24〉와 같이 제안한다(이진규, 2001).

〈표 13-24〉 건강한 미래조직으로 거듭나기 위한 방안

제 안	내 용
일과 여가의 균형달성	• 조직의 과업이 일이라면, 복리후생을 통한 여가생활을 적절히 조화시킴으로써 건강한 조직활동을 할 수 있음을 인식해야 한다.
사회공동체 역할을 해야	• 사회공동체 역할을 하는 조직은 임금의 금전적인 배분뿐만 아니라 가족과 함께할 수 있는 다양한 간접적인 보상패키지인 복리후생을 통해 구성원들이 왜 이곳에서 일하고 있는지(자아실현 등)를 알게 해줘야 한다.
구성원들의 심신이 건강해야	• 조직은 가족의 질병까지도 예방할 수 있는 다양한 건강프로그램을 포함하는 복리후생을 통해 구성원들이 일에 흥미를 갖고, 적극적으로 생산활동을 할 수 있게 해야 한다.
건전한 리더십 실행	• 심신이 건강한 구성원들이 조직에 관심을 갖고 헌신할 수 있도록, 조직의 리더가 복리후생을 통해 구성원들의 삶의 질에 대한 진정한 관심을 갖고 배려하여야 한다.

학습목표(과제)

1. 성과관리시스템에서 강화하기가 중요한 이유는 무엇인가?
2. 효과적인 강화하기 지침은 무엇인가?
3. 성과급, 직무급, 직능급, 연봉제의 차이는 무엇인가? 그리고 연봉제는 우리에게 무엇을 요구하는가?
4. 인센티브제의 성공적 도입과 운영을 위한 요소는 무엇인가?

참고문헌

강대석(2009), 성과향상 Skill Up, 경문사.
나기현(2004), 포괄적인 성과관리모델에 관한 연구, 외대논총, 제28집, 부산외국어대학교.

남성일(1993), 성과배분제도의 문제점과 개선방안, 임금연구, 경총 임금연구센터.
노동부(2003), 노동백서.
류량도(2006), 1 Mission 3 Role; 성과중심의 리더십, 웅진윙스.
문화저널 21, 2014, 3, 14.
박호환(1996), 외국조직의 복지후생제도, 임금연구, 겨울, pp.56-71.
브레이크뉴스, 2014, 3, 24.
신유근1987), 조직행위론, 다산출판사.
양혁승(2003), 사회적 상황요인이 인사고과 결과에 미치는 영향, 인사·조직연구, 제11권, 제1호, pp.113-131.
이데일리, 2014, 3, 31.
이진규(2001), 전략적·윤리적 인사관리, 박영사.
이혁종 & 양혁승(2005), 전략적 인적자원관리, 박영사.
정권택(2002), 성과주의 인사의 명암과 제언, CEO Information, 제357호, 삼성경제연구소.
차종석, 박형근, 정헌택(2004), 성공기업으로 가는 한국형 인재경영, 넥서스BIZ.
한국노동연구원(2001), 한국의 노사관계연구-사업장 패널 예비조사 자료 분석: 기초·통계편.
한국인사관리협회(1997), 라이프 사이클에 따른 복리후생 프로그램 설계·운영, 월간 인사관리 6월호, pp.28-31.
________________(1997), 개인 선호도에 따라 각자의 복리후생제도를 직접설계, 월간 인사관리 6월호, p.41.
현대경제연구원(2000), 핵심인력유지전략: 홀리스틱 후생복지, 3월.
Aguinis, G.(2007), Performance Management, New Jersey, NJ: Prentice Hall.
Baker, H. G., Spier, M. S., & Dhammanungune, S.(1990, April). Trust, Credibility, and Empowerment, paper presented at the Bay Area Organizational Development Network Conference, Palo Alto, CA.
Clark, , K.(1997), Reasons to Worry about Rising Wages, Fortune(July 7), pp. 31-32.
Cummings, T. G. & Worley, C. G.(1997), Organizational Development & Change, 6th ed.(Cincinnati, Ohio: South-Western College Publishing).
Denisi, A. S. & Griffin, R. W.(2007), Human Resource Management (2ed ed), Boston, MA: Houghton Mifflin.
Gomez-Mejia, L. R., Balkin, D. B. & Cardy, R. L.(1998), Managing Human Resources, 2nd ed.(N.J.: Prentice-Hall, Inc.).
Hackett, T. J. & McDermott, D. G.(1999), Seven steps to successful performance-based

rewards.

Halachmi, A. & Holzer, M. (1987). Merit Pay, Performance Targeting, and Productivity. *Review of Public Personnel Administration,* 7(2), 80-91.

Heide, D. P.(1993), A Comprehensive Performance Management Model, A Dissertation in School of Human Behavior, United States International University, San diego, CA.

Lawler, E. E., III. (1971). Pay and Organizational Effectiveness: A Psychological View. New York: McGraw-Hill.

Patton, T.(1977), Pay, (N.Y.: Free Press).

Ross, T. L. & Hatcher, L.(1992), Gain-sharing Drives Quality Improvement, *Personnel Journal*, Vol. 71, No. 11, pp.77-79.

Steers, R. M.(1984), Introduction to Organizational Behavior, 2nd ed. (Glenview, III.: Scott, Foresman and Company, 1984).

제14장. 코칭하기

성과관리시스템의 목적은 구성원의 성장과 발전이 조직목표도달의 전후관계 속에서 이루어지는 관리에의 접근을 창조하는데 있다. 시스템으로서 성과관리가 제대로 작동하기 위해서는 코칭이 관리자의 태도로 확산되어야 한다.

관리자의 궁극적인 목표는 무엇인가? 바로 구성원들이 현재의 직무에서 더 효과적으로 되도록 도와주거나, 커다란 도전을 갖도록 준비시키거나, 그들의 성장을 돕는데 있다. 이런 코칭 과정은 구성원의 경력개발을 도와줄 뿐만 아니라 각 구성원들이 조직에 최대한 기여를 할 수 있다는 확신을 보장할 것이다. 따라서 본 장 제1절에서는 코칭에 대한 이해를 돕기 위해 코칭의 개념과 기능, 성과검토와 피드백과 그리고 카운슬링과 멘토링의 차이비교, 코칭의 접근방법과 형태, 그리고 육성형 코칭의 프로세스에 대하여 알아본다. 제2절에서는 통합적인 성과관리 모델에서의 코치로서의 관리자 태도에 대하여 알아보도록 한다.

제1절. 코칭에 대한 이해

1.1. 코칭의 개념과 기능

관리자로서 중요한 책임가운데 하나는 부하직원이 임무를 완수하도록 만드는 것이다. 이를 잘 수행하기 위해서는 부하직원들이 조직목표달성을 위한 성과를 내도록 도와야 하는데, 가장 최선의 방법이 바로 코칭이다. 이처럼 부하직원과의 업무관계를 향상시킬 뿐만 아니라 관리자로서의 직무를 더욱 수월하게 만들기도 하는 코칭의 개념은 무엇인가?

코칭(coaching)은 '한 개인으로서의 코치가 다른 사람들과 권능부여 관계들(enabling relationship)을 만들어서 그들로 하여금 학습을 용이하게 하는 프로세스'

이다. 즉 관리자가 부하직원들과 상호작용하며 그들이 성과와 관련하여 적극적인 역할과 관심을 가지는 지속적인 협력프로세스이다(Allenbaugh, 1983). 이러한 정의와 관련하여 기본이 되는 키워드나 개념으로는 다음의 <표 14-1>과 같은 것들이 있다(Mink, Owen & Mink, 1993; 강대석, 2009).

〈표 14-1〉 코칭 정의와 관련하여 기본이 되는 키워드나 개념

키워드 or 개념	내 용
프로세스 (process)	• 코칭은 일시적이기보다는 하나의 프로세스이다. • 학습이 실습, 반복, 시간을 요하듯이, 사람들은 스킬과 지식을 점진적으로 획득해가므로 권능감을 주는 프로세스는 시간이 필요하다.
임파워먼트 (empowerment)	• 코칭은 임파워먼트라는 개념과 연관이 있다. • 코칭을 통해서 코치의 지식, 스킬, 가치, 태도 등이 부하직원들에게 전수되는데, 그들은 이 과정에서 임파워먼트되어 새로운 직무를 수행할 수 있게 되거나 완전히 다른 심지어는 고난이도의 어려운 일도 수행할 수 있게 된다.
관계 (relationship)	• 코칭은 사람 대 사람 즉 코치와 부하직원들 간의 관계이다. • 성공적인 코칭은 상호신뢰와 수용, 존중에 기초하고 있으며, 무엇보다도 사람이 우선이고 그 다음이 행동변화나 학습이다.
변혁 (transformation)	• 코칭은 변혁이라는 개념과 연관이 있다. • 코칭관계의 성과 중 하나는 훨씬 고난이도의 업무를 수행할 수 있다는 것인데, 이것은 과거 반복적인 학습패턴에서 벗어나 새로운 지적작용(mental operation)을 채택하는 것이 된다.

코칭은 관찰가능한 직장내 상황들과 관련된 일대일 제안으로서 상사나 관리자에 의해 실시되는 것이 일반적인 사전에 계획된 공식적인 코칭도 있지만 시급한 상황에서 즉각적으로 이루어지기도 한다.

코칭의 기능은 1) 기대나 기준에 맞지 않는 성과를 개선하여 향상시키는 것과 더불어 늘 수행을 관찰하고 좋은 결과를 칭찬하는 일상적인 기능도 수행한다. 또한 2) 장기적인 성과에 관심을 가지고 미리 수립된 개발플랜대로 잘 이루어지도록

하는 것과도 관련이 된다. 즉 조직의 구성원들에게 조언하고, 지도하고, 지원하며, 확신을 심어주고, 더 큰 역량을 확보하도록 하는 것이다.

이와 같이 코칭은 어떤 목적을 위하여 한 개인의 학습을 용이하게 하는 프로세스이기 때문에 이러한 개념과 유사한 성과검토와 피드백, 그리고 카운슬링과 멘토링의 차이를 비교하도록 한다.

1.1.1. 코칭과 성과검토 그리고 피드백과의 차이

코칭은 성과검토나 피드백하고는 사뭇 다르다. 그 차이는 다음의 〈표 14-2〉와 같다.

〈표 14-2〉 코칭과 성과검토 그리고 피드백과의 차이

코칭	• 부하직원들이 역량을 갖추도록 지원하는 것은 물론 현 직무에서 성과를 향상시키는데 장애요소들을 극복할 수 있도록 도움을 주기 위한 조치(intervention)이다
성과검토 (performance review)	• 코칭의 기회를 제공할 수 있다. • 보다 공식적이고 조직 주도적이면서 규정된 형태가 갖추어져 있다. • 궁극적으로는 승진, 임금인상, 인센티브 등과 연결된다.
피드백 (feedback)	• 효과적인 코칭을 위해 필요부분이고, 학습/개발을 위해 중요하다. • 부하직원들이 기대와 비교해서 얼마나 잘하고 있는가, 그에 대한 상사의 의견은 어떤가, 그리고 동료나 고객들에게는 어떤 영향이 있는지를 알려주는 정보이다.

1.1.2. 코칭과 카운슬링 그리고 멘토링의 비교

코칭, 카운슬링, 멘토링의 구체적인 특성을 살펴보는 방법가운데 하나는 시간측면을 고려하는 것이다. 이들 세 용어들이 지닌 세부적인 특성과 서로간의 차이점을 다음의 〈표 14-3〉과 같이 살펴봄으로써, 경영실무에서 코칭의 의미에 대해 보다 충분한 이해를 얻을 수 있을 것이다.

〈표 14-3〉 코칭, 카운슬링, 멘토링의 비교

구 분	프로세스의 차원			
	시 간	내 용	초 점	운용방식
코칭	단기 및 중기	직무관련 학습	현재 혹은 미래직무를 위한 학습/개발	학습, 직무재설계를 통해 개인/팀 성과향상에 도움
카운슬링	주로 단기	동기부여, 태도 관련된 문제해결	개인의 삶 전반에 관한 개선/개발	적극적 경청, 생각과 감정 교류, 비정형적인 교감, 개인의 만족/불만족 문제를 만들어 내는 가치, 목표의 검토
멘토링	주로 장기	커리어, 가정에서 역할, 성과문제	일반적 개발에 초점 두며, 때때로 개인의 삶 전반적인 영역을 다룬다.	커리어 기회제공, 학위 프로그램, 자격증 등 광범위한 개발프로그램 참여를 장려, 커리어 의사결정 지원

자료: Mink et al., (1993), p.22; 강대석(2009), 성과향상 Skill Up, 경문사.

1.2. 코칭의 접근방법과 스타일

코칭의 접근법은 기본적으로 지시적인 것과 지원적인 것 두 가지가 있다. 이들을 다음의 〈표 14-4〉와 같이 정리할 수 있다.

〈표 14-4〉 코칭의 두 접근법

구 분	내 용
지시적 코칭 (Direct coaching)	• 해야 할 것을 보여주거나 일러주는 것과 관련되는 것 • 경험이 없거나 단기간에 성과향상이 필요한 직원에게 유용한 방법
지원적 코칭 (Supportive coaching)	• 촉진자(facilitator)나 가이드(guide)로서 행동한다. • 현재의 성과기준을 충족시키고는 있지만 앞으로 새로운 직무나 더 큰 임무를 부여받아야 할 준비가 요구되는 사람들에게 유용.

자료: Harvard Business Essentials(2006), p.59; 강대석(2009), 성과향상 Skill Up, 경문사.

코칭 스타일은 관리자의 성격과 선호하는 행동양식에 따라 영향을 받기 마련이다. 코칭 스타일은 다음의 〈표 14-5〉와 같이 4가지로 구분해 볼 수 있으며, 각각의 특성은 다음과 같다(Aguinis, 2007; 강대석, 2009).

〈표 14-5〉 코칭 스타일과 특성

유 형	특 성
드라이버 형 (driver)	• 부하직원들에게 "당신은 이러 이러한 식으로 해야만 해"라고 명확히 말하는 스타일. • 단언적이고, 신속하면서도 확고히 말하고, 주로 과업/사실을 거론한다. • 표현이 부족한 편이며 개인적인 감정을 잘 노출하지 않는다.
조언자 형 (persuader)	• 부하직원들이 행했으면 하는 것을 납득시키려는 스타일. 즉 어떤 일이 왜 조직과 당사자에게 이로운가에 대해 설명하고자 하는 스타일. • 단언적이지만 다소 과장된 제스처를 활용한다. • 사람과 관계에 대해 보다 많이 거론하고 개인적인 감정을 많이 드러내는 경향이 있다.
호감 형 (amiable)	• 객관적이기 보다는 주관적이며, 누구에게나 옳다고 느껴지기 쉬운 방식을 취하도록 하는 스타일. • 단언적이지는 않으면서 신중하게 말하고 가끔 망설이기도 한다. • 남을 불편하게 만들지 않고 여러 가능성을 염두에 두는 경향이 있다.
분석가 형 (analyzer)	• 논리적이고 체계적인 방식에 따른 성과분석을 선호하며 규칙과 절차에 따라 제안을 하는 스타일. • 아주 단언적이진 않지만, 드라이버 형과 같이 개인적인 감정보다는 과업과 사실에 대해 주로 거론한다.

위의 4가지 유형 중 어떤 유형이 최적의 코칭 스타일일까? 이에 대한 답은 상황론적 접근방법에 따른다. 코칭은 때때로 지시, 설득, 공감표시, 성과창출, 규칙과 절차에 집중 등 각기 다른 것들과 관련되어 있기 때문에 위의 4가지 유형 중 어느 한 가지에 대한 배타적인 강조는 부하직원들의 개발과 성장을 위해서 유익하지 못하다는 것이다.

따라서 좋은 코칭이 되려면 무엇보다 학습의 기회 또는 목표설정의 기회로 비춰져야 한다. 결국 코칭 받는자의 니즈(needs)에 맞는 코칭 스타일의 조정이 요구된다.

1.3. 육성형 코칭의 프로세스

효과적이고 효율적인 코칭을 위해서는 체계적인 접근법이 요구된다. 특히 육성을 위한 코칭활동이라면 목표설정과 성과피드백까지 코칭의 전 과정에서 코칭대상자의 가능성을 발견하고, 이를 최대한 발휘하도록 하기 위해서 효과적인 코칭방법을 필요로 하게 된다. 따라서 코칭 프로세스에 대하여 알아보도록 한다.

코칭 프로세스는 상황에 따라 다양할 수 있지만 일반적으로 다음의 [그림 14-1]과 같이 개발목표의 설정, 역량분석을 통한 개발자원 및 전략의 구체화, 전략의 실행과 이에 대한 평가, 그리고 피드백의 제공 등의 4가지 단계로 진행되는 경우가 보편적이다(강대석, 2009). 이에 대하여 구체적으로 살펴보도록 한다.

[그림 14-1] 육성형 코칭 프로세스

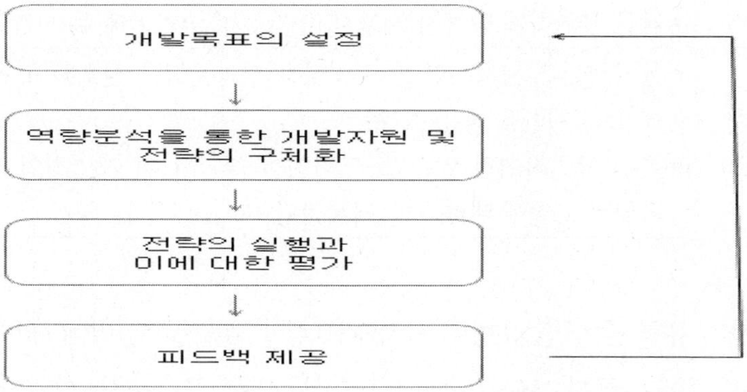

자료: 강대석(2009), 성과향상 Skill Up, 경문사.

1) 1 단계: 개발목표의 설정

효과적인 코칭의 첫 단계는 코치와 학습자가 함께 목표를 수립하는 것이다. 그 이유는 목표가 주로 학습자의 니즈 즉 결핍에 기초하기 때문이다.

상호 동의하에 설정한 목표는 합리적이고 달성 가능해야하며 한 개인의 장 · 단기 커리어 목표까지도 모두 고려해서 향후 향상시키고자 하는 영역에 대한 면밀한 분석을 통해 도출되어야 한다. 특히 효과적 코칭을 위해서는 코치와 학습자는 학습목표와 그 이유를 분명히 공유해 알아야 하고, 상호간에 좋은 관계를 유지하여야 하며, 코치는 학습자의 니즈를 이해하여 이를 코칭에 적극 반영해야 한다.

2) 2 단계: 역량분석을 통한 개발자원 및 전략의 구체화

두 번째 단계는 학습자가 개발목표를 달성하는데 도움이 되는 역량을 규명하고, 이에 필요한 자원과 전략을 검토하는 단계이다. 이를 위해 코치와 학습자는 역량분석을 통해 학습될 필요가 있는 역량, 달성되어야 하는 구체적인 결과, 그리고 목표달성의 절차 등 학습자의 역량발휘를 위해서 요구되는 것들을 검토해야 한다. 또한 역량이 규명되면 이를 개발하는데 필요한 구체적인 자원 및 전략(코칭방법과 역량 개발방법 등)을 구상해야 한다.

3) 3 단계: 전략의 실행과 이에 대한 평가

세 번째는 개발목표달성을 위해 전략실천과 동시에 각 개발목표가 달성되는 정도를 확인하고자 데이터를 수집하고 평가하는 단계이다. 여기서는 학습자에게 역량을 규정짓는 스킬의 실행과 관련된 경험을 제공하는데 그 목적이 있다. 특히 이런 실행과정에서 결과에 대한 평가를 통한 피드백이 제공되어야 한다. 그 이유는 학습은 실행과 반성을 통해 학습자가 새로운 지식, 기술, 가치를 습득하는 능동적인 프로세스이기 때문이다.

4) 4 단계: 피드백 제공

네 번째는 학습자에게 피드백을 제공하는 단계로, 각 개발목표가 달성된 정도에 따라 개발목표를 수정하고 전체적인 프로세스를 다시 시작하게 된다. 피드백

의 목표는 학습자의 성공기회를 증대시킬 수 있는 방법에 대해 코치와 학습자가 함께 개방적이고 지원적인 자세로 논의할 수 있는 환경을 마련하는 것이다.

제2절. 통합 성과관리모델의 단계에서 관리자의 코칭 태도

통합적인 성과관리모델에서는 8단계 중 5가지 단계(오리엔테이션/훈련하기, 모니터링하기, 평가하기, 피드백하기, 강화하기 등)에서 공식적인 코칭의 단계를 필요로 한다(Heide, 1993; 나기현, 2004). 그 이유는 관리자는 시스템의 평가국면에서 개발되어진 성과향상계획을 이행하기 위해 구성원들과 함께 일을 해야 하기 때문이다. 즉 관리자는 성과관리과정에서 구성원의 전문성 범위내에서 그들의 성장을 돕기 위해 일부 직무변화를 꾀하거나 또는 더 멀리 훈련을 획득할 수 있도록 방법을 수립하여야 한다. 그러기 위해서는 코칭 태도가 요구되는 것이다.

성과관리가 시스템으로서 작동되기 위해서는 코칭이 관리자의 태도로 스며들어야만 한다. 그 이유는 관리자의 궁극적인 목표중의 하나인 구성원의 개발과 성장을 효과적으로 돕기 위함이다. 또한 성과관리시스템의 목적이 조직목표도달이라는 측면에 있어 구성원의 개발과 성장이 일어날 수 있도록 관리의 접근방법을 창조하는데 있기 때문이다.

따라서 구성원들에 대한 동기부여하기와 지원하기 등의 코칭 기술들은 모니터링의 전체기능에 기초가 되며, 코칭의 적절한 태도는 오리엔테이션/훈련하기단계, 평가하기단계, 피드백단계, 강화하기단계 동안에도 지속적으로 요구된다. 그러므로 통합 성과관리모델의 8단계 중 5가지 단계에서 효과적 코칭을 위한 관리자의 태도를 알아보도록 한다.

2.1. 오리엔테이션/훈련하기 단계에서 관리자의 코칭 태도

오리엔테이션/훈련하기 단계에서의 라인관리자의 역할은 조직에 새로 진입한 구성원들이 조직에 빠르게 적응하고, 직무담당자들이 산출(output) 중심으로 직무성과 기대리스트를 달성하기 위한 계획을 수립하도록 도우미의 역할 그리고 코치의 역할이 필요하다. 이유는 오리엔테이션하기/훈련하기의 궁극적인 목적이 구성원의 효과성을 높이는데 있기 때문이다.

이 단계에서 관리자로 코치역할을 효과적으로 수행하기 위해서는 다음의 부분에 초점을 두어야 한다.

1) 관리자인 자신의 코칭 태도가 어떠한가를 파악하는 것이 무엇보다도 중요하다. 즉 '관리자인 내가 구성원들의 성장과 개발을 통해 그들의 직무성과에 있어 더 효과적이 되도록 어떻게 도와줄 수 있는가?'라는 태도는 오리엔테이션/훈련하기를 얼마나 잘할 수 있느냐에 중요한 영향을 미치게 된다. 특히 직무담당자에게 직무성과 기대리스트내용들을 이해시키고, 이를 성취하기 위한 달성계획을 함께 협의하고 합의하여 작성하고, 협의/합의된 달성계획실행을 하기위한 권한위임 등에 대한 의사소통을 하는데 있어 라인관리자가 구성원을 대하는 태도여부에 따라 의사소통의 효과성, 달성계획수립의 자율성 정도, 그리고 권한위임의 정도가 달라질 수 있기 때문이다.

2) 교육훈련에 대한 평가과정이 제대로 설계되어져 있는가를 확인하여야 한다. 이는 구성원들이 직무기대에 부합하기 위해 얼마나 적절한 훈련을 받았는가에 관련한 데이터들을 얻기 위해서 설계되어져야하고, 평가과정으로부터 얻어진 정보들은 피드백을 통해 평가관리팀에서 분석되어져야 한다. 그 이유는 성과관리팀에서 빈약한 성과의 원인이 불충분한 훈련, 부정확한 또는 불명확한 직무기대, 결함있는 적격심사, 부정확한 예측과 선택 등 어디에 관련되어 있는지 여부를 판단하여야 하기 때문이다.

3) 교육훈련 프로세스에 대한 관심을 가져야 한다. 관심의 핵심부분은 구성원각자의 필요성을 반영한 즉 프로파일별 편차를 제거하기 위한 개별화된 교육훈련프로그램이었는가? 이러한 개별화된 교육훈련프로그램이 훈련목적에 맞게 구성원의 변화를 제대로 이끌어내고 있는가?, 그리고 이러한 변화가 실제 성과향상에 얼마나 영향을 미치고 있는가? 등과 연계된 타당한 교육훈련 이었는가 여부를 확

인하여야 한다.

따라서 오리엔테이션/훈련하기 부문의 중요한 역할중의 하나는 관리자를 모니터로, 평가자로, 강화자로, 코치로의 역할을 효과적으로 수행할 수 있도록 훈련시키는 일이다. 또한 훈련시스템의 성공은 궁극적으로 관리자들이 얼마나 이런 기능들을 잘 이행할 수 있느냐의 여하에 달려있다.

2.2. 모니터링하기 단계에서 관리자의 코칭 태도

모니터링하기 단계에서 관리자가 감독/코치로서의 역할을 효과적으로 수행하기 위해서는 무엇보다도 업무수행과정상에서 구성원들이 어떻게 일을 처리하고 있는지, 어떤 부분에서 성과를 내고 있으며 성과가 부진하다면 이유가 무엇인지, 상황을 정확하게 실시간으로 파악하는 것이 매우 중요하다. 그러므로 관리자가 모니터링의 과업수행을 얼마나 잘 수행할 수 있느냐에 영향을 미치는 중요한 요인은 바로 구성원에 대한 관리자의 태도이다. 그 이유는 여기서의 관리자역할은 판단자가 아닌 코치로서 구성원의 성과향상에 도움을 주기 위하여 성과의 질에 관한 증거자료를 수집하는 것이 중요하기 때문이다.

특히 성과관리에 있어서 모니터링단계의 본질적인 특징은 행위와 결과 모두를 고려하는 구성원과 관리자사이에 지속적으로 진행하는 의사소통에 있다. 그 과정에서 무엇이 중요한지에 대한 상호작용은 직무성과 기대들을 충족할 수 있도록 개별구성원들을 도와주는 코칭의 정신을 다하게 된다. 그와 같은 상호작용의 단계가 실종되었을 때 모니터링단계는 성과에 손해를 끼칠 수 있는 수단기능으로 격하될 수 있다.

이처럼 업무진행과정을 모니터링해서 수집된 성과데이터들이 성과관리팀으로 보내지고, 거기서 분석해 놓은 근거데이터를 가지고 구성원들이 자신의 역량을 최대한 발휘하여 성과를 달성할 수 있도록 시의적절한 때 조언과 코칭을 해주는 것이다.

조직에서 이루어지는 코칭은 성과관리팀의 분석내용을 토대로 상황에 맞게 전략을 수정하고 자원을 지원하는 것이다. 관리자가 성과목표를 부여해놓고 '이제 목표가 정해졌으니 너희가 알아서 뛰어 결과를 내 놓으라'는 식의 태도는 무책임하고 구성원들로부터 신뢰를 얻을 수 없다. 운동경기에서 전반전 경기가 끝난 후 휴식시간동안 선수들은 모여 감독으로부터 후반전 경기전략에 대해 설명을 듣는다. 또한 감독과 코치는 선수들의 몸 상태를 체크하고 음료수를 건네고 근육을 풀어주듯이 지원해야할 부분이 있는지 확인한 다음 상대팀 선수들의 행동패턴을 분석한 자료를 설명하고, 그에 따른 경기전략을 적극 수정하여 선수들에게 전한다. 즉 감독은 사전에 계획하고 연습했던 대로 잘한 부분을 칭찬하고 격려하며, 다가올 후반전에서 성과를 유지하기 위한 주문내용을 전달한다. 이와 마찬가지로 조직에서도 성과달성에 장애가 되는 요인들을 파악하고, 그에 따라 필요한 인력, 자금, 시간, 정보 등 모든 자원을 적절한 시기에 지원해주고, 변화된 환경에 적응할 수 있도록 직무담당자와 목표달성전략을 합의/협의 하에 유연하게 수정하여야 한다. 그 이유는 관리자가 조직과 구성원들이 정해진 기준, 즉 목표를 달성하는 도중에 부딪히게 될 장애요인이나 문제점에 대해 적극적으로 해결해나가고자 지원해주는 코치로서의 역할을 수행해야 하기 때문이다.

따라서 관리자가 실행에 직접참여를 않더라도 팀이 잘 운영될 수 있도록 구성원을 육성시키고 프로로 만들어야 한다. 또한 구성원을 기계적인 도구로 다루는 것이 아니라 권한위임을 함으로서 인격적으로 존중해주어야 한다.

2.3. 평가하기 단계에서 관리자의 코칭 태도

비록 평가과정이 성과관리시스템의 공식적인 과정으로서 입안되었다 할지라도, 코치로서 효과적인 라인관리자는 구성원의 성과를 매일매일 끊임없이 평가하여야 한다. 그 이유는 평가와 관련된 코치의 태도는 전체적인 성과관리시스템이 얼마나 효과적으로 될 것인지에 크게 영향을 미칠 수 있기 때문이다. 특히 구성원들이 그들의 직무성과에서 더 효과적이 되도록 어떻게 관리자인 내가 도와줄 수 있는가? 라는 질문은 관리자의 평가태도에 직접적으로 영향을 미친다.

그러므로 평가과정에서 타당하고 공정한 평가하기를 위해서는 코치로서의 관리자가 조사/확인해야 할 내용들이 있다. 그 이유는 평가하기 기능의 목표가 가능한 정확하게 구성원의 효과성을 결정하는 것이기 때문에, 구성원의 실제적인 성과에 부정확한 평가의 원인이 되는 개입요인들이 제거되었는지를 조사/확인해야만 한다. 평가하기 과정에서 관리자가 조사/확인해야 할 내용들은 다음의 〈표 14-6〉과 같이 정리할 수 있다.

〈표 14-6〉 평가과정에서 평가자가 조사/확인해야 할 내용들

- 구성원들이 훈련프로그램을 통해 그들의 직무기대에 부응하도록 적절히 훈련되었는지,
- 직무기대가 명확하게 충분히 규정되었는지,
- 직무에서 필요로 하는 무엇이 정확하게 기술되어 있는지,
- 모니터링 도구와 과정이 구성원에게 요구되어진 행동들을 효과적이고 정확하게 관찰/측정할 수 있는지

이러한 분석의 결과로서 얻어진 정보들은 데이터베이스화되어 개인은 물론 성과관리팀 그리고 평가과정에 피드백 되어야 한다.

2.4. 피드백하기에서 관리자의 코칭 태도

효과적인 관리자는 평가기능 속에서 코치의 역할을 가정할 것이다. 즉 성공적으로 직무기대에 부응했다면 그들이 더 계속적으로 탁월하도록 동기부여와 용기를 북돋울 수 있는 새로운 직무기대로 도전할 수 있는 수평적/수직적 이동 등의 방법을 찾을 것이다. 그러나 그렇지 못할 경우는 구성원들이 직무기대를 부응할 수 있도록 계획을 개발하고 그들을 돕거나, 그들의 지식이나 능력에 더 적절한 직무로의 전환을 추진할 것이다.

이처럼 성과피드백에서 가장 중요한 것은 보상과 학습이다. 객관적이고 명확한

평가결과와 연계하여 금전적, 비금전적인 보상을 통하여 구성원들의 만족과 새로운 동기를 부여하게 된다. 그러므로 관리자는 구성원으로 하여금 새로운 성과목표를 달성하는데 필요한 핵심역량과 경쟁우위요소를 확보할 수 있도록 유도하여야 하고, 고객지향적인 관점에서 창의적 사고와 문제해결능력을 향상시켜 조직과 조직구성원이 경쟁력을 갖출 수 있도록 해야 한다. 또한 실행전략에 대한 권한위임을 촉진시켜 구성원들을 자발적이고 창의적이며 도전적인 성과목표 지향적인 실무자로 육성해야 한다.

특히 코치로서의 관리자는 개발지향적인 동시에 문제해결 지향적인 자세를 취하는 것이 무엇보다 요구된다. 관리자들은 구성원들이 조직의 목표를 도달을 위한 수단으로서 그들 자신의 개인적인 목표를 개발할 수 있도록 도와주는 입장을 분명히 하여야 한다. 즉 구성원들이 조직의 목표를 성공적으로 도달할 수 있는 방향속에서 구성원들이 계속적으로 성장, 개발이 보장되도록 직무성과 기대들을 지침서로서 활용하여야 한다. 만약에 평가기능이 구성원을 비판하기 위한 시간이나 기능으로서 단순히 요구되어진다면 이는 피하기 어려운 형식절차가 될 것이나, 과거성과를 분석하고 구성원들이 직무상에서 계속적인 성장을 위한 계획을 만들거나 도와주는 기회로 본다면 이는 효과적인 관리를 위한 강력한 도구가 될 수 있다. 즉 코치의 지원적인 태도가 필요하다.

피평가자인 부하직원과 개발목표를 설정함에 있어서 코치인 관리자는 다음의 〈표 14-7〉과 같은 사항들에 주의를 기울일 필요가 있다(Snell & Bohalander, 2007)

〈표 14-7〉 부하직원과 개발목표를 설정함에 있어 관리자가 주의를 기울일 사항들

- 극복해야 하는 약점보다는 부하직원들이 가질 수 있는 강점을 강조하고, 또한 그들의 노력이 차후에 어떻게 조직에 공헌할 수 있게 되는지를 강조한다.
- 현 직무의 관련범위내에 존재하는 성장기회에 집중하고 비생산적인 업무는 배제시킨다.
- 합리적인 기한내에 달성가능한 중요한 몇 가지를 위한 성장계획들에만 한정한다.
- 각각의 목표가 어떻게 달성될 수 있는지 구체적인 행동계획을 수립한다.

따라서 모든 피드백은 개인과 조직의 기능을 더 효과적으로 함께 돕기 위해 활용되어야 한다. 그러기 위해서는 반기 · 분기 · 월별 단위로 주기적인 성과목표를 부여하고 확인하는 등 수시로 구성원들의 성과와 역량에 대해 평가하여 피드백해주는 관리자의 역할은 코치로서의 핵심역할이며 '실행'중심에서 '리드와 지원'중심으로 변화해야하는 관리자의 혁신방향이기도 하다

2.5. 강화하기단계에서 관리자의 코칭 태도

관리자의 궁극적인 목표는 무엇인가? 바로 구성원들이 현재의 직무에서 더 효과적으로 성과창출을 할 수 있도록 도와주거나, 커다란 도전을 갖도록 준비시키거나, 그들의 성장을 돕는데 있다. 이런 과정은 구성원의 경력개발을 도와줄 뿐만 아니라 각 구성원들이 조직에 최대한 기여를 할 수 있다는 확신을 보장할 것이기 때문에, 성과관리과정의 강화하기단계에서도 코칭의 태도가 요구되어진다.

코칭은 '부하직원들이 역량을 갖추도록 지원하는 것은 물론 현 직무에서 성과를 향상시키는데 장애요소들을 극복할 수 있도록 도움을 주기위한 조치(intervention)'이다. 코칭이 피드백처럼 성과로 연계되는 것을 돕기 위해서는, 코치는 다음과 같은 역할을 할 필요가 있다(Aguinis, 2007).

- 개발목표를 수립한다.
- 효과적으로 커뮤니케이션한다.
- 부하직원을 동기화시킨다.
- 성과를 기술한다. 그리고 성과를 측정하고 피드백을 제공한다.
- 성과문제를 진단한다.
- 부하직원을 개발시킨다.

조직구성원들에게 강화하기의 방안의 일환으로 더 나은 성과와 더 큰 만족, 그리고 더 강한 동기를 부여하는 훌륭한 코칭을 위한 코치가 되기 위해 관리자가 준

비해야 할 팁(tip)을 몇 가지 소개하면 다음과 같다(Sheppard, Canning, Mellon, Anderson, Tuchinsky & Campbell, 2006).

1) 코칭 관계를 형성한다(from a coaching relationship).

성공적인 코칭은 협조적인 업무관계에 있는 코치와 코칭 받는자에 의해 결정된다. 관리자는 모든 구성원과 동일한 관계를 맺고 있지 않기 때문에, 그들과의 관계에 있어서 출발 포인트를 구성원마다 달리 해야 한다. 관계는 신뢰를 구축하고 서로 형성함으로써 시작되므로 서로를 존중하고 명확한 커뮤니케이션을 위해 높은 수준의 신뢰를 개발할 필요가 있다.

2) 접근하기 쉬워야 한다(be accessible).

부하직원들이 코치로서의 관리자를 접근하기 쉬워야한다. 이런 여건이 조성되어야 부하직원들의 업무수행을 직접 관찰할 수 있으며, 그들과 주저하지 않고 논의할 수 있는 장소와 기회도 만들 수가 있다. 코치로서 관리자는 부하직원 누구라도 언제든 접근이 가능하도록 즉 쉽게 도움을 요청하고 의견을 나누며 피드백을 구할 수 있도록 물리적 거리뿐만 아니라 소통을 위한 채널을 열어두어야 한다.

3) 유능해야 한다(be competent).

코치의 역할을 잘 수행하기 위해서는 자신에게 투자하여 즉 학습자가 되어 타인들로부터 유능한 사람으로 인식되도록 노력해야 한다. 그 이유는 사람들이 전문가에게 조언받기를 원하기 때문이다. 코치라고 모든 것에 능통할 수 없으므로 자기 전문분야의 내 · 외부 네트워크가 필요하다.

4) 다른 사람 위주가 되어야 한다(be other oriented)

코칭할 때는 그 사람의 니즈를 가장 우선시해야 한다. 그 이유는 코치는 다른 사람의 학습과 성장에 관심을 기울여야 하기 때문이다. 자기자신을 잠시 접어두고 코칭 받는 사람을 어떻게 하면 가장 잘 도울 수 있는지를 생각해봐야 한다.

이상과 같이 통합 성과관리모델의 단계에서 관리자의 코칭태도에 대하여 살펴보았지만, 관리자들이 구성원들을 성장/개발하기 위해 지원하고 동기부여의 노력을 하고 있다는 것을 그들이 느낀다면 성과관리시스템은 성공의 큰 기회를 갖게 될 것이다. 즉 각 구성원이 그들의 성장과 개발을 돕는 관리에 의한 몰입을 지각할 때, 강화과정은 가장 효과적이게 될 것이다. 따라서 강화과정은 구성원이 다음 직무단계의 직무기대를 보고 특별한 직무기술을 배울 수 있는 도전의 기회, 조직으로부터의 리더십개발 기회, 자기계발의 가속화로 동기부여를 할 수 있는 도전의 기회를 포함함으로서 용기를 북돋워 줄 수 있다. 또한 비생산성에 대한 부정적인 강화의 실행도 제한적으로 포함되어져야 한다.

학습목표(과제)

1. 성과관리에서는 관리자에게 코칭의 역할을 요구한다. 그 이유는 무엇인가?
2. 육성형 코칭의 프로세스는 무엇인가?
3. 오리엔테이션/훈련하기 단계부터 강화하기 단계까지의 관리자의 코칭 태도는? 각 단계 코칭에 있어 공통점과 차이점은 무엇인가?

참고문헌

강대석(2009), 성과향상 Skill Up, 경문사.

나기현(2004), 포괄적인 성과관리모델에 관한 연구, 외대논총, 제28집, 부산외국어대학교.

Aguinis, G.(2007), Performance Management, New Jersey, NJ: Prentice Hall.

Allenbaugh, G. E.(1983), Coaching: A management tool for a more effective work performance, *Management Review*, 72, pp.21-26.

Harvard Business Essentials(2006), Performance Management: Measure and Improve the Effectiveness of your Employees, Boston, MA: Harvard Business Press.

Heide, D. P.(1993), A Comprehensive Performance Management Model, A Dissertation in School of Human Behavior, United States International University, San diego, CA.

Mink, O. G., Owen, K. Q. & Mink, B. P.(1993), Developing high performance people: The art of coaching, New York, NY: Persues.

Sheppard, B., Canning, M., Mellon, N., Anderson, P., Tuchinsky, M. & Campbell, C.(2006), Coaching and Feedback for Performance, Chicago, IL: Kaplan.

Snell, S. & Bohalander, G.(2007), Human Resource Management, Mason, OH: Thomson

찾아보기